LES TROIS *RÉPUBLIQUES*

PLATON, DIOGÈNE DE SINOPE, ET ZÉNON DE CITIUM

SÉMINAIRES ET COLLOQUES
DU CENTRE LÉON ROBIN

Logique et dialectique dans l'Antiquité, sous la direction de J.-B. Gourinat et J. Lemaire, 480 p., 2016.

La rhétorique au miroir de la philosophie : définitions philosophiques et définitions rhétoriques de la rhétorique, sous la direction de B. Cassin, 344 p. 2015.

Physique et métaphysique chez Aristote, sous la direction de M. Bonelli, 308 p., 2012.

Interpréter le De Interpretatione, sous la direction de S. Husson, 224 p., 2009.

Les stoïciens, sous la direction de J.-B. Gourinat et G. Romeyer-Dherbey, 622 p., 2005.

*L'excellence de la vie. Sur l'*Éthique à Nicomaque *et l'*Éthique à Eudème *d'Aristote*, sous la direction de G. Aubry et G. Romeyer-Dherbey, 464 p., 2002.

Socrate et les socratiques, sous la direction de J.-B. Gourinat et G. Romeyer-Dherbey, 544 p., 2001.

L'animal dans l'Antiquité, sous la direction de B. Cassin, J.-L. Labarrière et G. Romeyer-Dherbey, 632 p., 1997.

Aristote, Corps et âme, Études sur le De Anima, sous la direcction de G. Romeyer-Dherbey et C. Viano, 558 p., 1996.

Études sur le Parménide, sous la direction de P. Aubenque, 2 vol., 730 p., 1987.

Concepts et catégories dans la philosophie antique, sous la direction de P. Aubenque, 358 p., 1980.

BIBLIOTHÈQUE D'HISTOIRE DE LA PHILOSOPHIE
NOUVELLE SÉRIE
Fondateur Henri GOUHIER — Directeur Emmanuel CATTIN

LES TROIS *RÉPUBLIQUES*
PLATON, DIOGÈNE DE SINOPE, ET ZÉNON DE CITIUM

Sous la direction de
Suzanne HUSSON et Juliette LEMAIRE

Ouvrage publié avec le soutien du Centre Léon Robin (UMR 8061 Sorbonne Université) et de la Faculté des Lettres de Sorbonne Université

PARIS
LIBRAIRIE PHILOSOPHIQUE J. VRIN
6 place de la Sorbonne, V[e]

2021

Imprimé en France

ISSN 0249-7980
ISBN 978-2-7116-2992-3

www.vrin.fr

ABRÉVIATIONS

Alesse : Franscesco Alesse, *Panezio di Rodi. Testimonianze*, Napoli, Bibliopolis, 1997.

Baldry : Harold Caparne Baldry, « Zeno's Ideal State », *Journal of Hellenic Studies* 79, 1959, p. 3-15.

Bees : Robert Bees, *Zenons Politeia*, Leiden-Boston, Brill, 2011.

DK : Hermann Diels-Walter Kranz, *Die Fragmente der Vorsokratiker*, 5e éd., Berlin, Weidmann, 1958.

Festa : Nicola Festa, *I frammenti degli Stoici antichi*, vol. 1, Bari, Laterza, 1932.

Husson : Suzanne Husson, *La République de Diogène, Une cité en quête de la nature*, Paris, Vrin, 2011.

Pearson : Alfred Chilton Pearson, *The Fragments of Zeno and Cleanthes, with introduction and explanatory notes*, London-Cambridge, C.J. Clay-Cambridge University Press, 1891.

SSR : Gabriele Giannantoni, *Socratis et Socraticorum Reliquiae*, 4 vol., éd., notes, biblio. et index de G. Giannantoni, 2e éd. revue et augmentée, Napoli, Bibliopolis, 1990.

SVF : Hans von Arnim, *Stoicorum Veterum Fragmenta*, 4 vol., Stuttgart, Teubner, 1903-1924, réimpr. 1968.

On trouvera en annexe de cet ouvrage (p. 225 *sq.*) une édition et une traduction des fragments des *Républiques* de Diogène et de Zénon de Citium, ainsi que des tableaux de concordance entre les principales éditions de fragments cyniques et stoïciens.

INTRODUCTION

UNE TRILOGIE DÉMEMBRÉE : OCCULTATIONS ET RESTAURATIONS

Les *Républiques* de Platon, Diogène de Sinope et Zénon de Citium forment un ensemble pour de multiples raisons. Ces trois œuvres, en effet, partagent non seulement le même titre, mais toute une série de thèmes communs, bien que différemment déclinés[1] : la promotion de la « communauté des femmes et des enfants » ; la remise en cause de la propriété privée[2], de certaines normes sociales de pudeur, ainsi que de la différenciation des rôles sociaux masculins et féminins. En somme, elles témoignent toutes trois d'un refus de concevoir l'*oikos* traditionnel (l'unité économique, autour de la maison [*oikia*], avec tous les rapports de propriété et de subordination qu'elle implique) comme la cellule institutionnelle de base de la cité[3].

1. Comme en témoignent les articles de ce recueil – cf. *infra* les résumés dans la section III de l'Introduction, p. 27 *sq*.

2. Tout au moins pour les couches dirigeantes chez Platon dans la *République*, désormais citée « *R.* », (notamment III, 416d-417b) ; dans les *Lois*, désormais cité « *Lg.* » (V, 739c), Platon semble, dans la Kallipolis, étendre cette communauté des biens à l'ensemble des citoyens, ce qui motive la critique aristotélicienne (*Politique*, désormais cité « *Pol.* », II, 1-6), *cf.* F. Calabi, « Aristotele discute la *Repubblica* » *in* M. Veggetti (dir.), *Platone*, *La* Repubblica, trad. e com. a cura di M. Vegetti, vol. 4, libro V, Napoli, Bibliopolis, 2000, p. 421-438.

3. Puisque, dans la *République* platonicienne, gardiens et gouvernants, menant une vie communautaire, y échappent (*cf.* note précédente et *R.* V, 461c-471c), ce qui ne sera plus le cas dans *Lg.* (V, 737c-741b) où chaque citoyen se voit assigner un lot inaliénable qui fait

L'autre trait qui les rassemble est qu'elles sont toutes trois écrites par des fondateurs d'écoles philosophiques, conscients de l'être, ou apparus postérieurement comme tels[1]. Ce sont donc des œuvres initiatrices d'une nouvelle pensée de la cité, de sa vie propre, de ses institutions, ainsi que des conséquences éthiques de l'appartenance citoyenne, en somme de la πολιτεία.

Plutarque est le premier auteur antique connu à les avoir mises en relation toutes les trois :

> Dans la pensée que le bonheur naît de la vertu et de la concorde intérieure, aussi bien dans la vie d'un seul homme que de la cité tout entière, pour aller dans ce sens il ordonna et harmonisa (la cité) afin que, devenant libres et autarciques (ὅπως ἐλευθέριοι καὶ αὐτάρκεις γενόμενοι), ils persévèrent la plupart du temps dans la sagesse (σωφρονοῦντες). C'est le même fondement de la république (τῆς πολιτείας ὑπόθεσιν) qu'adopta Platon, ainsi

de lui un propriétaire terrien : voir C. Natali, « L'élision de l'*oikos* dans la *République* de Platon », dans M. Dixsaut (dir.), *Études sur la* République *de Platon*, t. 1 « De la justice », Paris, Vrin, 2005, p. 199-223, pour l'interprétation de la communauté des philosophes et gardiens comme un nouvel *oikos*, *cf.* É. Helmer, « Le remodelage politique de l'*oikos* dans la *République*. De la famille au modèle familial, de l'économie domestique à l'économie politique », *Plato. The Internet Journal of the International Plato Society*, 2011, DOI : https://doi.org/10.14195/2183-4105_11_6, consulté le 29 juin 2015. L'*oikos* est conçu comme le constituant de base de la cité par Aristote (*Pol.*, I, II, 1552a26-b15), bien qu'il soit amené à s'intégrer à des unités supérieures pour constituer la cité.

1. La question de savoir si le véritable fondateur du cynisme est Antisthène, l'élève de Socrate, ou Diogène de Sinope est débattue depuis l'Antiquité. Diogène Laërce, dans son récit continuiste faisant dériver les principales écoles philosophiques hellénistiques de Socrate, fait d'Antisthène, enseignant au Kynosarges et maître de Diogène, le fondateur de l'école. La recherche moderne a contesté la vraisemblance historique de la rencontre entre Antisthène et Diogène, ainsi que sa qualité de cynique, *cf.* G. Giannantoni, « Antistene : la presunta fondazione della scuola cinica », in *Socratis et Socraticorum Reliquiae*, 4 vol., éd., n., bibliogr. et index G. Giannantoni, 2e éd. rev. et augm., Napoli, Bibliopolis, 1990 (dorénavant cité « *SSR* »), vol. 4, n. 24, p. 223-234 et I. Gugliermina, *Diogène Laërce et le cynisme*, Lille, Presses universitaires du Septentrion, 2006. Un passage d'Aristote (*Rhétorique*, désormais cité « *Rhet.* », III, 10, 1411 a-24-25) pourrait néanmoins, selon M.-O. Goulet Cazé, faire allusion à Antisthène en lui donnant le surnom de « Chien » (« Who Was the First Dog ? », *in* M.-O. Goulet-Cazé, B. Branham, *The Cynics. The Cynic Movement in Antiquity and Its Legacy*, Berkeley-Los Angeles-London, University of California Press, 1996, p. 414-415) et la question de la possibilité historique de la rencontre entre Antisthène et Diogène a été réexaminée (P. P. Fuentes González, « En defensa del encuentro entre dos "Perros", Antístenes y Diógenes : historia de una tensa amistad », *Cuadernos De Filología Clásica. Estudios Griegos e Indœuropeos* 23, 2013, p. 255-267, https://doi.org/10.5209/REV_CFCG. 2013.V23.41550, consulté le 29 juin 2018. Néanmoins, cela ne remettrait pas en cause le fait que Diogène ait donné au mouvement cynique son identité (*cf.* M.-O. Goulet-Cazé, « Les origines du mouvement cynique », dans *Le cynisme, une philosophie antique*, Paris, Vrin, 2017, p. 607-630).

> que Diogène[1] et Zénon, et tous ceux qui, après avoir entrepris de dire quelque chose sur ce sujet, reçoivent des éloges mais n'ont laissé que des écrits et des paroles[2].

Toutefois ce rapprochement peut, à maints égards, être sujet à caution. D. Babut, par exemple, estime qu'il ne s'agit pas de Diogène de Sinope mais du stoïcien Diogène de Babylone ; cependant l'ordre chronologique de succession et la référence à l'idéal d'autarcie nous invitent plutôt à accepter l'identification du cynique. Une fois cette question tranchée, il convient de souligner à quel point le rapprochement opéré par Plutarque était simplificateur, puisque Platon, dans sa *République*, stigmatise la liberté au lieu de la promouvoir, et n'élève pas l'autarcie en valeur centrale[3].

Une autre tradition associe sans ambiguïté les trois *Républiques*, mais, là aussi, en simplifiant Platon :

> Ils considèrent que les femmes doivent être communes entre les sages, de sorte que chacun aura commerce avec celle qu'il rencontre, comme le disent Zénon dans sa *République* et Chrysippe dans son traité *Sur la république*, tout comme Diogène le cynique et Platon. Nous aimerons tous les enfants d'égale façon comme si nous en étions le père, et la jalousie qui survient à cause de l'adultère sera supprimée[4].

Dans la mesure où nous sommes dans le livre VII de l'ouvrage de Diogène Laërce, exclusivement consacré aux doctrines stoïciennes, la

1. D. Babut (*Plutarque et le stoïcisme*, Paris, P.U.F., 1969, p. 201-202) estime qu'il s'agit de Diogène de Babylonie et non de Diogène le cynique, principalement parce que le stoïcien représentait une référence au sein de l'école dans le domaine de la philosophie politique et parce que Diogène le cynique n'est par ailleurs jamais évoqué par Plutarque comme un auteur. Mais, mis à part le fait que l'interprétation chronologique de l'énumération (Platon, Diogène, Zénon) semble la plus naturelle, le contexte nous incline à identifier le cynique et, en particulier, sa *République*.

2. *Vie de Lycurgue*, 31, 1, 1-2,5 (A. C. Pearson, *The Fragments of Zeno and Cleanthes, with introduction and explanatory notes*, London-Cambridge, C. J. Clay-Cambridge University Press, 1891, désormais cité « Pearson », 163 ; H. von Arnim, *Stoicorum Veterum Fragmenta*, 4 vols., Stuttgart, Teubner, 1903-1924, réimpr. 1968, désormais cité « *SVF* », I 263, fr. 8 et 261 ; R. Bees, *Zenons Politeia*, Leiden-Boston, Brill, 2011, désormais cité « Bees », 11 ; S. Husson, *La* République *de Diogène, Une cité en quête de la nature*, Paris, Vrin, 2011, désormais cité « Husson », G).

3. Cf. *R.* II, 369b, VIII, 557b-558c, 562b-c, mais peut-être Plutarque se faisait-il l'écho d'une tradition qui voyait dans ces trois auteurs des admirateurs des institutions spartiates.

4. Diogène Laërce, *Vies et doctrines des philosophes illustres*, dorénavant cités « D. L. », VII, 131 (Pearson 171, *SVF* I 269, fr. 15, Bees 5, Husson F), trad. fr. R. Goulet (Paris, Librairie générale française, 2000) dont nous avons supprimé les parenthèses du passage compris comme une glose : « (tout comme Diogène le cynique et Platon) ».

remarque sur Diogène et Platon apparaît plutôt comme une glose[1], d'autant plus que Platon n'a jamais prôné de promiscuité sexuelle sans entrave. Néanmoins, cette remarque témoigne du fait qu'un érudit a pu mettre les trois ouvrages en regard.

D'autres auteurs les ont associés deux à deux, surtout dans le cas des *Républiques* de Diogène et de Zénon, qui font l'objet d'un résumé commun chez Philodème[2] et dont une tradition, rapportée par Diogène Laërce, évoque un lien de filiation indirect : « [*Zénon*] fut donc auditeur de Cratès pendant un certain temps ; quand il écrivit sa *République*, quelques-uns dirent en plaisantant qu'il l'avait écrite sur la queue du chien (ἐπὶ τῆς τοῦ κυνὸς οὐρᾶς) »[3]. Zénon aurait donc écrit sa Πολιτεία, alors qu'il était élève du cynique Cratès, lui-même élève de Diogène. Or, comme la tradition ne rapporte pas de Πολιτεία écrite par Cratès, la formule suggère un ouvrage inspiré par celui de Diogène.

Par ailleurs, si aucun témoignage antique ne met directement en rapport les *Républiques* de Platon et Diogène, chez Plutarque la *République* de Zénon apparaît comme une critique de celle de Platon[4].

Néanmoins, bien qu'il soit apparu que les trois ouvrages ont des liens de parenté, leur statut s'est très tôt différencié, ce qui explique en partie que l'ouvrage de Platon nous soit parvenu intact, alors que pour ceux de Diogène et Zénon nous dépendons de fragments. À notre connaissance, il n'a pas, en effet, été question chez les Anciens de contester l'authenticité de la *République* de Platon, dont seule l'originalité a pu faire l'objet d'attaques[5], alors que les ouvrages homonymes de Diogène et de Zénon ont subi un tout autre sort.

1. Comme le signale, par exemple, R. D. Hicks dans son édition (London, Harvard University Press, réimpr. 1991, p. 234 *ad. loc.*, note a) et R. Goulet dans sa traduction, ce qui n'est pas le cas de M. Marcovich dans son édition (Stuttgart-Leipzig, Teubner, 1999). T. Dorandi, lui, publie l'incise entre parenthèses (Cambridge, Cambridge University Press, 2013).

2. Philodème, *Sur les stoïciens*, désormais cité « *De stoic.* », 7-8, XVIII 1-XXI 18 (*SSR* VB 126, Bees 3, Husson A).

3. D. L. VII, 4 (Pearson 171, *SVF* I, 2, Bees 15, Husson 12). Pour l'interprétation de l'expression ἐπὶ τῆς τοῦ κυνὸς οὐρᾶς, voir *infra* p. 18-20.

4. « Il [*Zénon*] a écrit contre la *République* de Platon », *Des contradictions des stoïciens*, cité désormais « *De Stoic. rep.* », 8, 1034 E (*SVF* I 260, fr. 5).

5. La *République* avait fait l'objet d'une diffusion du vivant de Platon, comme l'attestent plusieurs témoignages (*cf.* Y. Lafrance, *Pour interpréter Platon II*, Saint Laurent [Québec], Bellarmin, 1994, p. 34) et ne fait pas partie des écrits traditionnellement considérés comme inauthentiques (*cf.* D. L. III, 62). D'autre part, Favorinus et Aristoxène avançaient que la *République* de Platon avait été fortement inspirée par les *Antilogies* de Protagoras (D. L. III, 37 et 57).

Par on ne sait quelles voies – puisque le cynisme ne possédait pas d'institution scolaire capable d'assurer la transmission des textes – la mémoire, et sans doute la lecture, de la *République* de Diogène s'est longtemps conservée parmi les successeurs revendiqués du Chien, puisqu'au IIe s. ap. J.-C, au fin fond de la province romaine de Syrie, Oenomaus de Gadara composa, tout comme Diogène six siècles avant lui, des tragédies et une *République*[1].

La contestation de son authenticité est, de fait, venue de la Stoa : Philodème signale que certains stoïciens contemporains mettent en doute l'authenticité, non seulement de la *République* de Zénon, mais également de celle de Diogène[2]. C'est pourquoi l'épicurien choisit de consacrer le chapitre VI de son *Sur les stoïciens* à la démonstration de l'authenticité de l'ouvrage de Diogène, en collectant les occurrences des anciens stoïciens (Cléanthe, Chrysippe, Antipater) qui y font référence de façon élogieuse. Néanmoins les stoïciens dissidents du Ier s. av. J.-C. auxquels il s'oppose étaient peut-être eux-mêmes les héritiers d'une contestation des *Républiques* de Diogène et Zénon, née dans le cercle même des élèves de ce dernier, à savoir Persée et Philonide[3]. Le doute sur l'authenticité de la *République* de Diogène s'est également répandu chez les érudits : au IIe s. av. J.-.C, Sotion[4], auteur de *Successions*, produit une liste des ouvrages de Diogène excluant la *République*, tandis que le biographe Satyros de Callatis[5] estime

1. *Cf.* Souda οι 123, s.v. Οἰνόμαος = Texte 1 dans l'édition des fragments d'Œnomaus par A. Brancacci (« Liberta e fato in Enomao di Gadara » *in* A. Brancacci (dir.), *La filosofia in età imperiale*, Napoli, Bibliopolis, 2000, p. 66-67).

2. « Certains près de nous, s'écartant discrètement de l'école stoïcienne, ont des doutes, comme ils disent, aussi à propos de la *République* de Diogène », Philodème, *De stoic*., 6, col. XVI, 14-15 (*SSR* VB 126, Bees 12, Husson A).

3. Comme le suggère un fragment de l'*Histoire des stoïciens* de Philodème (*PHerc.* 1018, IV= *SVF* I 42, Bees 14, Husson E), très lacunaire et d'interprétation difficile (T. Dorandi, « Due note ercolanesi », *Zeitschrift für Papyrologie und Epigraphik* 45, 1982, p. 47-50, n. 1 et *Filodemo. Storia dei filosofi. La Stoà da Zenone a Panezio* [*PHerc.* 101], Leiden, Brill, 1994. *Cf.* S. Husson, *La* République *de Diogène*, *op. cit.*, p. 27, et M.-O. Goulet-Cazé, *Les* Kynika *du stoïcisme*, Stuttgart, Franz Steiner Verlag, 2003 (noté dorénavant « *Kynika* »), p. 20.

4. Sotion fut le premier auteur de *Successions*. On ne peut pas lui assigner d'appartenance doctrinale particulière (*cf.* R. Goulet, « Sotion d'Alexandrie », dans *Dictionnaire des philosophes antiques*, vol. 6, Paris, CNRS, 2016, p. 522 et p. 525).

5. S. Schorn estime que Satyros a composé ses biographies à la fin du IIe siècle ou au début du IIIe. Son atéthèse des œuvres de Diogène n'est pas attribuable à une influence stoïcienne, mais à son approche, aristotélicienne, de la biographie de Diogène : son mode de vie était incompatible avec une production littéraire (S. Schorn, « Satyros de Callatis », dans *Dictionnaire des philosophes antiques*, vol. 6, *op. cit.*, p. 135 et 138).

que tous les livres attribués à Diogène sont des faux. Telle sera aussi la position de l'auteur de *Successions*, Sosicrate de Rhodes[1].

Les premières contestations de l'authenticité de la *République* de Diogène vinrent donc des stoïciens qui n'acceptaient pas l'héritage cynique des premiers temps de l'école : en niant son existence, ils pouvaient, par association, jeter un doute sur celle de Zénon. Mais ce n'était que la solution la plus radicale par rapport aux stratégies argumentatives qui, tout en acceptant l'authenticité de l'ouvrage (et donc de son éventuel prototype diogénien), cherchaient à le défendre ou, en désespoir de cause, à en minorer la portée[2]. Or de telles stratégies étaient apparemment nécessaires, car de même que la *République* de Diogène était admirée par les premiers stoïciens[3], certains lecteurs de celle de Zénon la considéraient comme un ouvrage majeur, comme en témoigne Plutarque, qui écrit à son propos « ἡ πολὺ θαυμαζομένη πολιτεία τοῦ τὴν Στωικῶν αἵρεσιν καταβαλομένου Ζήνωνος », « la très admirée *République* de Zénon, le fondateur de l'école stoïcienne »[4]. Nous pouvons, d'autre part, être pratiquement sûrs qu'elle constituait encore une référence, à manier certes avec prudence, dans l'école d'Épictète, puisque ce dernier ne conteste pas la thèse de son interlocuteur qui avance que « les femmes sont naturellement communes à tous »[5], tout en refusant d'en déduire une autorisation de l'adultère. À l'inverse, pour Marc Aurèle, c'est l'ouvrage platonicien qui est spontanément évoqué comme modèle d'un idéal politique irréalisable : « N'espère pas la *République* de Platon, mais estime-toi satisfait, même d'une avancée minime, et de son résultat ne pense pas qu'il s'agisse d'une petite chose »[6].

La boucle est ainsi bouclée, la fin de l'Antiquité, délaissant la pensée utopique, ne conserve que le souvenir et l'autorité de la *République* platonicienne, celles de Diogène et de Zénon tombant dans l'oubli. En tout

1. D. L. VI 80 = *SSR* VB 128, Husson B.

2. *Cf.* Philodème, *De stoic.*, 2, IX, 1-XI, 25 (= Bees 12), M.-O. Goulet-Cazé, *Kynika*, p. 13-24.

3. *Cf.* Philodème, *De stoic.*, 6, XV, 12-XVII, 10 (*SSR* VB 126, Bees 12, Husson A).

4. Plutarque, *Sur la fortune ou la vertu d'Alexandre* I, 6, 329 A = Pearson 162, *SVF* I 262, fr. 7 ; Bees 1, Husson 8). Dans la *Vie de Lycurgue*, celle-ci apparaissait comme un ouvrage célébré, cf. *supra* p. 10-11.

5. Épictète, *Entretiens*, II, IV, 8.

6. *Pensées* IX, 29, 5. Néanmoins, on ne peut en déduire que Marc-Aurèle ignorait l'existence de la *République* de Zénon, dans la mesure où, à qui se voulait philosophe et se retrouvait à la place de gouvernant, il était naturel de penser à la *République* platonicienne : il est, en effet, peu probable que dans la république zénonienne des sages, il ait été question de rois ou de gouvernants, au sens traditionnel. Pour une étude approfondie de ce passage, voir, *infra* J.-B. Gourinat, « "N'espère pas la *République* de Platon", Remarques sur une maxime de Marc Aurèle », p. 211 *sq*.

cas, Diogène Laërce et Athénée sont les derniers auteurs connus à évoquer explicitement la *République* de Diogène[1]; celle de Zénon restera un peu plus longtemps dans les mémoires grâce aux premiers penseurs chrétiens.

Jean Chrysostome, en effet, associe dans une même condamnation les *Républiques* de Platon et de Zénon, auxquelles il reproche la promiscuité induite par la communauté des femmes[2], tandis que le rejet zénonien des temples et des statues, va, dégagé de son contexte, être invoqué par les chrétiens à la recherche d'autorités païennes à opposer aux païens eux-mêmes[3], quand le stoïcien n'est pas tout bonnement condamné pour cette doctrine désormais jugée coupable[4].

Quant à savoir si, aux côtés de l'ouvrage platonicien, la référence aux *Républiques* de Diogène et de Zénon s'est, en tant que telle, poursuivie du Moyen-Âge à l'époque moderne, malgré de belles études portant sur le cynisme et le stoïcisme[5], une recherche précise portant sur ces deux œuvres resterait à faire.

1. Athénée, *Deipnosophistes*, IV, 159c (= *SSR* VB 125, Husson D). Pour le cas du catalogue que l'on trouve dans les *Violarium* attribués à Eudocia (332 p. 245, 10-14 [= *SSR* VB 117, Husson C]), il dépend étroitement de Diogène Laërce, *cf.* S. Husson, *La* République *de Diogène*, *op. cit.*, p. 26.

2. *Homélies sur l'Évangile de saint Matthieu*, I 4 (= Pearson 163, *SVF* I, 262 fr. 7, Bees 8, Husson 19).

3. Clément d'Alexandrie, *Stromates*, V 12, 76,1 (= Pearson 164, *SVF* I, 264, fr. 9, Bees 9a, Husson 20); Origène, *Contre Celse*, I, 5 (= Pearson 164, *SVF* I, 265, fr. 10, Bees 9b, Husson 21); Théodoret, *Thérapeutique des maladies helléniques*, III, 74 (= Pearson 164 *SVF* I, 264, fr. 9, Bees 9c, Husson 23).

4. Épiphane, *Contre les hérésies*, III, 2, 9 (= Pearson 164, *SVF* I, 264, fr. 9, Bees, 18b, Husson 22).

5. Les études portant sur la réception pré-moderne et moderne de la *République* de Platon ne sont d'ailleurs pas si nombreuses. Voir par ex. A. Neschke-Hentschke, *Platonisme politique et théorie du droit naturel. Contributions à une archéologie de la culture politique européenne, I : Le Platonisme politique dans l'Antiquité*, éd. J. Follon, Louvain-Paris-Dudley, Peeters, 1995, vol. 2, Louvain-Paris-Dudley, Peeters, 2003, ou, plus largement, *Images de Platon et lecture de ses œuvres. Les interprétations de Platon à travers les siècles*, Louvain-Paris-Dudley, Peeters, 1997. Pour le cynisme, signalons S. Matton, « Cynicism and Christianity from the Middle Ages to the Renaissance » *in* R. Bracht Branham, M.-O. Goulet-Cazé, *The Cynics*, *op. cit.*, p. 240-264; M. Clément, *Le Cynisme à la Renaissance*, Genève, Droz, 2005; H. Roberts, *Dogs'tales representations of ancient Cynicism in French Renaissance texts*, Amsterdam-New York, Rodopi, 2006; H. Niehues-Pröbsting, *Der Kynismus des Diogenes und das Begriff des Zynismus*, Frankfurt, Zurhkamp, 1988 et « The Modern Reception of Cynicism : Diogenes in the Enlightenment », *in* B. Branham, M.-O. Goulet-Cazé, *The Cynics*, *op. cit.*, p. 329-365 et la thèse récente de K. Hayes, *Résurgence et transformation du cynisme au* XVIII*e siècle : la réception de Diogène dans les Lumières françaises*, Montréal, Université de Montréal, 2016. Enfin, pour le stoïcisme, B. Neymeyr, J. Schmidt, B. Zimmermann (eds.), *Stoizismus in der europäischen Philosophie, Literatur, Kunst und Politik. Eine Kulturgeschichte von*

Le renouveau des études historiques à la fin du XIXe s. permettra de faire émerger, malgré l'éclat du monument platonicien[1], un nouvel intérêt pour les ouvrages cynique et stoïcien. Tout d'abord, le travail d'édition des fragments de Zénon par Pearson en 1891 attirera inévitablement l'attention sur sa *République*[2], même si celle-ci n'incluait pas encore le témoignage central du *Sur les Stoïciens* de Philodème. Celui-ci avait néanmoins commencé à être exploité, notamment par Th. Gomperz en 1878 qui y voyait la confirmation de l'authenticité de la *République* de Diogène. Ce texte sera ensuite édité pour la première fois par W. Crönert en 1906[3]. Mais les savants antiquisants ne sont pas les seuls à relire ces témoignages. G. Adler en 1899[4] va présenter la *République* de Zénon comme l'un des ouvrages précurseurs de la pensée anarchiste, contrepoint libertaire à la pensée politique platonicienne ; cette interprétation sera reconduite par P. Kropotkine dans sa préface à *La Science Moderne et l'Anarchie* en 1901[5]. Dans toutes ces lectures, un témoignage de Plutarque joue un rôle central, car il permet de lire le projet de Zénon comme un projet politique

der Antike bis zur Moderne, Berlin-New York, De Gruyter, 2008 ; M. B. Ingham, *La vie de la sagesse. Le stoïcisme au Moyen Âge*, Paris, Le Cerf, 2007 ; A. Tarrête (dir.), *Stoïcisme et christianisme à la Renaissance*, Paris, Rue d'Ulm, 2006 ; J. Lagrée, *Le néostoïcisme. Une philosophie par gros temps*, Paris, Vrin, 2010.

1. Voir la bibliographie des études spécialisées sur la *République* de Platon par A. Larrivée, dans M. Dixsaut (dir.), *Études sur la* République *de Platon*, t. 2 « De la science, du bien et des mythes », Paris, Vrin, 2005, p. 297-330.

2. A. C. Pearson, *The Fragments of Zeno and Cleanthes*, with introduction and explanatory notes, London-Cambridge, C.J. Clay-Cambridge University Press, 1891. Pearson, tout en remarquant dans son introduction que la *Politeia* de Zénon est son œuvre la plus citée (p. 29-30), n'en dresse pas le catalogue explicite des fragments. Cependant, les principaux témoignages la concernant (mis à part le *Sur les stoïciens* de Philodème) sont regroupés dans les fragments 162-168, et les notes mettent en valeur les parallèles avec la tradition cynique ; H. von Arnim en 1905 dressera le répertoire des fragments de la *Politeia* de Zénon (*Stoicorum veterum fragmenta* I, ed. stereotypa Stuttgart, Teubner, 1964, p. 72).

3. Th. Gomperz, « Eine verschollene Schrift des Stoikers Kleanthes, der *Staat* und die sieben Tragödien des Cynikers Diogenes », *Zeitschrift für die österreichischen Gymnasien* 29, 1878, p. 252-256 ; W. Crönert, « Die Politien des Zenon und des Diogenes », *Kolotes und Menedemos. Studien zur Paleographie und Papyruskunde VI*, 1906, p. 53-67 ; les éditions contemporaines du *De stoicis* de Philodème sont R. Giannattasio Andria, « Diogene cinico nei papiri ercolanesi », *Cronache Ercolanesi* 10, 1980, p. 129-151 et T. Dorandi, « Filodemo. Gli Stoici (*PHerc.* 115 e 339) », *Cronache Ercolanesi* XII, 1982, p. 91-133.

4. G. Adler, *Geschichte des Sozialismus und Kommunismus von Plato bis zur Gegenwart*, t. 1, Leipzig, Hirschfeld, 1899, p. 46-52.

5. P. Kropotkine, *La science moderne et l'anarchie*, Paris, P.-V. Stock & Cie, 1901, 2e éd. 1913 (trad. fr. du russe). On retrouve la même analyse dans l'article « Anarchism », de la 11e éd. de *l'Encyclopedia Britannica*, New York, 1905, vol 1, p. 914-919.

universaliste qui pouvait entrer en résonance avec les idéaux révolutionnaires du XIXe siècle, et plus généralement les idéaux cosmopolitiques :

> Et la très admirée *République* de Zénon, le fondateur de l'école stoïcienne, tend principalement vers un seul objectif : que nous ne vivions pas dans des cités ni des dèmes, chacun séparé par des normes particulières, mais que nous pensions que tous les hommes sont nos compatriotes et concitoyens et qu'il n'y ait qu'une seule vie et qu'un seul ordre, comme un troupeau paissant ensemble et nourri par une loi commune. Cela Zénon l'écrivit et le représenta comme le rêve ou l'image du bon ordre et de la bonne république philosophique tandis qu'Alexandre ajouta aux écrits les actes [1].

Lestées de ces nouveaux enjeux, les *Républiques* de Diogène et de Zénon purent poursuivre leur carrière à côté de leur grande sœur platonicienne [2]. Il faudra néanmoins attendre l'année 2011 pour que paraissent deux monographies qui leur sont exclusivement consacrées, celle de S. Husson, *La* République *de Diogène. Une cité en quête de la nature* [3] et de R. Bees, *Zenons* Politeia [4].

AUTOUR D'UNE INTERPRÉTATION RÉCENTE

À propos de ce dernier ouvrage, nous évoquerons ici un débat entre R. Bees et M.-O. Goulet-Cazé qui s'est tenu lors du colloque dont nous

1. Plutarque, *Sur la fortune ou la vertu d'Alexandre* I, 6 329 A-B (= Pearson 162, *SVF* I 262, fr. 7, Bees 1, Husson 8). L'authenticité du discours *Sur la fortune ou la vertu d'Alexandre* avait été contestée par J. Kaerst, *Geschichte des Hellenismus*, II, 2e éd., Leipzig-Berlin, Teubner, 1926 (cité par Ch. Froidefond dans *Plutarque. Œuvres Morales*, t. 5, 1re partie, Paris, Les Belles Lettres, 1990, p. 73, n. 9), mais cette hypothèse a été abandonnée par les auteurs les plus récents (*ibid.*, p. 89-95).

2. Sans pouvoir les citer tous, signalons cependant quelques ouvrages marquants : pour la *République* de Diogène, l'édition et le commentaire de ses fragments par G. Giannantoni (*SSR* II, P. 284-287 ; IV, 464-466) ; l'article de T. Dorandi, « La *Politeia* de Diogène de Sinope et quelques remarques sur sa pensée politique », dans M.-O. Goulet-Cazé, R. Goulet (éd.). *Le cynisme ancien et ses prolongements, Actes du colloque international du C.N.R.S. (Paris 22-25 juillet 1991)*, Paris, P.U.F., 1993, p. 57-68, ainsi que son édition du *Sur les stoïciens* de Philodème, déjà citée. Pour la *République* de Zénon, Von Arnim va repérer ses fragments : *SVF* I, p. 72, il sera suivi par N. Festa, *I frammenti degli Stoici antichi*, vol. 1, Bari, Laterza, 1932, p. 9-25. En ce qui concerne leur interprétation, signalons H. C. Baldry, « Zeno's Ideal State », *The Journal of Hellenic Studies* 79, 1959, p. 3-15 ; M. Schofield, *The Stoic Idea of the City*, Cambridge, Cambridge University Press, 1991 et M.-O. Goulet-Cazé, *Kynika*, *op. cit.* Pour des bibliographies plus complètes, voir les deux monographies citées.

3. S. Husson, *Une cité en quête de la nature*, *op. cit.* Voir *supra* p. 11, n. 2.

4. R. Bees, *Zenons, Politeia*, Leiden-Boston, Brill, 2011.

publions ici les actes[1]. Robert Bees a entrepris une relecture de l'ouvrage de Zénon à partir de deux thèses centrales : tout d'abord, celui-ci ne doit pas être considéré comme un ouvrage de jeunesse influencé par le cynisme, mais, au contraire, comme une œuvre centrale dans la constitution du système stoïcien ; ce dernier doit, d'autre part, être réinterprété de façon radicale. En effet, la doctrine de l'*oikeiôsis* (l'appropriation[2]), ne doit pas être comprise comme la description du développement éthique de l'individu qui au cours de sa vie morale passe de l'attachement à soi, à l'attachement aux proches, et enfin à tout être rationnel, mais l'*oikeiôsis* relève bien plutôt de la physique et montre comment, à travers les individus, la nature poursuit le dessein de se conserver elle-même et en quelque sorte approprie les individus à cette fin (en particulier la conservation de l'espèce) qui les dépasse[3]. Les aspects les plus énigmatiques de l'ouvrage de Zénon peuvent ainsi s'expliquer à partir de cette « forme de vie cosmo-biologique » dont la *Politeia* constitue un exposé fondateur[4].

De ces deux grands principes herméneutiques découlent un certain nombre de positions à contre-courant. Tout d'abord, lorsque Diogène Laërce précise que la *Politeia* de Zénon a été écrite ἐπὶ τῆς τοῦ κυνὸς οὐρᾶς (D. L. VII, 4= *SVF* I, 2), il ne faut pas du tout y voir une allusion au cynisme : à l'origine, la Κυνόσουρα désignait la Petite Ourse, constellation connue comme le point de repère nautique utilisé par les Phéniciens. Or Zénon, lui-même phénicien, aurait été associé à la Petite Ourse par Aratos, comme en témoigne un passage des *Académiques* de Cicéron qui, est, en fait une allusion au fondateur du stoïcisme pour qui le sage n'a pas d'opinions[5] :

1. R. Bees a présenté dans sa communication « Zenons *Politeia.* Eine neue Deutung » les principaux axes de son interprétation. M.-O. Goulet-Cazé lui a répondu (« À propos de deux interprétations divergentes des *Républiques* de Diogène et de Zénon »), une réécriture de cette communication est parue sous le titre : « De la *République* de Diogène à la *République* de Zénon », dans son recueil d'articles *Le cynisme, une philosophie antique*, *op. cit.*, p. 545-606.

2. *Cf. SVF* III, 178-188.

3. Cette nouvelle interprétation de l'*oikeiôsis* est développée *in* R. Bees, *Die Oikeiosislehre der Stoa. I. Rekonstruktion ihres Inhaltes*, Würzburg, Königshausen & Neumann, 2004. L'un des arguments de l'auteur est que dans les fragments où il est présent pour décrire l'appropriation (*SVF* III 183, 185), le verbe οἰκειοῦσθαι a le sens d'un passif, et non pas d'un moyen, ce qui montre que ce n'est pas l'individu qui s'approprie, mais la nature qui l'approprie à elle-même – c'est la nature qui est sujet, et non pas l'homme (« *Sie ist Subjekt, nicht der Mensch* », R. Bees, *Zenons, Politeia*, *op. cit.*, p. 3).

4. *Ibid.* p. 1-6 et 96 *sq.*

5. Cf. *SVF* III, 548-553. D'autre part, Aratos, lui-même auditeur de Zénon, lorsqu'il oppose la Grande Ourse, étoile d'après laquelle naviguent les Grecs, à la Petite Ourse, constellation d'après laquelle se repèrent les Phéniciens (*Les phénomènes* 36 *sq.*), fait allusion à Zénon. *Cf.* R. Bees, *Zenons, Politeia*, *op. cit.* p. 9-15.

> *Ego vero ipse et magnus quidam sum opinator (non enim sum sapiens) et meas cogitationes sic dirigo, non ad illam parvulam Cynosuram, qua, « fidunt duce nocturna Phoenices in alto », ut ait Aratus.*
>
> Je suis moi-même dans une certaine mesure un grand opinateur (car je ne suis pas un sage) et je dirige le cours de ma pensée ainsi : non pas d'après la minuscule « queue du chien » sur laquelle « se guident les Phéniciens en haute mer la nuit », comme le dit Aratos. (Cic. *Ac.* II, 66)

Ainsi, l'ouvrage n'a pas été écrit « sur la queue du chien », mais « sous la dépendance[1] de la constellation de la Petite Ourse », c'est-à-dire sous celle de Zénon. Cette locution a ensuite été reprise par Diogène Laërce – et plus largement, par les stoïciens désireux de rattacher le stoïcisme à Socrate par le biais du cynisme – dans le sens d'une allusion à Cratès, et donc aux années de jeunesse de Zénon, ce qui leur permettait ainsi de minorer l'héritage scandaleux de sa *Politeia*[2].

D'autre part, la promotion de l'inceste et de l'anthropophagie s'insère de façon cohérente et positive dans le système de la nature. Ainsi, la promiscuité des sages est un modèle pour tous les hommes en chemin vers le *telos*, car ceux-ci, en vertu de l'*oikeiôsis*, forment un même troupeau[3]. Le but des relations sexuelles libres est alors d'éradiquer la jalousie et de réaliser l'*homonoia* (la concorde) de l'humanité[4]. Quant à l'inceste, Zénon le prône, non pas à titre d'expédient exceptionnel, mais parce qu'il partage avec le mazdéisme la conviction que cette pratique permet d'engendrer des enfants plus vigoureux, ce qui le rend ainsi conforme aux exigences cosmologiques de l'*oikeiôsis*[5]. Il en va de même du cannibalisme, ou plutôt la mise à mort et l'ingestion des personnes âgées que nous trouvons dans les témoignages (patro-cannibalisme); celui-ci a pour fonction de perpétuer l'unité de la communauté et de la vie en général[6].

À cette nouvelle interprétation répond celle de M.-O. Goulet-Cazé en soulignant tout d'abord ce qui les unit, à savoir l'admission de l'authenticité

1. Ce qui implique qu'ἐπί suivi du génitif n'ait pas en D. L. VII, 4 le sens courant de « sur », mais le sens beaucoup plus rarement attesté de « sous la dépendance de » (*cf.* H. G. Liddell, R. Scott, *A Greek-English Lexicon*, rev. and augm. Sir H. Stuart Jones, with the assistance of. R. McKenzie., Oxford, Clarendon Press, 1996, *ad loc*, A, I, 2), *ibid.*, p. 12, n. 28.

2. Cf. *Zenons, Politeia*, *op. cit.*, p. 26

3. *Cf.* Plutarque, *Lycurgue* 31 (= *SVF* I 261, 263) et le commentaire par R. Bees, *Zenons, Politeia*, *op. cit.*, p. 105-111.

4. *Zenons, Politeia*, *op. cit.*, p. 141-142.

5. *Ibid.*, p. 148 *sq*.

6. *Ibid.*, p. 199-203.

des *Républiques* de Diogène et de Zénon[1]. Néanmoins, l'auteure relève de nombreux points de divergence. Tout d'abord, l'interprétation de l'expression ἐπὶ τῆς τοῦ κυνὸς οὐρᾶς dans le sens de « sous la dépendance de la Petite Ourse », repose entièrement sur la possibilité de donner à la proposition ἐπί suivie du génitif un autre sens que celui de « sur ». Or les références alléguées par Liddell-Scott-Jones et reprises par R. Bees[2] se révèlent peu convaincantes, car elles peuvent aussi admettre le sens de « sur ». Plus largement, il n'y a pas lieu de minorer l'importance du cynisme dans la formation de Zénon, puisque, entre autres arguments, celui-ci écrivit deux ouvrages, *Les Mémorables de Cratès* et *Les Chries*, qui se référaient explicitement à son maître[3] ; ni, non plus l'influence de la *République* de Diogène sur celle de Zénon, car, mis à part les thèmes qu'elles ont en commun, Zénon a pris acte de la déconstruction cynique des tabous qui y était exposée et a en général appris du cynisme « à décaper la morale de tout ce qui n'est pas la vertu »[4].

Au-delà de la question de la signification du cynisme et de son influence sur le stoïcisme, ces deux auteurs divergent aussi radicalement sur l'interprétation de ce que M.-O. Goulet-Cazé a nommé les « *kynika* du stoïcisme », ces thèmes scandaleux censés être présents dans les deux *Républiques*[5] : alors que R. Bees estime que ces conduites sont prônées de façon positive dans la cité des sages en vertu des exigences de l'*oikeiôsis* interprétée dans un sens cosmologique, M.-O. Goulet-Cazé, adoptant pour sa part l'interprétation éthique traditionnelle de ce concept[6], estime que ces comportements n'étaient pas, du point de vue de Zénon, destinés à devenir habituels dans une cité composée de sages ou d'aspirants à la sagesse, mais qu'ils faisaient partie pour lui des convenables selon les circonstances, à n'adopter que dans des situations exceptionnelles. Par exemple, l'inceste ne devait être pratiqué qu'en cas de menace d'extinction de l'humanité, et la consommation de la chair humaine qu'en cas de famine[7].

Ainsi, selon M.-O. Goulet-Cazé, la distinction entre les convenables non dépendants des circonstances et les convenables dépendant des

1. M.-O. Goulet-Cazé, *Kynika*, *op. cit.*, p. 546-550.

2. À savoir, Hérodote VII, 188 et Sophocle, *Œdipe à Colone*, v. 746, *cf.* M.-O. Goulet-Cazé, *Kynika*, *op. cit.*, p. 552-553 et *supra* p 19, n. 1.

3. M.-O. Goulet-Cazé, *Kynika*, *op. cit.*, p. 557.

4. *Ibid.*, p. 581.

5. Essentiellement, l'autorisation de l'amour libre sans distinction d'âge ni de sexe, ainsi que l'autorisation de l'inceste et l'anthropophagie, cf. *ibid.*, p. 11-98.

6. M.-O. Goulet-Cazé, « De la *République* de Diogène à la *République* de Zénon », art. cit., p. 574-575.

7. *Ibid.*, p. 595-600.

circonstances n'est pas le résultat d'un effort de stoïciens postérieurs désireux d'intégrer l'héritage de la *République* zénonienne[1], mais remonte à Zénon lui-même qui voulait reconduire la déconstruction cynique de certains tabous (puisque le cynisme avait montré leur indifférence eu égard à la vertu) tout en n'instaurant pas de coupure radicale entre les cités constituées et les cités des sages. L'interdiction de l'inceste et de l'anthropophagie fait alors, dans la *République* de Zénon, partie des convenables qui s'imposent, sauf circonstances exceptionnelles, non seulement dans les cités constituées, mais aussi dans les cités de sages. Ainsi, ces passages attribués aux premiers stoïciens, que nous prenons pour une apologie d'actes traditionnellement tabous, ne visent pas à montrer en quoi les sages devront ou pourront les pratiquer dans leur république, mais comment, alors que l'opinion commune les considère comme des maux, ce sont, en fait, des indifférents qui peuvent, dans certaines circonstances exceptionnelles se révéler conformes à la nature, comme le montre ce passage capital d'Origène :

> Les Grecs aussi ont cherché la nature des biens, des maux et des indifférents. Ceux d'entre eux qui en ont le mieux traité font dépendre les biens et les maux du seul libre choix (προαιρέσει μόνῃ) ; ils disent indifférentes au sens propre toutes les choses qui sont recherchées indépendamment du libre choix (προαίρεσις) : le libre choix en use-t-il comme il le faut (δεόντως), il est louable ; dans le cas contraire il est blâmable. Les Grecs disent, *dans le lieu consacré aux indifférents*, que s'unir à sa fille est au sens propre indifférent, quoiqu'il ne faille point le faire dans les sociétés constituées. Par manière d'hypothèse (ὑποθέσεως χάριν), pour montrer le caractère indifférent d'un tel acte, ils ont supposé le cas d'un sage, laissé avec sa fille seule après la destruction de tout le genre humain et ils se demandent s'il serait convenable (καθηκόντως) que le père s'unît à sa fille pour éviter, d'après l'hypothèse, la perte du genre humain tout entier[2].

De ce passionnant débat un résultat ressort : la *République* de Zénon gagne à être comprise, non pas comme une pochade cynicisante, mais comme un ouvrage pleinement stoïcien, voire comme un ouvrage fondateur du stoïcisme, dans la mesure où les premiers successeurs de Zénon (Cléanthe et Chrysippe) en ont validé les thèses. Dans cette perspective, la théorie des convenables est effectivement centrale. Toute disposition législative, en effet, dans la mesure où elle ne peut réguler que les choses ou les comportements extérieurs fait partie d'un point de vue stoïcien des

1. Contrairement à ce que M.-O. Goulet-Cazé suggérait dans *Les* Kynika *du stoïcisme*, *op. cit.*, p. 105-111, thèse qui sera révisée dans « De la *République* de Diogène à la *République* de Zénon », art. cit., p. 600-601.

2. Origène, *Contre Celse*, IV 45, 17-30 Borret (*SVF* III 743), trad. fr. M.-O. Goulet-Cazé, dans « De la *République* de Diogène à la *République* de Zénon », art. cit., p. 595-596.

indifférents, par opposition à la vertu et au vice, ces états internes à l'âme déterminant le seul bien et le seul mal. Néanmoins entre ces indifférents le sage devra rationnellement choisir, en déterminant, en chaque occurrence, ce qui est convenable, c'est-à-dire ce qui est rationnellement conforme à la nature[1]. Or, la question qui sépare ces deux interprétations de la *République* de Zénon se pose à propos des actes faisant couramment l'objet d'interdits fondamentaux (interdits levés dans la *République* de Diogène) : sauf circonstances exceptionnelles, cette conduite est-elle, en général, conforme à la nature ? R. Bees estime que oui, alors que M.-O. Goulet-Cazé donne la réponse inverse.

Pour notre part, tout en partageant avec M.-O. Goulet-Cazé l'idée que le cynisme a joué chez Zénon un rôle déterminant dans l'élaboration de sa distinction entre la vertu et les indifférents, nous voudrions néanmoins soulever ici une objection. Pour que l'anthropophagie et l'inceste puissent être considérés par Zénon et les premiers stoïciens comme des pratiques qui ne sont autorisées que dans des circonstances exceptionnelles, il faudrait pouvoir trouver des arguments qui montrent que dans tous les autres cas, ceux-ci ne sont pas conformes à la nature. Or les arguments attestés chez ces auteurs vont exactement en sens inverse. Quelles que soient les réticences que nous pouvons légitimement avoir à les envisager, tant ces raisonnements gardent jusqu'à nos jours leur force symbolique, il faut néanmoins convenir qu'ils tendent plutôt à démontrer qu'ils sont commandés par la nature en général (*hôs epi to polu*, comme dirait Aristote) et non dans des circonstances exceptionnelles.

Si nous envisageons, par exemple, la justification zénonienne de l'inceste d'Œdipe :

> Si sa mère est dans un état de faiblesse et qu'Œdipe frotte avec ses mains quelque autre partie de son corps, il lui est utile (ὠφέλει) et cela n'est en rien honteux ; mais si, après avoir mis fin à sa douleur, il frotte d'autres parties et il lui fait du bien, et s'il produit, issus de sa mère, de beaux enfants, est-ce honteux ?[2]

Ce raisonnement métonymique met en avant une indifférence eu égard au plaisir et à la douleur d'une partie du corps par rapport à l'autre, les parties génitales ne constituant pas une exception particulière : la tendance qui fait désirer l'apaisement de la douleur est moralement identique pour n'importe quelle partie du corps ; d'autre part, cette tendance est naturelle,

1. Cf. *SVF* I, 117-123, 491-495.

2. Sextus, *Esquisses pyrrhoniennes*, III 246 (*SVF* I, 256), trad. fr. M.-O. Goulet-Cazé, « De la *République* de Diogène à la *République* de Zénon », art. cit., p. 592.

c'est-à-dire qu'il est, sauf circonstances exceptionnelles, conforme à la nature d'apaiser une partie douloureuse du corps d'autrui quel qu'il soit, et ceci même si cet apaisement implique un frottement des parties génitales, preuve en est la naissance d'enfants (*gennaious*). À partir de cette métonymie, on pourrait même poursuivre en incluant l'inceste dans le devoir filial de masser le corps de sa mère souffrante, tout en conservant l'interprétation traditionnelle de l'*oikeiôsis*. L'argument, aussi scandaleux et inacceptable soit-il, démontre bien que masturber sa mère consentante ou s'unir à elle est, en tant que tel, conforme à la nature, non pas dans des circonstances exceptionnelles, mais à chaque fois que l'occasion se présente. Pour que l'on puisse envisager que cet acte soit néanmoins interdit dans une cité de sages, il faudrait pouvoir trouver une raison supplémentaire qui puisse en justifier l'interdiction. S'il s'agissait d'un convenable selon les circonstances, l'argument aurait consisté à montrer, non pas qu'il est commandé par la nature, mais que bien que la nature commande en général l'inverse, dans cette circonstance exceptionnelle, elle en impose l'accomplissement. C'est exactement ce que nous trouvons chez Origène, dans le passage précédemment cité : pour démontrer que l'inceste peut ne pas être condamnable, il faut recourir à une situation hypothétique, celle du risque de la fin du genre humain, ce qui montre que ce raisonnement considère que dans toutes ou presque toutes les autres situations l'inceste, bien qu'il fasse partie des indifférents, est contraire au convenable. Il semble donc à première vue que le raisonnement de Zénon et celui qui est attribué aux Grecs par Origène ne font pas partie de la même tradition, mais que celui de Zénon tend à montrer que l'inceste fait partie des convenables qui ne dépendent pas des circonstances, alors que les stoïciens évoqués par Origène ont besoin d'une circonstance hypothétique pour faire de l'inceste un convenable.

Un signe supplémentaire de leur éloignement peut se trouver aussi dans le fait que, chez Zénon, ce qui justifie en premier l'union sexuelle est la cessation de la douleur, alors que dans l'argument rapporté par Origène, c'est la reproduction. Indépendamment de la question de savoir si la distinction entre les convenables indépendants des circonstances et les convenables dépendants des circonstances remonte ou non à Zénon, on peut dire que l'invocation de ce couple conceptuel pour faire de l'inceste un convenable dépendant des circonstances ne remonte pas à Zénon, car si l'acte sexuel incestueux est aussi conforme à la nature qu'un massage, pourquoi faudrait-il attendre que l'humanité risque de disparaître pour le pratiquer ? Certes on peut utiliser ces deux arguments pour démontrer qu'il s'agit d'un indifférent, mais certainement pas dans le même ouvrage. Ainsi, faute de trouver un argument zénonien démontrant que l'inceste n'est en général pas conforme à la nature, il faut bien admettre qu'il est pour lui, un convenable indépendant des circonstances.

Il en va de même pour l'argumentation en faveur de la consommation de chair humaine :

> Dans son ouvrage *Sur le devoir*, Chrysippe, à propos de la sépulture des parents, dit expressément : « Lorsque nos parents sont décédés, il faut utiliser les sépultures les plus simples parce que le corps, à l'instar des ongles, des dents ou des cheveux, n'est rien pour nous, et que nous n'avons pas besoin de lui accorder tant de soin ou de considération. C'est pourquoi, si les viandes sont utiles (χρησίμων), les hommes s'en serviront pour se nourrir, de même qu'il leur appartient de faire usage de leurs propres membres, par exemple d'un pied qui a été coupé, et d'autres parties semblables. En revanche si les viandes sont inutiles (ἀχρείων), soit, après les avoir enterrées, ils ne s'en occuperont plus, soit, après les avoir brûlées, ils laisseront les cendres, ou encore, après les avoir jetées au loin, ils n'y prêteront aucune attention comme si c'était un ongle ou des cheveux »[1].

Ce qui est conforme à la tendance naturelle est de se nourrir avec toute chair comestible. Or si la chair humaine s'avère comestible, rien dans la nature n'impose de l'éviter, ni de la rechercher non plus. Consommer de la chair est un convenable, et donc *a fortiori* fait partie des indifférents, mais choisir pour cela de la chair non humaine ou humaine est un pur indifférent, puisque toutes deux sont également comestibles. Lorsque Chrysippe recommande de se nourrir des parties comestibles du corps dont nous aurions été amputés, il n'est nullement question de circonstances exceptionnelles, ni de famine. De plus, nous retrouvons ici un raisonnement métonymique : ce qui est valable pour n'importe quelle partie d'un cadavre comestible animal l'est pour les cadavres humains, qu'il s'agisse de parties du corps propre ou de celles de proches décédés. Pour démontrer que ce n'est convenable qu'en circonstance de famine, il faudrait trouver dans la nature une raison supplémentaire qui l'interdirait. Or, à partir du moment où cette chair n'est pas issue d'un meurtre, quelle pourrait être cette raison ?

Dans l'exemple de convenable dépendant des circonstances (le sage peut enlever à quelqu'un sa nourriture pour ne pas mourir de faim, ou son vêtement pour ne pas mourir de froid à condition qu'il agisse en vue de

1. Sextus, *Esquisses pyrrhoniennes*, III, 247-248 = *Contre les savants*, XI 194 (*SVF* III, 752), trad. fr. M.-O. Goulet-Cazé, « De la *République* de Diogène à la *République* de Zénon », art. cit., p. 594, voir aussi *Contre les savants*, XI, 192 (*SVF* III, 748) et Plutarque, *Sur la consommation de viande*, II 3, 997 E (*SVF* III, 749).

l'intérêt général[1]), choisi chez Cicéron par M.-O. Goulet-Cazé pour tenter de donner une réponse à cette question, en invoquant la circonstance de la famine, l'argument vise à montrer, non pas que l'acte, en général condamnable, est l'accomplissement d'une tendance naturelle, mais son contraire. L'*oikeiôsis*, en effet, nous invite à ne pas distinguer ce qui nous est propre et ce qui est propre à l'ami ou à tout être humain – la tendance naturelle donc est de ne pas priver quelqu'un de sa nourriture[2], mais les circonstances exceptionnelles (ici l'intérêt général) peuvent conduire à passer outre. Il ne s'agit pas de démontrer ici que cet acte est un indifférent mais que ces circonstances exceptionnelles le rendent conforme à l'*oikeiôsis*. Autrement dit, il s'agit d'un indifférent en général contraire au convenable, qui peut exceptionnellement devenir convenable, alors que l'argumentation chrysipéenne démontrait, au contraire, que la consommation de chair humaine est conforme à la nature, et non qu'elle a besoin d'une circonstance exceptionnelle pour le devenir.

Ainsi, si nous en croyons donc les arguments attestés chez les premiers stoïciens, dont nous pouvons raisonnablement penser qu'ils dérivent de la *République* de Zénon, le cas de l'inceste et celui de l'anthropophagie sont tous deux des convenables indépendants des circonstances. L'argument naturaliste qui démontrerait qu'ils ne sont pas en général convenables (et donc ne peuvent le devenir que de façon exceptionnelle) ne se trouve pas dans les témoignages relatifs au premier stoïcisme et reste donc à produire. Tant que cet argument fera défaut, force est d'admettre que pour Zénon l'inceste et l'anthropophagie seraient couramment pratiqués dans la cité des sages.

Suzanne HUSSON, Sorbonne Université
Centre Léon Robin (UMR 8061), Labex RESMED.

1. Par exemple pour tuer un tyran : Cicéron, *Des fins des biens et des maux*, III, 29-30, *cf.* M.-O. Goulet-Cazé, « De la *République* de Diogène à la *République* de Zénon », art. cit., p. 597.

2.« Si tu as enlevé quelque chose à un homme qui n'est utile à aucun égard, en vue de ton utilité propre, tu as agi de façon inhumaine et contre la loi de la nature », Cicéron, *Les devoirs*, III, 30, trad. fr. M. Testard, Paris, Les Belles Lettres, 1970.

RÉSUMÉ DES CONTRIBUTIONS

Les trois premières contributions entreprennent de lire la trilogie des trois *Républiques* en questionnant son origine. Une seule origine – Platon ? Ou bien, en deçà de la *République* platonicienne, la pensée socratique ? Alors que Franco Trabattoni pose la question à un niveau général, Christopher Rowe prend appui sur un passage de la *République* de Platon. Louis-André Dorion, quant à lui, se concentre sur la question de l'autarcie.

F. Trabattoni dans « L'interprétation de l'héritage de Socrate dans les *Républiques* de Platon, Zénon (et Diogène) » entend considérer les trois *Républiques* dans la perspective du double héritage socratique, selon que Socrate est le père des socratiques mineurs et du Socrate « pratique » de Xénophon, ou le « Socrate de Platon et Aristote ». Cette perspective permettrait de comprendre la nature scandaleuse de la *République* de Zénon.

Selon plusieurs spécialistes, Zénon dans sa *République* aurait pour but de corriger la *République* de Platon. Du point de vue de Zénon, seule l'attitude du sage peut conférer le caractère du bien aux choses. Il s'agit ainsi avec Zénon de pratiquer immédiatement la vertu. De Platon à Zénon, la différence réside entre théorie du bien et figure du sage, entre l'Idée du bien et l'incarnation du bien. De même, Socrate est un modèle soit parce qu'il connaît le bien, soit parce qu'il incarne la vertu.

Remodelant l'interprétation qui consiste à dire que Platon dans la *République* bâtit une cité où Socrate aurait pu vivre sans être persécuté ni condamné à mort, F. Trabattoni affirme que le but de Platon est de sauver la plupart des citoyens non sages, autrement dit la cité tout entière. Zénon cherche dans sa *République* à construire une cité confortable pour le sage, là où Platon cherche à élaborer une cité où philosophes et non-philosophes vivent une vie bonne – ainsi la vertu ce n'est pas seulement « faire (un bon) usage », contrairement à ce qu'affirment les stoïciens. Leur cité ne serait pas une cité pour Platon, ou n'est une cité que par le nom : l'on ne peut y faire de politique, car il est impossible d'y opérer une traduction technique du bien idéal dans la pratique. En effet, pour Platon, seuls les philosophes sont capables de politique, et ce savoir doit se reconnaître, et non pas se cacher dans les profondeurs invisibles de l'intention stoïcienne. Le sage stoïcien, lui, n'a aucun rôle politique à jouer dans la cité platonicienne.

À l'inverse, le modèle de sage de Zénon dans sa *République* serait le Socrate de Xénophon, et non pas celui de Platon. L'erreur de Platon selon Zénon est de s'être fondé sur une théorie du bien pour définir et organiser la vie bonne du point de vue éthique et politique. Or, excepté la vertu intérieure, point de bien absolu. Ainsi le seul moyen de définir la vie bonne est de trouver le modèle du sage qui convient et Platon n'a pas vu que Socrate l'incarnait. Zénon a précisément voulu montrer avec ses attitudes scandaleuses que l'important n'est pas d'imiter ce que le sage fait, puisqu'il n'y a rien de bien ou de mal en soi, et que n'importe qui peut le devenir selon son attitude intérieure. De manière générale, l'autarcie caractéristique du sage stoïcien et cynique repose sur une certaine interprétation de Socrate, qui n'est pas celle de Platon.

Dans « The Four Republics », Christopher Rowe voit une quatrième république en germe dans le livre II de la *République* de Platon. C'est cette quatrième République qui pourrait bien servir de modèle à Diogène et Zénon. Cette cité, la première dans la *République* (369a-372d), est une cité d'égaux ; les membres de cette cité sont sages. Il n'est pas impossible que Diogène et Zénon aient interprété cette première cité de cette manière. Ceci explique pourquoi Diogène et Zénon ne se sont pas intéressés aux livres centraux de la *République*, c'est-à-dire aux questions de sélection et de formation des philosophes-rois et des philosophes-reines ; ils ne s'intéressent pas à la question de savoir comment la sagesse ou la philosophie pourrait gouverner les cités existantes, mais se demandent bien plutôt quel genre de cité adviendrait si tous ses membres étaient également éclairés à propos des fins de la vie et quel genre de cité refléterait et atteindrait ces fins – questions qui d'ailleurs ont été posées et traitées dans une partie beaucoup plus petite de la *République* de Platon, celle justement où Socrate s'occupe de la « première cité ». Les questions politiques qui intéressent Diogène et Zénon sont donc celles dont traite cette partie de la *République* de Platon qui contient la quatrième République.

Il est en effet indiscutable que Socrate distingue deux cités, la première décrite comme complète, véritable et saine, la deuxième caractérisée par l'enflure du luxe. Socrate l'introduit en raison de l'insistance de Glaucon, mais cette cité permet aussi d'identifier justice et injustice. Or, à la différence de Diogène et Zénon, les commentateurs modernes sont étonnés par la préférence exprimée par Socrate pour la première cité, parce qu'ils considèrent que la cité que Socrate va ensuite élaborer tout au long des livres suivants est la bonne, celle que Socrate veut réellement recommander. La première cité est inférieure à la *kallipolis*, selon les termes de C. McKeen, mais en quoi ? Elle échouerait à instituer un mécanisme de régulation des désirs humains. Cependant, il n'est pas sûr que Socrate soit persuadé que chacun succombera tôt ou tard à ses désirs. D'autre part, cette première cité semble limitée. Qu'en est-il des désirs élevés ? Elle permettrait une vie orientée par la satisfaction des désirs fondamentaux, mais Socrate verrait-il cela comme un idéal ?

Cette première cité a déjà introduit la règle « à chacun sa place », qui sera fondamentale dans l'analyse que Socrate donnera de la justice au livre IV. Elle a ainsi déjà accompli ce pas décisif dans la route vers la justice, et c'est bien ainsi que Socrate la considère. Elle offre aussi le premier texte d'analyse économique dans l'Antiquité.

Approuvée par Socrate, cette première cité se caractérise également par le fait que ses membres sont capables de se gouverner eux-mêmes, ce qui en fait une cité meilleure que Kallipolis qui elle dépend pour sa survie d'une minorité sachant se gouverner. Dans la première cité, au contraire, chacun sait se gouverner soi-même. Ses citoyens ne sont gouvernés par personne et contrôlent leurs appétits – ce que la grande majorité des habitants de Kallipolis n'est pas capable de faire.

Certes, les citoyens de la première cité ne sont motivés que par des désirs appétitifs nécessaires. Mais c'est la raison pour laquelle Socrate est optimiste à leur sujet.

Un point reste préoccupant : comment Socrate peut-il donner sa préférence à une cité qui ne laisse aucune place à la philosophie ? Tous les membres de la première cité ont une fonction spécifique mais aucun d'entre eux n'est philosophe. Il n'y a donc pas de philosophes, ni à proprement parler de philosophie dans la première cité.

En prenant la question de biais, il faut souligner l'absence de sérieux de Socrate lorsqu'il se réfère aux mythes de l'âge d'or ou de l'âge de Cronos. Dans l'âge de Cronos, les gens sont gouvernés par une divinité providentielle et leurs besoins sont pourvus sans qu'ils aient à lever le petit doigt. Or, la cité première en est l'exact opposé. Ses citoyens doivent travailler pour survivre et prospérer. À quoi d'autre les citoyens de la première cité peuvent-ils passer leur temps que préparer de quoi se nourrir, boire, se vêtir, se chausser et se fabriquer des abris ? Ils n'ont pas besoin de produire plus que ce dont ils ont besoin et se comportent ainsi par choix rationnel et selon leur propre choix rationnel.

Telle est l'interprétation de Ch. Rowe. Cependant, il y a une objection : peut-on être sûr que les citoyens sont véritablement autonomes ? Car le but de cette description de la première cité est de montrer comment une telle communauté est façonnée par le besoin. Mais peut-être que Socrate a passé sous silence la question des gouvernants de cette cité. Il est vrai que Socrate repousse la question. Dans une cité de pourceaux, il est besoin de porchers. Dans la première cité, au contraire, nul pourceau, il n'y a que des abeilles et des fourmis et c'est bien pourquoi point n'est besoin de gouvernants. C'est une cité première non pas au sens de primitive, mais au sens de fondamentale et non développée. En termes économiques, elle est hautement développée. Elle est la cité dont rêve Socrate, mais elle n'est pas la cité première au sens de la première étape d'un long argument dialectique. Elle est aussi une construction idéale, comparable au fond à Kallipolis et en un sens supérieure à elle. Mais pourquoi alors penser que Kallipolis est supérieure à la première cité ? Parce que la philosophie comme occupation à temps plein en est absente.

La cité de Diogène ressemble bien plus à la première cité qu'à Kallipolis. N'ayant aucun intérêt pour la manière dont on gouverne les sociétés, Diogène l'a trouvée bien plus à son goût, même si celle-ci apparaissait comme trop prude. Il y a en effet des parallèles entre cette première cité et celle de Diogène : pas d'armes, pas de gouvernement, pas de classe de producteurs séparée, une vie simple, avec des fêtes communales. La différence réside dans le fait que dans la cité de Diogène il y a autosuffisance et non pas coopération ; Diogène envisage un genre d'économie bien plus primitif. On s'accorde à dire que Diogène radicalise Platon. Mais en un sens il y a bien plus de Platon que ce l'on croit dans Diogène.

Dans « L'autarcie et le fondement de la cité. Platon, Diogène et Aristote », Louis-André Dorion entend cerner la signification et le rôle de l'autarcie dans la *République* de Platon, puis examiner la manière dont les cyniques et Aristote traitent de l'autarcie dans leur réflexion politique. Tout d'abord, il rappelle que le début de la *République* explique l'origine de la cité par l'incapacité de l'homme individuel à subvenir seul à ses besoins. Soulignant que le Socrate de Platon se distingue par là de celui de Xénophon et des cyniques, L.-A. Dorion souligne que les besoins des humains sont donc à l'origine de la cité mais aussi de la division du travail en son sein. Il apparaît ainsi que Socrate rejette l'autarcie individuelle, c'est-à-dire aussi celle qui fait fi de la division du travail et qui consiste, tel Hippias, à « fabriquer et faire ses propres affaires » (*Charmide*, 162a1-2). Cependant, au livre III de la *République*, Socrate va valoriser une autre forme d'autarcie, celle de l'homme de valeur qui se suffit à lui-même sous le rapport de la vertu et n'a pas besoin d'amis – cette valorisation est confirmée par un passage du *Lysis* (215a3-b7). Socrate se suffit à lui-même pour son bonheur, et ne se laisse pas perturber par les circonstances, comme le rappelle un passage du *Phédon* (58e) et un autre du *Criton* (43b1-c3). D'autre part, ce qui pourrait mettre Socrate en colère n'est pas sa condamnation à mort, mais son incapacité à se secourir lui-même, c'est-à-dire ne pas pouvoir montrer qu'il n'a commis aucune injustice, comme le rappelle un passage du *Gorgias* (522c4-d4). Quant aux cyniques, ils ne peuvent évidemment soutenir que l'incapacité de subvenir seuls à leurs besoins pousse les humains à vivre en cité puisqu'ils aspirent à une autarcie individuelle et matérielle, et considèrent que la nature pourvoit à leurs besoins. Pourquoi Diogène a-t-il alors conçu une *politeia* cynique ? L'autarcie est réalisable *hic et nunc* dans les cités déjà existantes. D'où le problème déjà soulevé par S. Husson : si le sage est autarcique et que la nature lui fournit d'elle-même tout ce dont il a besoin pour réaliser son autarcie, en quoi est-il besoin d'une cité ? Et comment composer une cité d'individus autarciques ? L.-A. Dorion souligne qu'il n'y a aucun lien entre la recherche de l'autarcie et le projet de cité cynique de Diogène. On pourrait alors considérer que tout autarcique qu'il soit, le sage a tout de même besoin d'amis pour progresser dans la vertu. Cette solution présentée par S. Husson place Diogène et les cyniques en deçà de Socrate qui lui affirmait que le sage pouvait se passer d'amis. Ainsi, Diogène aurait attribué au sage une position beaucoup moins radicale que celle de Socrate. Loin d'être radicalisée, la *République* de Platon serait donc édulcorée par Diogène. Deuxième objection : la dévalorisation de l'autarcie qui ne coïncide plus avec l'excellence d'un être. S. Husson considère qu'autarcie et perfection ne sont pas sur le même plan. Or, selon L.-A. Dorion, les textes corroborent qu'autarcie et perfection vont ensemble, en particulier ceux de Platon. L'association entre autarcie et perfection est d'ailleurs reprise au début de l'*Éthique à Nicomaque* par Aristote lorsqu'il caractérise le souverain bien. Quant au deuxième sens de l'autarcie, celui du sage qui est heureux quelles que soient les circonstances, on le retrouve chez Diogène. Le sage cynique est en effet capable d'affronter la *tukhê*, mais ce trait du sage cynique n'est cependant jamais décrit en termes d'autarcie.

Aristote dans la *Politique* VI, 7, 1321b14-18 affirme que le besoin a poussé les humains à se réunir en cité. Or, lorsqu'Aristote écrit en I, 2,

1253a25-27 que celui qui est hors cité est une bête ou un dieu, on peut supposer qu'il vise probablement les cyniques.

Les cyniques proposent les animaux comme modèles pour parvenir à l'autarcie. Est-ce à dire que la hiérarchie animaux / humains / dieux est renversée, voire bouleversée ? Tout dépend du rapport de l'homme à ses besoins : s'il en a peu, il se rapprochera du dieu qui, sans besoin aucun, est au sommet de la hiérarchie ; mais s'il en a beaucoup, il sera en deçà des animaux qui eux ont peu de besoins. Pour Aristote, les cyniques qui cherchent à imiter les animaux dans leur mode de vie s'excluent de la cité et par là de l'humanité, bien loin de s'assimiler au dieu. Aristote fait de l'autarcie le fondement et la finalité de la cité qui ne consiste pas seulement à vivre mais à bien vivre. Finalement, le bonheur du sage autarcique chez Platon devient celui de la cité tout entière chez Aristote.

Les quatre contributions suivantes sont des études comparatives cherchant à cerner l'articulation entre les continuités et les variations traversant les trois ouvrages. Alors que Valéry Laurand pose la question du lien social, Luc Brisson celle du mariage et de la famille, Olivier Renaut celle, plus générale, de la sexualité, Suzanne Husson cherche à cerner les différences dans l'approche de la relation aux dieux.

Dans « Aspects contrastifs du lien social dans les trois *Républiques* », partant du rappel de Socrate au livre VII de *La République* – le bonheur est celui de la cité tout entière et non pas de quelques-uns, le philosophe se doit de redescendre dans la caverne – Valéry Laurand affirme que le philosophe, l'homme délié par excellence, apparaît comme l'homme du lien social. Dès la *République* donc, on peut définir la politique comme art de production du tissu social.

D'où les trois questions suivantes : comment le lien social distingue-t-il les individus ? Comment des individus se distinguent-ils par les liens qu'ils entretiennent ? En quoi la politique est-elle une machinerie qui consiste à arranger ces liens pour délivrer les citoyens des liens qui les gardent captifs ? Les réponses varient, de Platon à Diogène et Zénon. La variation se fait contraste, en particulier chez Zénon où le sage se distingue. Seul le sage est citoyen et seul il a des amis. D'où la distinction entre deux cités, celle des insensés qui se caractérise par des pseudo-liens, et celle des sages qui sont les citoyens du cosmos-univers, habitants de la cité universelle régie par la loi de la nature qui constitue précisément les liens entre les sages. Quant à la cité de Diogène, c'est bien sûr le cosmos, ou la nature. Le cynique, libre, n'a besoin que de la terre et du ciel. Dès lors, le cosmopolitisme de Diogène n'est pas à entendre seulement sur le mode de la privation (sans habitation, sans cité, sans patrie ...), comme l'a montré J. Moles. L'hypothèse de la positivité de l'enseignement de Diogène est confirmée par la vision du cosmos de Diogène comme *continuum* unifié où règne une parenté entre animaux et humains. Certes, ceux-ci se distinguent de ceux-là, mais précisément par leur attention aux autres. Le cynique veut être *didaskalos* : grâce à son enseignement, les autres peuvent devenir sages. Ainsi, la *politeia* cynique serait le mode d'être cynique au sens où vivre en cynique institue le citoyen de l'État cynique.

La cité de Zénon est celle des sages. L'autre cité est celle, intermédiaire, voulue par la nature, en chemin vers la vertu, ayant la justice pour exigence. Appartenant aux indifférents, la cité peut être subvertie par les insensés, mais la cité policée est celle qui cherche à développer et affermir les liens entre les hommes. Le sage est donc doublement citoyen – citoyen de la petite cité et citoyen de la Cité universelle qui est à la fois critère de celle-là et réalité.

Diogène par son cosmopolitisme entend montrer une autre manière d'aborder les rapports humains, la transgression engageant une autre manière de considérer l'autre. S'agit-il pour autant d'une fraternité ? Le cynisme ne propose pas un lien social, mais une ouverture à l'autre. Par différence, le stoïcien propose, outre une politique, une éthique du lien. Pour se libérer des entraves de la passion et laisser s'exprimer en soi la nature universelle, la petite cité est le lieu approprié, celui où se nouent, se dénouent et se réparent les liens sociaux.

Dans « La critique du mariage et de la famille dans les *Républiques* de Platon, Diogène le cynique et Zénon de Citium », Luc Brisson s'intéresse à la critique du mariage et de la famille dans les *Républiques* de Platon, Diogène et Zénon pour montrer comment dans chacune d'entre elles, la critique de ces institutions dépend étroitement d'exigences métaphysiques et éthiques différentes. Dès l'Antiquité, la *République* de Platon, qui a servi de modèle à celle de Diogène puis à celle de Zénon, a suscité la controverse, en particulier au sujet de la suppression de la famille et la communauté des femmes et des enfants. Platon a libéré la femme de son destin uniquement maternel et domestique, en identifiant l'être humain à son âme et non plus à son corps. Les femmes peuvent être gardiennes et philosophes, et aller nues dans la palestre. Quant aux enfants, ils seront élevés en commun. Les unions sexuelles seront programmées – les meilleurs gardiens avec les meilleures gardiennes unis au meilleur moment – afin d'assurer la meilleure progéniture. La sexualité libérée sera autorisée après la période de fécondité à condition d'éviter l'inceste, et l'homosexualité discrète tolérée. Il s'agit ainsi de définir l'être humain non plus par son corps mais par son âme, et de remplacer la constitution politique existante par une autre visant à éviter tout conflit par la suppression de la propriété et de la famille.

Diogène, lui, se caractérise par un cosmopolitisme négatif, où il s'agit de revenir à un état de l'humanité antérieur à celui de la cité, pour s'abandonner aux plaisirs de l'animalité. Mariage et famille sont par conséquent abolis, l'union sexuelle ne visant que la satisfaction, ayant lieu au hasard, sans primauté aucune de l'homme sur la femme. Les enfants sont comme chez Platon communs à tous, mais à la différence de Platon, l'inceste n'est pas aboli. Le rejet du tabou de l'inceste illustre ainsi le refus par Diogène de toute règle sociale. Le plaisir étant dissocié de la procréation, sont encouragés la masturbation ainsi que le recours à la violence pour forcer un autre du même sexe à s'unir sexuellement. Radicalisant ce qui chez Platon était autorisé à condition d'être pratiqué à l'abri des regards et selon les règles de la *paiderastia*, Diogène considère, lui, qu'il s'agit de se conformer à la nature, indépendamment de toute norme sociale. Diogène n'a donc aucun projet politique précis.

Zénon, enfin, considère que la loi est l'expression dans la cité de la loi universelle, le *logos*. Les véritables citoyens sont les gens vertueux, y compris les femmes dès lors qu'elles sont vertueuses. Dans la cité des sages, femmes et enfants seront communs afin d'éviter la jalousie, et la liberté sexuelle favorisée en ce qu'elle permet d'établir la concorde, de nourrir des liens éducatifs entre les sages, hommes et femmes, et de procurer un moyen de bannir la jalousie. Mais puisque l'existence même des sages est remise en cause, il est fort probable que cette cité zénonienne relève de l'expérience de pensée. Ainsi, bien qu'elles aient toutes trois scandalisé les contemporains de Platon, Diogène et Zénon, ces critiques du mariage et de la famille diffèrent, comme on le voit, dans leur fondement métaphysique.

Olivier Renaut dans « La sexualité dans les trois *Républiques* » traite du geste philosophique décisif qui consiste à faire de la sexualité un élément de l'utopie politique. Enjeu de cohésion sociale à travers différentes institutions ou tabous, la sexualité a rapport à la constitution politique et l'organisation sociale. L'étude de la sexualité dans les trois *Républiques* permet ainsi de comprendre pourquoi et comment Platon, Diogène et Zénon conçoivent la nature humaine et la vertu. Le point commun de ces auteurs est le scandale suscité par leur *République*, mais, du point de vue de leurs présupposés anthropologiques, ils se distinguent. Pour comprendre pourquoi et comment, il convient de se garder d'un présupposé : croire qu'il y a chez les Anciens une identité sexuelle identique à celle du monde contemporain.

Comme l'a montré D. Halperin, la sexualité dans le monde antique s'entend comme une certaine manière d'appréhender le désir des individus dans le cadre de la cité – les actes sexuels prescrits, autorisés ou interdits ressortissent de l'éducation du plaisir et des désirs – et non pas comme une disposition psychologique qui pousserait l'individu vers un *objet* sexuel déterminé. Enfin, outre la difficulté représentée par la nature des sources concernant Diogène et Zénon, il faut se garder d'un regard anachronique sur des catégories telles que l'homosexualité et la pédérastie. Or, la thèse selon laquelle la sexualité est une affaire politique résonne fortement chez nos trois auteurs. Toute règle touchant à la sexualité aura donc des conséquences sur l'organisation politique.

Considérant tous trois que le désir sexuel est naturel, Diogène et Zénon vont cependant se distinguer par rapport à ce que Platon expose dans sa *République*. Le désir sexuel appartient chez Platon à la catégorie des désirs naturels et nécessaires, dépendant de la partie épithumique de l'âme, comme la faim et la soif. Cependant, il s'en distingue parce que plus intense, plus facilement détourné de sa fonction naturelle qu'est la procréation, lorsqu'il vise sa propre satisfaction et qu'il mène à la démesure. Or, à aucun moment Platon ne présente l'acte et le plaisir sexuels comme intrinsèquement mauvais. Ainsi que le montrent les règles imposées aux gardiens et gardiennes qui ne peuvent plus procréer, seules les conditions sociales, publiques et politiques rendent actes et plaisirs sexuels mauvais. Diogène considère également le désir sexuel aussi naturel que la faim et la soif, mais il en tire précisément la conséquence qu'il n'y a pas à assouvir ce type de désir à l'abri des regards. En tant que naturel, le désir sexuel ne doit pas conduire à la pudeur, et trouve sa fin en lui-même. Or, alors que la faim est mise sur le même plan que le désir sexuel, la masturbation devient scandale et ne peut se faire en public, pas plus que l'union sexuelle d'époux légitimes et encore moins celle d'amants adultères. Ce que souligne l'onanisme « public » comme pratique cynique habituelle est la dissociation entre un désir sexuel naturel et un jugement politique et social qu'on porte sur lui. Diogène conteste le mariage et sa finalité, la procréation ; il défend l'union sexuelle en tant qu'association naturelle car il n'y a pas d'*hubris* dans le désir sexuel, contrairement à ce qui se passe chez Platon. Ainsi, comme Platon, Diogène prend pour point de départ la naturalité de ce désir, mais c'est pour mieux le nettoyer de sa gangue axiologique due à la cité, s'opposant par là aussi au principe d'une procréation eugéniste spécifique à la *République* platonicienne. Pour Zénon, il est difficile de savoir si Éros est une passion, soit un désir irrationnel qui ne concerne pas le sage. Certains textes affirment qu'il y a bien un *erôs* du sage, distinct du désir sexuel. Mais d'autres textes relient *erôs* du sage et relation sexuelle : le sage stoïcien devra faire usage de la sexualité comme d'un indifférent. On retrouve peu ou prou la description d'*erôs* faite par Pausanias dans le *Banquet* : la sexualité n'est pas à condamner dès lors qu'elle n'est pas la finalité. Selon Olivier Renaut, ce que promeut Zénon dans sa *République* est cet *erôs* inclusif qui permet des relations sexuelles parce qu'il vise amitié et vertu du partenaire. Mais, en tant qu'indifférent préférable, la sexualité n'empêche pas le scandale par rapport aux normes sociales et politiques en vigueur – au contraire. Expériences de pensée, certaines pratiques sexuelles comme l'inceste visent à rendre visible l'indifférent. Si désir sexuel et soif et faim sont des désirs identiques, alors inceste et anthropophagie sont réalisables. Il ne s'agit pas par là de se libérer de normes sociales étouffantes, mais de souligner la naturalité de la relation sexuelle et son importance politique.

Du point de vue de la pratique de l'amour, il semble que les trois *Républiques* convergent : la communauté des hommes et des femmes y est revendiquée. La procréation régulée de la *République* platonicienne vise à préserver la quantité et la qualité des gardiens, par un jeu subtil d'unions censées n'avoir lieu que pour elles-mêmes, écartant certaines unions (notamment incestueuses et avec des partenaires de même sexe). Il s'agit ainsi d'éviter la rupture de la communauté des gardiens elle-même, toute relation entre personnes d'âge différent risquant de briser la fraternité ou la sororité des gardiens. Diogène et Zénon auraient eux aussi promu la communauté des femmes et des enfants, selon le témoignage de Philodème. Mais la description du mode de vie cynique est une infraction à chaque règle de la Kallipolis de Platon. Les liens familiaux et politiques traditionnels sont alors totalement subvertis. Les membres de la république de Diogène et Zénon s'abandonnent à leurs pulsions sexuelles lorsqu'il n'y a plus de législateurs. Enlever les normes sociales pour ne laisser que le désir sexuel nu conduit à une sexualité débridée. La sexualité naturelle n'a qu'une visée procréatrice – ce que montrent Diogène et Zénon en respectant finalement Platon.

La communauté des femmes et celle des enfants signifieraient chez Zénon l'abolition du mariage et de la famille, comme chez Diogène, mais aussi le fait que ce sont les sages qui se chargeront de leur éducation.

L'égalité homme-femme semble être le dernier point de convergence entre les trois *Républiques*. Platon le premier dépouille la femme de son rôle exclusif de mère, lui reconnaissant toutes les aptitudes pour être gardienne. Pourtant, lorsque Platon valorise le courage, n'a-t-on pas affaire à une théorie qui ferait de la femme certes l'égale de l'homme, mais en plus faible ? En réalité, ce que promeut Platon est un équilibre entre fonctions masculines et féminines dans la communauté des gardiens quant à la fonction politique. Chez Zénon, la question du genre n'est décelable que dans le vêtement semblable porté par les hommes et les femmes. Quant à Diogène, il semble inverser les rôles traditionnels : c'est la femme qui séduit et qui violente, et c'est pour satisfaire le désir des femmes qu'il existe des courtisans. Pourtant, Diogène condamne les efféminés au nom de la nature. Les normes sociales ont perverti la nature, certes, mais la nature a produit des corps sexués qu'on ne doit pas transformer.

La sexualité est politique selon Platon, en ce que sa régulation vise au fonctionnement juste de la cité. Pour Diogène, le désir sexuel est naturel et individuel, alors que pour Zénon, la sexualité est un indifférent, et il s'agit toujours d'articuler loi naturelle et conventions sociales et politiques dans une cité particulière. Reste la question de la publicité de l'acte sexuel, en tant que disposition envers la sexualité pour elle-même. La pudeur platonicienne impose de ne pas faire paraître l'acte et le plaisir sexuels ; le rejet de la distinction entre la convention et la nature conduit le cynique à l'impudence, cependant que pratiquer toutes sortes d'actes considérés socialement comme honteux ne conduit pas le cynique à abandonner tout honneur. Quant à Zénon, il assigne à *erôs* un rôle d'unification sociale. Tout comme Pausanias qui affirmait dans le *Banquet* que *erôs* engendre les liens de la *philia* et renforce la *koinônia*, Zénon place le salut de la cité sous l'égide d'Éros lorsqu'il prône la communauté des enfants afin de supprimer la jalousie, favorise la liberté sexuelle sans pour autant supprimer le ciment social qu'est le mariage, et promeut l'institution pédérastique comme levier éducatif. La sexualité sera publiquement affichée et contrôlée. Cependant, le sage sera dans la retenue. La sexualité n'est pas honteuse, mais il ne s'agit pas pour autant de faire l'amour en public. L'amour ne doit pas être privatisé, mais il appelle cependant la réserve.

L'action sur la sexualité a des conséquences sur les liens civils. Dès la *République* de Platon, une réflexion philosophique et politique sur la sexualité émerge. La naturalité du désir sexuel et sa neutralité axiologique constituent une prémisse commune aux trois philosophes. Mais pour Platon, il s'agit de régler la sexualité en vue du bon fonctionnement de la cité ; Diogène rejette tout enfermement du désir naturel dans des conventions sociales, tandis que Zénon, considérant la sexualité comme un indifférent, entend promouvoir de nouveaux modes d'associations communautaires et civiles. Platon et Zénon montrent que la sexualité se distingue du désir sexuel en tant que façonnée par les institutions sociales et politiques, mais le retour à la nature n'est possible seulement que pour l'individu cynique, en dehors de la cité. Au-delà du scandale, ces trois auteurs antiques nous montrent donc comment la sexualité peut engendrer des organisations sociales et politiques, loin d'une prétendue nature sexuelle figée.

Dans « Le culte des dieux dans les trois Républiques », Suzanne Husson prend pour point de départ le socle commun aux trois philosophes constitué par la critique rationnelle de la religion traditionnelle. Le culte public permettait à la cité de gérer ses relations avec les dieux conçus comme des puissances étrangères. Certes, les cultes privés se pratiquaient, mais la dimension politique était primordiale. Or l'approche rationnelle du divin vient heurter cette religion traditionnelle. Le fondement de cette critique est le caractère absolument supérieur et éminent des dieux par rapport aux humains. Que ce soit au niveau épistémologique, ontologique ou moral, Platon de manière évidente, Diogène et Zénon de manière plus discrète vont précisément expliciter les dimensions ontologiques et morales de cette supériorité du divin.

Les dieux sont supérieurs, dès lors ils sont autarciques. Nos prières et offrandes sont donc inutiles, eux qui n'ont besoin de rien, explique Socrate dans l'*Euthyphron* alors que les humains, au contraire, ont besoin les uns des autres pour survivre, d'où leur réunion en cité, comme l'explique Platon dans sa genèse de la cité au début de la *République*. Nul échange commercial ne peut donc avoir lieu entre les hommes et les dieux. Quant aux satisfactions immatérielles qui sont respect et marque d'honneur, Platon les critique également : la prière de demande ritualisée et le sacrifice dans la pratique traditionnelle sont incompatibles avec l'essence du divin et l'exigence morale humaine. Diogène considère lui aussi les dieux comme autarciques et puisque la vertu consiste à se rendre semblable à eux, les dieux ont un rôle de modèle moral. Zénon ne formule pas explicitement une autarcie divine dans les textes qui nous ont été transmis, mais il aurait conçu le monde comme un être vivant, contenant en lui-même tout ce qui peut combler ses manques, se nourrissant de lui-même en se recyclant. Les dieux intramondains, par exemple les astres, ne seront pas autarciques, mais ils le sont par rapport à nous : ils n'ont pas besoin de nous, et au niveau moral, puisque la vertu suffit au bonheur, ils sont autarciques, du fait même de leur vertu. Nos trois auteurs s'accordent ainsi dans leur critique de la religion traditionnelle. Mais quelle attitude rationnelle faut-il adopter dans leurs cités rationnelles ?

Diogène, le plus radical des trois, élisait domicile dans des bâtiments religieux, mais n'a pourtant pas commis d'actes sacrilèges. La transgression cynique joue en effet avec les limites de ce que la société pouvait accepter, dans le domaine religieux comme dans les autres domaines. Il rejetait la distinction traditionnelle entre pur et impur, au profit de l'évaluation éthique contestant l'efficacité des rites. Diogène revendiquait également l'assimilation du sage aux dieux et pouvait par là justifier ce qui pouvait passer pour impie : manger les aliments qui leur étaient destinés. Il critiquait les pratiques superstitieuses comme la prosternation. Concernant sa *République*, on ne sait rien. Il est probable qu'il proscrivait comme Zénon temples et statues. On ignore également s'il s'agissait d'abolir toute relation avec les dieux, ou de remplacer le culte traditionnel par une religion philosophique. Puisque le bonheur du cynique repose sur l'autarcie, on peut considérer qu'il n'a nul besoin des dieux. On ne peut répondre à la question de savoir si Diogène croyait à l'existence des dieux car nous disposons de témoignages qui pour certains infirment et pour d'autres confirment cette croyance. Il vivait certes sans religion, c'est-à-dire en rejetant les coutumes, mais cela a pu être interprété comme le signe soit d'un athéisme, soit d'une piété supérieure. On peut en tout cas conclure que Diogène ne remplaçait pas dans sa *République* la religion conventionnelle par une piété rationnelle.

Au contraire, selon Zénon, l'action implique la conscience de l'action de dieu et des dieux dans la nature. Mais il refuse par ailleurs certaines pratiques religieuses traditionnelles. Il rejette en particulier la construction de temples et l'édification de statues, au moyen d'un syllogisme conservé dans un texte de Clément d'Alexandrie. Le sanctuaire fait partie des indifférents et les raisons de ne pas le construire sont plus fortes que celle de le construire. En effet, le seul lieu digne des dieux ne peut être construit par des artisans, mais par les dieux eux-mêmes, car la seule chose digne des dieux est ce qui est doté d'une perfection comparable à la leur – c'est le cas de leur œuvre, c'est-à-dire la nature, et d'une âme qui les égale en vertu. Un artéfact ne permettra donc pas de les honorer, mais bien la création de la vertu dans notre âme. Concernant les sacrifices, on peut supposer que Zénon les refusait, et que la prière ne correspondait plus à la prière de demande traditionnelle dans la mesure où le seul bien que l'on puisse demander est la vertu. Un des buts de la *République* de Zénon est donc d'offrir une piété philosophique, naturalisée, moralisée, intériorisée et antiritualiste.

À l'inverse dans les cités platoniciennes, celle de la *République* et celle des *Lois*, le rite n'est pas rejeté, mais moralisé et rationalisé. Platon fait la distinction entre les dieux des poètes, censurés dans les livres II et III des *Lois*, et les dieux des cultes. Ces dieux de la religion doivent être vénérés par la cité. Ainsi, la cité platonicienne ne révérera pas des dieux de philosophes, mais des dieux traditionnels, réinterprétés par le philosophe. Les dieux serviront de modèle moral aux citoyens et, dans le culte, les citoyens reconnaîtront leur supériorité et s'y soumettront. Ainsi, pour Platon, la piété ne peut pas être que philosophique. Même s'il y a un démon en nous, la relation intérieure au divin ne suffit pas car notre âme est engagée dans un corps, et de ce fait, une part d'irrationnel en nous existe. D'autre part, le culte collectif permet d'instituer la communauté des citoyens.

Ainsi il y a bien une critique de la religion traditionnelle dans les trois *Républiques*, mais du point de vue des conséquences, il y a divergence. Platon réforme une tradition dont il reste dépendant ; Diogène désacralise la relation même au divin. Quant à Zénon, s'il hérite du cynisme la radicalité de la contestation de la tradition, il la remplace dans sa cité de sages par un culte rationnel et scientifique du divin.

Enfin les deux derniers articles s'intéressent à la réception des trois *Républiques* chez Diogène de Babylonie et Marc Aurèle : Christelle Veillard et Jean-Baptiste Gourinat montrent qu'ils ne font pas partie du cercle des premiers stoïciens encore dépendants des *Républiques* de Diogène et Zénon ; leur référence, étroite ou distante, étant la *République* de Platon.

Dans « Musique et politique. L'influence de Platon sur Diogène de Babylonie », Christelle Veillard s'intéresse à Diogène de Babylonie qui se singularise par son étude, rare chez les stoïciens, de la cité en tant que telle, et non pas de la cité universelle des sages vertueux. Pour ce faire, elle va d'abord déterminer s'il a été influencé par Platon.

Grâce à la nouvelle édition des fragments sur la musique de Diogène de Babylonie, on constate que Platon est une source majeure pour lui. Cependant, il est impossible de savoir s'il le cite à titre d'autorité ou de cible. Nous connaissons le traité sur la musique de Diogène par une autre source, à savoir Philodème. Diogène accorde une valeur éducative à la musique là où Philodème, continuateur de Démocrite et d'Épicure, lui conteste toute utilité. Or, accorder une valeur éducative à la musique est aussi un geste platonicien. Mais doit-on pour autant faire du babylonien un platonicien ? L'accord sur la musique signifie-t-il un accord quant aux principes ? D'autre part, on a tendance à combler les lacunes du texte de Diogène à partir du texte de Philodème lorsqu'il cite Platon. Mais ce comblement n'est pas sans poser problème.

Il y a tout d'abord des similitudes entre ce que disent Diogène et Platon concernant l'usage de la musique. La présentation par le babylonien du mécanisme psychologique impliquant la musique dans la réforme de l'âme prend tout son sens lorsqu'on la confronte avec ce que Platon dit dans les *Lois*, alors même qu'elle est incompréhensible en contexte stoïcien. Diogène aurait conçu une nouvelle manière pour l'âme d'acquérir la vertu. On va ainsi voir comment Diogène de Babylonie dépend de Platon, devenant par là le premier stoïcien à ne pas le critiquer. Le rôle des *eupatheiai*, entre sensibilité et rationalité, s'en trouvera éclairé. Enfin, cette influence platonicienne quant à l'usage de la musique tel que le conçoit le Babylonien ne s'étend pas jusqu'à la réforme politique.

La musique est productrice de biens. En tant que productrice d'harmonie, elle peut harmoniser les caractères et permettre ainsi l'accès aux vertus. Telle la gymnastique pour le corps, la musique harmonise l'âme – ce que Philodème critique. La complémentarité entre musique et gymnastique était déjà soulignée par Platon, comme le montre la comparaison entre un fragment de Diogène et un passage de la *République*. Quant à l'âme harmonie, c'est là assurément une thèse stoïcienne, le rôle formateur de la musique aux côtés de la gymnastique dans cette harmonie étant déjà mis en évidence par Platon.

Parce que la mélodie met en mouvement, elle est capable de former le caractère, en imitant les qualités morales. À partir du triptyque audace, honte, réserve, la musique informe les âmes, chaque genre de musique engendrant des effets différents. L'entraînement d'une âme consistera ainsi à lui faire écouter un certain type de musique pour lui faire acquérir par imitation le caractère correspondant. Philodème critique cette idée platonicienne alors que Diogène semble pour sa part donner un rôle à la musique dans l'établissement de la justice dans l'âme. Cependant, l'inspiration platonicienne ne va pas jusqu'à l'encadrement des pratiques musicales par la loi. D'après le témoignage de Philodème, Diogène n'a pas suivi Platon sur la voie de la réforme législative.

D'autre part, le mécanisme de la musique sur l'âme se caractérise d'abord comme amollissement, selon Platon. C'est pourquoi il faut éviter un entraînement musical abusif. Platon explique également dans les *Lois* comment un entraînement irrationnel forme l'âme à la raison. Or, on trouve un mécanisme analogue chez Diogène, certaines passions pouvant devenir des choix volontaires. Ainsi, courage et tempérance pourraient être acquis depuis des points de départ passionnels tels l'audace, la honte et la réserve. Dans cette explication, Diogène n'emploie pas de vocabulaire stoïcien – ce que note à juste titre Philodème. Diogène présente ainsi une idée analogue à celle de Platon : on peut accéder à la vertu à partir de ce qui n'est pas encore vertu. La musique a aussi un effet sur la partie logique de l'âme. Ce que Philodème conteste. Mais Diogène se trouve en désaccord là aussi avec Platon. Ainsi, Diogène est redevable à Platon mais il s'en écarte aussi.

En résumé, si Diogène a utilisé Platon comme caution, il n'est pas pour autant platonicien. Alors que pour Platon, la musique n'est qu'un pis-aller de formation, elle joue selon Diogène un rôle essentiel dans la *paideia*, dans la mesure où le son lui-même est rationnel. L'entraînement musical confère à l'âme une certaine tension, dans un processus qui n'est pas exempt de rationalité. La musique n'est donc jamais séparée de la vertu.

Diogène de Babylonie accorde donc, comme Platon, une place pédagogique à la musique, mais, contrairement à lui, n'entend pas légiférer dans ce domaine. Ainsi Diogène manifeste-t-il son indépendance vis-à-vis de Platon mais aussi des stoïciens, la vertu pouvant être atteinte par cette sorte d'imprégnation logique que permet la musique.

Dans « "N'espère pas la *République* de Platon". Remarques sur une maxime de Marc Aurèle », Jean-Baptiste Gourinat souligne le paradoxe que constitue la réalisation spectaculaire par Marc Aurèle, le stoïcien, du souhait de Platon dans *La République* (V, 473c11-d2), à savoir « Que les philosophes deviennent rois ». Après le rappel de quelques éléments biographiques concernant Marc Aurèle, J.-B. Gourinat se demande quel accès le futur empereur a-t-il bien pu avoir à la *République* de Platon alors que rien n'indique qu'il ait reçu un enseignement platonicien. L'*Histoire auguste* (*Vita Marci Antonini philosophi*, XXVII, 7) lui a attribué la sentence fameuse « les cités seraient florissantes si les philosophes dirigeaient ou si les dirigeants philosophaient ». Est-ce à dire qu'il a réalisé le programme de Platon ? Il semble que Marc Aurèle ait souvent écrit cette sentence, mais il est difficile de savoir où.

Cette sentence n'apparaît pas dans les *Pensées*, mais on y rencontre une autre, célèbre : « N'espère pas la *République* de Platon » (IX, 29, 5). Cette sentence était-elle devenue proverbiale ? Elle est située dans un moment où Marc Aurèle s'interroge sur le rôle du dirigeant politique. Selon G. Reydams-Schils, Marc Aurèle discourt à propos des deux pièges que l'homme politique doit éviter : d'une part le pouvoir traditionnel, tel celui d'Alexandre, de Philippe ou de Démétrios de Phalère, d'autre part l'utopie des philosophes. Or J.-B. Gourinat considère, lui, qu'il n'y a pas dans ce passage d'opposition entre hommes politiques et philosophes, mais que Marc Aurèle évoque bien plutôt ces hommes politiques qui se considèrent comme philosophes. La distinction serait donc la suivante : d'une part les philosophes qui rédigent des traités politiques tout en voulant réformer les hommes, d'autre part les philosophes qui prennent le pouvoir et tentent de gouverner selon leurs principes. Le premier groupe viserait les platoniciens, le second les péripatéticiens. Or il est impossible de changer les convictions des hommes. Marc Aurèle souligne par là que le véritable dirigeant est celui qui cherche à se réformer lui-même une fois qu'il est au pouvoir. La philosophie constitue ainsi plutôt un garde-fou pour celui qui détient le pouvoir et l'exerce.

La référence à la *République* de Platon est proverbiale, comme le montrent des textes de Cicéron et Plutarque. Il s'agit par là de désigner une certaine conception de la politique, la vision idéaliste de la cité, opposée à la boue de la cité réelle. Marc Aurèle quant à lui juge irréaliste le programme de Platon qui consiste à transformer les humains de la caverne mais il critique également cette attitude qui consiste à exercer le pouvoir après avoir suivi une formation philosophique sans pour autant se conduire en philosophe. Selon lui, la philosophie doit pouvoir guider progressivement le dirigeant dans son caractère et ses décisions.

Juliette LEMAIRE, CNRS
UMR 8230, Centre Jean Pépin

PREMIÈRE PARTIE

SOCRATE ET PLATON : ORIGINE ET ÉCARTS

L'INTERPRÉTATION DE L'HÉRITAGE DE SOCRATE DANS LES *RÉPUBLIQUES* DE PLATON, ZÉNON (ET DIOGÈNE)

Franco TRABATTONI

Comme l'a observé Alexander Nehamas il y a une vingtaine d'années, presque toutes les écoles philosophiques de l'antiquité grecque (excepté l'épicurisme) se sont réclamées de Socrate comme l'une des sources principales de leur orientation théorique[1]. Il est peut-être possible d'aller plus loin. Au cours du IVᵉ s. av. J.-C. dans la Grèce antique, la bataille menée à propos de l'héritage de Socrate aura des effets décisifs sur le futur de la philosophie occidentale. Se sont confrontés, d'une part, un Socrate entièrement dévoué à l'éthique, dépourvu de tout engagement métaphysique et seulement concentré sur une recherche d'intonation pratique, visant à découvrir les moyens qui permettent à l'homme de vivre une vie heureuse ; d'autre part, le Socrate qui a inauguré la recherche sur les « universels » et qui donc a jeté les fondements d'une philosophie entendue comme science générale de l'être et de ses principes (éventuellement nommée « métaphysique »). Les arrière-plans historiques de cette confrontation pourraient être détectés, respectivement, dans le Socrate « pratique » de Xénophon, chez ceux qu'on appelle les « socratiques mineurs » dans la tradition cynique et dans la tradition stoïcienne ; et dans le Socrate de Platon et d'Aristote[2]. C'est, à mon avis, dans le cadre de cet enjeu général qu'il

1. *Virtues of Authenticity, Essays on Plato and Socrates*, Princeton, Princeton University Press, 1999, p. 99.

2. Lorsque Gilles Deleuze, dans la toute première page de sa *Logique du Sens*, remarque que les stoïciens furent initiateurs d'une philosophie nouvelle, alternative au socratisme et au platonisme, il néglige évidemment l'existence d'un Socrate tout à fait différent du Socrate de Platon (voir G. Deleuze, *Logique du sens*, Paris, Minuit, 1969, p. 7).

faut poser la question des trois *République*s – celle de Platon, celle de Zénon et celle de Diogène – et de la reconstruction des possibles rapports entre elles. Dans ces trois textes, en effet, un rôle central est joué par la figure du sage, qui, d'un côté, possède une valeur paradigmatique essentielle pour la construction de la vie bonne dans le domaine éthique et politique, et, de l'autre, renvoie, pour les trois auteurs, au modèle particulier et historique de Socrate. Si l'on aborde la question à partir de ce point de vue, on peut trouver, selon moi, une solution plausible à un problème qui a souvent frappé les lecteurs de certains témoignages concernant la *République* de Zénon, à savoir la nature scandaleuse et, l'on pourrait dire, agaçante, des prescriptions qu'on y lit, surtout à propos de l'éthique sexuelle. Alors que la présence de ces mêmes données dans la *République* cynique de Diogène n'a tout compte fait rien de particulièrement étonnant, il est bien difficile d'en dire de même lorsque l'on parle d'un philosophe stoïcien comme Zénon.

Commençons notre analyse à partir du témoignage bien connu de Plutarque, selon lequel Zénon aurait écrit sa *République* « contre » Platon[1]. Cette expression est susceptible d'interprétations différentes, en fonction des deux variables suivantes. En premier lieu, le sens de la phrase de Plutarque dépend de la façon dont on interprète la *République* platonicienne (par exemple comme un tableau réaliste ou utopique, comme une œuvre dont l'argument est moral ou politique, etc.). Deuxièmement, il faut trouver un accord sur ce que signifie « contre » – si cela signifie, en particulier, une opposition radicale ou bien un essai de correction des « fautes » de la construction platonicienne sur la base d'un consensus général plus ou moins large. Nous allons d'abord prendre en considération quatre positions critiques différentes.

Selon Andrew Erskine[2], et conformément au témoignage de Plutarque, Zénon a écrit sa *République* en visant Platon, non pas dans le but de contredire ses thèses mais afin de les compléter et les rectifier. De plus, selon cet auteur, Platon n'a pas tiré toutes les conséquences implicites de ses propres présupposés. Bien que la critique de Zénon concerne surtout la division en classes, son but n'est pas de soutenir la cause de la démocratie. Tout au contraire, en envisageant une cité où une coexistence harmonieuse entre les philosophes et les fous est possible, Platon s'est avéré trop optimiste. En effet, nulle harmonie n'est possible, excepté celle des sages entre eux.

1. *De Stoic. rep.*, 1034E = *SVF* I, 260.

2. Voir *The Hellenistic Stoa, Political Thought and Action*, London-New York, Duckworth-Ithaca, Cornell University Press, 1990.

Selon Zénon, par conséquent, Platon n'aurait dû admettre dans sa *kallipolis* que les sages. Ayant conçu, au contraire, une cité dans laquelle les sages et les fous vivent les uns à côté des autres, il a introduit dans l'État parfait la cause de sa propre destruction. L'intention de Zénon serait justement celle de bâtir une cité idéale à l'abri de ce danger.

Selon Doyne Dawson[1], Zénon entrevoit chez Platon une contradiction entre deux idéaux utopiques différents, présente non seulement dans le contraste entre la *République* et les *Lois* (ce contraste, ou prétendu tel, est un lieu commun dans la littérature), mais aussi au cœur de la *République* elle-même. Ce contraste se situe entre un idéal de niveau relativement bas, qui envisage comme mesures nécessaires l'existence des gardiens et l'emploi de la force, et un idéal de niveau bien plus élevé, où la philosophie et les philosophes constituent la condition nécessaire et suffisante de la naissance de la *kallipolis*. Selon Dawson, en effet, si tout ce dont on a besoin pour la bonne réussite de la vie éthique et politique est l'acquisition de la vertu, on comprend mal pour quelle raison il faudrait établir un système d'éducation coercitif, qui aboutit finalement à une altération de l'idéal lui-même (qui est pourtant le but de toute la construction platonicienne). Toujours selon cet auteur, l'utopisme de haut niveau est surtout signalé dans la *République* dans l'éthique sexuelle. Et c'est précisément là qu'intervient la réécriture zénonienne : dans l'utopie « haute », le sage est mesure de soi-même, et donc, en tant que sage, il agit en vue du bien, même s'il enfreint les règles auxquelles les autres sont soumis. Le propos de la *République* serait donc, selon Dawson, de corriger l'utopie politique platonicienne en rejetant l'utopie faible au profit de la seule utopie forte. Il n'y a d'autre part aucun risque de confondre l'utopie politique de Zénon avec celle de Diogène, dès lors que la position stoïcienne a besoin d'une théorie bien fondée, tandis que le cynisme n'est pas autre chose, selon l'expression très connue d'Apollodore chez Diogène Laërce, qu'« une voie brève vers la vertu »[2].

Pour Paul A. Vander Waerdt également[3], la *République* de Zénon a pour but de corriger (ou mieux, dans ce cas, d'améliorer) la *République* de Platon plutôt que de la réfuter. La doctrine éthique et politique de Platon implique que, dans ces domaines, il n'y a pas de règle qui n'admette pas d'exceptions. Mais il n'arrive pas à le démontrer. Au contraire, dans sa *République*, il

1. Voir *Cities of the Gods. Communist Utopias in Greek Thought*, New York-Oxford, Oxford University Press, 1992.

2. D. L. VI, 194 ; VII, 121 : « σύντομον ἐπ' ἀρετὴν ὁδόν ».

3. Voir « Zeno's *Republic* and the Origin of Natural Law », *in* P. A. Vander Waerdt (ed.), *The Socratic Movement*, Ithaca (New York), Cornell University Press, 1994, p. 272-308.

soumet le comportement humain à des normes assez rigides. Le but du texte zénonien serait donc d'enlever cette incohérence, en montrant (et en ce sens la proposition de Vander Waerdt a bien des ressemblances avec celle de Dawson) qu'aucune règle absolue ne peut être établie préalablement, du moment que la seule règle contraignante est celle du comportement du sage. C'est l'attitude du sage qui donne le caractère du bien à n'importe quelle chose, tandis que rien n'est bon en soi ni n'est à l'abri de toute exception.

Pour Malcolm Schofield[1], contrairement à ce que l'on serait prêt à penser, la différence saillante entre la *République* de Platon et celle de Zénon ne consiste pas dans le fait que la seconde serait consciemment moins réaliste que la première, mais exactement dans le contraire : Zénon améliore la cité de Platon en lui reprochant la complexité et la lourdeur de l'apparat théorique mises en œuvre. Ce qu'il faut faire, selon cette interprétation de la *République* zénonienne, c'est pratiquer immédiatement la vertu, sans perdre tout ce temps en ruminations théoriques dépourvues d'efficace. Dans ce sens, la proposition de Zénon s'apparente à celle de Diogène et des cyniques, dans le même esprit de l'aphorisme d'Apollodore que nous venons de citer.

Dans toutes ces interprétations la figure du sage est un point essentiel. Tout se passe comme si la différence la plus importante entre la *République* de Platon et celle de Zénon – une différence qui est en même temps la clé pour comprendre le sens des intempérances éthiques qu'on trouve dans les fragments de l'écrit zénonien – relevait de l'inversion du rapport entre la théorie impersonnelle et la personne du sage, que l'on retrouve en passant de Platon aux stoïciens. Tous les deux partagent le principe qu'il n'y a d'autre bien que la vertu : mais tandis que, selon Platon, le point de départ pour comprendre ce que sont le bien et le sage (c'est-à-dire, l'homme vertueux) est la connaissance théorique du bien (et le sage est justement celui qui possède cette connaissance, dans la mesure où il la possède) ; selon les stoïciens, le point de départ est le sage, qui est lui-même la mesure du bien. Tout ce que je viens de dire peut être exprimé en termes d'interprétation de l'enseignement de Socrate. Le Socrate historique est-il le modèle à suivre parce qu'il a atteint la connaissance du bien, ou parce qu'il est l'exemple vivant du comportement bon et vertueux ?

1. Voir *The Stoic Idea of the City*, Chicago-London, University of Chicago Press, 1999²; « Zeno of Citium's anti-utopianism », *in* M. Vegetti, M. Abbate (cur.), *La* Repubblica *di Platone nella tradizione antica*, Napoli, Bibliopolis, 1999, p. 49-78 ; réimp. *in* M. Schofield, *Saving the City*, London-New York, Routledge, 1999, chap. III, p. 46-60 ; « "Impossible Hypotheses" : was Zeno's *Republic* Utopian ?, *in* Th. Scaltsas, A. S. Mason (eds.), *The Philosophy of Zeno*, Larnaca, The Municipality of Larnaca, 2002, p. 310-323.

Examinons ce problème à partir de l'article de Vander Waerdt qui, à mon avis, a mieux saisi que les autres le cœur de la question. Pour ce spécialiste, Platon, dans la *République*, en donnant des prescriptions qui prétendent être absolues, adopte un modèle éthique et politique en contradiction avec le principe selon lequel il n'y a d'autres biens que la vertu et la *phronesis* (qui d'ailleurs dans l'éthique socratico-platonicienne reviennent au même), et que, par conséquent, tous les autres biens (y compris ceux qui, dans la *République*, forment l'objet des prescriptions) sont nécessairement relatifs. Or, si Vander Waerdt interprète d'une façon correcte la *République*, la contradiction est évidente. Dans un important passage de l'*Euthydème* (278e-281e), en premier lieu, Socrate montre que le seul bien en lequel il a confiance est la vertu / *phronesis*. Toutes les autres choses que l'on appelle biens, en effet, peuvent devenir des maux à certaines conditions; par exemple, on ne peut pas dire que la richesse est un bien absolu, du moment qu'il vaudrait mieux, pour l'individu ignorant et vicieux, être pauvre que riche, parce qu'il ferait certainement un mauvais usage de sa richesse, se procurant à lui-même le malheur au lieu de son contraire (280e-281a). Donc, aucun bien positif n'est un bien en tant que tel; mais le seul bien qui existe, dans la mesure où le bien est une puissance capable de conférer sa propre nature à n'importe quoi, est le savoir relatif à l'usage (qui coïncide, encore une fois, avec la vertu).

Mais il y a aussi des applications concrètes de cette règle. Selon Vander Waerdt on peut tirer de la *République* l'idée selon laquelle Platon concevait au moins la santé comme un bien absolu. Mais cela entre en contradiction avec ce que l'on trouve dans le *Lachès*. Le général qui donne son nom au dialogue se moque de la définition du courage comme connaissance des choses qui sont et qui ne sont pas à craindre, parce que, dans ce cas, selon lui, le courage ne serait pas l'apanage des vertueux, mais des techniciens, comme les agriculteurs ou les médecins. Ce à quoi Nicias répond en remarquant que Lachès, en disant cela, montre qu'il a une notion fautive des médecins (et, en général, de ce qu'est la technique[1]). Il croit, en effet,

1. L'idée de Platon est que la raison par laquelle on écarte normalement l'hypothèse selon laquelle la science éthique est une technique tout à fait comme les autres est que l'on ne prend pas en considération le fait que toute technique implique aussi la connaissance de ses propres fins. Cette considération permet de résoudre l'aporie finale de l'*Hippias Mineur* (376b). Si l'éthique est une technique comme toutes les autres; si la vertu coïncide avec la connaissance; si la connaissance du vrai et du faux appartient nécessairement à la même personne; il apparaît que seul l'homme vertueux peut pratiquer le vice. Mais si le savoir technique implique aussi la connaissance des fins de l'art en question, comme il n'est pas possible qu'un technicien dans l'exercice de sa fonction agisse contre le but de son propre art, l'éventualité qu'un homme vertueux commette un mal n'arrive jamais.

que la science médicale se borne à la connaissance de ce qui produit la santé et la maladie. Mais Nicias lui demande :

> S'il se trouvait que la santé fût réellement pour quelqu'un un plus grand mal que la maladie, crois-tu, Lachès, que les médecins s'en apercevraient? N'est-il pas vrai qu'il vaudrait mieux pour beaucoup de malades ne jamais recouvrir la santé que de se rétablir? (195c, trad. fr. Croiset)

Et Lachès ne peut que répondre de la façon voulue par Socrate. Évidemment, cela signifie que pour Platon la santé elle-même n'est pas une valeur absolue. Ce que le *Lachès* montre à propos de la santé, le *Phédon* le dit à propos d'une valeur encore plus fondamentale, à savoir la vie. Dans le passage sur le suicide, en effet, Socrate envisage la possibilité que la vie puisse ne pas être un bien pour quelqu'un (62a). En conclusion, la position de Platon sur ce sujet semble univoque : du point de vue de la théorie, il n'y a pas d'autres biens que la vertu / *phronesis* (*Euthydème*) ; du point de vue des exemples pratiques (*Lachès*, *Phédon*), il se trouve que même des valeurs primordiales et universellement reconnues comme la vie et la santé ne sont pas telles dans certaines conditions.

Avant de proposer une solution à cette apparente contradiction à la fin de notre contribution, concentrons notre attention sur l'élément qui, dans l'éthique socratico-platonicienne, joue le rôle de mesure absolue, c'est-à-dire la vertu-*phronesis*. Il s'agit, clairement, d'une sorte de connaissance, et en particulier de la connaissance du bien. Ou mieux encore, conformément au passage de l'*Euthydème* auquel nous venons de faire référence, il s'agit de la connaissance d'un bien tellement général qu'il permet à ceux qui la possèdent de rendre bonne n'importe quelle chose. Mais lorsque nous cherchons à donner à ce bien absolu un contenu quelconque, soudainement, nous avons à affronter un problème apparemment insoluble. Quelle que soit la généralité donnée au bien supposé être l'objet de la connaissance, on trouvera qu'il existe des exceptions, de telle façon que ce bien ne peut être ni le bien absolu ni le critère qui donne le caractère du bien aux autres choses. En d'autres termes, il semble que dans la philosophie de Platon, il y a à la fois la nécessité de trouver un bien absolu et l'impossibilité structurelle d'accomplir cette tâche.

Les stoïciens ont le même problème que Platon. Presque tout ce qui a la nature du bien dans la pensée commune n'est pour eux qu'un indifférent. Le raisonnement analogique conçu par Ariston de Chios pour montrer que la santé entre de plein droit dans le domaine des indifférents[1] est frappant

1. *SVF* I, 361.

par sa ressemblance avec le passage du *Lachès* dont nous avons parlé. Supposons qu'un homme soit sujet d'un État gouverné par un tyran, et que ce tyran veuille envoyer tous les citoyens à la guerre ; dans ce cas, il vaudrait mieux pour cet homme être malade plutôt que sain, dès lors que cette condition lui vaudrait l'avantage de ne pas être enrôlé. La santé n'est donc pas un bien absolu, parce qu'on peut envisager des situations où ce serait plutôt la maladie qui serait profitable ; exactement comme dans les passages du *Lachès* et du *Phédon*, rien n'assure que la santé ou la vie soient toujours des biens pour tout le monde.

Pourtant, les stoïciens disposent d'une réponse précise à l'impasse platonicienne. Comme le montre la critique implicite exercée par la *République* de Zénon contre la *République* platonicienne (si, bien entendu, le cadre que nous avons dessiné ci-dessus est acceptable), selon les stoïciens la tentative de Platon a échoué parce qu'il a cherché le bien absolu dans une dimension où rien de semblable ne pourra jamais exister. Pour Platon, le bien est objet d'une connaissance ; et c'est justement la connaissance du bien, unie à la pratique correspondante qui en découle par nécessité, qui est le critère qui permet de distinguer le sage (le philosophe) des fous. Pour les stoïciens, au contraire, il n'y a pas de critère positif pour distinguer le sage des fous (comme l'a remarqué justement Vander Waerdt, pour les stoïciens un *kathortoma* est formellement indiscernable d'un *kathekon*) ; mais le sage, qui ne se distingue du fou que par l'intention, est malgré tout la mesure absolue du bien, et c'est à partir de lui, de sa façon de « faire usage » des choses, que celles-ci deviennent des biens [1]. En d'autres termes, si on veut vraiment trouver un bien absolu, on ne peut pas, pour les stoïciens, considérer des « choses » auxquelles on donne le terme « bon », mais il faut converger vers l'intention pure, c'est-à-dire se tourner de l'objet vers le sujet. Le modèle du bien absolu n'est pas, par conséquent, l'objet de la connaissance de Socrate (ou du sage), mais Socrate (ou le sage) lui-même. Voilà donc, à nouveau, ce qui pourrait avoir été le grand défaut de la *République* de Platon selon Zénon. Au lieu d'avoir mis au cœur du renouvellement de la vie éthique et politique que son utopie voulait réaliser la figure du sage (Socrate) et la confiance dans la bonté de son jugement, Platon n'a utilisé le sage que comme l'évanescent porte-parole d'un ensemble d'affirmations métaphysiques et des prescriptions morales qui se prétendent absolues mais en réalité ne le sont pas.

1. Voir en général sur ce sujet T. Bénatouïl, *Faire usage : la pratique du Stoïcisme*, Paris, Vrin, 2006.

Mais le problème est que pour Platon la substitution, visant à atteindre le bien absolu, de la science par la figure du sage ne fonctionne pas. Et cela pour deux raisons. En premier lieu, pour Platon, un modèle de sage parfait, tel qu'il puisse être pris comme norme universelle pour le comportement moral, n'a jamais existé dans l'histoire, et ne peut pas exister en général. Et il y a bien des traces, dans l'œuvre de Platon, du fait que ce modèle n'est pas adéquatement représenté, pas même par Socrate. Qu'on prenne en considération d'abord le passage du premier au second livre de la *République*. Sous la faible couverture de la fiction dramatique, Platon met en scène la nécessité de dépasser la démarche purement négative du Socrate des dialogues de jeunesse, qui est aussi à l'œuvre dans le premier livre de la *République*. Après la réfutation de Thrasymaque, Socrate est sur le point de partir, convaincu d'avoir accompli sa tâche, et donc de s'être débarrassé du discours (357a). C'est le Socrate qui laisse, non sans raison, Clitophon insatisfait (dans le dialogue homonyme, qui est considéré, selon moi à tort, comme non authentique[1]) au point que ce dernier décide de se faire disciple justement de Thrasymaque. Mais les interventions de Glaucon et Adimante (ce n'est pas par hasard que Platon a choisi pour ce rôle ses propres frères) le retiennent, dans le but d'avoir de lui des réponses positives. Socrate, dans le passage qui est d'une certaine manière le dénouement de l'arrière-plan caché du dialogue, en même temps qu'il avoue qu'une réponse est bien difficile à trouver, remarque tout de même qu'il est nécessaire de le faire (368b-c). De cette façon, Platon signifie au lecteur que la sagesse toute personnelle de Socrate, qui le rend capable de gagner toute discussion face à n'importe qui (comme cela est bien montré dans les dialogues de jeunesse), n'est toutefois pas suffisante pour résoudre le problème éthico-politique, c'est-à-dire le problème de comprendre ce que c'est que la vie bonne et de la manière dont il est possible de la mettre en pratique. Pour atteindre ce but, la sagesse personnelle, même s'il s'agit de Socrate (que Platon n'hésite pas à définir comme l'individu le plus vertueux de son temps[2]), n'est pas efficace : ce qu'il nous faut, ce n'est pas un sage, mais une théorie ; non pas un *phronimos*, mais la *phronesis*.

Ce discours devient plus précis et en même temps plus profond dans le livre V du même dialogue. Le passage où le Socrate du dialogue parle de la nécessité pour le sage, dans les temps difficiles, de s'abriter derrière un petit mur dans l'attente de l'amélioration de la situation politique (496d),

1. Voir mon article « Sull'autenticità del *Teage* e del *Clitofonte* (pseudo) platonici », *Acme* 51, 1998, p. 193-210.

2. *Lettre VII*, 324e.

contient des allusions assez ouvertes au Socrate de l'*Apologie*, qui dit de lui-même exactement la même chose, c'est-à-dire qu'il ne s'est jamais mêlé à la politique active durant toute sa vie parce que cela l'aurait certainement conduit à la mort (31c-32a). Mais il y a plus : dans la figure du sage qui se contente de vivre sur la terre une vie pure de toute injustice et d'actions impies, et qui ensuite en sort calme et paisible avec un bon espoir de ce qui va lui arriver (496d-e), il est impossible de ne pas voir un portrait contracté, mais fidèle, du Socrate du *Phédon*. Mais la suite de ce texte montre très bien que, dans la *République*, Platon a l'intention de prendre de la distance par rapport à cette figure, en montrant sa relative insuffisance. À la réponse d'Adimante, qui dit qu'une vie de cette sorte aboutirait tout de même à un très bon résultat, Socrate réplique que ce ne serait pas le maximum, dès lors qu'il serait encore mieux que le sage ait la possibilité de sauver, outre ses intérêts, les intérêts communs (497a)[1]. Cela aurait pu arriver, précise Socrate, si le sage avait eu la chance de vivre dans un régime convenable pour lui. C'est surtout à partir de cette phrase qu'on dit que Platon, avec sa *République*, a bâti la cité où Socrate aurait pu vivre et agir sans être persécuté et sans courir de dangers. Mais cette interprétation est inexacte. Le but de Platon n'est pas de sauver seulement le sage (ou les sages). Son but est plutôt celui de sauver, à travers les sages, la cité entière, la plupart des citoyens qui n'est pas sage. Construire une cité confortable pour le sage est plutôt le but de la *République* de Zénon. En effet, si dans la réalité historique, du moins dans l'interprétation de Platon et de Zénon, Socrate était le seul sage, malheureusement obligé de vivre parmi les fous, le philosophe stoïcien coupe la racine du problème en n'admettant dans sa cité idéale que des sages tels que lui. Ce faisant, Zénon prévient aussi le risque entrevu par Erskine, c'est-à-dire que la présence des fous et des sages dans la même cité (comme il arrive dans la *République* de Platon) introduit dans l'État le germe de sa propre destruction : ce qui entraînerait évidemment aussi celle des sages comme Socrate, que la bonne cité aurait au contraire la tâche de protéger.

Mais, pour Platon, il s'agit d'un risque qu'on est obligé de courir (comme nous l'avons vu dans un passage cité ci-dessus, la définition positive de la justice est difficile et nécessaire en même temps). En effet, le problème n'est pas tant le fait qu'une cité où il n'y a que des sages du point de vue

1. Ce thème apparaît aussi au début du *Phédon*, où Phédon raconte l'histoire de Thésée, qui était parti pour la Crète avec les sept couples de filles et garçons que les Athéniens étaient obligés de sacrifier au Minotaure, et qui finalement est rentré à Athènes ayant sauvé « lui-même et les autres » (58b1) ; voir Platone, *Fedone*, F. Trabattoni (ed.), trad. it. S. Martinelli Tempesta, Torino, G. Einaudi, 2011, p. 5, n. 5.

pratique est difficilement envisageable. Le vrai problème est que, pour Platon, une telle cité n'est pas même souhaitable. La tâche de la philosophie pour Platon ne consiste ni à rendre philosophes tous les hommes (ce qui est d'ailleurs clairement impossible), ni à créer une *République* des philosophes radicalement séparés des autres gens, mais à bâtir une cité où tous les hommes, qu'ils soient philosophes ou non, puissent vivre une vie bonne, grâce au gouvernement sage exercé par les philosophes.

Or, c'est précisément cette tâche politique des philosophes qui empêche, pour Platon, que la vertu du sage n'ait d'autres contenus, à la manière stoïcienne, que le bon usage. On peut imaginer la *République* zénonienne comme une cité invisible composée seulement par les sages, que rien de visible ne distingue des fous, mais qui partagent la même « intention » invisible. Ou bien on peut penser à une sorte de cité réelle, dans le style du cénobistime chrétien, à laquelle n'appartiennent que les personnes qui se reconnaissent mutuellement comme sages. Mais pour Platon aucune de ces deux cités ne peut être considérée comme une structure « politique ». S'il n'y a que des sages (ce qui équivaut à dire qu'il n'y a que du bien), aucune politique n'est possible, parce que, pour Platon, la politique consiste en la traduction « technique » du bien idéal, dans les limites de la faiblesse humaine, dans la réalité concrète. Mais, afin que cela soit possible, le bien doit avoir une nature reconnaissable, tant du point de vue théorique que du point de vue pratique, par tout le monde : exactement comme les profanes reconnaissent aux médecins le droit de procurer la santé à tout le monde, grâce à un savoir qui est documenté par leurs succès thérapeutiques. En d'autres termes, si le philosophe (ou le sage) ne doit pas seulement être règle pour soi-même, mais doit être aussi le point d'appui qui règle la vie de tous les membres de sa communauté, la sagesse entendue comme invisible vertu personnelle, cachée dans les profondeurs insondables de l'intention, ne sert à rien. Ce qu'il faut trouver, c'est un bien valable pour tout le monde, qui soit objet de science et réalisable en même temps, exactement comme le but de la médecine est de trouver ce que c'est que la santé et les moyens pour la réaliser.

Voilà donc la seconde (et la plus importante) raison pour laquelle le passage du bien comme objet de connaissance au bien comme comportement vertueux (qui est ce que feront à peu près les stoïciens) ne mènerait à rien : s'il n'y a pas de critère pour reconnaître le bien comme tel, – ce qui implique que le bien doit être objet de connaissance –, son utilité politique est nulle. Prenons le cas d'un groupe de soi-disant sages qui voudraient revendiquer le droit de gouverner la communauté entière. Pour se faire reconnaître ce droit par les concitoyens, ils n'ont d'autre moyen que de montrer publiquement et ouvertement qu'ils disposent d'un savoir (ou d'un « savoir-faire ») capable de procurer des avantages à tout le monde. Or, la sagesse du philosophe stoïcien n'est pas en mesure de respecter cette condition. En effet, cette sagesse n'est qu'une disposition invisible, une attitude intérieure face au monde qui ne se traduit jamais dans une règle positive reconnue qui puisse être appliquée par tout le monde. Bref, le sage stoïcien n'est pas en mesure de répondre à des questions telles que « qu'est-ce que *le bien*? parmi les choses qu'on appelle "biens", quels sont *les biens véritables*? qu'est-ce que je dois faire pour mener une vie heureuse? ». En d'autres termes, du moment que pour les stoïciens ce qui importe ce n'est pas le bien comme contenu ou comme objet de connaissance (puisque tout ce qu'on appelle « bien » en réalité est indifférent), mais une disposition face aux choses qui n'a aucune objectivité visible, le sage stoïcien peut bien espérer transmettre cette attitude aux gens qui le fréquentent (au point, dans les cas les plus favorables, de les rendre sages eux aussi); mais il n'a rien à dire à ceux qui, sans avoir l'ambition de devenir philosophes ou sages eux-mêmes, ne voudraient que des règles ou des lois à appliquer. Tout cela signifie, dans la perspective platonicienne, qu'une figure comme le sage stoïcien n'a aucune pertinence sur le plan politique[1].

Mais il ne s'agit pas seulement d'imaginer ce que Platon aurait pu répliquer aux critiques de Zénon. En fait, Platon aurait pu entrevoir une représentation du sage semblable à celle qui sera proposée plus tard par les stoïciens dans certaines ambiguïtés présentes dans la figure de Socrate, dont on trouve certaines traces dans le portrait de Socrate esquissé par Platon lui-même (surtout, comme il est facile de le deviner, dans les dialogues que la classification traditionnelle appelle « de jeunesse » ou bien « socratiques »). Chez Platon, en effet, il n'y a pas seulement le Socrate qui concentre toute son attention sur l'objectif d'esquisser au moins des ébauches de théorie ayant pour objet le bien ou la vertu, qui puissent servir de modèle pour la vie éthico-politique (c'est l'aspect du Socrate comme « technicien » de la vie bonne, où Platon a vu la pointe de l'enseignement de son maître); il y a aussi le Socrate qui ne montre sa vertu que par son comportement[2] (comme dans l'*Apologie* et dans le *Criton*), qui dans

1. Selon l'hypothèse formulée par Valéry Laurand, il est en effet possible de considérer que l'antiplatonisme de la *République* de Zénon consiste précisément en la subordination de la politique à la morale (voir *La politique stoïcienne*, Paris, P.U.F., 2005, p. 64).

2. Compte tenu du fait qu'en général, dans les dialogues de Platon, une théorie positive à propos des valeurs éthiques est très difficile à trouver (comme le montre l'échec de ce qu'on appelle les dialogues de définition), on a parfois pensé que l'idée de Platon consiste exactement à montrer que la véritable solution des problèmes éthiques n'est pas une impossible science du bien, mais la concrète mise en scène de la vertu de Socrate. Voir par

l'*Apologie* déclare ne pas posséder d'autre savoir qu'une sorte de « sagesse humaine » (20d), qui parfois réussit à contribuer à l'amélioration des autres par son influence personnelle, et non pas par la force de ses arguments[1]. Or, c'est précisément sur ce côté de la personnalité de Socrate que Zénon, aussi bien que la tradition cynico-stoïcienne en général, avait dirigé son attention. D'une part, c'est le Socrate vertueux et non pas le Socrate théoricien du bien qu'il faut prendre comme modèle de mesure et de perfection éthique (comme nous l'avons vu, il n'y a rien qui soit bon, excepté la vertu). D'autre part, il faut que la sagesse de Socrate soit libérée de toutes les tâches et de toutes les incomplétudes qui caractérisent le Socrate de Platon – en premier lieu, de l'idée restrictive selon laquelle tout ce dont nous avons besoin pour être vertueux est la conscience de notre ignorance et une attitude infatigable de recherche (qui donc réalise la vertu en tant que telle, même si la recherche n'aboutit à rien).

Si nous mettons ensemble les traits du sage que nous venons d'esquisser, ce que nous trouvons est très semblable au Socrate des *Mémorables* de Xénophon. C'est le Socrate qui ne fait aucune allusion à sa propre ignorance[2] ; qui, comme l'a bien montré L.-A, Dorion, ne fait jamais usage de l'*elenchos* ; qui, finalement, a été décrit par son biographe comme quelqu'un qui n'a procuré que des avantages à toutes les personnes qui sont entrées en contact avec lui[3].

Si après ces considérations nous revenons maintenant au problème dont nous sommes partis, on peut confirmer l'hypothèse selon laquelle il y aurait une relation entre la manière dont Zénon critique Platon dans sa *République* et le fait que son modèle du sage soit le Socrate de Xénophon. Nous avons un certain nombre de raisons à avancer en faveur de ce dernier point. Il y a d'abord un passage bien connu de Diogène Laërce où on lit que Zénon s'est converti à la philosophie à cause de la lecture du livre II des *Mémorables* de Xénophon (D. L. VII, 1 = *SVF* I, 1). Et il est particulièrement significatif pour la thèse que nous sommes en train de proposer que l'on puisse détecter, comme Francesca Alesse l'a montré[4], des correspondances entre ce livre

exemple F. J. Gonzalez, « Plato's *Lysis*. An Enactement of Philosophical Kinship », *Ancient Philosophy* 15, 1995, p. 69-90. Bien que je partage la conviction qu'une théorie morale pour Platon ne peut être qu'incomplète et approximative, mon interprétation de cet état de choses est tout à fait différente.

1. Cela arrive aussi dans le *Théagès* de Platon, qui est considéré inauthentique pour cette raison même (le Socrate qui y figure semble peu platonicien). Voir à ce propos mon article « Sull'autenticità del *Teage* e del *Clitofonte* (pseudo) platonici », art. cit.

2. La seule exception est un passage des *Mémorables*, IV, 4, 9, qui pourrait être considéré comme une sorte de négligence de la part de Xénophon.

3. Xénophon, *Mem.*, M. Bandini (éd.), trad. fr. L.-A. Dorion, vol. 1, Paris, Les Belles Lettres, 2000.

4. Voir *La Stoa e la tradizione socratica*, Roma, Bibliopolis, 2000, p. 108-111.

des *Mémorables* et la *République* de Zénon. Premièrement, la conception socratique de la liberté, qui permet de procurer des avantages à la famille, aux amis et à l'État, présente en *Mémorables* II, 1, 19, est rappelée dans la séquence « citoyens, amis, parents et libres » de D. L. VII, 33 (= *SVF* I, 222). Deuxièmement, on trouve dans les deux textes la même idée selon laquelle le mariage aurait, pour ainsi dire, un but eugénique (*Mém.* II, 4, 2 ; D. L. VII, 121 et 131 = *SVF* I, 270, 269). Troisièmement, on trouve dans les deux écrits le *topos* sur la discorde entre frères causée par l'ignorance (*Mém.* II, 3, 19 ; D. L. VII, 32 = *SVF* I, 226). Quatrièmement, un passage des *Mémorables* dans lequel Socrate remarque l'importance de la *philia* et souligne le passage de la *philia* à l'*erôs* (II, 6, 17) trouve une correspondance dans le fait que Zénon dans sa *République* a réservé une place centrale justement à l'*erôs*[1]. Si, finalement, on accepte l'hypothèse de Malcolm Schofield selon laquelle la *République* de Zénon est modelée sur la *République de « Spartans »* de Xénophon[2], le lien entre Zénon (et en particulier sa *République*) et celui-ci devient encore plus étroit.

Mon hypothèse de travail, donc, est que Zénon avec sa *République* reprochait à Platon l'erreur d'avoir cherché en vain à définir l'organisation de la vie bonne, éthique et politique, sur la base d'une théorie du bien – théorie impossible, dès lors qu'il n'y a pas de biens absolus, hormis la vertu intérieure – alors que le seul moyen pour atteindre ce but est de trouver le modèle convenable du sage ; mais, et c'est peut-être encore pire, Platon avait sous la main, dans la figure de Socrate, le modèle dont il avait besoin, mais il ne s'en est pas aperçu, troquant la sagesse de Socrate, c'est-à-dire sa capacité de faire progresser dans la vertu les gens qui le côtoyaient, pour une sorte de scepticisme dépourvu d'utilité pratique (d'où le besoin de Platon de suppléer l'ignorance socratique avec ses théories, comme il est bien montré dans le passage du livre I au livre II de la *République*). Dans ce but, c'est-à-dire pour souligner que la seule règle véritable et valable est le sage, Zénon a délibérément mis l'accent sur certains aspects apparemment scandaleux, pour montrer précisément que ce n'est pas à partir de ce que le sage fait qu'on déduit sa vertu ; mais que le sage peut faire n'importe quoi, sans aucune exception, parce qu'il n'y a rien de bon ou de mal en soi (d'où la nécessité de mentionner des cas extrêmes comme la liberté sexuelle absolue[3]), et que n'importe quoi peut devenir bon ou

1. *Cf.* D. Dawson, *Cities of the God*, *op. cit.*
2. Dans l'article « Zeno of Citium's anti-utopianism », art. cit., en part. p. 63-76.
3. Cf. *SVF* I, 269. Comme l'a justement remarqué V. Laurand, les autres prescriptions contenues dans la *République* de Zénon, telles que l'abolition de l'argent, des tribunaux et des temples (*SVF* I, 264-271), sont bien plus facilement conciliables avec la nature du sage que la communauté des femmes (*La politique stoïcienne*, *op. cit.*, p. 71-72).

mauvais selon les circonstances et l'usage qu'on en fait (où, évidemment, le sage est la seule mesure du bon usage).

Tout cela ne signifie pas, il est clair, que les idées éthiques exposées par Zénon dans sa *République* sont conformes aux principes moraux que Xénophon attribue à Socrate dans les *Mémorables*. Tout ce que je veux dire est que Zénon a trouvé dans le Socrate de Xénophon des éléments, intéressants pour lui, pour augmenter la liberté et l'autorité du sage qui dans le Socrate de Platon sont comprimées par les limites de son ignorance (ou, dans le meilleur des cas, par l'inévitable imperfection de son savoir). Plus généralement, je suis convaincu que l'autarcie qui est caractéristique du sage stoïcien et cynique (et qui trouve dans les *République* de Zénon et de Diogène des exemples éclatants), repose en bonne partie sur des interprétations de Socrate alternatives à celle de Platon. Chez Diogène Laërce, il y a un passage où Antisthène (qui, au moins sous certains points de vue, est un précurseur et des cyniques et des stoïciens) dit que la vertu est suffisante pour le bonheur, mais à condition qu'on possède la force de Socrate (D. L. VI, 11). Avec cette phrase, Antisthène semble soutenir qu'il n'existe pas une théorie capable d'indiquer une règle, accessible à tout le monde, pour réaliser le bonheur (comme le prétend Platon dans sa *République*) ; mais que, pour être heureux, il faudrait, tout simplement, être comme Socrate. Si, par exemple, le courage face à la mort sur le champ de bataille est une vertu (ce qui pour un Grec ne fait presque aucun doute), comment montrer que la pratique de cette vertu, malgré les risques énormes qu'elle comporte, procure quand même le bonheur à l'agent ? Platon donne une réponse très élaborée, qui relève d'une théorie du bien à laquelle il consacre une bonne partie de son œuvre écrite (notamment, tout le *Gorgias* et toute la *République*) et non écrite. Selon Antisthène, au contraire, la condition à la fois nécessaire et suffisante pour atteindre ce but est d'être Socrate, ou bien tel que lui. En d'autres termes, il n'existe aucune théorie concernant le bien qui puisse donner aux hommes de bonnes raisons de penser que faire face courageusement à la mort n'affecte pas le bonheur de l'agent, ou, mieux, contribue à sa réalisation (on aura facilement reconnu dans les lignes ci-dessus une esquisse synthétique de la position de Socrate dans le *Phédon*). Au contraire, pour que nous ayons la confiance suffisante pour faire face à la mort en souriant (comme le fait, encore, le Socrate du *Phédon*), il n'y a pas d'autre moyen que de posséder une force d'âme semblable à celle de Socrate ; et donc savoir vivre, avec un sentiment de bonheur, des situations que les non-philosophes supporteraient sans doute avec une attitude complètement opposée[1]. Le même Antisthène, dans le discours que Xénophon lui prête dans son *Banquet*, attribue une bonne partie de son bonheur, et donc de sa vertu, à la liberté qu'il possède de fréquenter Socrate quand il veut, sans donner aucun renseignement ultérieur sur les avantages que cette fréquentation lui procure (*Symp.*, IV. 44). Tout son discours (IV, 34-45), d'ailleurs, est emprunté à une image de vertu qui n'a d'autres contenus positifs que la liberté même du sage de satisfaire ses besoins d'une façon autarcique, sans avoir recours à rien qui ne dépende pas de lui. Notamment, on remarque aussi dans ses paroles une attitude libre, face aux *erotika*, bien plus semblable à la liberté du sage stoïcien esquissée dans la *République* de Zénon qu'aux règles sévères auxquelles sont soumis les gardiens de la *kallipolis* platonicienne.

Pour conclure, je crois que le thème crucial auquel il faut faire référence pour comprendre le rapport des trois *Républiques* entre elles (j'ai peu parlé de la *République* de Diogène ; mais je suis convaincu qu'elle a à peu près le même but antiplatonicien que celle de Zénon[2]) est, *mutatis mutandis*, le dilemme que Socrate pose à Euthyphron dans le dialogue éponyme : établit-on ce que c'est que le sage à partir de la connaissance du bien, ou au contraire déduit-on la nature du bien à partir de l'attitude du sage ? Alors que Platon adhère au premier terme de l'alternative, Zénon et Diogène (peut-être, comme j'ai essayé de le montrer, dans le sillage du Socrate de Xénophon et de la tradition socratique alternative à Platon) choisissent le deuxième. Mais, en réalité, aucune des deux possibilités ne va sans problème, au point qu'on peut avoir l'impression d'être tombé dans un cul-de-sac. Si on tire la nature du bien du sage, il semble qu'on n'a d'autre critère que l'arbitre pour décider qui est sage et qui ne l'est pas. En revanche, la tentative d'établir qui est sage et qui ne l'est pas sur la base de la connaissance du bien entre en collision avec l'évidence qu'un bien absolu n'est pas saisissable par les hommes (les hommes ne sont jamais capables d'écarter toutes les exceptions). Et pourtant, pour Platon, la solution qu'il adopte est d'une certaine façon obligée. Si l'on suit l'option contraire, en effet, il demeure la possibilité de construire une cité des sages, qu'elle soit visible ou invisible.

1. Cette affirmation d'Antisthène devient encore plus significative si on pense que lui-même, face à la mort, n'a point réussi à demeurer à la hauteur de la force de Socrate. *Cf.* D. L. VI, 18-19 ; F. Decleva Caizzi, *Antisthenis fragmenta*, Milano-Varese, Instituto Editoriale Cisalpino, « Testi e documenti per lo studio dell'Antichita », 1966, 142 ; *SSR* V A 37. Voir à ce propos F. Trabattoni, « Socrate, Antistene e Platone sull'uso dei piaceri », *in* L. Rossetti, A. Stavru (cur.), *Socratica 2005, Studi sulla letteratura socratica antica*, Bari, Levante, 2008, p. 235-261.

2. Voir à ce propos V. Laurand, *La politique stoïcienne*, *op. cit.*, p. 62-74.

Mais il devient impossible de trouver des critères normatifs universellement valables : ce qui signifie, tout simplement, la disparition de toute théorie éthique ou politique.

Le problème de l'insurmontable impossibilité de saisir un bien à l'abri de toute relativisation (c'est cela que Platon veut dire lorsque dans la *République* il décrit un Socrate qui à propos du bien en tant que tel n'est pas capable d'aller au-delà de sa propre opinion[1]) se résout en renonçant à l'illusion d'atteindre un savoir absolu. Comme il ne peut pas se soustraire à la tâche d'orienter sa vie en vue du bien, l'homme est par nécessité en quête de principes universels, appliquant ceux dont l'agent peut obtenir le résultat qu'il espère (exactement comme le médecin est en quête des règles universelles qui le rendent capable de soigner les maladies). En l'absence de critères absolus, ou bien de définitions universelles dépourvues de toute attestation contraire, il ne va pas faire l'erreur de se jeter à corps perdu dans la direction opposée, c'est-à-dire récuser toute théorie et tout *logos* (voir la polémique contre la *misologie* dans le *Phédon*[2]) et chercher son salut dans le charisme personnel d'un soi-disant savant. Il va se contenter tout simplement des arguments les « moins réfutables » (selon ce que dit Simmias dans un important passage, encore, du *Phédon*[3]) qu'il est capable de trouver. Et c'est précisément dans ce prudent (ou encore mieux, très prudent) optimisme qu'on retrouve, selon moi, la marque de la philosophie de Platon dans son entier[4].

1. 506b-e.
2. 89c-91c.
3. 85d.
4. J'ai consacré à l'entreprise d'exposer et de justifier cette marque de la philosophie de Platon la majeure partie de mes plus de trente ans de carrière scientifique. Pour une synthèse récente, je me permets de renvoyer à *Essays on Plato's Epistemology*, Leuven, Leuven University Press, 2016.

THE FOUR *REPUBLICS*

Christopher ROWE

The title of the colloquium at which this paper was first presented was « The Three *Republic*s » : *i. e.*, Plato's, Diogenes', and Zeno's. The latter two, so far as we can tell, consisted in the description of the arrangements or rules for, or of, some non-standard, imaginary or putative, Greek city[1]. I shall assume that Diogenes'and Zeno's *Politeiai* were not just figments – they really did once exist. I shall also assume that they stood in some sort of close relationship to Plato's *Politeia* : the evidence seems to tell us that Diogenes and Zeno were reacting in their different ways to Plato's attempt in his *Politeia* to « build a city in words »[2]. The implication of this is that, for the purposes of their own *Politeiai*, Diogenes and Zeno were less interested in those parts of Plato's that are not concerned with

1. Other *Politeiai* of the period are different, insofar as they relate to particular, actual cities : see J. Bordes, *POLITEIA dans la pensée grecque jusqu'à Aristote*, Paris, Les Belles Lettres, 1982, esp. chap. III, « Les fragments de *politeiai* et les *politeiai* contenues dans d'autres œuvres » (*i. e.*, in works other than those labelled as *politeiai* – histories, *epitaphioi* and so on).

2. Zeno was also, of course, responding to Diogenes; but the relationship between these two is of little or no importance for my purposes here. I shall have something to say about Diogenes and Plato later on in the present paper. My views on the relationship between Zeno and Plato are sketched in my chapter « The *Politeiai* of Zeno and Plato » *in* T. Scaltsas, A. S. Mason (eds.), *The Philosophy of Zeno*, Larnaka, The Municipality of Larnaka, 2002, p. 293-308. See p. 296 : « My proposition is that Zeno's complaint about Plato – if such it was – is that he did not follow out [some basic Socratic] positions strictly enough, and that his [Zeno's own] *Republic* describes the kind of *politeia* Plato ought to have described, if he had been a true Socratic … ». The « basic Socratic positions » in question are « (1) an exclusively intellectualist account of action; (2) a belief in the possibility (however remote) of wisdom; and (3) a belief in the sufficiency of wisdom, and of actions based on wisdom (which will also be virtuous actions) for the good life ». For (1), especially, in the Stoics generally I refer to Tony Long's « Socrates in Hellenistic Philosophy », *Classical Quarterly* 38, 1988, p. 150-171, especially p. 171.

city-construction, *i. e.*, our Book I, plus Book II down to 369a[1], and Books VIII-X. The point of my own title, « The Four *Republic*s », is that the parts of the Platonic *Republic* left when these 4+ books are removed actually contain sketches not just of one but of two « republics », closely related but nonetheless different and clearly differentiated from one another.

What particularly interests me is that – at least on my own reconstruction of Plato's first « republic » : let us call it his, or his Socrates', first « city », since that is what the text more or less calls it[2] – this first republic or city appears to be of much greater interest to Diogenes and Zeno than is the second. It is, in fact (or so I claim), a kind of *model*, or, perhaps better, a kind of *template* for the Diogenean and Zenonian republics / cities, in a way that the second emphatically is not. At the centre of my argument will be two claims : (1) that the first city in Plato's *Republic* is intended as a city of *equals* ; and (2) – a claim that goes dead against one well-established type of modern reading[3] – that it is a city whose members are equally *wise*[4]. Or, if talk of « intention » is too provocative for some, I more modestly claim both that Plato's / Socrates' first city *can* be read in this way, and that Diogenes and Zeno *may* have read it in this way. Setting this claim together with the striking tone of approval in Socrates'treatment of his first city, I propose it as at least a starting-point for answering the question, as raised in the original rationale for the colloquium in Paris, why « neither Diogenes nor Zeno [apparently] referred [...] to the central books of Plato's *Republic* »[5]. They ignore those central books, and the core theme contained

1. A section apparently coinciding with the first book in a possibly original six-book division of Plato's *Republic*, for which we have reasonably good evidence : see *Plato. Republic*, transl., intro. and notes by C. J. Rowe, London, Penguin, 2012 – the translation used for citations from the *Republic* in the present chapter.

2. It is « the previous city » at 373c5 (« the one we've [just] described » at 372e6-7). The description of this « previous city » runs from 369a-372d; the tiny city (*polichnion* – a diminutive of *polichnê*, « small town » : 370d6) of four or five people introduced in 369a-370d turns out to be a mere building-block for the first city proper.

3. See below, especially on Rachel Barney's « Platonism, Moral Nostalgia, and the "City of Pigs" », *Proceedings of the Boston Area Colloquium in Ancient Philosophy*, vol. 17, J. J. Cleary, G. M. Gurtler (eds.), Leiden-Boston-Köln, Brill, 2001, p. 207-227. For an alternative view, overlapping with my own, see D. R. Morrison, « The Utopian Character of Plato's Ideal City », *in* G. R. F. Ferrari (ed.), *The Cambridge Companion to Plato's* Republic, Cambridge, Cambridge University Press, 2007, esp. p. 250-254; the first statement of my own view is in the same volume : « The Place of the *Republic* in Plato's Political Thought », p. 27-54; see also my *Plato and the Art of Philosophical Writing*, Cambridge, Cambridge University Press, 2007, chap. v.

4. The city also contains hired labourers, but these are treated as *mê panu axiokoinônêtoi*, « not quite up to being partners », because of their lack of intellectual resources (371e2); (see further, on this context, p. 71-72, n. 4 below).

5. Quoted from the original prospectus for the colloquium.

in them, of the selection, training and setting in place of philosopher-kings and queens[1], because they are not interested – at least in the context of their *Politeiai* – with discussing how wisdom and / or philosophy might come to rule in existing cities, but rather with asking what kind of city would come about, or exist, if we imagined that all its citizens were equally clear-minded about the ends of life, and what kind of city of community would reflect and further those ends. I suggest, however, that these latter questions have already been posed, and answered, albeit inconspicuously, in that much smaller part of Plato's *Republic* that deals with Socrates' « first city ». I propose, further, that Diogenes' and Zeno's own interest in the same questions at least partly arises from their encounter with this part of Plato's text, and the « fourth republic » it contains[2].

Let me begin with something entirely uncontroversial. Plato's Socrates clearly distinguishes between two different cities. The first is a city he describes as « complete » (*telea*)[3], a « true » city (*alêthinê polis*), « one of a healthy sort », as it were (*hôsper hugiês tis*)[4]. The second is a « luxurious » city « in the grip of a fever »[5], which he introduces mainly at his interlocutor Glaucon's insistence[6] – though Socrates too thinks it may help them achieve what they want in this particular context, namely to identify justice, and, crucially, injustice too, as these come to exist in a city[7]. But here is where the controversy begins. Unlike Diogenes and Zeno (as I suppose), modern commentators are puzzled by Socrates' expressed preference for the first

1. As, of course, Plato himself may appear to do, after the *Republic*. At any rate philosopher-rulers as such notoriously fail to surface in those places where we might most have expected them : *i. e.*, in the *Statesman*, the *Timaeus-Critias*, and the *Laws*, all of which clearly (if implicitly) refer back to other aspects of the constructions of the *Republic*. This is not, however, to suggest that Plato would ever have thought that true statesmanship or kingship could exist in separation from philosophical expertise : not only does the *Statesman* deny it – in what, for Plato, count as the clearest possible terms – but the *Laws* does so too, if more indirectly.

2. There seems little point in raising the question whether the original, historical Socrates might have mused about some city of the wise – not least because we have no evidence that any of his immediate circle apart from Plato seems to have done so (even Antisthenes). See G. R. Boys-Stones, C. J. Rowe, *The Circle of Socrates: Readings in the First-Generation Socratics*, Indianapolis, Hackett, 2013.

3. Or rather, as « having grown to a point where it is complete », already by 371e7-8.

4. 372e6-7.

5. 372e3, 8.

6. 372c3-4, d5-e1.

7. 372e4-6.

city – because these modern commentators start from the assumption that the next city, the one developed and constructed over the next five and more books, must be intended as the real thing, the city Socrates really means to recommend. To quote one of the few scholars I have discovered addressing the subject at any length, and for its own sake, Catherine McKeen : « Certainly the city [in question] is limited and inferior to the fully developed *kallipolis*, but exactly how is it limited and inferior ? »[1] What can perhaps justifiably be called the standard interpretation[2] is that the first city fails because it lacks any mechanism to deal with human desires, of the sort available to Kallipolis. The sorts of issues raised by Glaucon's preference for a « luxurious » and « fevered » city are, on this interpretation, ones that any decent political arrangements must be able to deal with : appetites of the sort that Glaucon refers to are just a plain fact of human nature, and it does no one, even Socrates, any good to try to ignore them[3]. And so we must move on, and specifically to a set-up like

1. C. McKeen, « Swillsburg City Limits (The "City of Pigs") : *Republic* 370c-372d », *Polis* 21 (1&2), 2004, p. 70-71. The previous two sentences in the piece run « If we are meant to agree with Socrates'admiring assessment of the city, then it is unclear why the ["healthy"] city should degenerate into the fevered *truphôsa polis* ("appetitive city") which follows at 372d-375a. If the city of pigs is already defective, then it is unclear why Plato [*sic*] should describe it in such positive terms ». But (a) the first city does not « degenerate » into the second (*pace* C. D. C. Reeve, *Philosopher-Kings*: *The Argument of Plato's* Republic, Princeton, Princeton University Press, 1988, p. 176-177), or if it does, that is only at Glaucon's request – to prevent it from being the « city of pigs » *he* thinks it is ; and (b) there is no justification for McKeen's separation of the *truphôsa* city from the *kallipolis* (n. 2, p. 70). There is no clear break marked between them, and certainly not at 375a. Kallipolis *is* the *truphôsa* and « fevered » city, or at any rate starts out (in Socrates'description, getting his own back on Glaucon ?) like that. *Cf.* M. Narcy, « La critique de Socrate par l'Étranger dans le *Politique* », *in* C. J. Rowe (ed.), *Reading the* Statesman: *Proceedings of the III Symposium Platonicum*, Sankt Augustin, Academia Verlag, 1995, p. 231 : « Entre une cité de cochons et une cité d'hommes [...] la seule différence que Socrate aperçoive, c'est le luxe. Il fera donc bien entrer dans sa cité, pour en augmenter le confort, une masse de gens dont la présence n'est plus imposée par la nécessité (373b4), mais ce ne sera pas sans avoir réitéré d'abord sa conviction que "la cité véritable, c'est celle dont nous venons de parler, une cité, pour ainsi dire, en bonne santé" (372e6-7) ». (At this point, however, Narcy's interpretation diverges radically from my own : on his view, Socrates on one level *accepts* Glaucon's description of his first city as pig-like. « Qu'une cité puisse être indifféremment d'hommes ou d'animaux n'est pas, en d'autres termes, pour inquiéter Socrate. Le concept socratique de cité n'intègre pas la différence entre l'homme et l'animal ». On the view that I shall argue for, Socrates'city, so far from being a swinish one, is a city of rational people who know how to live a properly human life. See further below, esp. p. 71-72, n. 4 and p. 75, n. 1)

2. « Standard », at any rate, in the sense that I seem to have discovered more scholars inclined to this general type of interpretation of the first city than to any other.

3. Examples of this type of interpretation are C. D. C. Reeve, *Philosopher-Kings*,

that of Kallipolis, one that includes the necessary controls, especially in the shape of the Guards.

Two responses to this analysis : first, it does not account for Socrates' approval, quite emphatically expressed, for the first city; and second, he says absolutely nothing about any latent dangers in *this* city, as opposed to those that lurk in the one that he allows to replace it. What requires the addition of a warrior-class, from which the Guards proper, the philosopher-rulers, are eventually split off, is specifically the addition of the *luxuries* that were denied the members of the first city; and these luxuries are what threaten the new one – they are what make it unhealthily « feverish ».

This response will cut no ice with the critics in question, who in effect read Glaucon's intervention as no more than a due and proper reminder to Socrates that he needs to face reality – whether he admits it or not, people will just start lusting after decent couches and tables, cream to go with their strawberries, prostitutes to follow the wine [...] In other words, in the view of these critics of the first city, Glaucon simply forces Socrates to give up what was after all only an idle, momentary dream of a little community, working hard and enjoying the simple pleasures, for something more solid and realistic. Doesn't Plato's Socrates make it sufficiently clear that he believes everyone susceptible even to the worst desires? This will be a rhetorical question for many modern readers of Plato; I myself think it far from clear that the Socrates of the *Republic* believes anything of the sort[1].

op. cit., p. 271; J. R. Wallach, *The Platonic Political Art : A Study of Critical Reason and Democracy*, University Park, Pennsylvania State University Press, 2001, p. 252; R. Barney, « Platonism, Moral Nostalgia and the "City of Pigs" », art. cit.; M. Schofield, « Plato on the Economy », *in* M. G. Hansen (ed.), *The Ancient Greek City-State*, København, Munksgaard, 1993, p. 186-196, reprinted as chap. IV of Schofield, *Saving the City : philosophers kings and other classical paradigms*, London-New York, Routledge, 1999, p. 77-81. (This last is a strikingly nuanced version of the interpretation in question, and I shall return to it shortly.) *Cf.* also J. Annas, *An Introduction to Plato's* Republic, Oxford, Clarendon Press, 1981, p. 78-79.

1. See the excellent discussion of Rachel Barney's treatment of *Republic* IX, 572b by Margaret Deslauriers, *in* « Commentary on Barney », *Proceedings of the Boston Area Colloquium in Ancient Philosophy* vol. 17, 2001 : « at [...] 571b, Socrates says of the unnecessary pleasures and desires that they probably (*kinduneuousin*) occur in everyone. But of course the savage desires [in question] are only one kind of unnecessary desire. Moreover the *kinduneuousi* indicates precisely some doubts about the origins and the universality of such desires. It suggests that this may not be a claim about our nature (talk of nature is significantly absent from the passage itself), but rather a claim about how our desires are formed in the context of certain kinds of political organization » (M. Deslauriers, « Commentary », p. 234, with a note referring to *Timaeus* 69c ff. as possibly pointing in a different direction; but see, on this *Timaeus* passage, my essay « On the Good, Beauty, and the Beast in Plato's *Symposium* », *in* M. Tulli, M. Erler (eds.), *Plato in Symposium,*

But even if he did believe it, it hardly follows that he thinks that anyone and everyone will sooner or later capitulate to appetite.

Nonetheless, one may still find the citizens of the first city and their lives somewhat *limited.* In Rachel Barney's terms, « Socrates seems to depict the people of the First City as motivated only by what will later be classed as the "necessary appetitive desires" »[1]. What about the higher desires, for good art, for good music, and above all for philosophy? Simple people, craftsmen and traders, living lives that simply fulfil the most basic desires : could Socrates really be supposed to think this any kind of ideal? If we look at the passage in this way, his expressed approval of the first city may begin to look even more puzzling.

Or is this the wrong approach? The first city, for all its limitations, has at any rate introduced the crucial rule of « one man, one job » that will turn out to be fundamental to the analysis Socrates will offer of justice in Book IV. His liking for the first city, then, on this account, will be just a disguised way of saying that even this primitive-sounding kind of city will already have done most of the job for which he brought in talk about cities in the first place[2]. And in fact, as has been pointed out, the first city passage is not only a first and important step towards Socrates'/ Plato's immediate objective; it is a fine, and perhaps the first, piece of genuine economic analysis in antiquity[3]. So there is more than enough there, one might say, for Socrates to be pleased about.

selected papers from the tenth Symposium Platonicum, Sankt Augustin, Academia Verlag, 2016, p. 391-402). The continuation of the same sentence in 571b strengthens Deslauriers's case : « and if they're kept down by the laws and by the better desires, along with reason, in the case of some people they can probably either be eliminated entirely or reduced to a small number of no great strength ».

1. R. Barney, « Platonism, Moral Nostalgia and the "City of Pigs" », art. cit., p. 218, citing in support of her suggestion John Cooper (« Two Theories of Justice », *Proceedings and Addresses of the APA* 74, 2000, p. 3-27), Daniel Devereux (« Socrates'First City in the *Republic* », *Apeiron* 13 (1979), p. 37), Julia Annas (*An Introduction to Plato's Republic*, *op. cit.*, P. 77), and C. D. C. Reeve (*Philosopher-Kings*, *op. cit.*, p. 176-177).

2. For this point, *cf.*, e.g., J. Annas, *An Introduction to Plato's Republic*, *op. cit.*, p. 78-79.

3. See M. Schofield, « Plato on the Economy », art. cit. : « Above all, the sustained train of thought [in the passage] is evidently an *analysis*, which by appeal to the one principle of specialisation … demonstrates a dynamic explaining the development and expansion of a whole range of activities, culminating in the creation of the market » (p. 77; *cf.* R. L. Nettleship, *Lectures on the Republic of Plato*, London, Macmilan, 1922 (1st ed. 1901), p. 70, cited by M. Deslauriers, « Commentary on Barney », art. cit., p. 232). Schofield's is perhaps the only existing interpretation – apart from Narcy's : see p. 66, n. 3 above – of the first city passage that succeeds in giving it truly serious weight. But as will become clear, I think that even Schofield underestimates its value in, and for, Socrates'own argument.

It is, however, the *city* that Socrates claims to approve of, not any lesson to be learned from it; or if it is the second, it is also the first. Socrates gives no indication of any lack of seriousness about his praise of the city, or by implication of its citizens and their way of life. And the problem even with the reading of our passage that sees it as including serious *analysis* is that it still ultimately treats Socrates'description as whole as « not quite serious, and certainly not definitive. It is a move in the first stages of a complex dialectic, whose later stages transcend if they do not cancel earlier points of view"[1]. Socrates'rhetoric seems to me actually to point in the opposite direction. Granted, the description of the first city is too sketchy for it to count as exactly « definitive" of anything. But the Socrates of the *Republic* will turn out to be someone obsessed with finding the truth of things, discovering what each thing really is. Thus if he declares that something, *x*, is the true *x*, as he declares the first city to be the true city, then we surely need to sit up and take notice[2]. He *might* be less than fully serious, but we ought to ask for clear textual evidence before reaching that conclusion; and I propose that no such evidence is available. Or at any rate, neither of the supposed defects of the first city so far considered – that it lacks a mechanism for handling the citizens'appetites, and that no mention is made of any desires for higher things – so far seems fatal to its claims, *i. e.*, genuinely to be the « true » and « healthy » city. The first would only be a defect if it had been shown (as it has not) that Socrates thinks all human beings possess appetites that threaten the body politic unless kept under external control; and the only reason for missing a mention, in Socrates'abbreviated account of the first city, of the citizens'higher desires is an *a priori* assumption that there must be *something* wrong with this allegedly « healthy » city. And in fact, as I shall go on to argue, for anyone willing to think – with Socrates – beyond Glaucon's limited views of what it takes to make a life better than a pig's, there are hints enough that the way of life of the inhabitants of the « true » city will be a truly good one : *i. e.*, by Socratic standards.

Here is another objection to taking the first city seriously : « Once the luxurious city is purged of its excessive appetites[3], why don't we end up

1. M. Schofield, « Plato on the Economy », art. cit., p. 80. Schofield continues : « Whether the reader of the *Republic* ever reaches a plateau where Plato's final view of the *polis* can be located is a disputed question ».

2. I shall return to this crucial point shortly.

3. This perhaps refers to 399e, where Socrates remarks that « without noticing it, we've been giving our "luxurious city" a thorough cleaning-up ». But as Schofield remarks (« Plato on the Economy », art. cit., p. 74), what Socrates and his interlocutors have been

back in the *huopolis* instead of in the *kallipolis* ? »[1]. The first city, then, on this account as on others, is left behind, wherever we suppose the final destination to be. But we need not accept that the first city is left behind. Take the following passage from *Republic* [Plato's] Book IX :

> Why [Socrates asks Glaucon] do you suppose demeaning, manual occupations attract reproach? Won't we claim that it's because they indicate that the best element in a person is too weak[2] for him to be able to rule over the animal natures in him, only to serve them, and too weak for him to be capable of learning anything except how to fit in with them?
> Very likely, he [Glaucon] said.
> So if someone like this is to be ruled over in a manner similar to that in which the best person is ruled, we declare that he must be a slave to that same best person, who has the divine element ruling within himself; and we say this not with the purpose that he be harmed by such slavery, which was Thrasymachus'view of being ruled, but because we suppose it better for everyone to be under divine and wise rule. It will be best if he has that divinity and wisdom within him, but failing that it will need to be set over him from outside, so that all may so far as possible resemble each other and enjoy mutual friendship, insofar as they are all ruled by the same thing[3].

The moral of this passage is clear : for people to « rule over » themselves – their reason over their appetites – is better than for them to have to be ruled over by others because of their own lack of « divinity and wisdom », as instanced by those in manual occupations. Better, then, we may infer, a community of people each of whom is capable of ruling himself (and herself), than one that requires a ruler or rulers. Just such a community, I propose, is to be found in Socrates'first city – which will then, by this

« purging » is the guards who were brought in because of the city's expanded appetites, not the city itself.

1. C. McKeen, « Swillsburg City Limits », art. cit., (p. 66, n. 3 above), p. 74.

2. The Greek here is more literally translated as « Or shall we claim that it is for any other reason than when (*hotan*) someone has his best element (*eidos*) naturally too weak ». It is crucial to note that Socrates stops far short of saying that anyone in a manual occupation will always be too weak to rule himself or herself (as Shorey, e.g., in the Loeb translation has him say, by virtue of a reference to a footnote elsewhere, if not by his actual translation : « Shall we not say that it is solely when the best part is naturally weak in a man »). In Callipolis, manual occupations will in fact be assigned to those not capable of doing anything else, but there is nothing in Plato's account to prevent a farmer or a shoemaker or a builder (or stonemason) in any other city, theoretical or actual, from having a strong « best element » in him. (The Greek at 590c1-3 – with its combination of the causal and the temporal : « for any other reason than when » – is perhaps deliberately ambivalent : Socrates manages to appeal to a prejudice in the aristocratic Glaucon, while not endorsing it himself.)

3. Plato, *R.*, IX, 590c1-d6.

criterion, be better than Kallipolis. Kallipolis is entirely dependent for its existence and survival on a small minority of self-rulers, whereas each of the citizens of the first city is apparently a self-ruler in the required sense. At any rate (a) they are not said to be ruled by anyone, and (b) so far as the story about them goes, they are in control of their appetites[1] (as at least the vast majority of the inhabitants of Kallipolis will apparently not be, absent the control of the Guards and the laws).

This is the legitimate obverse of the criticism mentioned earlier, that the citizens of the first city are « motivated only [...] by the "necessary appetitive desires" ». As a matter of fact we are not told about any other desires they may or may not have. But at any rate, at the moment in their lives at which Socrates is describing them, they are in control of their own appetites (even if, though we are not told this, the situation may alter in the future). That, I propose, goes a long way towards explaining why Socrates is so positive about his first city. « Now, I myself », he says, « think the *true* city to be the one we were describing just now – a healthy kind of city, one might say »[2]. A « true » *x*, for Plato and his main speakers, is usually something that is the best *x*, or a better *x*[3], and the Book IX passage gives us a clear sense in which the first city is at least a better city than the one that follows it in Socrates' account. Moreover, it will be better by exactly the same measure as the following city is worse : namely that its citizens have a strictly limited range of appetitive desires and pleasures, while those of the other, second, city have a much larger range of such desires and pleasures. The difference between the description of the first city and the account of Kallipolis is that by the time we reach the latter context, that is, after the introduction of the Guards, and the « luxurious » living that necessitated their introduction, the line between those who can and those who cannot control themselves has been drawn in a different place : in the description of the first city, the line was below the craftsmen and the traders, and above the hired labourers, whereas in Books II-IV, after their corruption by Glaucon, craftsmen and traders have joined the hired labourers below the line[4].

1. Despite their working with their hands (see p. 70, n. 2 above). There are others, of course, « making up the complement of the city [*sc.* and not being citizens ?] » who have only their physical strength to sell, and nothing worth speaking of on the intellectual side : p. 64, n. 4 above.

2. 372e6-7.

3. A relevant example would be the treatment of constitutions, *politeiai*, and *politikoi* (*Statesman*, 303b-c ; *Laws*, VIII, 832c).

4. Book IX, for its part, *i. e.*, the passage at 590c-d, cited above, includes both perspectives (see especially p. 70, n. 3 above) ; as it must do, if the comparison between the first city and Kallipolis is to go through. – Michel Narcy objects, in correspondence,

There remains, however, one looming obstacle that I have not yet considered – that is, to taking Socrates' praise of the first city *quite* seriously ; one so apparently large that it may indeed appear by itself decisive. This is the apparent lack of space, in this Socratic city, for *the development and flourishing of philosophical individuals*. When philosophy is so important to Socrates, how could he possibly mean (seriously) to endorse a city in which no one apparently does it at all ? This much at least one might well want to read back into Book II from later parts of the *Republic*, and especially Books V-VII : that philosophy, even more than other activities, is incapable of being combined with other activities if it is to be done well. All the members of the first city have named and specified functions, and none of them is named a philosopher ; *ergo*, there are no philosophers, and there is no proper philosophy, in the first city.

I shall approach this issue crabwise, that is, by first trying to tackle another seemingly unrelated problem. This is the surely obvious unseriousness of at least part of Socrates' account of « the true city » – the part that recalls, and is no doubt intended to recall, stories about a primitive Golden Age, or an age of Cronus (which is what leads Glaucon to compare this « healthy » city of Socrates' with a city of pigs). Plato himself tells such stories : there is one in the *Statesman*[1], another in the *Laws*[2]. However we need to move with caution here, for two reasons. First, in important respects the first city of the *Republic* stands at exactly the opposite pole from stories of a Cronian age : the chief aspects of such an age, which make it « golden », are that people's lives are controlled by provident divinity, and their needs catered for without their having to lift a finger ; the citizens of the first city, by contrast, appear to be on their own, and they certainly have to *work* to survive and flourish. Secondly, we need to be careful to notice where Socrates' riff on the golden age begins. His account of « how our people

that it is nowhere said that the hired labourers in the first city are incapable of self-control. I think, however, that it is a legitimate, if retrospective, inference from their being said to be *ta* [...] *tês dianoias mê panu axiokoinônêtoi* (371e2) ; that is, in light of the Book IX passage referred to above (590c-d). Regarding the other, primary inhabitants of the first city merely as producers subsisting through an (unreflective) division of labour, Narcy translates « pas tout à fait dignes qu'on les fréquente ». But I think the idea of *koinônia* contained in *axiokoinônêtoi*, given its qualification by *ta* [...] *tês dianoias*, is richer than this, and indeed that the phrase by itself tends to suggest that the *koinônia* between those hiring the labourers has an intellectual basis : namely that they divide roles between them because it makes sense to them to do so.

1. 271d-272b.

2. IV, 712e-714b. There are also some elements of a third, though of a rather different kind, in the account of primitive Athens that prefaces the *Timaeus* and the *Critias*.

[in the first city] will occupy their time » falls into two rather different parts, 372a-c and 372c-d, interrupted by an ironic remark from Glaucon[1]. Only the second of these two parts, I propose, is « tongue in cheek »[2]. The first part is directly derived from what has proceeded, and especially from the motif of *need* : what else would farmers, weavers, shoemakers and builders spend their time doing but making food, wine, cloaks, shoes and houses ? They wouldn't *need* clothes and shoes so much in summer, but they'll have the ones they do need for winter. They'll have some but not too much variety in their food. They'll make use of natural resources. They'll have simple entertainments, paying due attention to the avoidance of over-indulgence[3], to the gods, and to each other – and they'll « take care not to produce offspring out of proportion to their wealth, in order to protect themselves against poverty or war »[4]. This last detail is particularly significant. They deliberately avoid having too many children, because they are wary about (*eulaboumenoi*), and therefore apparently recognize, the consequences : poverty, and / or war, the latter presumably being required to annex the territory that would be needed to accommodate excess population[5]. The citizens, it seems, have worked things out for themselves ; they behave as they do out of rational choice, and *their own* rational choice[6].

Or so I claim. But there is a possible objection : the description of the first city, down to the sentence I have just discussed, is very sketchy, subordinated as it is to the primary task of showing how such a community is shaped by need ; and the focus only turns to the citizens themselves at the end. How can we be sure that the citizens are truly autonomous, and that when Socrates says that the citizens themselves are wary about something, this isn't shorthand for the city and its rulers ? There are many aspects of the foundation that are not mentioned ; why shouldn't the nature of its government be one of the things that just happen to get left out ? After all, Socrates puts off the question even of the government of Kallipolis

1. 372c3-4 : « It's a bit lacking in sauce, this feast you're providing for our men ! ».
2. Schofield's phrase (« Plato on the Economy », art. cit., p. 77).
3. Is this why they will feast along with their *paidia* (372b6) – to guarantee the absence of any « adult » behaviour of the sort that evidently characterised normal symposia ? But see p. 78, n. 1 below.
4. 372c1-2.
5. That, at any rate, is what causes the « luxurious » city to acquire a military class.
6. What Socrates says at 369b6-c7 about the motives for sharing (« Then one person shares something with another, if he does, or takes his share from another, because he thinks doing so is better for himself ? ») is a purely general statement, not one specifically referring to the citizens of the first city ; *cf.* R. Barney, « Platonism, Moral Nostalgia, and the "City of Pigs" », art. cit., p. 212-213.

until surprisingly late. In answer to this objection, I point to a curiosity in what Socrates says about the ways in which the « feverish » city will expand from the healthy one. « We'll have to add to [the first city's] bulk, multiplying it by adding elements that go beyond the basic requirements of a city, like hunters of all different kinds », and poets, rhapsodes, actors, *paidagôgoi*, people to make those sauces Glaucon said the first city's feasts lacked, meat-cooks – and

> then we'll need swineherds too; we didn't have this [sc. element, *touto*] in our previous city, because there was no need for it, but the new one will need it on top of everything else [*i. e.*, all the other things we've now added in]. And it will need a whole lot of other domestic animals if people are going to eat them. (373b-c)

No doubt the main point here is that we didn't need swineherds before because there were no pigs (the only animals in the « healthy » city were to be ones that were needed for purposes other than to be eaten –370d-e); now, in the « feverish » city, there are pigs, as part of an expanded and more luxurious diet, so that there will have to be swineherds too. But I suggest that there is another reason for the mention of swineherds in particular : what Glaucon called a city of pigs had no need of swineherds to herd the swine, but this new city, whose citizens will be at the trough, *will* need them – that is, it will need rulers (as the first city did not). And all the more, I add, because *its* citizens, or the majority of them, will really be pig-like, or in danger of being so.

But then why then should the first city not be some sort of « natural "herd" community »[1], one that just happens to be organized, like communities of bees or ants, so as to get things right? Bees or ants too might be said, figuratively, to be « wary of » things that would threaten the survival of the hive, and take appropriate avoiding action. *That*, perhaps, is why the first city needs no leaders. They are just like pigs, or as pigs would be if pigs were like bees or ants, self-organising and dully satisfied with the most basic kind of life[2]. The answer is, once again, that *Socrates* quite

1. R. Barney, « Platonism, Nostalgia and the "City of Pigs" », art. cit., p. 223; *cf.* Narcy's interpretation (on which see the following two footnotes).

2. *Cf.* R. Barney, « Platonism, Moral Nostalgia and the "City of Pigs" », art. cit., p. 218 : « the people of the First City are content with a way of life in which only [the] "necessary" desires are provided for ». – Pigs, as Monique Dixsaut once remarked in discussion, differ from human beings in not having the capacity for infinitely varied appetites. But they also lack the varied needs that humans have; moreover, the Socrates of the *Republic* does not envisage their being around without swineherds (we'll need swineherds, too, he says, *sc.* if we're going to have pigs : 373c). These are some of the reasons why I reject Michel Narcy's

evidently does not think of it in this way. His city may be a first city, but it is not for that reason a primitive city – that is, first in the sense of basic and undeveloped. In economic terms it is highly developed. And if it is the city of Socrates' dreams (somehow or other), then it can be exactly as he dreams of it. And why should he not dream of a city in which everybody, or all the citizens, happen to be in possession of the kinds of values he so tirelessly advocates, regardless of how they happened to acquire them? No matter that there could hardly be such a city in the world as it is; no matter that in this actual world he can envisage only one, or two, or a few acquiring the necessary knowledge after a life of unstinting effort; what he is after is something more, and he can picture it even while he declares it to be impossible in practice. In other words (and here I return to the main point of this essay), Socrates' first city in the *Republic* is not only the first stage in a much larger dialectical argument. It is also, and for the purposes of this paper much more importantly, itself at bottom an ideal construction comparable to Kallipolis[1] – and indeed, from Plato's and / or his Socrates' point of view, in important respects superior to Kallipolis. To dismiss it is to assume the superiority of the City Beautiful, when the very point of the way in which the City Beautiful is introduced, *i. e.*, as a *falling away* from the standards of the first city, is to provoke us into thinking about just why we – or, anyone like Glaucon – should think the later city is better than the first. It surely cannot be because there cannot be wise carpenters or even shopkeepers. Practical reasons would prevent these from doing philosophy as Socrates did it, and as Plato's *Republic* proposes that the rulers should do it, for most of their lives. Yet the idea of the wise craftsman is part of the Socratic tradition, in the shape – fictional of otherwise – of Simon the shoemaker. If we still miss the figure, and the possibility, of the full-time philosopher, reaching out for the pure truth, then that will be one consideration to count against the first city and in favour of the Beautiful one. But I do not see that this trumps the main advantage of the first city, that all of its

suggestion that Socrates endorses Glaucon's description of his city as pig-like (*cf.* p. 66, n. 1 above).

1. And not, despite the way it appears to start out, a « quasi-historical narrative » (I owe the phrase, and the point, to a comment by Malcolm Schofield) of the origins of civilization, like the one Aristotle attempts in *Politics* I, 2. In the essay referred to in n. 3, p. 66 above, Michel Narcy advances what looks like a special version of such a view, interpreting « Socrates' city », as he does, as a form of organisation natural to human beings, that is, perhaps, in their natural, primitive, pre-political (and pig-like) state : « L'humanité socratique est naturellement pourvue des aptitudes nécessaires à satisfaire les besoins que lui impose la nature ; elle est même naturellement disposée à la division du travail [...]. Le concept socratique de cité n'intègre pas la différence entre l'homme et l'animal » (p. 231).

citizens, not just a few of them, are in control of themselves and their desires. The first city of the *Republic* is a city (apparently) without laws and without government, but still ruled by reason[1].

More importantly for the purposes of the present volume, the first city is also much less unlike the city of Diogenes than Kallipolis is. Or rather, Diogenes'is much more like the first city. My over-riding purpose has been to establish where, in Plato, Diogenes may have started from (given that he started from Plato at all), and my conclusion is that he is more likely to have started from the first city than from anywhere else. Having none of the interest that we moderns have in the top-down, rule-governed society of Kallipolis, he would have found the first city rather more to his taste, even if he also found it far too straight-laced. He would certainly have been more inclined to read it in the way I have suggested, *i. e.*, as the « healthy city » it apparently is in (Plato's) Socrates'eyes, than as the city of piggish simpletons proposed by some modern commentators[2] – who, even as they propose it, show themselves rather closer to Glaucon than to Socrates[3]. What they seem to me to miss is the quite fundamental nature of the choice

1. It is a clear implication of my reading that philosophy, no less than ruling, will be required only for humanity in its « fevered » state. Pointing this out in correspondence, Malcolm Schofield helpfully compares the case of Wittgenstein : « Socrates'philosophic mission is needed – one might argue – […] only because most people, as things stand, are mired in the ignorant conceit of knowledge. Philosophizing is required, as Wittgenstein thought, to show the fly the way out of the fly-bottle [*Philosophical Investigations*, § 309] ; and if one sticks with it too obsessively, it is liable itself to become a disease, infected by the condition it is trying to cure – hence Wittgenstein's persistent attempts to persuade his favourite disciples to give the thing up, as he himself tried to from time to time. – Of course that's not the direction Plato has Socrates suggest for philosophy in the Kallipolis. But perhaps it is a not un-Socratic direction he might have made it take ».

2. For more in Plato on pigs and humans, see *Statesman* 266c-d (bracketing human beings, as herd-creatures, with pigs – the slowest of animals, coming in *hustata*, and best-trained for the easy life), and *Laws* VII, 819d (the Athenian treats ignorance of the fact of incommensurability not as a human trait, but one belonging to « piggish creatures of some sort »).

3. One recent contribution that signally resists the standard, Glauconian interpretation of Socrates'first city is M. E. Jonas, Y. M. Nakazawa and J. Braun, « Appetite, Reason, and Education in Socrates'"City of Pigs" » (*Phronesis* 57, 2012, p. 332-357). The present essay for the most part marches in step with this well-argued piece (which duly acknowledges my own earlier hints in the same direction), and reinforces its general case, while differing over some of the details, e.g., and especially, on the subject of Socratic psychology (which in my view remains essentially unitarian, even in the *Republic* : see particularly *Plato and the Art of Philosophical Writing*, *op. cit.*, chap. V) – and therefore on why exactly the first city is, for Socrates, preferable to Kallipolis.

represented by the difference between the first city and its successor : a choice between a life of moderate pleasures and desires, in which we pay proper attention to ourselves, each other and the gods, and a life that makes no clear distinction between our apparent and our true needs and wants[1].

Getting clear about this clearly matters not just for our interpretation of Diogenes' *Republic*, but even for our putting its pieces together in the first place. For as Suzanne Husson has well shown in her recent book[2], one of the indispensable starting-points for our reconstruction of Diogenes' lost work is that it was at least in part written in reaction to Plato (see especially chapter II. 1, « Radicaliser Platon »). As I read this chapter of Husson's, the resemblances between Diogenes' and Socrates' respective « republics » keep on growing : in Diogenes' *Republic* as in Plato's first city there are no weapons (because no army); there is no government; there is no separate class of producers; there is a simple lifestyle, with communal feasts. The differences are that Diogenes seems to have stressed self-sufficiency rather than co-operation (though if his is to be a real city rather than a virtual one, some co-operation at least at a basic level will still be required); that he envisages a much more primitive kind of economy[3], if he has any idea of an economy at all; and that his radicalism, in terms of social behaviour,

1. It is surely no coincidence that the Book X discussion of poetry should itself use as its prime examples the very two things that Socrates introduces first, in Book II, to spice up the first city for Glaucon : couches and tables. The effect is to anchor the new discussion to the context of Kallipolis, and / or existing cities : having no couches or tables, the inhabitants of the first city, by implication, will be less vulnerable to the deceptive blandishments of the poets in the symposia of polite, « civilised » society. They will also, evidently, be closer to the « couch itself », insofar as they recline on « palliasses strewn with yew and myrtle » (II, 372b), and to the real table too, since they'll presumably use the ground for a table; at any rate their « couch » and their « table » will be closer to being « made by nature / god », as the form of couch is said to be in Book X. Socrates to Glaucon there : « So do you want us to call him [*sc.* god, the god] the plantsman (*phutourgos*) [of the *truly* true couch], or something like that? ». Glaucon : « That seems to fit, [...] given that it's through nature that he has made both this and everything else he has made » (X, 597d4-7). (For the proposed translation of Glaucon's response, *cf.* Shorey in the old Loeb; it also seems to be supported by the connection with Book II.)

2. *La* République *de Diogène*, *op. cit.*

3. Interestingly, in this connection, in the new Oxford *Republic* (Oxford Classical Texts, 2003), Simon Slings thinks *nomisma* at 371b9 may need to be excluded as a gloss, though he still prints it. I omit *nomisma* in my own translation (see p. 64, n. 1 above), thus leaving Socrates saying just « So now we'll need a market-place, and a system of tokens, to enable exchange to take place » (instead of, e.g., « [...] a market-place and a currency, a unit of exchange for transactions », Plato, *The Republic*, transl. G. R. F. Ferrari, T. Griffith, Cambridge, Cambridge University Press, 2000); in my version, while the « system of tokens » would of course constitute a currency, Socrates would not be treating it as something already « agreed », « established » (*i. e.*, as a *nomisma*, something already *nomizomenon*).

makes Plato's Socrates look as straight-laced as Mary Poppins. Plato's Socrates provokes a Glaucon by being *deliberately* straight-laced, as for example by having the citizens of his first city conduct their feasts / symposia with their little children present[1]. Diogenes provokes by going as far as he possibly can in exactly the opposite direction : for example, by condoning public masturbation.

Diogenes certainly « radicalises » Plato. But I suggest that in other respects there is much more of Plato in Diogenes than many have thought[2].

1. 372b6 *euôchêsontai autoi te kai ta paidia*. Or is *paidion* here used like *paidarion* at *Symposium* 210d2, *i. e.*, to refer to a beloved young boy? This is how I have taken it in my new Penguin *Republic*, translating *paidia* as « beloveds » (« they'll feast themselves and their beloveds »). Such a reading may well be thought a step too far, but even if one reverted to the traditional « (little) children » for *paidia*, I would still suspect a reference to boyfriends to be lurking there too – and making the provocation to Glaucon even more complex than it already is. The idea of happy families dining together might be less familiar to the ancient than it is to the XXIst century western mind (and what about the women? Or is Socrates already anticipating the Book V argument about the need for parity of esteem between the genders?). If boyfriends were involved, then since – on my interpretation – the adults present would be uniformly wise, any interaction with them would be on an intellectual level : compare Socrates with Alcibiades in the *Symposium*, and Morrison's proposal, in the essay referred to in n. 3, p. 64 above, that the citizens of the first city would in fact all be like Socrates.

2. I am grateful to Michel Narcy and Malcolm Schofield for their comments on a previous draft of this essay. Both have helped to give shape to this final version, in different ways – the former by his continuing, and constructive, opposition to my whole project. The discussion with Michel Narcy goes on in « The "City of Pigs" : a Key Passage in Plato's *Republic* », dans *Philosophie Antique* 17, 2017, p. 55-71.

L'AUTARCIE ET LE FONDEMENT DE LA CITÉ
PLATON, DIOGÈNE ET ARISTOTE

Louis-André DORION

Le thème de l'autarcie est d'une grande richesse dans la mesure où il joue un rôle central en éthique, en politique, en théologie et en métaphysique. Bien qu'il soit présent dans tous ces domaines, on peut sans doute considérer qu'il appartient originellement à la réflexion politique et qu'il a par la suite été « exporté » vers les domaines éthique, théologique et métaphysique. Je vais m'efforcer, dans l'étude qui suit, de mettre en lumière la signification et le rôle de l'autarcie dans la *République* de Platon, et d'examiner ensuite le traitement que les cyniques et Aristote réservent à l'autarcie dans leur réflexion politique.

LES DEUX CONCEPTIONS DE L'AUTARCIE DANS LA *RÉPUBLIQUE* DE PLATON

Sauf erreur de ma part, la *République* est le premier texte qui affirme clairement que la cause de la fondation de la cité est que l'homme, pris individuellement, a de nombreux besoins auxquels il ne peut pas subvenir par lui-même. Au livre II de la *République*, Socrate affirme en effet :

> SOCRATE — Or, selon moi, repris-je, la cité se forme parce que chacun d'entre nous se trouve dans la situation de ne pas se suffire à lui-même (ἐπειδὴ τυγχάνει ἡμῶν ἕκαστος οὐκ αὐτάρκης), mais au contraire de manquer de beaucoup de choses (ἀλλὰ πολλῶν <ὢν> ἐνδεής). Y a-t-il, d'après toi, une autre cause à la fondation d'une cité (ἢ τίν' οἴει ἀρχὴν ἄλλην πόλιν οἰκίζειν?) — Aucune, dit-il. — Dès lors, un homme recourt à un

> autre pour un besoin particulier, puis à un autre en fonction de tel autre besoin (δ᾽ ἐπ᾽ ἄλλου χρείᾳ), et parce qu'ils manquent d'une multitude de choses (πολλῶν δεόμενοι), les hommes se rassemblent nombreux au sein d'une même fondation, s'associant pour s'entraider. C'est bien à cette société que nous avons donné le nom de cité, n'est-ce pas ?[1]

Ce passage appelle quatre observations :

a) S'il est vrai, au dire même de Socrate, que « chacun de nous n'est pas autarcique (ἡμῶν ἕκαστος οὐκ αὐτάρκης) », il s'ensuit que Socrate lui-même ne se distingue pas des autres hommes sous ce rapport et qu'il ne peut donc pas prétendre à une autarcie matérielle[2]. En reconnaissant son insuffisance matérielle, le Socrate de Platon (désormais Socrate^{P}) se distingue non seulement du Socrate de Xénophon (désormais Socrate^{X}), dont on souligne à plusieurs reprises l'autarcie matérielle[3], mais aussi des cyniques qui prônent et incarnent, à l'exemple de Socrate^{X}, la capacité de satisfaire soi-même à tous ses besoins matériels.

b) L'origine de la cité, son point de départ (ἀρχή), est le fait que chaque homme, quel qu'il soit et quels que soient ses dons et ses talents, est incapable de subvenir par lui-même aux nombreuses choses qui lui manquent (πολλῶν <ὢν> ἐνδεής, 369b6-7 ; πολλῶν δεόμενοι, c2). La recherche de l'autarcie individuelle, à l'extérieur ou en marge de la cité, revient donc à poursuivre une chimère.

c) Les nombreux besoins auxquels l'homme ne peut satisfaire sont non seulement à l'origine de la cité, mais également au fondement de la division du travail au sein de la cité. Les besoins sont en effet multiples et leur satisfaction exige des compétences variées exercées par des hommes différents.

d) Si l'autarcie matérielle chère à Socrate^{X} et aux cyniques, celle qui découle de la limitation des besoins, de l'endurance et du dépouillement, ne semble pas l'attirer, Socrate^{P} ne se montre pas moins indifférent à une autre sorte d'autarcie matérielle, qui consiste celle-là non pas à restreindre ses besoins au strict minimum, mais à pourvoir soi-même à tous les besoins imaginables, y compris les besoins superflus en matière de vêtement, de bijoux, de chaussures, etc. Cet autre type d'autarcie matérielle, opulente

1. II, 369b5-c4 (trad. fr. G. Leroux, Paris, GF-Flammarion, 2002).

2. Pour l'exposé des raisons qui s'opposent à ce que l'on attribue l'autarcie matérielle au Socrate de Platon, *cf.* L.-A. Dorion, « L'impossible autarcie du Socrate de Platon », dans *L'Autre Socrate, Études sur les écrits socratiques de Xénophon*, Paris, Les Belles Lettres, 2013, p. 429-448, en particulier p. 432-446.

3. Cf. *Mémorables*, désormais « *Mem.* », I, 2, 1 ; I, 2, 14 ; I, 2, 60 ; I, 6, 10 ; IV, 7, 1 ; IV, 8, 11.

et luxueuse, plutôt qu'ascétique et dépouillée, est illustrée par Hippias[1], et les railleries de Socrate[P] à l'égard de cette sorte d'*autarkeia* ne permettent aucun doute quant à ses vues sur le sujet.

> SOCRATE — Eh bien, Hippias, procède ainsi à loisir pour toutes les sciences, et vois s'il n'en est pas de même de toutes. Justement, tu es le plus habile (σοφώτατος) des hommes dans toutes également. Ne t'ai-je pas entendu t'en vanter, quand tu énumérais la variété vraiment enviable de tes aptitudes sur la place publique, près des comptoirs des banquiers ? Tu disais que tu étais venu un jour à Olympie, n'ayant rien sur ta personne qui ne fût l'œuvre de tes mains (ἅπαντα σαυτοῦ ἔργα). Et d'abord l'anneau que tu avais au doigt – c'est par là que tu commençais – c'était toi qui l'avais fait, car tu savais ciseler un anneau ; et aussi ton cachet ; puis ton étrille et ton flacon d'huile (στλεγγίδα καὶ λήκυθον) ; tout cela était ton œuvre. Tu ajoutais que tes chaussures (ὑποδήματα) même, tu les avais fabriquées, et que tu avais tissé aussi ton manteau (τὸ ἱμάτιον) et ta tunique. Mais, ce qui étonnait le plus tes auditeurs, ce qui fit ressortir ton extraordinaire habileté, ce fut de t'entendre affirmer que la ceinture de ta tunique était identique à ce qui se fait en Perse de plus riche et que tu l'avais tressée toi-même[2].

Le *Charmide* semble faire écho à ce texte de l'*Hippias mineur* et confirme par la même occasion que Socrate rejette la forme d'autarcie individuelle qui fait fi de la division du travail :

> SOCRATE — Et pourtant, ce ne sont pas vos propres affaires que vous faisiez (οὐ τὰ ὑμέτερά γε αὑτῶν ἐπράττετε), s'il est vrai que le fait d'écrire, ainsi que de lire, consiste à faire quelque chose. CHARMIDE — Ce sont bien des activités. — Ainsi que le fait de guérir, mon ami, et de construire, et de tisser ; et réaliser n'importe quel des produits de l'art à l'aide d'une technique, quelle qu'elle soit, c'est bien, j'imagine, faire quelque chose. — Tout à fait. — Mais alors, repris-je, une cité serait-elle bien administrée, à ton avis, si la loi ordonnait à chacun de tisser et de laver son propre vêtement (τὸ ἑαυτοῦ ἱμάτιον), de tailler le cuir de ses sandales

1. A. N. M. Rich a bien mis en lumière ce qui distingue l'autarcie prônée par Hippias de celle recherchée par les cyniques : « *His* αὐτάρκεια *bears no resemblance at all to that of Diogenes. For judging from the anecdote recorded of him by Plato in the* Hippias Minor, *it is obvious that he did not aim, like the Cynic, at reducing his needs to a minimum, but rather at developing his capacities to the utmost in order that he might himself, without external assistance, satisfy any and every desire that presented itself. There is nothing ascetic about the* αὐτάρκεια *of Hippias, nor does his brand of Self-Sufficiency, like that of the Cynics, demand the total abolition of luxuries* » (A. N. M. Rich, « The Cynic Conception of *Autarkeia* », *Mnemosyne* 9, 1956, p. 23-29, ici p. 25).

2. *Hippias mineur*, désormais « *Hip. min.* », 368a8-c7 (trad. fr. M. Croiset, Paris, Les Belles Lettres, 1966). Voir aussi Apulée, *Florides*, IX, 14-24, qui s'inspire probablement de ce passage de l'*Hippias mineur*.

(ὑποδήματα), de fabriquer son lécythe (λήκυθον), son racloir (στλεγγίδα) et, conformément au même principe, tous les autres objets, bref de ne pas toucher aux choses d'autrui, mais que chacun réalise et fasse ses propres affaires ?[1]

Il est tentant de considérer, à la suite de plusieurs commentateurs[2], que ce passage constitue une critique à l'endroit du sophiste Hippias, qui se vantait d'avoir fabriqué tout ce qu'il portait sur lui. La mention du manteau (ἱμάτιον), des sandales (ὑποδήματα), du racloir (στλεγγίδα) et du flacon d'huile (λήκυθον) rappelle irrésistiblement le passage de l'*Hippias mineur*, où Socrate emploie exactement les mêmes termes pour désigner les objets que Hippias se vante d'avoir fabriqués lui-même. Il paraît donc légitime de voir dans ce passage du *Charmide* une critique de la forme d'autarcie prônée et illustrée par Hippias, qui avait déclaré que l'autarcie est la fin de toutes choses[3]. Contre Hippias, qui prône une autarcie radicale qui contraint chaque homme à subvenir à tous ses besoins, Socrate plaide en faveur d'une division du travail au sein de la cité[4]. La division du travail n'est pas incompatible avec l'autarcie, pour peu que celle-ci soit entendue autrement que ne le fait Hippias. À défaut d'être autarcique lorsqu'il est isolé, l'homme vit en société dans l'espoir que celle-ci réalise l'autarcie qui lui est refusée sur le plan individuel. L'autarcie matérielle suppose donc la vie en société et la division du travail. Or si l'on prône le mode de vie d'Hippias, la cité sera mal administrée, ou plutôt elle n'aura plus aucune raison d'être, puisque chacun veillera à satisfaire tous ses besoins. Conformément à la position qui est élaborée dans le *Charmide*, Socrate rejette le modèle suivant lequel « faire ses propres affaires » consisterait à fabriquer soi-même tout ce dont on peut avoir besoin[5].

Il semble toutefois que Socrate n'entend pas toujours dans le même sens le fait de se suffire à soi-même (αὐτάρκης). Au livre II de la *République*, c'est très clairement l'absence d'autarcie matérielle, sur le plan individuel, qui est à l'origine de la fondation de la cité. Or c'est dans une toute autre

1. *Charmide*, désormais « *Charm.* » 161e3-162a2 (trad. fr. L.-A. Dorion, Paris, Flammarion, 2004).

2. *Cf.* D. A. Hyland, *The Virtue of Philosophy, An Interpretation of Plato's* Charmides, Athens (Ohio), Ohio University Press, 1981, p. 72-73 ; M.-F. Hazebroucq, *La folie humaine et ses remèdes, Platon :* Charmide *ou de la modération*, Paris, Vrin, 1997, p. 43 n. 1.

3. DK A1 = Suidas, *s.v.* Hippias : « Hippias, fils de Diopyte, né à Élis, sophiste et philosophe, disciple d'Égésidame, posa comme fin de l'homme l'autarcie (ὃς τέλος ὡρίζετο τὴν αὐτάρκειαν). Il écrivit beaucoup d'ouvrages » (trad. fr. J.-F. Pradeau, J.-F. Pradeau (dir.), *Les sophistes*, vol. 2, Paris, GF-Flammarion, 2009, p. 39).

4. Cf. *R.*, II, 369b-371e.

5. Cf. *R.*, II, 369e2-370a6.

acception du terme αὐτάρκης que Socrate parle de l'autarcie au livre III. Le contexte de cette deuxième et dernière occurrence du terme αὐτάρκης n'est pas la fondation de la cité et les besoins matériels qui contraignent les hommes à vivre en cité, mais la critique des poètes, plus précisément la critique de la représentation des héros par les poètes :

> SOCRATE — Nous admettons bien qu'un homme sage (ὁ ἐπιεικὴς ἀνήρ) ne regardera pas la mort comme une chose terrible pour un autre sage qui est son ami (τῷ ἐπιεικεῖ, οὗπερ καὶ ἑταῖρός ἐστιν). — Nous l'admettons en effet. — Il ne gémira donc pas sur lui, comme s'il était victime d'un accident terrible. — Non, certes. — Mais nous soutenons aussi que, s'il est un homme qui se suffise à lui-même pour être heureux, c'est le sage, et qu'il est celui de tous les hommes qui a le moins besoin d'autrui (Ἀλλὰ μὴν καὶ τόδε λέγομεν, ὡς ὁ τοιοῦτος μάλιστα αὐτὸς αὑτῷ αὐτάρκης πρὸς τὸ εὖ ζῆν καὶ διαφερόντως τῶν ἄλλων ἥκιστα ἑτέρου προσδεῖται). — C'est vrai, dit-il. — Moins que tout autre il se révoltera de perdre un fils, un frère, des richesses ou quelque autre bien du même genre. — Moins que tout autre assurément. — Moins que tout autre il se lamentera, si un pareil accident lui arrive, et il le supportera aussi doucement qu'il est possible (φέρειν δὲ ὡς πρᾳότατα). — Il se lamentera beaucoup moins en effet. — Ainsi nous aurons raison d'ôter aux hommes illustres les lamentations, et de les laisser aux femmes, et encore aux femmes ordinaires et aux hommes lâches, afin d'inspirer le mépris de ces faiblesses à ceux que nous prétendons élever pour la garde du pays [1].

Cet important passage mérite d'être commenté en détail :

a) Ce que É. Chambry et G. Leroux traduisent par « homme sage » est en fait l'expression ὁ ἐπιεικὴς ἀνήρ que l'on ne retrouve que dans un seul autre passage de la *République* [2], où Socrate, faisant écho à ce qu'il a affirmé en 387d-e, décrit presque dans les mêmes termes la même attitude, celle qui consiste à ne pas gémir sur son sort ni se plaindre des revers de fortune.

> SOCRATE — Un homme de valeur (Ἀνήρ […] ἐπιεικής), repris-je, s'il lui arrive de subir un coup du sort (τοιᾶσδε τύχης μετασχών), comme de perdre son fils ou quelque chose à quoi il tient par-dessus tout, nous avons prétendu à ce moment-là [*scil.* III 387d-e] qu'il le supporterait plus facilement que les autres (ὅτι ῥᾷστα οἴσει τῶν ἄλλων). — Assurément. — Eh bien, examinons à présent le point suivant en ce qui le concerne : n'éprouvera-t-il aucune souffrance ? Ou, si cela est impossible, pourra-t-il

1. *R.*, III, 387d5-388a3 (trad. fr. É. Chambry, Paris, Les Belles Lettres, 1932).

2. P. Pachet traduit ὁ ἐπιεικὴς ἀνήρ par « homme digne de ce nom » dans les deux passages. L. Robin traduit par « homme digne d'être un homme » au livre III et par « un homme qui est sage » au livre X.

> modérer son chagrin ? — C'est plutôt cette hypothèse, dit-il, qui est la vraie. — Et maintenant, sur ce point, dis-moi : luttera-t-il à ton avis contre son chagrin, et y résistera-t-il plutôt quand il sera exposé au regard des gens de son rang, ou lorsqu'il sera seul et livré à lui-même dans son intimité ? — Il le supportera bien plus, dit-il, lorsqu'il sera sous le regard des autres. — Mais dans sa solitude, il osera, je pense, multiplier les plaintes dont il rougirait si on devait les entendre, et il fera bien des choses qu'il serait confus qu'on le voie faire[1].

Il ressort de ces deux passages que l'homme ἐπιεικής est celui qui est le mieux préparé à faire face aux coups du sort et à être le moins affecté par les différents revers de fortune qui peuvent le frapper. L'homme ἐπιεικής est αὐτάρκης dans la mesure où il peut compter sur lui-même, demeurer le même et ne pas avoir besoin d'autrui dans l'adversité.

b) Alors que Socrate, au livre II, laisse clairement entendre qu'aucun homme ne se suffit à lui-même et que l'autarcie n'est réalisable qu'à l'échelle de la cité, il reconnaît ouvertement, au livre III, qu'un homme peut se suffire à lui-même pour être heureux (ὁ τοιοῦτος μάλιστα αὐτὸς αὑτῷ αὐτάρκης πρὸς τὸ εὖ ζῆν) et « qu'il est de tous les hommes celui qui a le moins besoin d'autrui (καὶ διαφερόντως τῶν ἄλλων ἥκιστα ἑτέρου προσδεῖται) ». Peut-on concilier ces deux passages qui semblent à première vue en conflit l'un avec l'autre ? Il ne semble pas que Socrate emploie le terme αὐτάρκης avec la même acception dans les deux passages. Au livre II, l'autarcie qui est refusée à l'homme individuel est une autarcie matérielle : aucun homme ne peut subvenir par lui-même à tous ses besoins matériels. Au livre III, l'homme « sage » ou « de valeur » (ἐπιεικής) peut se suffire à lui-même sous le rapport de la vertu, c'est-à-dire que l'homme accompli se suffit à lui-même pour son bonheur et il peut aisément se passer d'autrui, au point même qu'il ne sera pas affligé et ne se lamentera pas s'il perd un être cher ou s'il subit un autre revers de fortune. Sa vertu le met à l'abri de tous les coups du sort. Cette deuxième acception du terme αὐτάρκης, en vertu de laquelle l'homme « de valeur » peut se suffire à lui-même, est confirmée

1. X, 603e2-604a8 (trad. fr. G. Leroux, *op. cit.*). Voir aussi *Ménexène*, 247e5-248a7 : « [Socrate] Le dicton *Rien de trop* (τὸ Μηδὲν ἄγαν λεγόμενον) a une vieille réputation de justesse : c'est qu'en effet il est juste. L'homme qui fait dépendre de lui-même toutes les conditions capables de conduire au bonheur ou dans son voisinage (ὅτῳ γὰρ ἀνδρὶ εἰς ἑαυτὸν ἀνήρτηται πάντα τὰ πρὸς εὐδαιμονίαν φέροντα ἢ ἐγγὺς τούτου), sans les suspendre à d'autres dont les succès ou les revers condamneraient sa propre fortune à flotter à l'aventure, celui-là s'est préparé la vie la meilleure (τούτῳ ἄριστα παρεσκεύασται ζῆν) ; voilà l'homme sage, voilà l'homme brave et sensé (οὗτός ἐστιν ὁ σώφρων καὶ οὗτος ὁ ἀνδρεῖος καὶ φρόνιμος) ; qu'il acquière richesses et enfants ou les voie disparaître, c'est lui qui obéira pleinement au proverbe : il ne montrera ni joie ni douleur excessives, parce qu'il ne se fie qu'à lui-même (οὔτε γὰρ χαίρων οὔτε λυπούμενος ἄγαν φανήσεται διὰ τὸ αὑτῷ πεποιθέναι) » (trad. fr. L. Méridier, Paris, Les Belles Lettres, 1978).

par un important passage du *Lysis*, où Socrate soutient pareillement que l'homme bon se suffit à lui-même et qu'il n'a pas besoin d'amis :

> SOCRATE — Alors le semblable n'est pas ami du semblable ; mais le bon serait-il ami du bon pour autant qu'il est bon, et non pas semblable ? LYSIS — Peut-être. — Mais quoi ? N'est-ce pas que le bon, dans la mesure où il est bon (ὁ ἀγαθός, καθ' ὅσον ἀγαθός), se suffit à lui-même (ἱκανὸς [...] αὑτῷ) sous ce rapport ? — Si. — Et celui qui se suffit ne manque de rien dont il a suffisamment (Ὁ δέ γε ἱκανὸς οὐδενὸς δεόμενος κατὰ τὴν ἱκανότητα). — Comment n'en serait-il pas ainsi ? — Et celui qui ne manque de rien ne peut pas non plus apprécier quelque chose. — Il ne le peut pas, en effet. — Et celui qui n'apprécie pas ne pourrait pas non plus aimer. — Bien sûr que non. — Et celui qui n'aime pas n'est pas ami. — Il ne semble pas. — Comment, pour commencer, pourrions-nous admettre que les bons soient amis des bons, eux qui n'éprouvent aucun regret les uns des autres lorsqu'ils sont absents, car ils se suffisent à eux-mêmes y compris lorsqu'ils sont séparés (ἱκανοὶ γὰρ ἑαυτοῖς καὶ χωρὶς ὄντες), et qui n'éprouvent aucun besoin les uns des autres lorsqu'ils sont présents (μήτε παρόντες χρείαν αὑτῶν ἔχουσιν) ? Y a-t-il moyen que des individus de cette espèce fassent grand cas les uns des autres ? — En aucune façon, répondit-il. — Ils ne sauraient donc être amis s'ils ne font pas grand cas l'un de l'autre. — C'est vrai[1].

D'aucuns prétendent que ce passage du *Lysis* ne doit pas être pris au pied de la lettre[2], et que ce serait donc une erreur de prêter à Platon la thèse suivant laquelle l'homme bon peut entièrement se suffire à lui-même, mais le passage parallèle de la *République*, où Socrate récidive et affirme dans le même sens que l'homme de valeur se suffit à lui-même pour être heureux et qu'il peut se passer d'autrui, apporte la confirmation que le passage du *Lysis* doit être pris au pied de la lettre.

c) En vertu de la première acception du terme αὐτάρκης, Socrate ne peut pas être considéré comme autarcique, mais il n'y a aucune raison de lui refuser le type d'autarcie qui est décrit dans le passage du livre III[3]. Ainsi que le démontrent à l'envi son procès et sa condamnation à mort, Socrate se suffit pleinement à lui-même pour son bonheur[4] et il ne se laisse

1. *Lysis*, 215a3-b7, trad. fr. L.-A. Dorion, Paris, GF-Flammarion, 2004.

2. *Cf.*, entre autres, C. Kahn, *Plato and the Socratic Dialogue. The Philosophical Use of a Literary Form*, Cambridge, Cambridge University Press, 1996, p. 284 ; M. Bordt, *Lysis*, Göttingen, Vandenhoeck & Ruprecht, 1998, p. 71-72, 171-172.

3. J'ai soutenu, dans une étude antérieure (*cf.* « L'impossible autarcie du Socrate de Platon », L.-A. Dorion, *L'Autre Socrate, Études sur les écrits socratiques de Xénophon*, *op. cit.*, p. 429-448), que Socrate^{P} n'est pas autarcique et que plusieurs raisons s'opposent à ce qu'il le soit. Je n'avais pas tenu compte de *R.*, III, 387d-e et ce passage me contraint donc à réviser ma position.

4. Cf. *Phédon*, 58e, où Phédon reconnaît que Socrate était un homme heureux (εὐδαίμων).

pas du tout accabler par les circonstances qui lui sont pourtant contraires, à savoir le procès qui lui est intenté et la condamnation à mort qui est prononcée contre lui. Non seulement il refuse de se lamenter et de se plaindre au cours de son procès[1], mais il demeure d'une remarquable égalité d'humeur dans la prison où il attend l'exécution de la sentence :

> SOCRATE — Eh? comment ne m'as-tu réveillé tout d'abord? Pourquoi être ainsi resté sans rien dire? CRITON — Par Zeus, Socrate, c'est que je n'aurais pas voulu, à ta place, avoir à subir une longue veille et si pénible; il y a longtemps, vraiment, que ton paisible sommeil m'étonne. Et c'est bien exprès que je ne te réveillais pas, pour te laisser goûter le meilleur repos. Au reste, bien souvent, dans toute la vie passée, j'ai pu admirer ton égalité d'humeur (ηὐδαιμόνισα τοῦ τρόπου); jamais autant, toutefois, que dans le malheur présent, en voyant avec quel calme (ῥᾳδίως), quelle douceur tu le supportes (πρᾴως φέρεις). — Il serait bien ridicule à mon âge, Criton, de me fâcher (ἀγανακτεῖν) parce que je dois mourir. — Ah! mon cher Socrate, combien d'autres aussi âgés que toi, soumis à pareille épreuve (ἐν τοιαύταις συμφοραῖς), se révoltent contre leur sort (ἀγανακτεῖν τῇ παρούσῃ τύχῃ), sans que l'âge y fasse rien[2].

Le propre de l'homme de valeur, selon Socrate, est de supporter très facilement (φέρειν δὲ ὡς πρᾳότατα, *R.* III 387e6; ῥᾷστα οἴσει, *R.* X 603e5) les épreuves auxquelles il est soumis; or c'est précisément cette expression que Criton emploie (πρᾴως φέρεις) pour décrire l'attitude paisible de Socrate à l'endroit de sa mort imminente. Socrate emploie la même expression dans le *Gorgias* lorsqu'il explique à Calliclès que l'ignorance de la rhétorique ne l'empêcherait pas de supporter facilement la mort (ῥᾳδίως φέρειν τὸν θάνατον, 522d8-e1), mais qu'il ne pourrait s'empêcher de se mettre en colère (ἀγανακτοίην ἄν) si la cause de sa mort était, non pas l'ignorance de la rhétorique, mais l'incapacité de se porter à soi-même le secours qui consiste à n'avoir rien fait ni dit qui soit injuste :

> CALLICLÈS — Alors tu crois, Socrate, qu'il est beau pour un homme d'être dans une pareille position et dans l'impuissance de se défendre lui-même? SOCRATE — Oui, Calliclès, à condition qu'il ait une chose que tu lui as plusieurs fois accordée, je veux dire qu'il se soit ménagé le secours qui consiste à n'avoir rien dit ni rien fait d'injuste ni envers les hommes, ni envers les dieux. Car cette manière de se secourir soi-même, ainsi que nous l'avons reconnu plus d'une fois, est la meilleure de toutes. Si donc on me prouvait que je suis incapable de m'assurer cette sorte de

1. Cf. *Apologie de Socrate*, désormais cité « *Apol.* », 34c-35d, 38d-e.
2. *Criton*, 43b1-c3 (trad. fr. M. Croiset, Paris, Les Belles Lettres, 1920).

secours à moi-même et à un autre, je rougirais d'être convaincu devant peu comme devant beaucoup de personnes et même en tête à tête avec moi seul, et si cette impuissance devait causer ma mort, j'en serais bien fâché (ἀγανακτοίην ἄν); mais si je perdais la vie faute de connaître la rhétorique flatteuse, je suis sûr que tu me verrais supporter facilement la mort (εὖ οἶδα ὅτι ῥᾳδίως ἴδοις ἄν με φέροντα τὸν θάνατον). La mort en soi n'a rien d'effrayant, à moins que l'on ne soit tout à fait insensé et lâche; ce qui est effrayant, c'est l'injustice; car le plus grand des malheurs (πάντων ἔσχατον κακῶν) est d'arriver chez Hadès avec une âme chargée de crimes[1].

L'emploi du verbe ἀγανακτεῖν, dans les passages du *Criton* et du *Gorgias*, permet de bien saisir en quoi Socrate se distingue des autres hommes. Alors que la plupart des hommes n'hésiteraient pas à se fâcher (ἀγανακτεῖν, *Crit.* 43b10 et c3) parce qu'ils doivent mourir, comme si l'imminence de leur mort justifiait qu'ils se mettent en colère, ce n'est pas la perspective de mourir qui met Socrate en colère (ἀγανακτοίην ἄν, *Gorg.* 522d7), mais plutôt l'impuissance à se porter secours à soi-même en faisant valoir que l'on n'a aucune injustice, en parole ou en acte, à se reprocher. En tout état de cause, ces passages du *Criton* et du *Gorgias*, de même que le récit des dernières heures de Socrate dans le *Phédon* (114c-118a), ne permettent guère de douter que Socrate brosse son propre portrait lorsqu'il décrit, comme s'il s'agissait d'un autre, l'autarcie de l'ἐπιεικὴς ἀνήρ.

LA *POLITEIA* DE DIOGÈNE
ET LE PROBLÈME DE L'AUTARCIE

Nous avons conservé de nombreux textes qui présentent l'autarcie comme l'un des principaux objectifs poursuivis par le mode de vie cynique[2], ou comme une caractéristique du sage cynique, à tel point que les commentateurs font souvent de l'autarcie un trait caractéristique du cynisme[3].

1. *Gorgias*, 522c4-d4 (trad. fr. É. Chambry, Paris, GF-Flammarion, 1967).
2. *Cf.* D. L. VI, 88 (= *SSR* VH 4); VI, 105; Épictète III, 22, 44-49 (= *SSR* VB 263); [Lucien], *Le cynique*, 3; 12; 15; [Diogène], *Lettre* 28.8 (= *SSR* VB 558); [Cratès], *Lettre* 10 (= *SSR* VH 97); *Lettre* 11 (= *SSR* VH 98); Cercidas fr. 8 (dans L. Paquet, *Les cyniques grecs. Fragments et témoignages*, Paris, Le Livre de Poche, 1992, p. 204); Stobée, IV 8, 32; Julien VII 9; Télès, fr. II : *Sur l'autarcie*.
3. *Cf.* E. Zeller, *La philosophie des Grecs considérée dans son développement historique*, t. 3, *Socrate et les socratiques*, trad. fr. M. Belot, Paris, Hachette, 1884, p. 289 : « La conformité de la vie à la nature, la suppression de tous les besoins artificiels, la plus simple satisfaction de tous les besoins naturels, telle est la devise de l'école qui ne trouve pas de

L'autarcie est à ce point le *telos* de la vie que Démonax n'hésite pas à se suicider lorsqu'il s'aperçoit qu'il ne peut plus se suffire à lui-même[1]. Le thème de l'autarcie, chez les cyniques, est d'une grande richesse et il m'est impossible, dans le cadre de cette étude, d'en fournir un aperçu détaillé. Je me limiterai à des questions qui concernent directement le rapport que

termes assez forts pour vanter le bonheur et l'indépendance que cette absence de besoins lui procure » ; T. Gomperz, *Greek thinkers*, vol. 2, London, John Murray, 1905, p. 150 ; A. N. M. Rich, « The Cynic Conception of *Autarkeia* », art. cit., p. 23 : « Αὐτάρκεια *is a term with associations that are fundamentally Cynic* » ; C. J. de Vogel, *Greek Philosophy*, vol. 1, *Thales to Plato*, Leiden, Brill, 1957, p. 162 : « The principle of Cynicism is formulated in the words ascribed by Xenophon to Socrates : τὸ μὲν μηδενὸς δέεσθαι θεῖον εἶναι, τὸ δ' ὡς ἐλαχίστων ἐγγυτάτω τοῦ θείου » ; P. Merlan, « Minor Socratics », *Journal of the History of Philosophy* 10, 1972, p. 143-152, ici p. 151 ; R. F. Hock, « Simon the Shoemaker as an Ideal Cynic », *Greek, Roman and Byzantine Studies* 17, 1976, p. 41-53, en particulier p. 49-52 : « Simon is also admired by Antisthenes and so functions – for strict Cynics at least – as an ideal Cynic, one who might be called the "working philosopher", who by staying at his workbench preserves his παρρησία and attains αὐτάρκεια » ; A. Brancacci, « Érotique et théorie du plaisir chez Antisthène », dans M.O. Goulet-Cazé et R. Goulet (éds.), *Le cynisme ancien et ses prolongements*, *op. cit.*, ici p. 38-39 : « Par rapport à la solution du μηδενὸς δεῖσθαι, qui sera celle du sage cynique [...] » ; P. Hadot, *Qu'est-ce que la philosophie antique ?*, Paris, Gallimard, 1995, p. 336 : « Ne dépendre que de soi, se suffire à soi-même, en réduisant au maximum ses besoins, c'est tout spécialement l'idéal des philosophes cyniques » ; M.-O. Goulet-Cazé, « Diogène Laërce : livre VI », dans M.-O. Goulet-Cazé. (éd.), *Diogène Laërce : Vies et doctrines des philosophes illustres*, [intro., trad fr. et notes], Paris, Le Livre de Poche, 1999, p. 744 n. 1 : « Le thème de l'αὐτάρκεια, de l'autosuffisance, est typiquement cynique » ; L. E. Navia, *Diogenes the Cynic. The War Against the World*, Amherst (N.Y.), Humanity Books, 2005, p. 149 : « In this concept of self-sufficiency or independence, we come upon a notion that sums up the essence of classical Cynicism » ; W. D. Desmond, *The Greek praise of poverty. Origins of ancient Cynicism*, Notre Dame, University of Notre Dame Press, 2006, p. 16 : « If one were to focus [...] on a single concept as central to ancient Cynicism, it should, I think, be their renunciation of wealth. This can be treated as the basis for their ideals of self-sufficiency, ascetic poverty, shamelessness, even cosmopolitanism and philanthropy ». *Cf.* aussi A. Long, D. Sedley, *The Hellenistic philosophers*, Cambridge, Cambridge University Press, 2 vol., 1987, p. 3 ; L. E. Navia, *Classical cynicism : a critical study*, Westport (Conn.), Greenwood Press, 1996, p. IX ; F. Kalouche, « The Cynic way of living », *Ancient Philosophy* 23, 2003, p. 181-194, ici p. 184 ; I. Gugliermina, *Diogène Laërce et le Cynisme*, Villeneuve d'Ascq, Presses Universitaires du Septentrion, 2006, p. 20 ; S. Husson, *La* République *de Diogène*, *op. cit.*, p. 7, p. 12.

1. Lucien, *Démonax*, 4 : « Bref, il avait tenu à ne dépendre de personne d'autre (μηδενὸς ἄλλου προσδεᾶ). Aussi, quand précisément il se rendit compte qu'il ne se suffisait plus à lui-même (οὐκέτι ἑαυτῷ διαρκῶν), il quitta volontairement la vie, laissant à l'élite des Grecs ample matière à se souvenir de lui » (trad. fr. J. Bompaire, Paris, Les Belles Lettres, 1993). Selon le témoignage de Xénophon (*Apol.* 1-9 et *Mem.* IV 8), Socrate se résout à mourir en raison de sa déchéance physique, mais non en raison de l'impossibilité appréhendée de se suffire à lui-même.

le thème de l'autarcie, chez Diogène, entretient avec les deux conceptions de l'autarcie que nous avons mises au jour dans la *République* de Platon.

Les cyniques ne peuvent pas soutenir, comme Platon, que c'est l'incapacité individuelle de subvenir à ses propres besoins qui contraint les hommes à vivre en cités ; en effet, comme ils considèrent que la nature offre à chacun de nous, spontanément et généreusement, tout ce qu'il faut pour notre subsistance, l'origine de la vie en cité ne peut donc pas être le besoin. Étant donné que les cyniques aspirent à une forme d'autarcie individuelle et matérielle, et qu'ils considèrent que la nature leur fournit tout ce qui est nécessaire pour réaliser cette autarcie, pourquoi Diogène, qui est lui-même parvenu à l'autarcie dans l'Athènes de son temps, a-t-il senti le besoin de concevoir une *politeia* cynique ? Les textes qui attestent que l'autarcie est un objectif réalisable *hic et nunc* dans les cités telles qu'elles existent sont nombreux[1], de sorte que s'il est possible de réaliser l'autarcie dans une cité imparfaite, la *Politeia* de Diogène ne peut pas avoir pour objectif de réunir enfin les conditions qui permettraient l'autarcie individuelle[2]. Les témoignages relatifs à l'autarcie de Diogène sont abondants[3] et Diogène n'est pas sous ce rapport une exception, c'est-à-dire qu'il n'est pas le seul cynique à propos duquel on affirme qu'il est parvenu à l'autarcie dans l'une ou l'autre des cités existantes[4]. Une anecdote relative à Cratès révèle par ailleurs que ce n'est pas une *politeia* cynique qui est la condition de l'autarcie, mais la pratique de la philosophie[5].

1. *Cf. supra*, p. 87, n. 2 et infra, n. 3-4.

2. S. Husson, *La* République *de Diogène*, *op. cit.*, p. 83 : « Puisque le besoin, qui pour Platon est à l'origine de la cité, ne peut à lui seul contraindre les sages cyniques à fonder une communauté, quelle est donc l'origine de cette *République* que Diogène, en réponse à l'utopie platonicienne, tentait de décrire ? ».

3. Sur l'autarcie de Diogène, *cf.* Cicéron, *Tusculanes*, V 32, 92 (= *SSR* VB 33) ; Sénèque, *Sur la tranquillité de l'âme*, VIII 3-7 (= *SSR* VB 441) ; *Des bienfaits*, IV 4, 3-4 ; Épictète, *Entretiens*, IV 1, 158 ; IV 11, 23 ; Plutarque, *Propos de table*, II 1, 7, 632E (= *SSR* VB 20) ; *Vie d'Alexandre*, 14 (= *SSR* VB 32) ; D. L. VI 37, VI 46, VI 55, VI 78, VI 105 ; Dion Chrysostome IV 6-10, VI 13, VI 31, VI 60-62, X 16 ; Julien IX 19 ; Ausone VI 30 ; *Sur un petit héritage*, 11-12 ; *Anthologie Palatine*, VII 65-67 ; [Diogène], *Lettre 33* (= *SSR* VB 563) ; *Lettre 46* (= *SSR* VB 576) ; *Gnomologium Vaticanum*, 180 (= *SSR* VB 241) ; Tatien, *Discours aux Grecs*, 2, 1 (= *SSR* VB 94) ; 25, 1 (= *SSR* VB 522).

4. Sur l'autarcie de Cratès, *cf.* Stobée, IV 33, 31 (= *SSR* VH 44) ; [Cratès], *Lettre 7* (= *SSR* VH 94). – Sur l'autarcie de Démonax, *cf.* Lucien, *Démonax*, 4 ; 8. – Voir aussi D. L. VI 11.

5. D. L. VI 88 (= *SSR* VH 4) : « Démétrios Magnès dit qu'il [*scil.* Cratès] confia son argent à un banquier, convenant avec lui que si ses enfants devenaient des hommes ordinaires, il leur remettrait cet argent, mais que, s'ils devenaient philosophes, il le distribuerait au peuple. Ceux-ci en effet n'auraient besoin de rien s'ils s'adonnaient à la philosophie (μηδενὸς γὰρ ἐκείνους δεήσεσθαι φιλοσοφοῦντας) » (trad. fr. M.-O. Goulet-Cazé citée).

L'un des grands mérites de l'ouvrage que S. Husson a consacré à la *Politeia* de Diogène est d'avoir pleinement reconnu l'importance de la recherche de l'autarcie dans le cynisme et d'avoir cherché à comprendre l'articulation entre la recherche de l'autarcie individuelle et le projet collectif d'une cité cynique[1]. Il s'agit d'un problème redoutable dont S. Husson reconnaît d'entrée de jeu la difficulté : si le sage est autarcique et que la nature lui fournit d'elle-même tout ce dont il a besoin pour réaliser son autarcie, en quoi les cyniques ont-ils besoin d'une cité[2] ? De plus, « n'est-il pas contradictoire dans les termes de vouloir constituer une cité composée d'individus autarciques ? »[3]. Avant d'exposer et de discuter la réponse que S. Husson donne à cette question, il me paraît important de souligner qu'il n'est pas du tout question de l'autarcie, ni même des différents besoins de l'homme, dans le témoignage de Philodème sur la *Politeia* de Diogène[4]. Certes, ce témoignage est lacunaire, mais étant donné que S. Husson reconnaît elle-même que « rien ne nous est dit sur la structure générale de l'œuvre ni sur la réflexion politique qui éventuellement s'y faisait jour[5] », on peut légitimement se demander si et dans quelle mesure il était question d'autarcie dans la *Politeia* de Diogène. En tout état de cause, on ne peut pas exclure la possibilité que la question de l'articulation entre la recherche de l'autarcie individuelle et le projet d'une cité cynique n'était peut-être pas abordée dans la *Politeia* de Diogène. C'est donc à partir d'autres témoignages sur Diogène que S. Husson cherche à résoudre ce problème – car il ne fait aucun doute que c'en est un. Contrairement à d'autres thèmes qui sont présents dans la *Politeia* de Diogène et dont on peut considérer, à la suite de S. Husson, qu'ils représentent une radicalisation de positions exposées dans la *République*[6], je ne vois rien dans la *Politeia* de Diogène qui soit, d'une façon ou d'une autre, une radicalisation du thème de l'autarcie, tel qu'il est traité dans la *République*.

S. Husson résout le paradoxe qui est au cœur de son ouvrage en affirmant que « le cynique, tout autarcique qu'il soit, est néanmoins en quête d'un homme véritable avec qui partager sa vie et sa vertu »[7]. La solution du

1. *Cf.*, entre autres, *La* République *de Diogène*, *op. cit.*, le chap. III : « La cité de l'autarcie », p. 75-101.

2. Cf. *La* République *de Diogène*, *op. cit.*, p. 7.

3. *Ibid.*, p. 83.

4. Philodème, *Sur les Stoïciens*, papyrus d'Herculanum, noté dorénavant « PHerc » 155 et 339 (pour la traduction de ce texte, *cf.* S. Husson, *La* République *de Diogène*, *op. cit.*, p. 23-25).

5. *La* République *de Diogène*, *op. cit.*, p. 41.

6. *Ibid.*, p. 42-45, p. 54 et p. 105-132 (« Radicaliser Platon »).

7. *Ibid.*, p. 85. Voir aussi p. 86 : « Le sage aura donc besoin d'autrui, quel qu'il soit, pour connaître et progresser dans sa propre vertu ».

paradoxe initial conduit ainsi à un nouveau paradoxe : le sage qui ne doit son autarcie à personne, si ce n'est à la nature, a néanmoins *besoin d'autrui* pour « connaître et progresser dans sa propre vertu ». Or cela entraîne que le terme *autarkeia* ne suppose pas nécessairement une entière suffisance à soi et, de fait, S. Husson s'applique à circonscrire les différentes acceptions du terme *autarkeia* et à identifier les emplois de ce terme qui impliquent une certaine dépendance à autrui[1]. La position de S. Husson prête le flanc à deux objections :

a) L'autarcie qu'elle attribue au sage cynique est plutôt limitée – il a en effet *besoin d'autrui* pour connaître sa vertu – et elle est bien en deçà de l'autarcie que Socrate reconnaît au sage dans la *République* (III 387d-e) et dans le *Lysis* (215a-b), où il affirme que l'homme bon – et donc vertueux – n'a pas besoin d'amis. Rappelons, à ce sujet, que des héritiers de Socrate – le mégarique Stilpon et le cyrénaïque Théodore – n'ont pas hésité à lui emboîter le pas et à soutenir que le sage n'a pas du tout besoin d'amis :

> Épicure était-il bien fondé à censurer, comme il l'a fait dans une de ses *Lettres*, ceux qui soutiennent que le sage se suffit à lui-même, partant qu'il n'a pas besoin d'amis (*eos qui dicunt sapientem se ipso esse contentum et propter hoc amico non indigere*)? Voilà ce que tu désirerais savoir. En formulant cette critique, Épicure vise Stilpon et généralement les théoriciens qui ont identifié le souverain bien avec l'état d'une âme impassible[2]. Mais il [*scil.* Théodore] rejetait lui aussi l'amitié parce qu'elle n'existe ni chez les insensés ni chez les sages. Pour les premiers en effet, une fois éliminé l'avantage qu'on en tire, l'amitié elle aussi disparaît; quant aux sages, puisqu'ils se suffisent à eux-mêmes, ils n'ont pas besoin d'amis (τοὺς δὲ σοφοὺς αὐτάρκεις ὑπάρχοντας μὴ δεῖσθαι φίλων)[3].

Or si le sage n'a pas du tout besoin d'amis, pas même pour connaître sa vertu et y progresser, il s'ensuit qu'il n'a pas non plus besoin de vivre en cité. Dans l'hypothèse où Diogène est bien « un disciple de Socrate »[4], on peut s'étonner qu'il n'ait pas pris position sur une question qui avait été soulevée par Socrate et d'autres socratiques et qu'il ait attribué au sage cynique une autarcie beaucoup moins radicale que celle reconnue au sage par Socrate. De ce point de vue, la *Politeia* de Diogène ne marquerait pas une radicalisation de la *République*, mais au contraire une édulcoration.

1. Cf. *La* République *de Diogène, op. cit.*, p. 77-78.

2. Sénèque, *Lettres à Lucilius*, livre I, 9, 1 (trad. fr. H. Noblot, Paris, Les Belles Lettres, 1964) = *SSR* II O 33 = fr. 195 Döring (K. Döring, *Die Megariker. Kommentierte Sammlung der Testimonien*, Amsterdam, Grüner, 1972).

3. D. L. II, 98 (trad. fr. M.-O. Goulet-Cazé, trad. cit.) = *SSR* IVH 13.

4. S. Husson, *La* République *de Diogène, op. cit.*, p. 8. Sur les rapports et la filiation entre Socrate et Diogène, voir aussi p. 10 n. 2, 12, 42, 43, 45, 53, 62-63, 82, 87.

b) La position défendue par S. Husson conduit inévitablement à une certaine dévalorisation de l'autarcie, qui me paraît patente dans l'affirmation suivante : « Si l'autarcie, en effet, peut être “gage de perfection”, nous pouvons également dire qu'elle n'est pas la perfection elle-même, qu'elle n'est pas par elle-même, un achèvement »[1]. Dans le même sens, S. Husson affirme que l'autarcie n'est qu'« une condition négative préalable à la réalisation de l'excellence d'un être »[2] et de la vertu, de sorte que l'autarcie ne coïncide pas avec l'excellence d'un être. La distinction et la gradation que S. Husson établit entre autarcie et perfection ne semblent toutefois pas corroborées par les textes, qui montrent au contraire que l'autarcie et la perfection sont étroitement associées et qu'elles sont sur le même pied, si bien que l'autarcie n'est pas un stade préliminaire à la perfection d'un être. On compte en effet de nombreux textes qui associent très étroitement l'autarcie et la perfection[3], au point même de les identifier l'une à l'autre :

> SOCRATE — Et après cela, il est apparu suffisamment clairement (ἱκανώτατα) qu'aucun des deux n'était suffisant (ἱκανόν). PROTARQUE — On ne peut plus vrai. — Et l'argument n'a-t-il pas alors établi que ni l'intellect ni le plaisir ne pouvaient aucunement se prévaloir d'être le bien lui-même, puisqu'ils sont privés d'autarcie, c'est-à-dire de suffisance et de perfection (στερομένοιν αὐταρκείας καὶ τῆς τοῦ ἱκανοῦ καὶ τελέου δυνάμεως) ?[4]

Le bien a pour propriété d'être autarcique, et l'autarcie est elle-même définie, à la fin de ce passage du *Philèbe*, comme la capacité de se suffire et d'être parfait. Or on ne peut rien imaginer de plus parfait, de plus excellent et de plus achevé que le bien lui-même. Ainsi que certains commentateurs l'ont déjà souligné[5], Aristote s'inspire sans doute du *Philèbe* lorsqu'il

1. Cf. *La* République *de Diogène*, *op. cit.*, p. 87.

2. *Ibid.*, p. 87-88.

3. [Platon], *Définitions*, 412b6-7 : « *Autarcie* (Αὐτάρκεια) : perfection dans la possession des biens (τελειότης κτήσεως ἀγαθῶν) ; état qui communique à ceux qui le possèdent la pleine maîtrise d'eux-mêmes (αὑτῶν ἄρχουσιν) », trad. fr. J. Souilhé (Paris, Les Belles Lettres, 1930) légèrement modifiée. Voir aussi Aristote, *Pol.* I, 2, 1252b28-29 (cité *infra*, p. 100) ; III, 9, 1280b33-1281a4 (cité *infra*, p. 102) ; Plutarque, *Sur les notions communes contre les Stoïciens*, 24, 1070b10 ; Plotin, *Ennéades*, III, 2, 3, 22 ; Proclus, *Théologie platonicienne* (éD. L. G. Saffrey, H. D. Westerink), I, 19, p. 90.14-26 ; *Éléments de théologie*, 42, 12 ; 45, 4 ; 131, 7, etc.

4. Platon, *Philèbe*, 67a2-8 (trad. fr. J.-F. Pradeau, Paris, GF-Flammarion, 2002).

5. R. A. Gauthier et J. Y. Jolif, *Aristote : Éthique à Nicomaque*, cité dorénavant « *EN* », Paris-Louvain, Publications universitaires Béatrice-Nauwelaerts, 1970, vol. 2, p. 49 ; J. M. Cooper, « Plato and Aristotle on “Finality” and “(Self)-sufficiency” », *in* R. Heinaman (éd.), *Plato and Aristotle's Ethics*, Aldershot, Ashgate, 2003, p. 117-147, ici p. 118.

affirme, au livre I de l'*Éthique à Nicomaque*, que le souverain bien, c'est-à-dire le bonheur, a pour critères l'autarcie et la perfection.

> Puisque les fins (τὰ τέλη) sont manifestement multiples, et nous choisissons certaines d'entre elles (par exemple la richesse, les flûtes et en général les instruments) en vue d'autres choses, il est clair que ce ne sont pas là des fins parfaites (τέλεια), alors que le Souverain Bien est, de toute évidence, quelque chose de parfait (τέλειον). Il en résulte que s'il y a une seule chose qui soit une fin parfaite, elle sera le bien que nous cherchons, et s'il y en a plusieurs, ce sera la plus parfaite (τελειότατον) d'entre elles. [...] On peut se rendre compte encore qu'en partant de la notion de *suffisance* (αὐταρκείας) on arrive à la même conclusion. Le bien parfait (τέλειον ἀγαθόν) semble en effet se suffire à lui-même (αὔταρκες). [...] En ce qui concerne le fait de *se suffire à soi-même*, voici quelle est notre position : c'est ce qui, pris à part de tout le reste, rend la vie désirable et n'ayant besoin de rien d'autre (μηδενὸς ἐνδεᾶ). Or tel est, à notre sentiment, le caractère du bonheur. [...] On voit donc que le bonheur est quelque chose de parfait et qui se suffit à soi-même (τέλειον [...] καὶ αὔταρκες), et il est la fin de nos actions[1].

L'autarcie est non seulement synonyme de perfection, mais elle est également l'un des principaux attributs de la divinité[2], de sorte qu'elle est beaucoup plus qu'une simple « condition négative » préalable à une forme plus élevée de réalisation et de perfection. L'autarcie est à ce point le degré ultime de la réalisation d'un être que le sage qui aspire à la perfection divine cherche précisément à y parvenir par l'imitation de l'autarcie qui caractérise les dieux :

1. Aristote, *EN* I, 5, 1097a25-b21 (trad. fr. J. Tricot, Paris, Vrin, 1959).

2. La tradition philosophique grecque est unanime à considérer que la divinité est autarcique et qu'elle est la figure par excellence de l'autarcie (*cf.* Xénophane, H. Diels-W. Kranz (eds.), *Die Fragmente der Vorsokratiker*, 5e ed., Berlin, Weidmann, 1958, noté désormais « DK » A 24-25, A 32 ; Platon, *Euthyphron,* 15a ; Xénophon, *Mem.*, I, 6, 10 ; Diogène (*ap.* D. L. VI 105 = *SSR* V A 135) ; Aristote, *Éthique à Eudème*, VII 12, 1244b7 ; VIII 3, 1249b13-16 ; *La grande morale*, II 15, 1212b35 *sq.* ; *Pol.* I, 2, 1253a29 ; Épicure (*ap.* D. L. X 139) ; Lucrèce, *De la nature des choses*, I, 44-49 ; Cicéron, *De la nature des dieux*, I, 44, 122 ; II 13, 37 ; II 22, 58 ; Sénèque, *Sur la tranquillité de l'âme*, VIII 5 ; Plutarque, *De Stoic. rep.*, 39-40 ; Épictète, *Entretiens*, III 13, 6-7 ; Tatien, *Discours contre les Grecs*, 4 ; [Lucien], *Le cynique*, 12 ; Plotin *Ennéades*, VI, 9, 6 ; Augustin, *Confessions*, I 4 ; XIII 4 ; XIII 11 ; XIII 38 ; Théodoret de Cyr, *Thérapeutique des maladies helléniques*, III 8 ; IV 35 ; Proclus, *Commentaire sur le* Timée (Procli Diadochi in Platonis Timaeum commentaria, éd. E. Diehl, Leipzig, Teubner, 1903], I, p. 42, 22 ; 44, 9-13 ; II, p. 109, 31 ; *Théologie platonicienne*, éd. et trad. fr. L. G. Westerink, H. D. Saffrey, Paris, Les Belles Lettres, 1968-1997, I, p. 3, 9 ; I, 3, p. 13, 7 ; I, 20, p. 94, 10 ; III, 28, p. 101, 11 ; IV, 15, p. 48, 8 ; V, I, p. 6, 16 ; *Éléments de théologie*, § 127 ; Simplicius, *Commentaire sur le Manuel d'Épictète*, XXXVIII, 97-115).

> SOCRATE — Tu sembles croire, Antiphon, que le bonheur consiste dans la mollesse et la dépense. Pour ma part, je considère que l'absence de besoin est divin (τὸ μὲν μηδενὸς δέεσθαι θεῖον εἶναι) et qu'avoir le minimum de besoins est ce qui s'approche le plus du divin (τὸ δ᾽ ὡς ἐλαχίστων ἐγγυτάτω τοῦ θείου) ; et, comme le divin est parfait (κράτιστον), ce qui s'en approche le plus s'approche également de la perfection (ἐγγυτάτω τοῦ κρατίστου)[1].

Sur ce point très précis, la doxographie attribue à Diogène une position qui correspond étroitement à celle de Socrate[X] et qui confirme que la recherche de l'autarcie est l'aspiration la plus élevée que puisse concevoir l'homme :

> [...] Diogène [qui] disait que s'il appartient aux dieux de n'avoir besoin de rien (ὃς ἔφασκε θεῶν μὲν ἴδιον εἶναι μηδενὸς δεῖσθαι), il appartient aux gens semblables aux dieux d'avoir des besoins limités (τῶν δὲ θεοῖς ὁμοίων τὸ ὀλίγων χρῄζειν)[2].

En raison du caractère très lacunaire du fragment transmis par Philodème, nous ne savons pas trop ce qu'il en était de l'autarcie dans la *Politeia* de Diogène. En tout état de cause, ce n'est pas pour parvenir à l'autarcie que les cyniques ont défendu une *politeia* qui leur était propre, puisque l'autarcie était déjà à leur portée dans les cités où ils vivaient. Alors que Platon conçoit la *République* pour se donner un modèle de justice qui ne serait réalisé dans aucune des cités de son époque, Diogène peut difficilement assigner à sa *Politeia* le soin de réunir et de réaliser enfin les conditions de l'autarcie, puisque l'autosuffisance est déjà à la portée de chacun *hic et nunc*. On peut évidemment formuler l'hypothèse qu'une *politeia* cynique mettrait l'autarcie à la portée d'un plus grand nombre d'hommes, et plus rapidement, mais il ne s'agit là que d'une hypothèse puisque le fragment transmis par Philodème ne permet pas de la vérifier.

Qu'en est-il chez Diogène de la deuxième acception du terme αὐτάρκης que l'on a identifiée dans la *République*, et en vertu de laquelle l'homme autarcique est celui qui a le moins besoin d'autrui pour être heureux, qui affronte sans gémir et sans se plaindre les coups du sort et les revers de fortune, aussi cruels soient-ils ? Là encore, il n'y a aucune trace d'une telle conception de l'autarcie dans les fragments que nous avons conservés de la *Politeia* de Diogène. En revanche, nous avons conservé plusieurs témoignages qui reconnaissent à Diogène l'aptitude à s'adapter à toutes

1. Xénophon, *Mem.*, I, 6, 10 (trad. fr. L.-A. Dorion, Paris, Les Belles Lettres, 2000).
2. D. L. VI, 105 (trad. fr. M.-O. Goulet-Cazé).

les circonstances, à faire face à tous les coups du sort, bref à ne pas se laisser abattre par la *tukhê* :

> Comme on lui demandait quel profit il avait retiré de la philosophie, il répondit : « À défaut d'autre chose, au moins celui d'être prêt à toute éventualité (τὸ γοῦν πρὸς πᾶσαν τύχην παρεσκευάσθαι) »[1].
>
> Il affirmait opposer à la fortune la hardiesse (ἔφασκε δ' ἀντιτιθέναι τύχῃ μὲν θάρσος), à la loi la nature, à la passion la raison[2].
>
> Étant de nouveau tombé dans des calamités diverses (τισι συμπτώμασιν), Diogène s'écria : « Tu fais bien, ô Fortune (ὦ τύχη), de me défendre virilement ! » Dans de telles circonstances, il allait même jusqu'à déclamer en turlutant[3].
>
> Diogène leur demanda alors pourquoi il lui était défendu de se couronner de pin, tandis que ce ne l'était pas pour les autres : « Mais parce que tu n'as remporté aucune victoire », lui répondit l'un d'entre eux. Diogène reprit aussitôt : « Mais si ! J'ai triomphé de plus d'un adversaire, et pas des moindres – bien mieux que tous ces esclaves que vous voyez en ce moment se battre, lancer le disque et courir – mes adversaires sont de toute façon bien plus difficiles à vaincre : c'est la pauvreté, l'exil, le mépris, et encore la colère, la tristesse, le désir, la peur, et de tous, le fauve le plus indomptable qui soit, sournois et félin, le plaisir, qu'aucun Grec ni Barbare ne peut se vanter d'avoir combattu et humilié par la force de son âme : tous, au contraire, ont plié devant lui et aucun n'est sorti vainqueur d'un tel combat, Perses, Mèdes, Syriens, Macédoniens, Athéniens et Lacédémoniens – tous, excepté moi[4].

Cette aptitude de Diogène à triompher des circonstances les plus défavorables le qualifie au titre d'αὐτάρκης, tel que l'entend Socrate au livre III de la *République*. Contrairement à ce que l'on observe dans la *République*, cette capacité à affronter la *tukhê* n'est cependant jamais décrite, dans les témoignages sur Diogène, en termes d'*autarkeia*. Force est de constater que le contexte politique athénien ne semble pas avoir été un obstacle à l'acquisition de cette faculté et l'on ne voit pas très bien en quoi une *politeia* cynique pourrait favoriser le développement de cette aptitude, sauf à considérer – mais ce n'est là encore qu'une hypothèse – qu'une *politeia* cynique prévoyait des exercices et des épreuves qui avaient pour objectif d'endurcir les citoyens et de les rendre plus endurants face à l'adversité.

1. D. L. VI, 63 = *SSR* VB 360 (trad. fr. M.-O. Goulet-Cazé).
2. D. L. VI, 38 = *SSR* VB 7 (trad. fr. M.-O. Goulet-Cazé).
3. Stobée, IV, 44, 71 = *SSR* VB 351 (trad. fr. L. Paquet, *Les cyniques grecs*, Ottawa, Les Presses de l'université d'Ottawa, 1988).
4. Dion Chrysostome, IX, 11-12 = *SSR* VB 585 (trad. fr. L. Paquet).

LA *POLITIQUE* D'ARISTOTE ET LA CRITIQUE DES CYNIQUES

Je terminerai par un texte de la *Politique* d'Aristote qui contient sans doute, sur le thème de l'autarcie, des références implicites à la *République* de Platon et aux cyniques. La principale cause de la fondation de la cité, telle qu'elle est présentée par Socrate au livre II de la *République*, est également celle qu'Aristote expose au livre I de la *Politique* :

> Ainsi donc, il est évident que la cité existe par nature et qu'elle est antérieure à chaque individu ; en effet, si chacun isolément ne peut se suffire à lui-même (εἰ γὰρ μὴ αὐτάρκης ἕκαστος χωρισθείς), il sera dans le même état qu'en général une partie à l'égard du tout[1].

L'affirmation-clé suivant laquelle « chaque homme pris isolément n'est pas autarcique » (εἰ γὰρ μὴ αὐτάρκης ἕκαστος χωρισθείς) est formulée en des termes presque identiques que dans la *République* (ἡμῶν ἕκαστος οὐκ αὐτάρκης, 369b6), de sorte qu'il est tout à fait raisonnable de considérer qu'Aristote fait ici écho à Platon[2]. Certes, Aristote n'affirme pas que c'est le besoin qui a poussé les hommes à s'assembler pour vivre en cité, mais il l'affirme très clairement au livre VI dans un passage où il fait expressément référence à une opinion répandue :

> C'est une nécessité dans toutes les cités, peut-on dire, que l'achat de certaines choses et la vente d'autres pour la satisfaction mutuelle des besoins nécessaires (πρὸς τὴν ἀλλήλων ἀναγκαίαν χρείαν), et c'est le moyen le plus à la portée de tous d'assurer cette autarcie (αὐτάρκειαν) qui, de l'avis général, a poussé les hommes à se réunir en une seule communauté politique (δι' ἣν δοκοῦσιν εἰς μίαν πολιτείαν συνελθεῖν)[3].

La suite immédiate du passage 1253a25-27 renferme sans doute une critique voilée de l'aspiration cynique à l'autarcie individuelle :

> l'homme qui ne peut pas vivre en communauté ou qui n'en a nul besoin, parce qu'il se suffit à lui-même, ne fait point partie de la cité (ὁ δὲ μὴ δυνάμενος κοινωνεῖν ἢ μηδὲν δεόμενος δι'αὐτάρκειαν οὐθὲν μέρος

1. I, 2, 1253a25-27 (trad. fr. J. Aubonnet, Paris, Les Belles Lettres, 1960).

2. Cette référence implicite à *R.* II 369b6 n'est signalée par aucun des principaux traducteurs français (Tricot, Pellegrin, Aubonnet) et elle n'est pas non plus signalée dans le commentaire de Newman (*The Politics of Aristotle*, Oxford, Clarendon Press, vol. 2, 1887).

3. *Politique*, désormais « *Pol.* », VI, 7, 1321b14-18 (trad. fr. J. Aubonnet). Voir aussi L. Strauss, *De la tyrannie*, Paris, Gallimard, 1954, p. 322 : « Mais le besoin qu'a l'homme des services des autres hommes est fondé sur le fait que l'homme est, par nature, un animal sociable ou que l'individu humain ne peut se suffire à lui-même ». Strauss ne fait pas expressément référence à la *République* de Platon ou à la *Politique* d'Aristote, mais il ne fait aucun doute que son affirmation est une réminiscence de l'un ou l'autre de ces deux textes.

πόλεως) : dès lors, c'est une bête sauvage ou un dieu (ὥστε ἢ θηρίον ἢ θεός)[1].

Il est très tentant de considérer, à la suite de plusieurs commentateurs[2], que ce passage vise, sinon Diogène en particulier, du moins les cyniques en général. Il y a deux grandes raisons qui justifient cette hypothèse :

a) Les cyniques opposent la cité à la nature, comme si la nature seule, opposée à la cité, leur permettrait de recouvrer leur autarcie primitive. Dans la mesure où la cité engendre une foule de besoins superflus qui sont autant d'entraves à l'atteinte de l'autarcie, le Cynique doit se dépouiller des besoins artificiels qui sont créés et entretenus par la cité. Pour Aristote, on ne doit pas opposer la cité à la nature, car la cité est naturelle, si bien qu'elle est le cadre de vie naturel des hommes. La *Politeia* de Diogène serait une tentative de fonder la cité en nature et de faire de la cité le cadre naturel de l'autarcie qui est à la portée de l'homme. Mais le fait même qu'Aristote insiste sur le caractère naturel de la cité donne à penser qu'il s'en prend, non pas à la *Politeia* de Diogène, mais plutôt aux cyniques qui vivent en marge de la cité et qui rompent avec les usages de la cité pour se réapproprier leur autarcie naturelle. Pour Aristote, la chose est entendue : ceux qui s'excluent de la cité vont déchoir de leur humanité car ils vont vivre à l'extérieur de leur cadre naturel de vie.

b) Aristote ne semble pas exclure qu'un homme puisse se suffire à lui-même à l'extérieur du cadre de la cité, mais le prix à payer pour cette autarcie individuelle n'est rien de moins qu'une transgression de sa condition humaine : il s'est haussé au niveau des dieux ou abaissé au rang des bêtes. L'homme est cet animal étrange, non autarcique par nature, qui se situe entre deux catégories d'êtres autarciques par nature, soit les bêtes et les dieux, ceux-ci parce qu'ils n'ont pas de besoins et celles-là parce qu'elles pourvoient elles-mêmes à des besoins réduits. Relisons le passage 1253a27-30 : l'homme qui est incapable de vivre en communauté, ou qui n'a aucun besoin du fait qu'il est autarcique, ne fait pas partie de la cité, de sorte que

1. I, 2, 1253a27-30 (trad. fr. J. Aubonnet légèrement modifiée).

2. À ma connaissance, le mérite d'avoir perçu que cette critique vise les cyniques revient à E. Barker (« At the beginning of the *Politics* we find something which looks like an attack on the Cynics : the man who thinks he can exist without a city is either a beast or a god » (voir E. Barker, *Greek political theory* [1918], London, Methuen, 1964, p. 123). C'est également l'avis des commentateurs suivants : A. N. M. Rich, « The Cynic Conception of *Autarkeia* », art. cit., 1956, p. 28 n. 1 ; M.-O. Goulet-Cazé, *L'ascèse cynique : un commentaire de Diogène Laërce VI 70-71*, Paris, Vrin, 1986, p. 65, n. 157 ; « Les premiers cyniques et la religion », dans M.-O. Goulet-Cazé et R. Goulet (éds.), *Le cynisme ancien et ses prolongements*, *op. cit.*, p. 135 n. 87 ; F. Kalouche, « The Cynic Way of Living », art. cit., p. 189-190 ; L. E. Navia, *Classical Cynism ...*, *op. cit.*, p. 149-150.

(ὥστε) il est ou bien une bête sauvage, ou bien un dieu. La conclusion de cet important passage est qu'un homme qui ne vit pas dans une cité *n'est en réalité plus un homme*, puisqu'il vit une existence qui est celle des bêtes ou celle des dieux. Or la question de l'autarcie, dans le cynisme, est indissociable de la tripartition animal / homme / dieu dans la mesure où l'homme est cet être étrange, voire « dénaturé », qui n'est pas autarcique alors que les animaux et les dieux le sont d'emblée et *naturellement*. S. Husson explique très bien la nécessité, pour l'homme, d'imiter les animaux afin de se dépouiller de la civilisation qui l'a privé de son autarcie naturelle en multipliant les besoins superflus. La nécessité d'imiter les animaux n'entraînerait pas une régression primitiviste[1], mais elle pose néanmoins un problème difficile, celui de la hiérarchie entre les hommes, les animaux et les dieux. Si les cyniques proposent le modèle animal afin de parvenir à l'autarcie, faut-il en conclure qu'ils inversent la hiérarchie traditionnelle entre les animaux et les hommes et qu'ils reconnaissent la supériorité des animaux ? S. Husson soutient que la tripartition animal / homme / dieu n'entraîne aucune hiérarchie[2] et que l'autarcie accessible à l'homme n'est pas inférieure à celle des animaux, non plus qu'à celle des dieux, lesquels jouent un rôle purement paradigmatique dans la mesure où les cyniques ne reconnaissaient pas l'existence des dieux[3]. Or il n'est pas sûr que toutes les formes d'autarcie se valent et que les cyniques ne reconnaissaient pas eux-mêmes la supériorité de l'autarcie divine. Dans une lettre pseudépigraphe attribuée à Cratès, mais qui n'en appartient pas moins à la tradition cynique, on peut en effet lire le passage suivant :

> Exercez-vous à avoir peu de besoins (ἀσκεῖτε ὀλίγων δεηθῆναι) (car c'est cela qui nous rapproche le plus de la divinité (τοῦτο γὰρ ἐγγυτάτω θεοῦ), et le contraire qui nous en éloigne le plus), et il vous sera permis, dans votre situation qui tient le milieu entre les dieux et les bêtes (καὶ ὑμῖν ἐξέσται μέσοις γενομένοις θεῶν καὶ ἀλόγων ζῴων), de vous rendre semblables à l'espèce supérieure (τῷ κρείττονι γένει) et non à l'espèce inférieure (τῷ χείρονι)[4].

L'auteur de cette lettre exprime une position qui est identique à celle qui est énoncée par Socrate dans les *Mémorables*[5] et qui est également

1. Cf. *La* République *de Diogène*, *op. cit.*, p. 96-101.
2. *Ibid.*, p. 143-144.
3. *Ibid.*, p. 160.
4. [Cratès], *Lettre XI* = *SSR* VH 98 (trad. fr. D. Deleule, G. Rombi, *Les cyniques grecs, lettres de Diogène et Cratès*, Arles, Actes Sud, 1998).
5. *Cf.* I, 6, 10 (cité *supra*, p. 94).

attribuée à Diogène[1] : l'homme qui cherche à ressembler aux dieux doit limiter ses besoins autant que possible. La lettre attribuée à Cratès ajoute cependant une précision qui est absente des *Mémorables* et de la doxographie rapportée par Diogène Laërce – à savoir que l'homme occupe une position intermédiaire entre les dieux et les bêtes, et que cette aspiration à l'autarcie divine lui permet de se rapprocher des dieux et de s'éloigner des bêtes, ce qui confirme que la tripartition est également une hiérarchie. Un autre texte de la tradition cynique établit entre les bêtes, les hommes et les dieux une hiérarchie qui s'ordonne selon le degré d'autarcie : au sommet de la hiérarchie, les dieux n'ont pas du tout de besoin et, au bas de la hiérarchie, les animaux ont peu de besoins. Le rang de l'homme au sein de cette hiérarchie n'est pas fixé une fois pour toutes car il dépend de son degré d'autarcie : s'il a plus de besoins que les animaux, il leur sera inférieur, mais s'il s'exerce à avoir moins de besoins que les animaux, il leur sera supérieur et se rapprochera ainsi de la condition divine.

> D'autre part, si tu crois que je vis comme les bêtes (θηρίου βίον) parce que j'ai peu de besoins et que je me contente de peu (βραχέων δεόμενος καὶ ὀλίγοις χρώμενος), il est bien risqué que les dieux soient inférieurs aux bêtes elles-mêmes, si l'on s'en tient à ton raisonnement. Car les dieux n'ont besoin de rien (οὐδενὸς γὰρ δέονται). Mais si tu veux savoir plus exactement ce qu'implique le fait d'avoir beaucoup de besoins ou d'en avoir peu, considère ceci : les enfants ont plus de besoins que les gens en santé, et d'une façon générale, en quelque situation que ce soit, le faible a plus de besoins que le fort. C'est pour cette raison que les dieux n'en éprouvent aucun, et les êtres apparentés aux dieux n'en connaissent que très peu (οἱ δὲ ἔγγιστα θεοῖς ἐλαχίστων δέονται)[2].

Dans un texte qui précède de peu celui qui est cité au début de la présente section, Aristote traite à nouveau le thème de l'autarcie en référence à une hiérarchie tripartite :

> La communauté née de plusieurs villages est la cité, parfaite (τέλειος), atteignant désormais, pour ainsi dire, le niveau de l'autarcie complète (τῆς αὐταρκείας) : se formant pour permettre de vivre, elle existe pour permettre de vivre bien. […] De plus, la cause finale et la fin, c'est ce qu'il y a de meilleur ; or se suffire à soi-même (l'autarcie) est à la fois une fin et ce qu'il y a de meilleur (ἡ δ' αὐτάρκεια καὶ τέλος καὶ βέλτιστον). D'après ces considérations, il est évident que la cité est une réalité naturelle et que l'homme est par nature un être destiné à vivre en cité (animal politique) ;

1. *Cf.* D. L. VI, 105 (cité *supra*, p. 94).
2. [Lucien], *Le cynique*, 12 (trad. fr. L. Paquet).

> celui qui est sans cité par nature, et non par hasard, est un être ou dégradé ou supérieur à l'homme (καὶ ὁ ἄπολις διὰ φύσιν καὶ οὐ διὰ τύχην ἤτοι φαῦλός ἐστιν, ἢ κρείττων ἢ ἄνθρωπος) : il est comme celui (ὥσπερ καὶ ὁ) à qui Homère reproche de n'avoir « ni clan, ni loi, ni foyer » (ἀφρήτωρ ἀθέμιστος ἀνέστιος)[1].

Aristote exprime à nouveau l'idée que l'homme se situe à mi-chemin entre deux catégories d'êtres qui par nature n'ont pas besoin de vivre en cité (ὁ ἄπολις διὰ φύσιν), soit d'une part les êtres qui sont supérieurs (κρείττων) à l'homme, à savoir les dieux, soit d'autre part les êtres inférieurs ou « dégradés » (φαῦλος). Le contexte immédiat de ce passage ne permet pas vraiment de déterminer ce qu'il faut entendre par φαῦλος, mais il est tentant de considérer, à la lumière de 1253a25-30, que ce terme renvoie aux animaux. Si l'homme vit naturellement en cité, celui qui est sans cité par nature (ὁ ἄπολις διὰ φύσιν), et non pas en raison des circonstances (καὶ οὐ διὰ τύχην), ne peut être qu'un animal[2]. En outre, on ne peut pas ne pas rapprocher ce que dit Aristote de l'homme sans cité (ὁ ἄπολις) de ce que Diogène disait de lui-même d'après ce passage de Diogène Laërce :

> Il avait coutume de dire que les malédictions de la tragédie s'étaient abattues sur lui, qu'en tout cas il était « sans cité (ἄπολις), sans maison (ἄοικος), privé de patrie (πατρίδος ἐστερημένος), mendiant, vagabond, vivant au jour le jour »[3].

À la lumière de ce passage, il est également tentant de rapprocher l'homme sans foyer (ἀνέστιος), dans la citation d'Homère, de l'homme sans maison (ἄοικος) que Diogène reconnaît être. Nous avons donc de bonnes raisons de croire qu'Aristote songe surtout aux cyniques dans ce passage. La réponse d'Aristote aux philosophes cyniques qui, dans leur quête d'autarcie matérielle, vivent comme des animaux afin de parvenir à

1. *Pol.*, I, 2, 1252b27–1253a5 (trad. fr. J. Aubonnet légèrement modifiée). La citation d'Homère provient de l'*Iliade* (IX, 63).

2. Les traductions françaises que j'ai consultées (J. Aubonnet, P. Pellegrin, J. Tricot) sont unanimes à rendre φαῦλος par « dégradé ». Cette traduction me paraît fautive car elle laisse entendre que cet être « dégradé » est un homme. Or comme l'être φαῦλος est un être « sans cité par nature » (ὁ ἄπολις διὰ φύσιν), et que l'homme vit naturellement dans le cadre d'une cité, le terme φαῦλος ne peut s'appliquer qu'aux animaux, lesquels sont naturellement sans cité.

3. VI, 38 = *SSR* VB 263 (trad. fr. M.-O. Goulet-Cazé). Le rapprochement entre le texte d'Aristote et D. L. VI, 38 est déjà proposé par W. L. Newman (*The Politics of Aristotle*, vol. 2, *op. cit.*, , p. 120) : « these men [*scil.* les cyniques] were ἀπόλιδες by choice, and this saying of Aristotle's would, therefore, reflect on them, whether it was intended to do so or not. ».

l'absence de besoins qui caractérise les dieux[1], semble être la suivante : en imitant le mode de vie des animaux, ils s'excluront de la cité, qui est leur cadre naturel de vie, et ils risquent ainsi de déchoir de leur humanité, bien plutôt que de s'élever à la condition divine. Tel est, pour Aristote, le paradoxe et le danger de l'autarcie cynique : le cynique aspire à l'autarcie divine, mais il adopte, pour y parvenir, un mode de vie qui le dénaturalise et le fait déchoir de son humanité et qui, loin de l'exhausser à la condition divine, le rabaisse au rang des bêtes. C'est précisément la critique que Tatien, au IIe siècle de notre ère, adresse à un adepte du cynisme :

> Toi qui imites le Chien, tu ne connais pas dieu (τὸν θεὸν οὐκ οἶδας) et tu es descendu à l'imitation des êtres déraisonnables (καὶ ἐπὶ τὴν ἀλόγων μίμησιν μεταβέβηκας)[2].

Conclusion

Le texte de *Politique* I 2 semble donc contenir, sur le thème de l'autarcie, des références implicites à la *République* de Platon et aux cyniques. En outre, on n'a pas suffisamment souligné qu'Aristote accorde à la recherche de l'autarcie, sur le plan politique, une importance que ni Platon, ni Diogène ne lui ont accordée avant lui. À la différence de Platon, qui se contente d'identifier la recherche de l'autarcie et l'origine de la cité, et de Diogène, dont la *Politeia* – pour autant que l'on puisse en juger d'après les témoignages conservés – ne semble pas avoir fait de la recherche de l'autarcie le fondement ou le *telos* de la cité, Aristote fait de l'autarcie à la fois le fondement et la finalité (*telos*) de la cité. On pourrait croire que l'autarcie qui est inaccessible à l'homme isolé et qui se réalise au niveau de la cité est une autarcie

1. *Cf.* F. Kalouche, « The Cynic Way of Living », art. cit., p. 189 : « Diogenes and the Cynics made it a point to want to get closer to the domain of gods – which they have compared to that of animals. [...] The Cynics claimed that they were trying to imitate the life of gods – since gods need nothing, those who are like them need very little [...] – and of animals (dogs, for example) – who have very few needs and do not live under the constraints of the rigid laws of conventions » ; O. Flores-Júnior, « Cratès, la fourmi et l'escarbot : les cyniques et l'exemple animal », *Philosophie antique* 5, 2005, p. 135-171, ici p. 145 : « Cratès cherche à réconcilier les hommes avec leur animalité, non par refus du divin, mais parce que c'est précisément en acceptant son animalité que l'homme peut, à ses yeux, atteindre le bonheur des dieux » ; S. Husson, *La* République *de Diogène*, *op. cit.*, p. 66 : « Diogène découvre, à la fois, que la souris ne manque de rien et que lui aussi pourrait posséder cette autarcie qui le rendrait semblable aux dieux ».

2. *Discours aux Grecs*, XXV, 1 (trad. fr. M.-O. Goulet-Cazé dans « Les premiers cyniques et la religion », art. cit., p. 138).

exclusivement matérielle, c'est-à-dire que la cité a uniquement pour but de satisfaire l'ensemble des besoins matériels auxquels l'homme seul n'est pas capable de suffire. Or la finalité de la cité n'est pas simplement de vivre (ζῆν), soit de combler les besoins nécessaires à la vie et à la subsistance, mais de bien vivre (εὖ ζῆν), c'est-à-dire d'assurer les conditions de la vie bonne et heureuse. L'autarcie que réalise la cité n'est donc pas à entendre sur le plan strictement matériel, puisqu'elle comprend aussi la finalité de la cité, qui est la vie bonne et heureuse.

> [...] une cité est la communauté de la vie heureuse (ἡ τοῦ εὖ ζῆν κοινωνία), c'est-à-dire dont la fin est une vie parfaite et autarcique (ζωῆς τελείας χάριν καὶ αὐτάρκους) pour les familles et les lignages. [...] La fin d'une cité c'est donc la vie heureuse (τέλος μὲν οὖν πόλεως τὸ εὖ ζῆν), alors que les relations en question [*scil.* les différentes formes de vie en commun] sont en vue de cette fin. Une cité est la communauté des lignages et des villages menant une vie parfaite et autarcique (πόλις δὲ ἡ γενῶν καὶ κωμῶν κοινωνία ζωῆς τελείας καὶ αὐτάρκους). C'est cela, selon nous, mener une vie bienheureuse et belle. Il faut donc poser que c'est en vue des belles actions (τῶν καλῶν πράξεων χάριν) qu'existe la communauté politique, et non en vue de vivre ensemble (ἀλλ' οὐ τοῦ συζῆν)[1].

En conséquence,

> la Cité première (πρώτην ... πόλιν) est nécessairement celle qui est formée de ce minimum de gens tel qu'il soit le premier groupe humain se suffisant à lui-même pour mener une « vie bonne » (αὔταρκες πρὸς τὸ εὖ ζῆν) dans le cadre d'une communauté politique[2].

Il vaut la peine de commenter l'expression αὔταρκες πρὸς τὸ εὖ ζῆν qui figure dans le dernier texte cité. Cette expression, qui est un hapax chez Aristote[3], est identique à celle que l'on trouve au livre III de la *République* (αὐτάρκης πρὸς τὸ εὖ ζῆν, 387d11), et qui est également un hapax dans les dialogues de Platon[4]. L'expression est certes identique dans les deux

1. *Pol.*, III, 9, 1280b33-1281a4 (trad. fr. P. Pellegrin, Paris, GF-Flammarion, 1990). Voir aussi I 2, 1252b27-1253a5 (cité supra, p. 99-100).

2. *Pol.*, VII, 4, 1326b7-9 (trad. fr. J. Aubonnet).

3. On trouve une autre occurrence de cette expression dans l'*Économique*, mais ce traité n'est probablement pas d'Aristote. « Or un État est un ensemble de maisons, de terres et de richesses, qui puisse se suffire à lui-même pour assurer la vie dans le bien-être (αὔταρκες πρὸς τὸ εὖ ζῆν) » (I, 1, 1343a10-11 ; trad. fr. A. Wartelle, Paris, Les Belles Lettres, 1968).

4. On trouve une autre occurrence de la même expression dans le recueil de définitions faussement attribué à Platon. « Bonheur : bien composé de tous les biens ; ressources pleinement suffisantes pour bien vivre (δύναμις αὐτάρκης πρὸς τὸ εὖ ζῆν) » (412d ; trad. fr. Souilhé).

passages, mais l'on note néanmoins une différence qui me paraît significative. Alors que Platon applique cette expression à l'homme de valeur qui parvient à ne compter que sur lui-même pour réaliser son bonheur, Aristote l'applique plutôt à la cité, ce qui laisse clairement entendre que l'individu isolé est incapable de parvenir seul au bonheur, et qu'il n'y a donc aucun homme dont on pourrait dire qu'il est αὐτάρκης πρὸς τὸ εὖ ζῆν[1]. Dans les passages où Aristote présente l'autarcie comme la finalité de la cité, sans faire mention de la vie bonne et du bonheur, on doit comprendre que cette autarcie ne se limite pas à l'autosuffisance matérielle et qu'elle comprend également les conditions de la vie bonne et heureuse. Certes, Platon a également fait du bonheur l'objectif que doit réaliser la cité[2], mais ce bonheur collectif n'est jamais décrit en termes d'*autarkeia* et il n'est jamais non plus associé, si peu que ce soit, à l'autarcie.

1. Cf. *EN*, I, 5, 1097b8-11 : « Et par *ce qui se suffit à soi-même* (αὔταρκες), nous entendons non pas ce qui suffit à un seul homme menant une vie solitaire, mais aussi à ses parents, ses enfants, sa femme, ses amis et ses concitoyens en général, puisque l'homme est par nature un être politique (ἐπειδὴ φύσει πολιτικὸν ὁ ἄνθρωπος) » (trad. fr. J. Tricot).

2. Cf. *R.*, IV, 419a-421c.

DEUXIÈME PARTIE

LA TRILOGIE DES *RÉPUBLIQUES*
THÈMES ET VARIATIONS

ASPECTS CONTRASTIFS DU LIEN SOCIAL DANS LES TROIS *RÉPUBLIQUES*

Valéry LAURAND

Alors que Glaucon, au livre VII de la *République* de Platon, s'étonne de ce que le philosophe, délivré des liens qui l'enchaînaient dans la caverne et alors qu'il a vu, libre, les réalités supérieures baignées dans la lumière de la vérité, se voit pourtant intimé de redescendre vers ses anciens compagnons d'infortune, Socrate lui rappelle les acquis de la discussion, notamment du livre V (466a-b) :

> Une fois de plus mon ami, dis-je, tu as oublié qu'il n'importe pas à la loi qu'une classe particulière de la cité atteigne au bonheur de manière distinctive (διαφερόντως), mais que la loi veut mettre en œuvre les choses de telle manière que cela se produise dans la cité tout entière (ἀλλ' ἐν ὅλῃ τῇ πόλει τοῦτο μηχανᾶται ἐγγενέσθαι), en mettant les citoyens en harmonie (συναρμόττων) par la persuasion et la nécessité, et en faisant en sorte qu'ils s'offrent les uns aux autres les services dont chacun est capable de faire bénéficier la communauté (τὸ κοινὸν). C'est la loi elle-même qui produit de tels hommes dans la cité, non pas pour que chacun se tourne vers ce qu'il souhaite (οὐχ ἵνα ἀφιῇ τρέπεσθαι ὅπῃ ἕκαστος βούλεται), mais afin qu'elle-même mette ces hommes à son service pour réaliser le lien de la cité (ἀλλ' ἵνα καταχρῆται αὐτὸς αὐτοῖς ἐπὶ τὸν σύνδεσμον τῆς πόλεως)[1].

Il ne s'agit pas de faire le bonheur de quelques-uns, mais bien de tous, et si un gardien voulait être heureux au point de ne plus être gardien,

1. Platon, *R.*, VII, 519e-520a, trad. fr. G. Leroux (très légèrement modifiée), Paris, GF-Flammarion, 2016.

c'est-à-dire, au fond, au-delà du raisonnable pour la cité, alors il faudrait constater l'échec de la justice telle qu'elle a été définie dans la différenciation des classes et des fonctions et dans leurs rapports respectifs. Il ne s'agit pas, reprend donc Socrate au livre VII, de faire le bonheur de quelques-uns, ou de laisser se prolonger un bonheur qui pourrait n'avoir plus rien de civique (le bonheur de la contemplation pour ainsi dire pour elle-même), mais il faut viser le bonheur de toute la cité car c'est là le but de la loi. Il faut donc faire redescendre vers une vie ordinaire celui qui, parce qu'il a été délivré de ses chaînes, pourra sauvegarder les liens qu'impose la loi et maintenir par là la justice dans la cité. Le philosophe redescendra donc, à ses risques et périls, parce qu'il est façonné par la loi de la cité (« c'est la loi qui produit de tels hommes » – *empoiôn* verbe *empoieô*, « produire dans », dans les cadres de la cité, dans les cadres de la loi) et qu'en tant que tel, il doit en être le serviteur. On ne pouvait mieux définir le philosophe, l'homme délié, comme pourtant l'homme du lien, au service de la communauté, au service de la loi, au mépris de ce qui le rend différent (*diapherontôs*) : c'est par sa différence qu'il permet à la loi de « machiner », ici combiner avec art, *mêchanasthai*, produire le lien avec finesse (bien que les gardiens puissent aussi avoir quelques combines pour machiner ce lien) – il ne faut donc pas attendre *Le politique* pour que la politique soit définie par Platon comme art de production[1] d'un tissu social, ou du moins ici d'un lien à réaliser entre les individus, lien dont il faut garantir l'unité, unité toujours fragile des diverses fonctions.

Avec l'homme de la loi, celui qui diffère à tel point qu'il faut qu'on lui dénie le droit de jouir de cette différence, et avec la loi qui le façonne, à laquelle il se soumet dans sa mission, nous tenons les deux termes qui ont suscité mon intérêt : j'aurais pu appeler cet article « identité et différence », ou « séparer et unir » – j'ai choisi « aspects contrastifs du lien social ». Mon projet est de tenter de comprendre des contrastes sur trois niveaux : comment le lien social distingue-t-il des individus ? Comment des individus se distinguent-ils par les liens qu'ils entretiennent ? comment la question politique se résume-t-elle à *mêchanastai* ces liens pour qu'au sein d'une cité tous les citoyens puissent jouir de liens qui les délient de leurs captivités multiples ?

1. Sur ce point, voir J.-F. Pradeau, « Platon, l'institution de la science politique », dans P.-M. Morel (dir), *Platon et l'objet de la science*, Bordeaux, Presses Universitaires de Bordeaux, 1996, p. 53-58 et *Platon et la cité*, Paris, P.U.F., 1997.

Une telle problématique se complique dans le fait que son sens variera nécessairement, avec cependant pourtant les mêmes visées, chez Platon, chez Diogène et chez Zénon (ou Zénon-Chrysippe, je prends tout de suite cette précaution, tant une approche de la *République* de Zénon s'avère complexe et à vrai dire aventureuse[1] et tant un travail de lecture s'avère pratiquement impossible si l'on ne suppose pas au moins un peu l'armature conceptuelle du Portique). On retrouve nos contrastes, mais cette fois à un niveau « méta », si l'on peut dire : les théories du lien social, ou plutôt telles qu'on peut les construire, elles-mêmes se découvrent « contrastives », opérant des différences, si ce n'est de visée (mais il est évident que Diogène ne partage pas fondamentalement les visées d'un Platon), du moins de vision de la question politique. Celle-ci, pour Platon, s'exprime dans ces mots :

> Ἔχομεν οὖν τι μεῖζον κακὸν πόλει ἢ ἐκεῖνο ὃ ἂν αὐτὴν διασπᾷ καὶ ποιῇ πολλὰς ἀντὶ μιᾶς; ἢ μεῖζον ἀγαθὸν τοῦ ὃ ἂν συνδῇ τε καὶ ποιῇ μίαν;
> Or existe-t-il pour une cité un mal plus grand que celui qui la déchire et la morcelle au lieu de l'unifier? Existe-t-il un plus grand bien que ce qui en assure le lien et l'unité[2] ?

Le plus grand bien pour une cité, c'est d'en assurer le lien et l'unité. Le plus grand mal : la déchirer et la morceler.

De fait, on peut se demander s'il serait possible de lire les mots cités du livre VII de la *République* sous la plume d'un stoïcien : le bonheur, chez eux, s'atteint naturellement de manière distinctive (*diapherontôs*). C'est celui du sage, puisque nul n'est heureux sinon le sage – c'est là l'un des fondamentaux du stoïcisme et le caractère distinct du sage se trouve affirmé dès la *République* de Zénon :

> À nouveau, dans la *Politeia,* il présente les bons comme les seuls qui soient citoyens, amis, familiers, libres, de sorte que pour les stoïciens les parents et les enfants sont des ennemis (ὥστε τοῖς στωικοῖς οἱ γονεῖς καὶ τὰ τέκνα ἐχθροί) les uns pour les autres, car ils ne sont pas sages[3].

Seul le sage est citoyen : il a atteint à ce bonheur que seule une classe peut obtenir, lorsque les autres, les insensés, ne peuvent qu'être ennemis ne connaissant aucun attachement – ni civique, bien entendu, ni amical

1. Voir sur ce point le beau débat entre d'une part M.-O. Goulet-Cazé, *Les* Kynika *du stoïcisme*, Stuttgart, Franz Steiner, 2003, et d'autre part R. Bees, *Zenons Politeia*, Leiden, Brill, 2011, débat dont nous avons pu avoir un aperçu durant notre colloque sur les trois *Républiques*. Voir dans l'introduction le résumé de ce débat p. 16.

2. Platon, *R.*, V, 462a-b trad. fr. G. Leroux.

3. D. L. VII, 33 = *SVF* I, 222. Trad. fr. M.-O. Goulet-Cazé.

(mais les deux sont liés), ni familial – chez les insensés, parents et enfants ne le sont que par le nom, ils ne sont pas libres, liés par les passions. Je ne sais trop comment comprendre « *ὥστε τοῖς στωικοῖς* οἱ γονεῖς καὶ τὰ τέκνα ἐχθροί » : est-ce une sorte de confusion (déjà !) entre l'écrit spécifique de Zénon (la *République*) et la doctrine stoïcienne, ou bien même la *République* comme l'une des sources de la doctrine ? Cette dernière hypothèse donnerait un éclairage important de la part de Diogène Laërce, puisqu'il estime par ce ὥστε que l'écrit du fondateur n'a rien de divergent (au moins sur ce plan-là) avec les développements ultérieurs de la doctrine.

Stobée développe un peu ce qui ne nous est parvenu de Zénon que sous la forme de scandales :

> Ils n'admettent l'amitié qu'entre les seuls sages, puisqu'entre eux seuls naît la concorde au sujet des choses de la vie : la concorde est la science des biens communs. En effet, l'amitié véritable, pas celle qui est faussement nommée ainsi, est impossible sans confiance ni sécurité. Entre les insensés, parce qu'ils ne sont pas fiables et pas sûrs et parce qu'ils possèdent des jugements contradictoires, il n'y a pas d'amitié, mais adviennent d'autres combinaisons ou attaches tenues de l'extérieur par les besoins et les opinions (ἑτέρας δέ τινας ἐπιπλοκὰς καὶ συνδέσεις ἔξωθεν ἀνάγκαις καὶ δόξαις κατεχομένας γίνεσθαι). Ils disent aussi par ailleurs qu'avoir de l'affection, de l'attachement et aimer sont le fait des seuls sages[1].

Les sages ont la connaissance, et notamment celle des biens communs (concorde), connaissance qui n'est jamais qu'intellectuelle mais implique toujours une *eu-praxis* (c'était le mot de Platon dans notre premier texte : « ἐν πόλει διαφερόντως εὖ πράξει »). De fait, ils se distinguent naturellement des insensés (je rappelle qu'il s'agit de « mal foutus », en défaut, et, je le crains, en défaut d'humanité), pour lesquels on ne peut en effet que « machiner » quelque lien extérieur : « ἔξωθεν » – d'où un lien externe, sur le mode de la *parathêsis*, une combinaison composée d'éléments distincts[2], *epiplokai* et *sundeseis*, attachement reçu (ou imposé) de l'extérieur – les besoins d'êtres incapables de se suffire à eux-mêmes et qui haussent leurs besoins en nécessité ou en loi. Si ce lien est aussi la loi, il s'agit d'une loi subie plutôt que vécue, si l'on peut dire, qui machine les opinions. Les sages, de leur côté, vivent cette loi, ou du moins l'incarnent et l'expriment dans des actions, ce qui est souligné par des *verbes* : avoir

1. *SVF* III, 630 (= Stobée, II 108, 5 W).

2. Voir, sur les différents mélanges stoïciens appliqués au corps social, par exemple Plutarque, *Préceptes de mariage*, 34, 142e-143a.

de l'affection (*agapan*), s'attacher (*aspazesthai*), aimer (*philein*). On ne pourrait avoir plus de différence entre les attachements, évidemment.

Si l'on revient maintenant à la *visée* de la politique, force est de constater que les insensés ne font que déchirer les liens, ou du moins s'imposent-ils comme groupes *morcelés*, et n'ont pas les moyens, évidemment, d'unifier cette visée.

Cette distinction entre sages permet de définir non plus une classe dans la cité, mais un corps à part entière de *vrais* citoyens. Cette remarque impose alors que l'on distingue deux sens du mot cité : celle qui regroupe de pseudo-attachements dus au besoin et à l'opinion etc., qui est la cité des insensés, unie de l'extérieur et qui n'est fondamentalement pas une, d'une part ; celle des sages, d'autre part, dont la citoyenneté définit la *Politeia* de Zénon. Ce ne sont pas des institutions qui produisent la cité et son unité (ou un ordre qui implique des relations contrastives – les trois classes chez Platon, par exemple), mais des hommes, mus par et exprimant la loi naturelle. On retrouve là l'opposition de la petite cité contre la Cité des Sages, ou déjà Cité universelle, comme semble l'indiquer Plutarque, dans un texte au demeurant très difficile :

> La *Politeia*, ouvrage très admiré de Zénon, le fondateur de l'école stoïcienne, se ramène à un unique point essentiel, à savoir que nos habitations ne se répartissent pas selon des cités ni selon des peuples, où chacun de nos regroupements serait séparé par des règles de justice qui lui seraient propres, mais que nous considérions que tous les hommes appartiennent au même peuple et à la même cité, et qu'il n'y a qu'un mode de vie et un unique univers, comme c'est le cas pour un troupeau qui paît ensemble et qui, pour sa nourriture, partage un pâturage commun. C'est ce qu'écrivit Zénon, qui avait donné forme comme à un rêve ou à une représentation imaginaire d'une *politeia* philosophique dotée d'une bonne législation[1].

Nous n'habitons pas (ou nous ne sommes pas sous la juridiction) des cités, nous ne formons pas non plus des peuples, mais tous appartiennent au même peuple, à la même cité, selon un seul *bios* et dans un seul univers (*cosmos* – comme l'indique M. Schofield[2], le mot n'est certainement pas à entendre ici comme « ordre », mais bien au sens physique d'« univers »). Là encore, s'agit-il des prémisses d'un cosmopolitisme dont Plutarque nous permettrait donc de situer l'origine chez Zénon ? Comme le souligne

1. Plutarque, *Sur la fortune ou la vertu d'Alexandre* I, 6, 329 A-B (*SVF* I, 262) trad. fr. M.-O. Goulet-Cazé dans *Kynika*, p. 31-32.

2. M. Schofield, *The Stoic Idea of the City*, Chicago, University of Chicago Press, 1991, p. 104-111 (Appendice A).

M.-O. Goulet-Cazé[1], même si l'on parle « des hommes » dans ce texte, on peut comprendre par la suite du texte, au moins puisque tous partagent un même mode de vie, une même vie, qu'il s'agit des sages.

Ce texte, quelques doutes qu'il puisse par ailleurs soulever sur l'authenticité des vues « zénoniennes » qu'il développe, apporte donc des précisions importantes quant à la vie dans cette cité unique : les sages y suivent une loi commune (illustrée à la faveur de l'image du pâturage commun) dont on peut penser qu'il s'agit de la loi de la nature, loi de ce cosmos qui forme donc une unique cité. Au fond, les sages ne vivent pas dans une cité *comme* les insensés y vivent, mais ils habitent et vivent toujours *en même temps* dans la cité universelle. Se profile ici encore une fois cette distinction entre « petites » et Grande Cité – les petites connaissent un système particulier de lois et de règles de justice, lorsque la Grande Cité s'ordonne à l'ordre du cosmos. Le lien entre les hommes, entre les sages, consisterait donc dans la loi de la nature, que toutes leurs actions expriment et mettent en œuvre, tandis que l'inscription des sages dans cette loi, dans ce *bios*, les désignerait comme seuls citoyens.

Il faut à présent distinguer (encore) deux *cosmopoleis* : celle de Zénon, dont nous venons d'esquisser les linéaments, et celle de Diogène :

> Aucune cité, aucune loi parmi celles que nous connaissons, n'était à ses yeux une cité ou une loi[2].

> La seule forme correcte de gouvernement (πολιτεία) est celle qui régit l'univers (κόσμος)[3].

Les êtres humains sont là aussi divisés en sages et non-sages, cyniques et non-cyniques, les uns citoyens du monde, c'est-à-dire capables d'une relation au monde et aux autres fondée sur la nature, seul critère et seul motif de cette relation; les autres, citoyens potentiels, c'est-à-dire appelés (par les cyniques, notamment, par leur enseignement) à participer à cette vie cynique, à cette relation au monde et à l'autre qui, plus que la coutume, la loi, ou l'opinion, prend pour guides les élans premiers de la nature en soi (ce qu'on pourrait appeler aussi sans aucun doute la vertu), et non une institutionnalisation de ces liens qui tend à une universalisation toujours fausse ou approximative, et toujours liée à l'opinion, dont toute la vie cynique consiste en une transgression.

1. M.-O. Goulet-Cazé, *Kynika*, p. 31-33.
2. Philodème, *De stoic.*, XX, 3-4.
3. D. L. VI, 72 = *SSR* VB 353.

C'est, selon une lecture classique du cynisme, le rejet formulé par la première des deux citations précédentes qui fonde chez le cynique le cosmopolitisme alors qualifié de « négatif » : parce qu'il n'appartient à aucune *polis*, parce qu'il ne reconnaît aucune loi et aucune coutume (toujours attachées à une cité particulière), le cynique est cosmopolite, adoptant par défaut le monde comme cité, alors réduite à l'habitation, et tenant d'une liberté qui se définirait par le fait d'être dégagé de toute contrainte et notamment de celles forgées par les sociétés humaines. C'est ce qui fait dire à Diogène qu'il est ἄπολις, ἄοικος, πατρίδος ἐστερημένος[1]. L'absence des contraintes liées à la fois à la maison (la famille et l'abri), à l'économie (avec la mention des ressources et de l'esclave) et à la cité détermine la liberté du Cynique. Il n'a besoin, comme seul contenu « positif », que de la terre et du ciel, c'est-à-dire du *cosmos* (ici la plus simple et la plus nue des réalités), qui dessine les limites physiques de l'abri mais aussi de l'action de Diogène. La multiplication des préfixes privatifs et des négations a évidemment toute son importance.

Or, il se pourrait bien que le cosmopolitisme cynique ne soit pas « négatif », et que la réponse de Diogène à la question « d'où es-tu ? », « κοσμοπολίτης » (D. L. VI, 63 = *SSR* VB 360), ne soit pas pour lui une autre manière de dire qu'il est sans patrie, mais qu'il donne à la citoyenneté qui est la sienne un contenu qui ne soit pas *que* la négation de la notion de citoyenneté. Il revient à J. Moles d'avoir entrepris cette réflexion[2] : il propose cinq « preuves » d'un contenu positif à donner au cosmopolitisme de Diogène : 1) Diogène Laërce rapporte du cynique une affirmation qui revêt un grand intérêt. Cette phrase semble impliquer que Diogène ait reconnu une pertinence à une *politeia* plus large que celle de la cité. 2) Le cosmopolitisme de Diogène doit être réintégré dans une tradition plus large, où des auteurs comme Héraclite, Euripide, Antiphon, Hippias, etc… ont donné à la notion une valeur positive : « une interprétation restrictive et négative des formules parallèles chez Diogène est injustifiable »[3]. 3) Il faut tenir compte de la rivalité entre Aristippe et Diogène, et comprendre que si Aristippe est partout ξένος, étranger, désengagé, Diogène est lui πολίτης : « Diogène substitue le positif et l'engagé (πολίτης, πολιτεία) au négatif et

1. D. L. VI, 38 = *SSR* VB 263 : « sans cité, sans maison, privé de patrie ».

2. J. Moles, « Le cosmopolitisme cynique », dans *Le cynisme ancien et ses prolongements*, *op. cit.*, p. 265-266. Dans la suite, je m'appuie sur les thèses de J. Moles, énoncées dans cet article, et dans « The Cynics and Politics », *in* A. Laks, M. Schofield (eds.), *Justice and Generosity*, Cambridge, Cambridge University Press, 1995, p. 120-143. Le premier sera abrégé *CC* et le second *CP*.

3. *CC*, art. cit., p. 264.

au désengagé »[1]. 4) Il faut interpréter les oppositions proposées par Diogène. 5) Il faut aussi tenir compte des paradoxes qui semblent menacer la doctrine cynique (comment articuler rejet de la cité et l'assomption de l'état de citoyen ?).

Je ne suis pas toutes les conclusions de J. Moles. Certaines d'entre elles me semblent discutables. Je ne pense pas que l'on puisse affirmer que Diogène ait pu soutenir que « le κόσμος est la patrie commune des dieux et des sages », même si Diogène emprunte souvent à une conception assez générale des dieux[2], ses références au divin (D. L. VI, 44 = *SSR* VB 322 – la vie accordée aux hommes par les dieux est facile ; VI, 51 = *SSR* VB 354 – les hommes de biens sont les images des dieux) n'impliquent *aucune attitude* de foi envers les dieux, l'attitude commune (la religion et la superstition) étant, quant à elle, réévaluée au même titre que toutes les attitudes sociales. Cela n'importe du reste pas : rejeter deux conclusions sur les six proposées n'invalide en rien l'hypothèse de J. Moles, à savoir celle de la positivité de l'enseignement de Diogène. Celui-ci, à diverses reprises, montre qu'il a du κόσμος la vision d'un *continuum* unifié[3], où il y a une parenté entre les êtres naturels, les animaux[4] et les hommes. Par ailleurs cette parenté se traduit par une attention particulière y compris au genre humain, (même si celle-ci prend parfois la tournure d'un rejet de l'autre, dans l'injure ou la violence[5] et malgré l'autarcie revendiquée du cynique), genre humain qui se distingue, de manière du reste positive ou négative[6], des animaux. Cette parenté ne sous-entend aucune organisation sociale, mais le sentiment d'une responsabilité envers autrui, que l'on retrouve dans l'attention que le cynique lui porte. Cette attention aux hommes se lit dans la volonté du cynique d'être *didaskalos* : c'est grâce à

1. *CC*, art. cit., p. 265.

2. *Cf.* M.-O. Goulet-Cazé, « Les premiers cyniques et la religion », dans M.-O. Goulet-Cazé et R. Goulet (dir.), *Le cynisme ancien et ses prolongements*, *op. cit.*, p. 117-158, et notamment p. 149-150. *Cf.* S. Husson, *La* République *de Diogène*, Paris, Vrin, 2011, p. 81-83.

3. *CC*, p. 269. On retrouve cette parenté en D. L. VI, 73 = *SSR* VB 132 : « Si on écoute la droite raison, tout, disait-il, est à la fois dans tout et partout ; de fait, dans le pain il y a de la viande et dans le légume il y a du pain, les autres corps étant en toutes choses du fait que leurs masses s'interpénètrent par des pores invisibles et se réunissent sous forme de vapeurs ».

4. *Cf.* D. L. VI, 79 = *SSR* VB 101, sur ce qu'ordonne Diogène pour sa sépulture (p. 744) : « Certains disent que Diogène mourant ordonna qu'on le jetât en terre sans sépulture afin que n'importe quelle bête sauvage pût prendre sa part, ou qu'on le poussât dans un trou et qu'on le recouvrît d'un peu de poussière [...] afin qu'il fût utile à ses frères ».

5. *Cf.* par exemple D. L. VI, 24 ; 32 ; 42 ; 46.

6. D. L. VI, 24 = *SSR* VB 375.

son enseignement[1] que les non-cyniques, les non-sages[2], peuvent devenir sages et c'est pour cela que le cynique prend soin, à sa façon, de son prochain.

Dans un geste typique de réévaluation, dit J. Moles, ou d'appropriation, des termes, les cyniques emploient les mots *patris*, *polis*, *politeia*, etc., comme des métaphores du mode de vie cynique lui-même, et, de fait, « la *politeia* cynique, l'"État" cynique, n'est rien d'autre que l'"état" d'être cynique », une condition de vie matérielle, morale, philosophique.

Il faut, semble-t-il, prendre très au sérieux la vie transgressive du cynique : elle constitue non pas seulement la mise en action d'une démarche de libération par négation, mais avant tout, peut-être, l'exercice de cette citoyenneté qui, fondamentalement, indique l'insurmontable contradiction entre les aspirations de la nature et les constitutions et constructions humaines – d'une certaine façon, le Cynique, c'est le non-intégrable, le « reste » d'une société normée. Il ne semble ainsi pas nécessaire de faire de la *politeia* de Diogène un « état » idéal : de fait, Diogène vit en cynique, c'est-à-dire pratique sa philosophie. C'est en cela qu'il est citoyen actif de l'État cynique.

Revenons-en alors à la *cosmopolis* de Zénon. Qu'est-ce que ce cosmopolitisme, et, surtout, au fond, que signifie-t-il d'une vision politique, qui pourrait donc s'appliquer à tous les hommes ? Plusieurs points font notoirement débat. Je ne retiendrai ici que trois textes.

Le premier semble indiquer, comme l'acceptent M.-O. Goulet-Cazé et M. Schofield, que Zénon « envisageait un projet politique dont il était persuadé qu'il pouvait se concrétiser à son époque avec ses contemporains »[3] :

> [...] au début du traité il montre qu'il a exposé que <*La République*> convenait (*prosphoron*) et aux lieux dans lesquels il se trouvait et aux temps dans lesquels il vivait[4].

1. Cet enseignement peut prendre beaucoup de formes : D. L. VI, 35 = *SSR* VB 266, par exemple, sur les épreuves qu'inflige Diogène aux hommes, ou à ceux qui veulent le suivre (*cf.* également VI, 36), et sur la manière d'enseigner : « Il disait qu'il imitait les maîtres de chœur. Ceux-ci en effet entonnent un ton plus haut afin que les autres trouvent le ton juste » (p. 714).

2. Si l'on convient que Diogène ait pu partager les vues d'Antisthène : seuls les sages sont amis, *cf.* D. L. VI, 12 = *SSR* V A 134.

3. M.-O. Goulet-Cazé, *Les* Kynika *du stoïcisme*, *op. cit.*, p. 30.

4. Philodème, *De stoic.*, XII, 2-6.

Pour Dirk Obbink[1], la *République* de Zénon, ouvrage qui répondait à la *République* de Platon, ne peut être considérée comme la description d'une cité idéale, mais c'est celle de la communauté des sages, ce corps social, qui participe au gouvernement de Zeus. La cité, c'est déjà la cité universelle, dans laquelle, de fait, les sages sont les seuls véritables rois, les seuls véritables magistrats, etc.

Il est difficile d'être totalement affirmatif. Il est clair que le sens de la critique depuis quelques années va vers une compréhension de ce que j'appellerais un Zénon « orthodoxe » (proposition quelque peu paradoxale pour le fondateur d'une pensée !) et, en tous les cas, en phase avec les développements attestés que donnent Chrysippe bien entendu, mais avant lui Cléanthe, du cosmopolitisme. Ainsi par exemple K. M. Vogt[2], et, auparavant, moi-même[3]. Quelle est alors la visée politique du stoïcisme ? Dans un texte qui définit la petite cité comme *oikêtêrion kataskeuasma* (construction artificielle qui concerne l'habitat) mais aussi comme quelque chose d'*asteion* (sage, policée), l'insensé comme un exilé et le sage comme le seul citoyen, Arius Didyme[4] montre que les petites cités trouvent leur place dans la nature parce qu'en elles la justice naturelle trouve un relais institué. La petite cité est ainsi le lieu d'une justice seconde, qui passe par la loi positive : ce qui explique par ailleurs sa position dans les cercles intermédiaires de l'*oikeiôsis* décrite par Hiéroclès. Voulue par la nature, la cité pourrait se définir comme cet intermédiaire inabouti, lui-même appelé à progresser vers la vertu, mais qui en reflète l'exigence de justice. Elle fait ainsi partie du nombre de ces indifférents que leur conformité à la nature rend préférables, mais que la folie des hommes, parfois, peut aussi subvertir.

Ce qui définit la cité comme *asteion*, ce n'est donc pas tant le fait qu'elle soit *construction* artificielle à des fins d'habitation, que celui de rendre possible un lien social *via* cette justice inchoative que rendent ses tribunaux. Ce qui rend la cité policée, c'est bien *d'abord* le fait qu'elle soit *système des hommes* (lorsque le monde est système des dieux, des hommes et de tout ce qui est fait pour eux), c'est-à-dire ensemble de relations permises

1. D. Obbink, « The Stoic Sage in the Cosmic City », *in* K. Ierodiakonou (ed.), *Topics in Stoic Philosophy*, Oxford, Oxford University Press, 2001, p. 178-195, en particulier p. 183-186.

2. K.-M. Vogt, *Law, Reason, and the Cosmic City, Political Philosophy in the Early Stoa*, Oxford, Oxford university Press, 2008.

3. V. Laurand, *La politique stoïcienne*, Paris, P.U.F., 2005.

4. Arius Didyme *ap.* Stobée, II, 103, 9 W = *SVF* III 328. *Cf.* V. Laurand, *La politique stoïcienne*, *op. cit.*, p. 81-94.

par la justice, système qu'on trouve dans cette construction artificielle dont la place et la fonction tirent leur justification de la nature : cette dernière n'a pas voulu que les insensés fussent des exilés sans abri, ou, si l'on veut, des condamnés sans horizon de réinsertion. On peut alors tirer cette conséquence : toute construction (pseudo-cité) qui ne rassemblerait pas les conditions minimales pour développer et affermir les liens entre les hommes ne peut être dite policée. Arius, en commentant Cléanthe, suggère que la valeur de la cité dépendra de celle des insensés qui la peuplent.

Le sage est alors doublement citoyen (et citoyen dans tous les cas au sens éminent et de manière éminente) : citoyen de la Cité universelle, il exprime la loi naturelle (qui ne peut se mettre en mots, qui ne peut s'exprimer, qui est au fond le mouvement de l'*oikeiôsis* auquel le sage ne fait aucun obstacle) ; citoyen de la petite cité, il peut en juger la justice et la loi positive (qui, si elle est bien faite, est elle-même l'expression, forcément incomplète, forcément grossière, de la loi naturelle). De fait, si l'on revient maintenant au texte de Plutarque, et à ce « tous les hommes », on peut sans doute comprendre K. M. Vogt[1] lorsqu'elle prend le texte à la lettre : si en effet seuls les sages sont citoyens « actifs », les insensés, même contre leur gré[2], sont citoyens « passifs » : tous les hommes sont appelés à la sagesse, même si peu y arrivent, et à progresser vers la Cité Universelle (c'est-à-dire en vertu).

La cité universelle est donc à la fois une réalité et un critère, qui permet de juger la petite cité et la justice qui y est rendue et, par là, la qualité des relations (même ordonnées de l'extérieur par la loi, comme du reste chez Platon tout est ordonné de l'extérieur par la loi) qui y ont cours.

Le cosmopolitisme diogénien, plus qu'un rejet pur et simple de la cité, indique une autre manière de comprendre et de pratiquer les rapports humains (et plus largement, les rapports avec les animaux et les êtres naturels), pratique mise en danger par les constitutions politiques humaines. La pratique du lien inter-individuel est fondée sur la transgression, attitude fondamentale qui engage une autre façon de considérer l'autre. Il ne faudrait néanmoins sans doute pas en déduire que ces rapports avaient comme sous-bassement une idée de fraternité humaine. Le lien cynique ne

1. K. M. Vogt, *Law, Reason, and the Cosmic City*, *op. cit.*, p. 84.

2. On trouve, chez Marc-Aurèle, de beaux textes sur ce point ; *cf.* en particulier *Pensée* IX, 8 sur ces insensés qui se retranchent de la société mais ne peuvent faire autrement que de suivre le mouvement de la nature – voir aussi V. Laurand, « Marc Aurèle et la politique », *Cahiers Philosophiques* 128, 2012, p. 30-41.

constitue rien de ce qu'on pourrait appeler société – ce n'est pas un lien *social*, ce qui ne veut pas dire qu'il soit purement négatif. La relation du cynique aux autres n'a pas besoin d'un ciment (si l'on peut oser ce mot) comme l'amitié ou la philanthropie comme manière d'être fondamentale, elle est seulement ouverte à la rencontre de l'autre, comme événement (qu'aucune loi, ou pré-organisation ne peut clore), marquée par une attitude bienveillante, qui se traduit par l'appel du cynique à la vie cynique. En d'autres termes, l'amitié du cynique n'a pas pour corrélat une réflexion sur l'organisation de l'être ensemble[1], mais ne rejette pas non plus tout lien.

Le cosmopolitisme stoïcien, en revanche, se donne comme une éthique du lien, doublée d'une politique : il s'agit bien, à l'aune de la Cité universelle, cité non pas idéale, mais bien réelle – le monde et la communauté des sages – de se libérer des entraves de la passion pour laisser s'exprimer en soi la nature universelle. Pour ce faire, il n'y a pas d'autre lieu que la petite cité, voulue par la nature. C'est dans ce lieu improbable mais nécessaire que se fondent, se forgent, mais aussi se réforment, les liens sociaux. Si l'idéal platonicien se mesure à l'aune de ce qu'on peut lire dans la *République* V, 473b où le modèle, s'il n'est pas incarné, sert au moins à mesurer l'écart entre la réalité et l'idéal (il faut mettre en évidence ce qui va mal dans les cités et ce qui les empêche d'être établies comme la *Politeia* des vœux de Socrate, et par quelques changements, d'y venir), les stoïciens en restent loin. C'est peut-être que leur problème n'est pas l'idéal, mais le lien social tel qu'il peut (et pour cela devrait) se tisser.

1. Et ce, même si les sages ont des amis, et si les sages sont amis.

LA CRITIQUE DU MARIAGE ET DE LA FAMILLE DANS LES *RÉPUBLIQUES* DE PLATON, DIOGÈNE LE CYNIQUE ET ZÉNON DE CITIUM

Luc Brisson

Le titre *République* traduit mal en français *Politeía*[1] qui, en grec ancien, désigne le texte qui fixe l'organisation et le fonctionnement d'une cité (*pólis*) en définissant la répartition des pouvoirs entre les citoyens, et en exposant les lois auxquelles devront obéir ces derniers. Or, l'une des lois les plus sensibles est celle touchant l'usage de la sexualité, et cela pour plusieurs raisons. Objectivement, la sexualité met en cause, dans le cadre de la famille, la survie non seulement physique mais aussi économique et sociale de cette cité ; et, subjectivement, elle fait intervenir des sentiments intimes très puissants qui échappent en grande partie au contrôle de la raison. Je voudrais montrer ici comment la critique de la famille et du mariage, condamnée vigoureusement par l'épicurien Philodème, répond chez Platon, chez Diogène le cynique et chez Zénon de Citium, à des exigences métaphysiques et éthiques très différentes.

Sur la question de la famille et du mariage, l'épicurien Philodème attaquait en ces termes, pour les condamner, ses adversaires stoïciens, en les associant à ce qu'il considérait comme les outrances de Diogène de Sinope, le cynique :

1. J'ai utilisé le système de translittération suivant : êta = *e*; oméga = *o*; dzèta = *z*; thèta = *th*; xi = *x*; phi = *ph*; khi = *kh*; psi = *ps*. L'iota souscrit est adscrit (par exemple *ei*); et lorsqu'il s'agit d'un alpha, cet alpha est long = *ai*). L'esprit rude est noté h, et l'esprit doux n'est pas noté. Tous les accents sont notés.

> Maintenant ajoutons au dossier les belles théories de ces hommes (Zénon de Citium et Diogène de Sinope), de façon à perdre le moins de temps possible avec leurs pensées. Eh bien donc, il plaît à ces saints personnages-là de revêtir la vie des chiens ; d'utiliser ouvertement tous les mots sans les édulcorer ; de se masturber en public ; de revêtir un manteau double ; de traiter sans égards les mâles qui seraient épris et de forcer ceux qui ne s'abandonneraient pas avec joie à leurs avances [...] que les enfants soient communs à tous [...] s'il use de violence ; d'avoir commerce avec leurs propres sœurs, leurs mères, les membres de leur famille, et même leurs frères et leurs fils ; de ne reculer devant rien pour parvenir à une relation sexuelle, pas même s'il faut recourir à la force ; que les femmes fassent des avances aux hommes et ensuite les séduisent avec art afin qu'ils s'unissent à elles et, si elles ne trouvent personne, qu'elles se rendent sur la place publique auprès des gens disposés à offrir leurs services ; qu'on y ait des rapports avec tous et toutes, au hasard des rencontres ; que les hommes mariés aient des rapports avec leurs propres servantes ; que les épouses partent avec les personnes de leur choix abandonnant leurs maris ; que les femmes revêtent le même costume que les hommes et partagent les mêmes occupations et ceci complètement, sans qu'il soit une seule fois fait de différence ; en outre, quant à la course et aux exercices du corps [...] qu'elles soient nues, se dévêtant entièrement devant tout le monde et s'exerçant en compagnie des hommes sans rien dissimuler [...] en commun [...]. (Philodème, *Sur les stoïciens* [*PHerc.* 155 et 339], XVIII, 1 – XIX, 21)[1].

Comme l'a bien fait apparaître Suzanne Husson[2], la similitude dans l'ordre de succession des thèmes abordés dans ce passage semble indiquer que Philodème suit l'ordre de la *République* de Platon, ce qui laisse entendre que c'était là le texte de référence des cyniques et des stoïciens.

Dans la *République* de Platon, Socrate ne manque pas de souligner à quel point son discours sur les mesures qu'il préconise concernant le mariage soulèvera incrédulité et controverse :

> SOCRATE — Que ces femmes (celles du groupe des gardiens) soient toutes communes à tous ces hommes, et qu'aucune ne cohabite avec aucun en privé ; que les enfants également soient communs, et qu'un parent ne sache pas lequel est sa progéniture, ni un enfant son parent.
>
> GLAUCON — Cela va susciter une incrédulité (*apistían*) encore plus con-

1. Traduit par S. Husson, d'après le texte édité par T. Dorandi, « Filodemo, *Gli Stoici* (*PHerc.* 155 e 339) », *Cronache Ercolanesi* 12, 1982, p. 91-133. Quelques modifications ont été introduites dans la traduction.

2. Voir S. Husson, *La* République *de Diogène. Une cité en quête de la nature*, Paris, Vrin, 2011, p. 42-44.

sidérable que la législation précédente (sur le fait que la femme puisse être gardienne et philosophe), dit-il, tant pour ce qui est de la réalisabilité que du caractère bénéfique.
SOCRATE — Je ne pense pas, dis-je, qu'on puisse contester, en ce qui concerne le caractère bénéfique, que ce soit un bien excellent que les femmes soient communes et que les enfants soient communs, si toutefois cela est possible. Je pense par ailleurs que sur la question du caractère réalisable ou non, il se produira une contestation très vive.
GLAUCON — C'est sur l'une et l'autre, dit-il, qu'on peut prévoir pas mal de controverse (*amphisbétesin*). (*R.*, V, 457c-e)[1].

Mais qu'en est-il vraiment, au-delà du scandale, des mesures concernant la famille et le mariage chez Platon, Diogène et Zénon ?

PLATON

Sur un plan politique, Platon est un révolutionnaire, car il veut faire table rase de ce régime politique qu'est la démocratie athénienne, pour le remplacer par un autre radicalement différent, où un Socrate ne puisse plus être condamné à mort.

L'Athènes que connaît Platon ne vit pas dans la concorde, car elle est déchirée sur un plan économique et politique ; or, les racines de cette situation conflictuelle se trouvent dans la famille au sens large (*oîkos*)[2], dont l'assise est le mariage. Chaque famille cherche à augmenter sans cesse son patrimoine, ce qui lui permet d'obtenir de plus en plus de pouvoir dans un système démocratique. Cette compétition est la cause directe de la guerre aussi bien civile qu'extérieure. Dans une cité démocratique en effet, l'écart entre les familles riches qui dirigent et les familles pauvres amène les pauvres à se révolter et à donner le pouvoir à un seul homme qui n'obéit à aucune loi, le tyran[3]. Et, même si la cité n'est pas déchirée par une guerre civile, la compétition entre les familles la mène à rechercher des richesses à l'extérieur en annexant directement ou indirectement de nouveaux territoires en menant des guerres de plus en plus nombreuses[4]. Pour éviter

1. Les traductions de la *République* de Platon sont celles faites par Georges Leroux, Paris, Flammarion, 2002.

2. Voir C. Natali, « L'élision de l'*oikos* dans la *République* de Platon », *Études sur la* République *de Platon* : vol. 1. *De la justice. Éducation, psychologie et politique*, M. Dixsaut, A. Larivée (dir.), Paris, Vrin, 2005, p. 199-223.

3. Voir la description de ce processus au livre VIII de la *République*, 557a-569c.

4. *R.*, II, 373d-e.

guerres civiles et guerres extérieures, il faut abolir la famille, et donc le mariage.

Mais comment concevoir une cité où il n'y ait plus d'*oîkos*, où le pouvoir n'aille plus aux familles les plus riches et donc les plus puissantes ? Dans la *République*, Platon expose son plan. Il faut constituer une cité où les dirigeants, qui ne possèdent rien, soient séparés de producteurs (agriculteurs et artisans) qui veillent à leur entretien. Ces dirigeants se répartissent en deux groupes. Celui des gardiens qui défendent la cité contre les dangers extérieurs et qui maintiennent l'ordre à l'intérieur, et celui des philosophes, issus des rangs des gardiens, et qui eux exercent le pouvoir. Or, puisqu'ils ne possèdent rien, les philosophes et les gardiens ne pourront avoir de famille. Bref, dans la cité platonicienne, il n'y aura plus compétition entre plusieurs familles (*oîkoi*), la cité formant une seule et grande famille. Cet idéal, qui ne peut être réalisé dans la pratique, parce que les producteurs sont séparés des dirigeants, se fonde sur deux mythes[1], l'un qui raconte que tous les citoyens naissent de la même terre, et donc qu'ils sont frères, même s'ils ne sont pas tous du même métal, les producteurs étant faits de bronze, les gardiens d'argent, et les dirigeants d'or.

Encore faut-il passer du mythe à la réalité. Car, en éliminant la famille, on élimine du même coup le mariage. Comment dès lors assurer la survie du groupe des dirigeants (gardiens et philosophes), une survie qui implique d'abord des relations sexuelles entre hommes et femmes, puis des soins apportés aux enfants qui naissent de ces unions ?

Dans l'Athènes où vit Platon et dans la plupart des sociétés traditionnelles, le rôle social de la femme est déterminé par son corps. La femme est dotée d'un sexe qui lui permet de concevoir, de porter un enfant pendant neuf mois, et de le nourrir quand il est né ; et comme, chez les humains, l'autonomie n'apparaît qu'au terme de plusieurs années, c'est la femme qui est naturellement chargée d'élever les enfants. Ces tâches la confinent à la maison, et lui rendent impossible toute activité à l'extérieur. Bref, c'est son corps qui impose son rôle social à la femme. Or en identifiant l'être humain non plus à son corps, mais à son âme[2] qui, par définition, est incorporelle et n'a donc pas de sexe, Platon peut libérer la femme de ce destin. L'être humain est un vivant, composé d'un corps et d'une âme qui est venue habiter ce corps pour une certaine période de temps seulement, car cette âme existait avant ce corps, et elle lui survivra quand il sera détruit. Ce présupposé, qui, pour beaucoup même dans l'Antiquité, est un préjugé, a des conséquences fondamentales en ce qui concerne la distribution des

1. *R.*, III, 414b-415c.
2. Voir *Alcibiade*, I, 124b-135e.

rôles entre les hommes et les femmes dans une société. Si donc un être humain se définit non par son corps, mais par son âme, les rôles assignés à l'homme et à la femme peuvent, dans leur totalité, être communs ; dès lors, une femme pourra être gardienne et philosophe.

La nudité de la femme

Pouvant être gardiennes et philosophes, les femmes seront soumises à la même éducation traditionnelle que les hommes, non seulement celle qui comporte la culture (*mousikē*), mais aussi celle qui fait intervenir la gymnastique (*gumnastikē*) qui implique la nudité :

> SOCRATE — Il faudra dès lors que les femmes des gardiens se dépouillent de leurs vêtements, puisqu'elles se couvriront d'excellence au lieu de manteaux, et il faut aussi qu'elles participent à la guerre comme à tout ce qui concerne la garde de la cité, et elles ne doivent s'occuper de rien d'autre. De toutes ces tâches cependant, il faut confier aux femmes une part plus légère qu'aux hommes, compte tenu de la faiblesse de leur genre. Quant à l'homme qui tourne en ridicule les femmes qui s'exercent nues, alors qu'elles s'adonnent à la gymnastique en vue de la fin la meilleure, « il cueille un fruit de sagesse qui n'est pas mûr »[1] et il ne semble pas savoir de quoi il se moque, ni même ce qu'il fait. Car voilà bien en effet la plus belle maxime qu'on puisse répéter, à savoir que c'est le bénéfique qui est beau, et le nuisible qui est laid. (*République,* V, 457a-b, voir 452a-b)

On retrouve cette même exigence dans les *Lois*[2].

La communauté des femmes et des enfants

Une autre conséquence découle d'une constatation primaire : la survie de l'espèce passe, on l'a dit, par la relation sexuelle entre un homme et une femme, et elle implique une certaine stabilité dans les premières années de la vie de l'enfant. D'où cette idée de la communauté des femmes, qui implique celle des enfants, chez les gardiens et les gardiennes.

> SOCRATE — À cette loi, dis-je, ainsi qu'à toutes celles qui ont précédé, je pense, fait suite celle que voici.
> GLAUCON — Laquelle ?
> SOCRATE — Que ces femmes soient toutes communes à tous ces hommes, et qu'aucune ne cohabite avec aucun en privé ; que les enfants également soient communs, et qu'un parent ne sache pas lequel est sa progéniture, ni un enfant son parent. (*R.* V 457c-d)

1. Adaptation d'un vers de Pindare (frag. 209 Snell-Maehler).
2. *Lg.*, VIII, 833c-d.

On notera qu'il s'agit bien là d'une loi (*nómos*), comme il y en a beaucoup d'autres dans la *République*[1]. Cette nouvelle loi est la conséquence de la vie en commun des gardiens et des gardiennes.

L'union sexuelle

Comme les gardiens et les gardiennes partageront tout, activité, repas, logement, ils seront en effet poussés à s'unir les uns aux autres :

> SOCRATE — Quant à toi donc, dis-je, toi qui es pour eux le législateur, de la même manière que tu as choisi les hommes, tu choisiras pour eux également les femmes et tu les attribueras autant que possible en fonction d'un naturel similaire. Comme ils auront en commun leurs logements et aussi les repas collectifs, et qu'aucun d'entre eux ne possédera privément rien de tel, ils seront dès lors ensemble, et c'est ensemble qu'ils se mêleront dans les gymnases aussi bien que dans toute leur formation et que, en vertu d'une nécessité que je crois quasi naturelle, ils seront poussés à s'unir les uns aux autres. Ne crois-tu pas que nous parlions ici de réelles nécessités ?
> GLAUCON — De nécessités qui ne sont pas géométriques, dit-il, mais bien érotiques, et qui risquent d'être plus stimulantes que les autres pour convaincre et entraîner « le peuple des guerriers »[2]. (*R.* V, 458c-d)

Mais ces unions ne seront pas laissées au hasard. Prenant exemple sur l'élevage de troupeaux, Platon propose de sélectionner, par le moyen de tirages au sort truqués, les gardiens et les gardiennes dont l'excellence est avérée, pour s'unir lors d'occasions déterminées :

> SOCRATE — Il faudra donc des législations instituant certaines fêtes au cours desquelles nous rassemblerons les promises et les promis ; il faudra également des sacrifices et des hymnes composés par nos poètes, convenant expressément aux cérémonies des mariages. Nous laisserons aux dirigeants la question du nombre des mariages, afin que le plus possible ils préservent le même nombre d'hommes, compte tenu des guerres, des maladies et de tous les facteurs de ce genre et afin d'éviter que la cité ne devienne plus grande ou plus petite. (*R.* V, 459e-460a)

1. Sur la question de la loi dans la *République*, voir M. Lane, « Founding as Legislating: the Figure of the Lawgiver in Plato's *Republic* », *in* N. Notomi, L. Brisson (eds.), *Dialogues on Plato's* Politeia (Republic), *Selected papers from the ninth Symposium Platonicum* [*Tokyo, August 2-7 2010*], Sankt Augustin, Academia Verlag, 2013, p. 104-114.

2. Comme le suppose Léon Robin dans une note à sa traduction (voir Platon, *Œuvres complètes*, t. 1, trad. fr. J. Moreau et L. Robin, « Bibliothèque de la Pléiade », Paris, Gallimard, 1940), il doit s'agir là de la citation ou de la parodie d'un auteur tragique.

L'âge de procréation pour un homme débute à vingt-cinq ans et pour une femme à vingt ans, et la capacité de procréation dure trente ans pour un homme et vingt ans pour une femme.

Les enfants

Les enfants sains qui naîtront de ces unions seront confiés à des nourrices, les autres étant exposés[1] comme c'était la coutume à l'époque :

> SOCRATE — Recevant donc les enfants de ceux qui sont excellents, je pense qu'ils les conduiront dans l'enclos auprès de certaines nourrices qui habitent à l'écart, dans un endroit réservé de la cité. Quant à la progéniture de ceux qui ont moins de valeur, et dans tous les cas où naîtrait chez les premiers un enfant malformé, ils les cacheront comme il convient dans un endroit secret et isolé. (*R.* V, 460c)

Pour éviter autant que possible, l'inceste, l'union d'un père ou d'une mère avec une fille ou un fils, ou encore d'un frère avec une sœur, des règles strictes seront établies, les garçons et les filles nés après la période de gestation suivant chaque union étant considérés comme frères et sœurs et ne pouvant s'unir ni entre eux ni à ceux qui peuvent être considérés comme leurs parents, avec une exception cependant : « La législation accordera que des frères et des sœurs cohabitent, si le tirage au sort en décide ainsi et que la Pythie y donne son consentement » (*République*, V, 461e). Seule une permission divine permet de déroger à l'interdiction de l'inceste.

La question de l'homosexualité

À partir de quarante ans pour la femme et de cinquante-cinq ans pour l'homme, l'activité sexuelle devient libre à deux conditions : éviter l'inceste et l'enfantement :

> SOCRATE — Mais lorsque, par ailleurs, les femmes et les hommes auront dépassé l'âge d'engendrer, nous laisserons, je pense, les hommes quasiment libres de s'unir avec qui ils veulent, sauf avec leur fille, leur mère, les filles de leurs filles et les femmes en remontant plus haut que la mère ; il en sera de même pour les femmes : sauf avec leur fils, leur père, et les parents de ceux-ci en ligne ascendante ou descendante. Instruits de toutes ces restrictions, ils auront à cœur par-dessus tout de ne jamais faire voir la lumière du jour, ne fût-ce qu'à un seul fruit de la grossesse, si d'aventure

1. P. Brulé, « L'exposition des enfants en Grèce antique : une forme d'infanticide », *Enfances & Psy* 44, 2009, p. 19-28.

> il avait été conçu ; et dans le cas où l'un d'eux vienne à voir le jour malgré tout, qu'on en dispose de telle façon qu'il n'y ait aucune subsistance pour lui. (*R.* V 461b-c)

On retrouve là une liberté sexuelle qui vaut même pour les relations entre individus de même sexe.

En effet, ces relations ne sont pas prohibées, même si une loi stipule que les relations de l'amant avec son aimé doivent rester chastes, ou à tout le moins discrètes :

> SOCRATE — Ainsi donc, semble-t-il, dans la cité que nous sommes en train de fonder, tu établiras comme loi que l'amant, s'il peut l'en persuader, embrasse le jeune aimé, qu'il se tienne dans sa compagnie et le touche comme s'il était son fils, en vue de ce qui est beau et bien, et qu'en ce qui concerne le reste, il se comporte avec celui qu'il entoure de ses soins de telle manière que jamais on ne puisse présumer que quelque chose de plus important soit intervenu entre eux. Sinon, il se verra reprocher son manque de raffinement et de délicatesse.
> GLAUCON — Qu'il en soit ainsi, dit-il (*R.* III, 403b-c).

Cette tolérance s'explique par le fait que, dans la cité grecque, l'identité personnelle n'est pas liée à l'orientation sexuelle[1]. Un même individu peut, au même moment de sa vie ou à des moments différents, avoir des relations sexuelles avec une personne du même sexe que lui ou de sexe différent sans que cela permette de le définir. Il est cependant recommandé de rester discret et de faire preuve de respect.

Bref, chez Platon, la communauté des femmes et des enfants s'inscrit dans un contexte métaphysique très précis, où l'être humain est défini par son âme et non par son corps, et dans un projet politique précis ; renverser une constitution existante qui engendre la guerre civile et extérieure, pour la remplacer par une autre qui rend impossible le conflit.

Chez les cyniques et chez les stoïciens, où la charge révolutionnaire disparaît, car les uns et les autres se situent en deçà ou au-delà de la cité, la critique de la famille et du mariage se fonde sur d'autres convictions.

1. Sur le sujet, voir L. Brisson, « Agathon, Pausanias, and Diotima in Plato's *Symposium. Paiderastia* and *Philosophia* », *in* J. Lesher, D. Nails, F. Sheffield (eds.), *Plato's* Symposium. *Issues, Interpretation and Reception*, Washington D.C., Center for Hellenic Studies, 2006, p. 229-251.

DIOGÈNE DE SINOPE

Je parlerai ici de Diogène de Sinope en me fiant au témoignage de Philodème, sans me demander à quel point ce témoignage peut être biaisé.

Les parallèles remarqués entre la succession des thèmes dans la *République* de Platon et dans le passage de Philodème cité plus haut laissent entendre, on l'a vu, que, aux yeux de Philodème en tout cas, les liens entre la *République* de Diogène de Sinope et celle de Platon étaient étroits. La finalité cependant en était radicalement différente. Diogène de Sinope « ... se gaussait de la noblesse de naissance, de la gloire et de toutes les choses du même ordre, les traitant de "parures du vice". La seule vraie citoyenneté était pour lui celle qui s'exerce dans l'univers. » (D. L. VI, 72)[1]. Mais, à la différence de celui des stoïciens, ce cosmopolitisme était négatif, car il équivalait au rejet de la cité comme instrument d'identité, telle que la considérait la tradition. Diogène de Sinope n'est le citoyen d'aucune cité, et ne peut dès lors défendre un projet révolutionnaire destiné à renverser une organisation politique donnée. Puisque c'est dans l'univers que régissent les lois de la nature qu'il naît, dans cet univers qui est sa seule et véritable cité, l'homme doit se soumettre aux lois de cette nature, loi et nature coïncidant dans ce contexte. Il s'agit donc de revenir à un état de l'humanité antérieur à celui de la cité dans lequel Diogène vit, cet état qui prévalait sous le règne de Kronos, que décrit Platon dans le mythe du *Politique* (271c-272d, et plus précisément en 271e-272a)[2]. Encore faut-il comprendre qu'il s'agissait alors de vivre non point en s'élevant au mode de vie supérieur de celui qui se trouve dans une cité soumise à la loi de l'intellect[3], mais en s'abandonnant aux plaisirs que connaissent les animaux[4].

C'est en vertu de cette position que Diogène de Sinope est amené à abolir le mariage et donc la famille : « Il demandait la communauté des femmes, ne parlant même pas de mariage, mais d'accouplement d'un homme qui a séduit une femme, avec la femme séduite. » (D. L. VI, 72). Tout comme les hommes, les femmes ne rechercheront, dans l'union

1. Les traductions du livre VI de Diogène Laërce sont dues à Marie-Odile Goulet-Cazé, trad. citée.

2. Voir Luc Brisson, « Interprétation du mythe du *Politique* », *in* C. J. Rowe, *Reading the Statesman. Proceedings of the III Symposium Platonicum*, *International Plato Studies* 4, Sankt Augustin, Academia Verlag, 1995, p. 349-363.

3. Voir *Lg.*, IV, 713b-e, et L. Brisson et J.-F. Pradeau, *Les* Lois *de Platon*, Paris, P.U.F., 2007, p. 41.

4. M.-O. Goulet-Cazé, « Le cynisme ancien et la sexualité », *Clio* 22, 2005, p. 17-35.

sexuelle, que la satisfaction pure et simple. Ce que confirme Philodème, en disant qu'il faut :

> que les femmes fassent des avances[1] aux hommes et ensuite les séduisent avec art afin qu'ils s'unissent à elles et, si elles ne trouvent personne, qu'elles se rendent sur la place publique auprès des gens disposés à offrir leurs services ; qu'on y ait des rapports avec tous et toutes, au hasard des rencontres ; que les hommes mariés aient des rapports avec leurs propres servantes ; que les épouses partent avec les personnes de leur choix abandonnant leurs maris. (Philodème, *Sur les stoïciens*, XIX, 1-10)

Plusieurs anecdotes montrent par ailleurs comment les cyniques mettaient ces principes en pratique. Mais ce texte est en lui-même très intéressant pour trois raisons. L'union sexuelle n'est plus planifiée comme chez Platon obéissant ainsi à une loi qui impose des occasions et qui forme des couples, mais laissée au hasard. La femme est mise sur le même plan que l'homme dans la recherche du plaisir sexuel. Et enfin, cette liberté sexuelle implique la destruction de mariages existant déjà, les hommes mariés pouvant s'unir avec leurs servantes, et l'épouse quitter le foyer conjugal.

Tout comme Platon, Diogène de Sinope veut que « que les enfants soient communs à tous » (Philodème, *Sur les stoïciens*, XVIII, 17). Mais, alors que Platon prend beaucoup de soin pour éviter l'inceste, Diogène le justifie, dans toutes les variantes hétérosexuelles ou homosexuelles, puisqu'il est permis aux citoyens « d'avoir commerce avec leurs propres sœurs, leurs mères, les membres de leur famille et même leurs frères et leurs fils » (Philodème, *Sur les stoïciens*, XVIII, 20-22). Pour justifier la chose, si l'on en croit Dion de Pruse, Diogène a recours à l'exemple de l'animal et de certains peuples :

> En effet Œdipe comprit qu'il s'était uni à sa mère et qu'il avait eu des enfants d'elle et, par la suite, il fallait sans doute le cacher ou bien légaliser la situation auprès des Thébains, mais dans un premier temps il révéla tout, puis s'en scandalisa, en hurlant de toutes ses forces qu'il était à la fois le père et le frère de ses enfants, le mari et le fils de la même femme. Or les coqs ne se scandalisent pas de ces choses, ni les chiens ni aucun âne, ni les Perses qui passent pour être le meilleur peuple d'Asie. (Dion de Pruse, *Discours* X, 29-30 = *SSR* VB 586, trad. fr. S. Husson)

1. C'est ainsi que je traduis *epiénai*, infinitif présent de *épeimi* servant d'infinitif futur à *epérkhomai*, qui est une conjecture. Le verbe peut en effet signifier « attaquer », « assaillir ». C'est en privilégiant ce sens que je traduis par « faire des avances ». Traduire par « monter » n'a pas beaucoup de sens ; si une femme est montée sur un homme, elle n'a plus besoin de le séduire.

Un tel rejet du tabou de l'inceste illustre bien le refus par Diogène de toute règle sociale, y compris la plus élémentaire. Le refus de l'inceste est en effet un élément essentiel de la sociabilité, dans la mesure où, par la circulation des femmes, il empêche les familles de se refermer sur elles-mêmes.

À la recherche du plaisir dissocié de la procréation, il faut par ailleurs associer la masturbation et l'« homosexualité ». Diogène de Sinope aurait en effet soutenu qu'il n'est pas honteux « de se masturber en public » et « de traiter sans égard[1] les mâles qui seraient épris et de forcer à s'unir[2] ceux qui ne s'abandonneraient pas avec joie à leurs avances » (Philodème, *Sur les stoïciens*, XVIII, 11-15). Pour tenter de comprendre ces prises de position, il faut évoquer les conclusions auxquelles sont parvenues un certain nombre des recherches actuelles. Comme on l'a déjà dit, dans l'Antiquité les pratiques sexuelles ne permettent pas de définir l'identité d'un individu. Les rapports sexuels sont mis sur le même plan que les autres activités corporelles : alimentation, exercice physique, etc. De ce fait, il arrive très souvent qu'un même individu mâle puisse avoir des relations sexuelles avec des hommes et des femmes à différents moments de sa vie ou même au même moment. Chez Platon, ni la masturbation ni l'homosexualité ne sont condamnées en soi. Elles ne deviennent un sujet d'opprobre que si elles sont publiques ; et pour ce qui est de l'homosexualité, que si elle ne respecte pas les règles de la *paiderastía*[3]. Or, c'est sur ces deux points qu'intervient Diogène de Sinope en recommandant de se masturber en public et d'utiliser la violence pour contraindre un autre mâle à un rapport sexuel.

Pour ce qui est des relations sexuelles en général et du mariage en particulier, Diogène de Sinope se comporte donc avec les hommes et avec les femmes d'une façon qu'il considère comme conforme à la nature, c'est-à-dire indépendamment de toute norme sociale. C'est ce qui le distingue radicalement de Platon qui avait un projet politique précis.

1. Le verbe *parakhrêsthai* signifie traiter mal, avec mépris, voir Hérodote 1, 108 ; 4, 159 ; 8, 20. Cette traduction donne un sens plus convenable que « d'abuser ». Pourquoi abuser de quelqu'un qui est consentant ?

2. C'est ainsi que je traduis *sunbiázesthai* ; forcer (*biázesthai*) à s'unir (*sun*).

3. Voir L. Brisson, « Éros éducateur : entre *paiderastia* et *philosophia* », *in* M. Tulli, M. Erler (eds,), *Plato in Symposium. Selected papers from the tenth Symposium Platonicum* [Pisa, July 2013], Sankt Augustin, Academia Verlag, 2016, p. 24-35.

ZÉNON DE CITIUM

Tout porte à croire que Plutarque a raison de dire que, en écrivant une *République*, Zénon de Citium, qui semble par ailleurs reprendre une partie de l'héritage des cyniques[1], voulait répliquer à la *République* de Platon (Plutarque, *De stoicorum repugnantiis* 8, 1034E = *SVF* I 260), et cela même si comme a tenté de le montrer Malcolm Schofield[2], la *République* de Zénon présente plusieurs points de convergence avec la *République des Lacédémoniens* de Xénophon. Sur la question de la loi, Zénon prend ses distances non seulement avec Platon, mais aussi avec Xénophon. La loi qui doit gouverner la cité ne vient pas d'un individu même exceptionnel comme Lycurgue, mais elle est l'expression de la loi universelle, le *lógos*. Par ailleurs l'attaque de Cassius le sceptique contre Zénon : « Ils disent tout d'abord que Zénon a prétendu au début de sa *République* que le cursus des études générales était inutile. » (Diogène Laërce, VII, 32 = *SVF* I 226)[3] pourrait s'expliquer autrement que par une opposition à Platon. Par là, Zénon aurait pu vouloir dire que l'éducation culturelle (*mousikḗ*) et physique (*gumnastikḗ*) traditionnelle ne menait pas forcément à la vertu ; et donc que pour parvenir à la vertu, il fallait plus.

Cette interprétation est d'autant plus vraisemblable que, pour les stoïciens, seuls les gens vertueux peuvent être considérés comme les vrais citoyens :

> [Ils disent en second lieu que Zénon a prétendu] que tous ceux qui ne sont pas bons sont des ennemis, des adversaires, des esclaves et des étrangers les uns pour les autres, que ce soient les parents pour leurs enfants, les frères et les proches pour leurs proches. De plus, dans sa *République*, il présente les bons comme les seuls qui soient citoyens, amis, familiers et libres, de sorte que pour les stoïciens les parents et les enfants sont des ennemis les uns pour les autres, car ils ne sont pas des sages. (D. L. VII, 33 = *SVF* I 222)

On notera que les femmes sont comptées parmi les gens vertueux, et donc les citoyens, ce qui n'était forcément le cas ni à Athènes ni à Sparte, mais ce qui l'était dans la *République* de Platon. C'est ce que semble laisser entendre Diogène Laërce : « Il prescrit encore que les hommes et les femmes portent le même vêtement, et qu'aucune partie (de leur corps) ne reste cachée. » (D. L. VII, 33 = *SVF* I 257). Le fait de porter le même vêtement

1. M.-O. Goulet-Cazé, *Les* Kynika *du stoïcisme*, *op. cit.*

2. Voir « Zeno of Citium's Anti-utopianism », *in* M. Vegetti, M. Abatte (eds.) *La* Repubblica *di Platone nelle tradizione antica*, Napoli, Bibliopolis, 1999, p. 49-78 ; repris dans *Saving the city*, London-New York, Routledge, 1999, p. 51-68.

3. Les traductions du livre VII de Diogène Laërce sont dues à Richard Goulet, trad. citée.

efface toute différence visible entre hommes et femmes ; par ailleurs, la fin de la phrase pourrait indiquer la possibilité de la nudité au cours des exercices physiques.

Le lien social qui unit les citoyens entre eux ne dépend plus de la croyance en des mythes, comme chez Platon ; il est tissé par Éros, considéré comme source d'amitié et de liberté, c'est-à-dire :

> Pontianus a dit que Zénon de Citium considérait Éros comme dieu de l'amitié et de la liberté, apportant ainsi la concorde, mais rien d'autre. C'est pourquoi dans la *République*, il [Zénon de Citium] a dit qu'Éros était un dieu qui est une aide pour le salut de la cité. (Athénée, *Deipnosophistes*, XIII, 561c = *SVF* I, 263).

Ce rôle dévolu à Éros pourrait bien justifier la communauté des femmes :

> Ils (les stoïciens) considèrent que les femmes doivent être communes entre les sages, de sorte que chacun aura commerce avec celle qu'il rencontre, comme le disent Zénon dans sa *République* et Chrysippe dans son traité *Sur la république*, (tout comme Diogène le Cynique et Platon). Nous aimerons tous les enfants d'égale façon comme si nous en étions le père et la jalousie qui survient à cause de l'adultère sera supprimée. (D. L. VII, 131, voir en 33 = *SVF* I 269, III 728)

Une telle liberté semble avoir eu aussi un but éthique : éliminer la jalousie (*zēlotupía*) qui menace les liens humains dans la famille et dans la cité ; on remarquera par ailleurs que cette règle n'est valable que pour les sages. De plus, c'est probablement parce qu'Éros favorise les relations éducatives dans le cadre de la *paiderastia*, que l'homosexualité est tenue en estime :

> Le sage sera amoureux des jeunes gens qui manifestent par leur apparence une disposition naturelle pour la vertu, comme le disent Zénon dans sa *République*, Chrysippe dans son premier livre *Sur les genres de vie* et Apollodore dans son *Éthique*. (D. L. VII, 129 = *SVF* I 248, III 716, Apollod. 18)

Dans cette perspective, la liberté sexuelle ne doit pas être interprétée dans un sens licencieux, mais comme un moyen d'établir la concorde et des liens éducatifs entre les véritables citoyens, c'est-à-dire les sages, hommes et femmes, et un moyen de bannir la jalousie destructrice de ces liens. Or il se pourrait bien que tout ce qui vient d'être dit relève d'une « expérience de pensée » dans la mesure où l'on peut se poser la question de la possibilité de l'existence de véritables sages.

Le refus de la famille et donc du mariage qui en est le fondement, et par suite la communauté des femmes et des enfants, qui passent pour des propositions dérisoires et scandaleuses chez les Anciens, et qui restent chez les contemporains des sujets d'indignation, se trouvent justifiés de façon rigoureuse par Platon, Diogène de Sinope et Zénon de Citium qui ne se complaisent en rien dans la pornographie. Chacune des justifications avancées se fonde sur unc métaphysique bien structurée et cherche à déterminer la place de l'être humain dans la cité et dans l'univers. Pour Platon, il s'agit de réaliser un projet révolutionnaire, alors que chez Diogène de Sinope et chez Zénon de Citium, on se situe en deçà de la cité, soit au-delà.

LA SEXUALITÉ DANS LES TROIS *RÉPUBLIQUES*

Olivier RENAUT

Parmi les propositions communes aux trois *Républiques* de Platon, Diogène et Zénon, dans lesquelles certaines dimensions de la vie humaine sont profondément modifiées ou libérées, celle de la législation des pratiques sexuelles est certainement la plus saillante. Les trois *Républiques* se rejoignent à première vue à travers la promotion d'une sexualité libérée, parfois débridée et licencieuse : Socrate prévient du caractère choquant de la nudité des gardiens et des gardiennes dans les palestres, Diogène s'amuse du spectacle des relations sexuelles pratiquées en public, et Zénon joue à parler indifféremment du lien marital et de l'inceste. Au-delà du scandale, choisir de faire de la sexualité un élément de l'utopie politique est un geste philosophique important. La sexualité est en effet un enjeu de cohésion sociale à travers différentes institutions ou tabous (pédérastie, mariage et adultère, procréation, prostitution, inceste, etc.); la régler, la libérer, la réformer, c'est nécessairement toucher la constitution politique et l'organisation sociale. Étudier la sexualité dans les trois *Républiques*, c'est donc s'attacher à des représentations qui nous informent sur la manière dont la nature humaine et la vertu sont considérées par chacun de nos auteurs[1]. Or, au-delà de l'apparente similitude des propositions entre les trois

1. Notre point de départ s'apparente à celui de l'*Histoire de la sexualité* de M. Foucault, en cherchant comment sont façonnés les plaisirs et peines, dans leur contenu, dans leur vécu même, dans leur licéité, leur valeur. Cependant, Foucault ne s'intéresse pas à la « législation » sexuelle en tant que telle, mais à une « moralisation » de la question du plaisir (en particulier sexuel). Voir M. Foucault, *Histoire de la sexualité*, vol 2 : *L'usage des plaisirs*, Paris, Gallimard, 1984, p. 37, à propos de la différence entre codification et moralisation des pratiques sexuelles, notamment chez Platon.

Républiques du fait de leur caractère potentiellement scandaleux, ce sont des présupposés anthropologiques distincts qui sont convoqués.

Mais avant d'entrer dans le détail de la législation sexuelle des trois *Républiques*, on doit rappeler de quelle manière nous devons nous garder d'envisager la « sexualité » chez ces trois penseurs avec nos représentations contemporaines sur les pratiques sexuelles[1].

Tout d'abord, la sexualité chez les anciens n'est pas un champ autonome de la psychologie individuelle, plus ou moins pathologisé, définissant une « identité sexuelle » à travers un ensemble de pratiques préconisées ou proscrites. Si les notions modernes et contemporaines d'objet sexuel, de but sexuel et de fonction sexuelle peuvent apparaître opératoires pour notre propre compréhension des trois *Républiques*, on doit cependant s'en méfier dans la mesure où il n'existe pas, en Grèce, d'« identité sexuelle » de l'individu.

Corrélativement, ce sont les *actes* sexuels, c'est-à-dire un ensemble de pratiques et de comportements que rétrospectivement parfois nous associons à la sexualité, qui doivent retenir notre attention. Pour reprendre les termes de D. Halperin, il s'agit de penser une sexualité sans subjectivité, et se défaire par exemple de l'usage du terme « homosexualité » dans l'Antiquité, terme qui n'a tout simplement pas de sens si nous l'employons comme une disposition psychologique qui incline un individu vers un *objet* sexuel déterminé, et que nous envisageons très souvent comme synonyme de pédérastie (afin d'éviter cette ambiguïté, nous parlerons donc de relation entre partenaires de même sexe). La sexualité telle qu'on l'entend ici doit renvoyer à l'appréhension politico-sociale du désir des individus qui composent la cité; ainsi les interdictions, et surtout les prescriptions de comportements sexuels doivent-elles être lues comme des tentatives d'éducation du plaisir (en particulier sexuel) et d'un ensemble de désirs, dans une communauté particulière (la cité, la cité naturelle, la cité cosmique du sage).

Une dernière précaution méthodologique s'impose pour la lecture de nos trois *Républiques*. Il est difficile, sinon impossible, d'attribuer à chacun de nos auteurs une position sur la sexualité qui ne soit pas problématique. Cette précaution vaut pour les deux auteurs pour lesquels le plus souvent nous sommes réduits à la conjecture du fait de la rareté et de la nature des sources utilisées : Diogène et Zénon; mais elle est aussi valable pour Platon,

1. Pour un aperçu d'ensemble sur cette question de l'étude de la sexualité dans les études anciennes, voir le chapitre inaugural de D. M. Halperin, *Cent ans d'homosexualité et autres essais sur l'amour grec*, trad. fr. I. Châtelet, Paris, EPEL, 2000.

auquel on attribue souvent des positions probablement trop tranchées sur des catégories anachroniques, l'« homosexualité » et la pédérastie en faisant bien évidemment partie[1]. Ces précautions méthodologiques sont d'autant plus importantes lorsque nous affrontons des textes qui font des relations sexuelles et de leur (dé)régulation une question politique et sociale centrale. Car les trois *Républiques* s'accordent sur le fait que les pratiques sexuelles ont des effets sur la cité, sur les dispositions vertueuses de chacun, sur la nature des liens créés entre partenaires, sur la procréation. En d'autres termes, la sexualité est avant tout une affaire politique, de sorte que chaque prescription ne doit pas être comprise indépendamment du contexte politique et social de l'utopie proposée[2].

Nous partirons d'abord de la définition par chacun de nos auteurs du désir sexuel afin de constater au moins une prémisse commune : le désir sexuel est naturel, même s'il conserve une spécificité par rapport aux autres désirs du corps, ce qui le rend crucial dans un contexte politique. Nous pourrons alors envisager les types d'unions prescrites, tolérées et proscrites dans chacune des cités afin de mieux cerner quel type de sexualité retient l'attention des législateurs ou des philosophes. C'est à ce sujet que les différences entre nos trois auteurs sont les plus saillantes, puisque Diogène fait preuve d'un antiplatonisme radical, tandis que Zénon, dialoguant probablement avec la tradition cynique, affirme le caractère indifférent de l'acte sexuel, notamment à travers l'exemple de l'inceste. Enfin, nous

1. L'exemple le plus fameux est peut-être le discours de Pausanias au début du *Banquet* de Platon, cité par de nombreux historiens de la sexualité dans l'Antiquité, et par peu de philosophes. Les interprètes attribuent un rôle positif à ce discours d'un point de vue historique (puisqu'il nous renseigne sur ce qu'est la pédérastie athénienne), et négatif d'un point de vue philosophique (puisqu'il serait un discours auquel Platon ne souscrirait pas, dans la mesure où Platon condamnerait fermement « l'homosexualité », notamment dans les *Lois*). Cet exemple n'est pas anodin pour notre étude, puisque le rattachement de Zénon à la tradition d'une « pédérastie pausanienne » fait question, comme j'aurai l'occasion de le préciser en conclusion.

2. On doit d'autant plus être attentif aux stratégies de nos auteurs que le recours à l'Antiquité pour l'analyse de notre propre « sexualité » souffre souvent du même aveuglement à l'égard de ces contextes. En témoigne le cas bien connu d'un amendement de 1992, jugé anti-constitutionnel par la cour suprême, dans le Colorado, à Denver, où ont débattu des « experts » philosophes sur la moralité d'un amendement visant à amoindrir certaines protections contre les minorités gays, lesbiennes et bisexuelles. Le débat, qui prenait à témoin les *Lois* de Platon et la signification d'un terme grec, *tolmèma*, vit s'opposer alors John Finnis, Robert George, et Martha Nussbaum, pour savoir si selon Platon, « homosexual conduct [w]as intrinsically shameful, immoral, depraved and depraving ». Sur ce point voir M. C. Nussbaum, « Platonic Love and Colorado Law : The Relevance of Ancient Greek Norms to Modern Sexual Controversies », *Virginia Law Review*, vol. 80, n° 7, 1994, p. 1515-1651, en particulier p. 1555.

vérifierons chez chacun des auteurs quelles sont les modalités de publicité de la sexualité. Car tout en étant reconnue comme un enjeu communautaire capital, les individus doivent, à propos de leur propre vie sexuelle, adopter une attitude particulière face à ce qu'il convient d'appeler des normes de la sexualité : il en va donc de la définition du sens de la honte, de la pudeur et de l'impudence dans les relations sexuelles.

NATURE DU DÉSIR SEXUEL

Platon

Au livre I de la *République* de Platon, Céphale énumère les désirs que ses compagnons d'âge ne cessent de regretter : « les plaisirs de l'amour, le vin, la bonne chère et les plaisirs du même ordre (περί τε τἀφροδίσια καὶ περὶ πότους τε καὶ εὐωχίας καὶ ἄλλ' ἅττα ἃ τῶν τοιούτων ἔχεται) »[1]. Cette triade est reprise tout au long de la *République*, la modération elle-même recevant une première définition comme maîtrise de ces trois types de désirs[2]. Ces trois exemples fonctionnent donc comme les types les plus éminents d'une espèce particulière de désirs qui émane de la fonction désirante de l'âme (τὸ ἐπιθυμητικόν). Faim et soif sont analysées dans la suite du livre IV comme « les plus manifestes » parmi cette « espèce particulière de désirs » (437d2), et si les deux premiers manifestent le mieux les phénomènes de manque et de réplétion caractéristiques du désir corporel (437d8-e6), Socrate suggère que le désir érotique semble fonctionner de la même façon (439d4-8)[3]. Cette similarité entre la faim, la soif et le sexe est rappelée au livre VIII, lorsqu'il s'agit de départager les « besoins naturels et nécessaires » de ceux qui ne le sont pas. Le désir

1. Platon, *R.*, 329a6-7. Sauf indication contraire, toutes les traductions de la *République* sont empruntées à G. Leroux, trad. citée.

2. *R.*, 389e1-2. Voir également 426a-b, et 580e.

3. En effet, à la fin de la démonstration de la différence entre fonction désirante et fonction rationnelle, qui n'a pris appui que sur les exemples de la faim et de la soif, Platon semble réintégrer le désir sexuel : « Nous n'aurions donc pas tort, repris-je, de soutenir qu'il s'agit de deux principes, et qu'ils diffèrent l'un de l'autre : l'un, celui par lequel l'âme raisonne, nous le nommerons le principe rationnel de l'âme ; l'autre, celui par lequel elle aime, a faim, a soif et qui l'excite de tous les désirs, celui-là, nous le nommerons le principe dépourvu de raison et désirant, lui qui accompagne un ensemble de satisfactions et de plaisirs (τὸ δὲ ᾧ ἐρᾷ τε καὶ πεινῇ καὶ διψῇ καὶ περὶ τὰς ἄλλας ἐπιθυμίας ἐπτόηται ἀλόγιστόν τε καὶ ἐπιθυμητικόν, πληρώσεών τινων καὶ ἡδονῶν ἑταῖρον) ». La nature partiellement « sexuelle » du désir morbide de Léontios de regarder les cadavres en 440a peut confirmer que l'*epithumètikon* est la source du désir / plaisir sexuel.

de se nourrir, utile et irrésistible pour les vivants que nous sommes, est distingué de celui qui est « nuisible pour le corps comme il l'est pour l'âme, si on pense à la sagesse et à la modération » – par exemple le désir dépensier des « mets élaborés » (559a11-c5). Et Socrate d'ajouter : « Nous en dirons autant des désirs amoureux et des autres (οὕτω δὴ καὶ περὶ ἀφροδισίων καὶ τῶν ἄλλων φήσομεν) » (559c6). Le désir sexuel est bien un désir naturel et nécessaire, mais il est potentiellement dangereux lorsqu'il ne touche plus seulement à l'entretien du corps, mais à la constitution de l'âme, risquant de compromettre la sagesse et la modération[1].

Platon distingue cependant le désir sexuel des autres désirs de la même fonction de l'âme de trois manières.

Tout d'abord, il est potentiellement plus intense :

> Or, y a-t-il pour toi un plaisir plus grand et plus vif (μείζω δέ τινα καὶ ὀξυτέραν) que les plaisirs des choses de l'amour ? — Non, dit-il, et il n'y en a pas de plus fou (μανικωτέραν). (403a4-6)

Par ailleurs, le désir sexuel peut apparaître plus facilement décorrélé d'une de ses fonctions naturelles, la procréation. À la fin du *Timée*, Platon décrit le plaisir sexuel comme une délivrance d'une douleur provoquée par le désir de génération (91a1-d5). Si le plaisir sexuel est découplé de sa fonction procréatrice, il devrait alors être non naturel et non nécessaire. Cependant, alors que la faim et la soif ont pour fonction naturelle et nécessaire de restaurer un état du vivant lui permettant une vie saine et vigoureuse[2], le plaisir sexuel, lui, semble pouvoir être expérimenté pour lui-même, notamment comme on le verra chez les gardiens âgés.

Enfin, même si Socrate rappelle dès le livre II qu'une cité qui raffine sa cuisine et fait varier les boissons est déjà une cité de pourceaux (voir 372c-d), c'est surtout le désir sexuel qui touche au cœur de la communauté politique et l'entraîne, par l'effet de mauvaises unions, vers la démesure. Glaucon le confirme à propos de la communauté des gardiens, qui devront faire face à une « nécessité érotique » du fait de leur promiscuité :

> Comme ils auront en commun leurs logements et aussi les repas collectifs, et qu'aucun d'entre eux ne possédera privément rien de tel, ils seront dès lors ensemble et c'est ensemble qu'ils se mêleront dans les gymnases

1. Pour une présentation très proche de ces désirs et de leur dangerosité, voir *Lg.*, VI, 782d10-783b1.

2. « Ce désir de nourriture est en quelque sorte nécessaire pour deux raisons : il s'agit d'un désir utile, et d'autre part c'est un désir auquel un être vivant ne peut résister – Oui. – Et le désir de la cuisine apprêtée également, s'il peut contribuer à la bonne forme physique » (*R.*, 559b3-4).

> aussi bien que dans toute leur formation et que, en vertu d'une nécessité que je crois naturelle (ὑπ' ἀνάγκης οἶμαι τῆς ἐμφύτου), ils seront poussés à s'unir les uns aux autres. Ne crois-tu pas que nous parlions ici de réelles nécessités ? – De nécessités qui ne seront pas géométriques (οὐ γεωμετρικαῖς), dit-il, mais bien érotiques (ἐρωτικαῖς ἀνάγκαις), et qui risquent d'être plus stimulantes que les autres pour convaincre et entraîner la masse du peuple[1].

Il faut cependant immédiatement préciser qu'il n'y a pas de condamnation du rapport sexuel en tant que tel dans la *République*. Si l'on en croit non seulement l'encouragement fait aux bons naturels de s'unir le plus souvent possible pendant leur période de maturité et de fécondité, et surtout la permission faite aux gardiens et gardiennes plus âgés de s'unir avec qui ils / elles veulent, c'est que l'acte sexuel, et le plaisir qui en découle, ne sont intrinsèquement pas mauvais ; ce sont les conditions sociales, publiques et politiques dans lequel l'acte est accompli qui le rendent tel, comme en témoignent les quelques restrictions de partenaires que doivent respecter les gardiens et les gardiennes qui ne sont plus en âge de procréer.

> Mais lorsque par ailleurs, les femmes et les hommes auront dépassé l'âge d'engendrer, nous laisserons, je pense, les hommes quasiment libres de s'unir avec qui ils veulent (ἀφήσομέν που ἐλευθέρους αὐτοὺς συγγίγνεσθαι ᾧ ἂν ἐθέλωσι), sauf avec leur fille, leur mère, les filles de leurs filles et les femmes en remontant plus haut que la mère ; il en sera de même pour les femmes : sauf avec leur fils, leur père et les parents de ceux-ci en ligne ascendante ou descendante. Instruits de toutes ces restrictions (καὶ ταῦτά γ' ἤδη πάντα διακελευσάμενοι), ils auront à cœur par-dessus tout de ne jamais faire voir la lumière du jour ne fût-ce qu'à un seul fruit de la grossesse (μηδ' εἰς φῶς ἐκφέρειν κύημα), si d'aventure il avait été conçu ; et dans le cas où l'un d'eux force le passage (ἐὰν δέ τι βιάσηται), qu'on en dispose de telle façon qu'il n'y ait aucune subsistance pour lui[2].

Retenons pour le moment de Platon ces trois éléments : a) le désir sexuel, par analogie avec la faim et la soif, est un désir naturel appartenant

1. *R.*, 458c8-d7. Les nécessités « géométriques » découlent de la mise en commun radicale de tous les biens de la communauté des gardiens. Cette mise en commun exige également de vivre dans le même habitat. L'adjectif « géométrique » qui renvoie au traitement égalitaire de la condition des gardiens s'oppose ainsi à « érotique » dans la mesure où cette nécessité risque d'introduire des affinités préférentielles et électives. Que le désir sexuel soit particulièrement visé par Platon dans l'éducation des désirs et des plaisirs dans la communauté des gardiens, plutôt que la faim et la soif, n'est pas douteux : voir à ce sujet les analyses de K. Schöpsdau, « Des repas en commun pour les femmes – une utopie platonicienne », *Revue Française d'Histoire des Idées Politiques*, vol. 16, n° 2, 2002, p. 331-340, en particulier p. 335 *sq.*

2. Platon, *R.*, 461b9-c7 (trad. cit. légèrement modifiée).

à une espèce de désir qui relève, dans la *République*, de la fonction psychique désirante. b) De même que la faim et la soif, le désir sexuel peut être assouvi en ayant une forme d'utilité. Il semble que le plaisir sexuel vise la procréation, seule finalité qui importe au législateur. c) Le plaisir sexuel peut cependant être expérimenté pour lui-même chez les vieux gardiens – ce qui nous invite à nous méfier de la « naturalité » de la finalité procréatrice de ce désir[1]. En un mot, le désir sexuel dans la *République* de Platon est un désir aussi naturel que la faim et la soif. Il est donc possible de l'assouvir dans la modération et la justice, tant que l'acte sexuel est exécuté conformément à l'organisation fonctionnelle de la cité dont la procréation régulée est l'une des clefs de sa conservation et de sa pérennité.

Diogène

Nous trouvons dans les témoignages sur Diogène de Sinope des éléments qui peuvent éclairer l'apparente promotion d'une sexualité libérée dans sa réécriture de la *République*. Diogène hérite bien de l'idée selon laquelle le désir et le plaisir sexuels sont aussi naturels que la faim et la soif, auxquelles il les compare lui aussi. Contre Platon en revanche, Diogène tire de la naturalité de ces désirs sexuels l'inconséquence qu'il y a à les traiter différemment des autres désirs naturels, relativement à leur publicité. En effet, assouvir son désir sexuel est aussi naturel que d'étancher sa soif et à ce titre il n'y a pas de raison de projeter sur le plaisir sexuel un quelconque jugement de valeur qui oblige à la convenance et à la pudeur ; plus encore, le plaisir sexuel trouve sa fin en lui-même, indépendamment de la fonction de procréation à laquelle Platon semble l'attacher dans sa *République*. La naturalité du désir sexuel constitue chez Diogène un argument pour contester les règles sociales de convenance et de réserve, et pour rendre visible la nature que la loi artificielle a occultée, au moyen du scandale. Telle est la fonction de l'apologie de la masturbation, dont Diogène Laërce nous rapporte l'anecdote par deux fois :

> Un jour qu'il se masturbait (ποτε χειρουργῶν) sur la place publique (ἐπ' ἀγορᾶς), il dit : « Si seulement en se frottant aussi le ventre il était possible de calmer sa faim ! »[2].

1. Pour être plus exact, la procréation serait « naturelle » pour autant qu'elle obéit à une loi fonctionnelle, qui associe à chaque « nature » sa « tâche » (*ergon*). Voir sur ce problème J.-F. Pradeau, *Platon et la cité*, Paris, P.U.F., 1997, en particulier p. 33-48.

2. D. L. VI, 46 = *SSR* VB 147. Sauf indication contraire, toutes les traductions des écrits de Diogène Laërce sont issues de la traduction collective Diogène Laërce, *Vies et doctrines des philosophes illustres*, trad. fr. J.-F. Balaudé, L. Brisson, J. Brunschwig [*et al.*], éd. par M.-O. Goulet-Cazé, *op. cit.*

> Il avait l'habitude (εἰώθει) de tout faire en public (ἐν τῷ μέσῳ), aussi bien les œuvres de Déméter que celles d'Aphrodite, et il formulait des raisonnements par interrogation du style : « S'il n'y a rien de déplacé (ἄτοπον) à déjeuner, il n'y a rien de déplacé non plus à le faire sur la place publique (ἐν ἀγορᾷ). Or, déjeuner n'est pas déplacé, donc il n'est pas déplacé non plus de déjeuner sur la place publique ». Il se masturbait constamment en public (χειρουργῶν δ' ἐν μέσῳ συνεχές) et disait : « ah ! Si seulement en se frottant aussi le ventre, on pouvait calmer sa faim ! »[1].

Dans la seconde version de l'anecdote, le raisonnement de Diogène semble tirer que se masturber en public n'est pas honteux du fait que manger en public ne l'est pas non plus. Mais ce raisonnement implicite ne doit pas nous empêcher de constater que contrairement à Platon, c'est la faim qui est comprise par analogie avec le plaisir sexuel et non l'inverse, comme si le plaisir sexuel était plus immédiat et qu'on pouvait plus facilement s'en acquitter. Faim et plaisir sexuel sont donc de même « nature », et c'est en vertu de cette identité que Diogène heurte la convenance, en refusant que le partage public-privé ne vienne régler artificiellement l'assouvissement des besoins les plus naturels. Le scandale de cette anecdote tient à trois éléments. 1) La pratique de l'onanisme est sans doute ici préjugée comme scandaleuse en elle-même[2] – et Diogène s'en amuse lorsqu'il rappelle l'utilité qu'il y a à se servir de ses mains plutôt que de recourir à une courtisane[3]. 2) Ce qui produit le scandale est l'exhibition de cet acte en public (ἐπ' ἀγορᾶς, ἐν μέσῳ, ἐν ἀγορᾷ), laissant entendre que l'acte lui-même doit se produire « en privé », à l'abri des regards d'autrui, tout comme les couples légitimes, comme en témoigne clairement l'impudence des époux cyniques Hipparchia et Cratès[4]. S'il est probable que l'adultère consommé en public ait produit un plus grand effet encore, il suffit de souligner ici que la dimension symbolique et publique de l'union maritale est clairement distinguée de l'acte sexuel lui-même. 3) Le scandale est également accentué, dans la seconde version de l'anecdote, par la pratique habituelle et

1. D. L. VI, 69 = *SSR* VB 147.

2. K. J. Dover, dans *Greek Homosexuality*, Cambridge, Harvard University Press, 1978, p. 97 note que la masturbation constituait en tous les cas un élément comique.

3. Galien, *Des lieux affectés*, VI, 15, 419 = *SSR* VB 197. Ces passages sur la masturbation sont donc à mon sens à distinguer des scènes de couple faisant l'amour en public. Ce n'est pas la même norme sociale qui est visée dans les deux cas : la masturbation nie le caractère relationnel du plaisir sexuel ; l'amour du couple en public dénonce la fausse pudeur de la civilisation.

4. Sur Hipparchia et Cratès qui font l'amour en public, voir D. L. VI, 96-97 = *SSR* V I 1, et Apulée, *Florilèges*, 14 = *SSR* VH 24. Voir à ce sujet M.-O. Goulet-Cazé, « Le cynisme ancien et la sexualité », *Clio, Femmes, Genre, Histoire* 22, 2005, p. 17-35. Nous revenons plus bas sur cette question de la publicité de la relation érotique dans la quatrième section.

répétée de la masturbation (εἰώθει, συνεχές). La valeur d'exemple donnée par un mode de vie habituel et néanmoins atopique de Diogène contribue à amplifier le scandale d'un désir et d'un plaisir sexuel que la société échouerait à réguler par le biais de normes et de lois artificielles.

Ce que la pratique de l'onanisme cynique démontre, à savoir la distinction nécessaire entre la naturalité du désir sexuel (et du plaisir qui découle de son assouvissement) et le jugement politique et social qui lui est injustement associé, est confirmé par la place réservée au mariage selon Diogène. Le mariage apparaît en effet comme une institution artificielle qui consacre la procréation comme fin naturelle de l'union sexuelle, ce que Diogène conteste. Le mariage, traditionnellement présenté indépendamment de toute sexualité explicite, est violemment critiqué par Diogène qui préconise l'union sexuelle comme mode d'association naturelle.

> La seule vraie citoyenneté est celle qui s'exerce dans l'univers. Il disait aussi que les femmes doivent être communes (ἔλεγε δὲ καὶ κοινὰς εἶναι δεῖν τὰς γυναῖκας), ne parlant même pas de mariage (γάμον μηδὲ ὀνομάζων), mais d'accouplement (συνεῖναι) d'un homme qui a séduit une femme avec la femme séduite (τὸν πείσαντα τῇ πεισθείσῃ). Pour cette raison aussi il demandait la communauté des enfants[1].

L'antiplatonisme de Diogène repose donc sur une prémisse platonicienne : le désir et le plaisir sexuels sont naturels. Cette naturalité commande à chacun de se débarrasser des normes et des règles artificielles, qui en font un désir et un plaisir qui doivent être réglés par des représentations sociales. On ne trouve, chez Diogène, aucune trace de l'idée platonicienne de l'*hubris* constitutive du désir sexuel. En effet, en soulignant leur origine naturelle, Diogène les débarrasse des jugements qui les grèvent ; Diogène peut alors contrevenir à un principe platonicien qui semble bien établi, à savoir que le désir sexuel dans la cité doit être lié à l'impératif d'une procréation eugéniste.

Zénon

Il est plus difficile de statuer sur la naturalité du désir et du plaisir sexuels chez Zénon de Citium, dont les témoignages sont plus rares à ce sujet, et très souvent polémiques[2].

1. D. L. VI, 72 = *SSR* VB 353. Sur le mariage, voir également D. L. VI, 29 et 54 = *SSR* VB 297, 200.

2. La polémique se retrouve d'ailleurs chez les commentateurs : comparez M. Schofield, *The Stoic Idea of the City*, Chicago, University of Chicago Press, 1999, et K. L. Gaca, *The Making of Fornication: Erôs, Ethics, and Political Reform in Greek Philosophy and Early*

Il faut sans doute commencer par dissiper une ambiguïté concernant *erôs* dans les témoignages relatifs à Zénon et à Chrysippe, dans la mesure où il est tantôt présenté comme une passion (πάθος), tantôt comme une impulsion naturelle caractéristique du sage. La manière dont la postérité a considéré la place de l'acte sexuel (συνουσία) dans la pensée de Zénon est déterminante pour cette distinction. En effet, dans la liste des passions rapportées par Diogène Laërce, l'amour y figure au titre d'un « désir » (ἐπιθυμία) qui est une « tendance irrationnelle » (ἄλογος ὄρεξις), aux côtés de la colère ou de la haine. On peut ainsi lire que : « l'amour est un désir qui ne concerne pas les sages (ἔρως δέ ἐστιν ἐπιθυμία τις οὐχὶ περὶ σπουδαίους) » (D. L. VII, 113 = *SVF* III 396)[1]. Cependant, l'appartenance d'*erôs* à la liste des passions est démentie dans d'autres témoignages, puisque Zénon distingue clairement l'impulsion naturelle du sage vers l'amitié, impulsion appelée *erôs*, du désir de commerce sexuel[2].

> L'amour (ἔρωτα) est un effort (ἐπιβολὴν) pour se faire un ami à cause de la beauté qui se manifeste. Il vise non pas l'union (sexuelle) mais l'amitié (καὶ μὴ εἶναι συνουσίας, ἀλλὰ φιλίας). En tout cas, Thrasonidès, bien qu'il eût la femme qu'il aimait en son pouvoir, s'abstint d'elle (ἀπέχεσθαι αὐτῆς) du fait qu'elle le haïssait. L'amour (vise) donc l'amitié, comme le dit Chrysippe dans son traité *Sur l'amour*. Et il n'est pas condamnable en lui-même. Et la beauté est la fleur de la vertu[3].

Ce témoignage ne peut néanmoins suffire pour dire que l'amour stoïcien est dépourvu de relation sexuelle : Thrasonidès évite tout commerce sexuel *forcé* avec sa femme puisqu'aucune relation d'amitié ne les lie, mais il en irait probablement autrement si elle ne le haïssait pas. Stobée rapporte

Christianity, Berkeley, University of California Press, 2003. K. Vogt étudie pour sa part les « thèses scandaleuses » de Zénon et de Chrysippe en tenant davantage compte des contextes de citations et de transmission que Gaca (K. M. Vogt, *Law, Reason, and the Cosmic City : Political Philosophy in the Early Stoa*, Oxford, Oxford University Press, 2008). Voir également C. Gill, « Stoic Erôs – Is there such a thing ? », *in* E. Sanders, C. Thumiger et N. J. Lowe (eds.), *Erôs in Ancient Greece*, Oxford, Oxford University Press, 2013, p. 143-157.

1. En adoptant ici la leçon des manuscrits courants, et non le texte de la *Souda*.

2. Je suis ici la suggestion de R. Goulet dans sa reconstitution probable du texte de Diogène (Diogène Laërce, *Vies et doctrines des philosophes illustres*, *op. cit.* p. 860, n. 2).

3. D. L. VII, 130 = *SVF* III, 716, 718 (trad. fr. R. Goulet modifiée). Je retiens ici la leçon ἐπίμεμπτον (P) (« condamnable ») au lieu de θεόπεμπτον (BPF) (« d'origine divine »), malgré les parallèles de D. L. X, 118 auxquels renvoie R. Goulet dans sa traduction. Ces passages suggèrent en effet le problème de la nature et de l'avantage de la relation sexuelle, et de sa compatibilité avec la loi. Quelle que soit la leçon retenue, il s'agit de souligner le caractère indifférent d'*erôs* et de la relation sexuelle.

justement que la relation sexuelle est incluse dans la relation d'amitié promue par le sage :

> L'homme érotique se dit en deux sens : l'un est tel selon la vertu puisqu'il est sage, l'autre l'est par vice puisqu'on le blâme comme une sorte d'érotomane (ἐρωτομανῆ). [...] « Celui qui est digne d'amour (ἀξιέραστον) » signifie la même chose que « celui qui est digne d'amitié (ἀξιοφιλήτῳ) », et non que « celui qui est digne de plaisir (ἀξιαπολαύστῳ) ». Car celui qui est digne d'un amour sage (ἄξιον σπουδαίου ἔρωτος) est celui-là même qui est digne d'amour. Ils considèrent que la vertu dans les banquets est similaire à la vertu en amour; la première consiste en une connaissance qui porte sur ce qui est approprié dans un banquet (περὶ τὸ ἐν συμποσίῳ καθῆκον), par exemple comment il faut mener un banquet et comment il faut y boire; l'autre est la connaissance de la chasse aux jeunes gens bien nés (ἐπιστήμην νέων θήρας εὐφυῶν), qui est un encouragement à la connaissance vertueuse (προτρεπτικὴν οὖσαν ἐπὶ τὴν κατ' ἀρετήν); d'une manière générale, c'est la connaissance d'aimer selon le beau (καὶ καθόλου ἐπιστήμην τοῦ καλῶς ἐρᾶν). C'est pourquoi ils disent aussi que celui qui est sensé s'engagera dans une relation amoureuse (ἐρασθήσεσθαι τὸν νοῦν ἔχοντα). Aimer est en soi seul indifférent (<τὸ δὲ ἐρᾶν> αὐτὸ μόνον ἀδιάφορον εἶναι), puisqu'il concerne aussi parfois les gens grossiers (περὶ φαύλους). L'amour n'est ni un désir ni amour d'un objet grossier, mais un effort pour se faire des amis du fait de l'apparition de la beauté (τὸν δὲ ἔρωτα οὔτε ἐπιθυμίαν εἶναι οὔτε τινὸς φαύλου πράγματος, ἀλλ' ἐπιβολὴν φιλοποιίας διὰ κάλλους ἔμφασιν)[1].

Si ce témoignage semble accréditer au départ une distinction forte entre un amour charnel vulgaire et un amour qu'on pourrait imaginer chaste, rappelant ainsi une idéalisation de l'amour platonicien, la comparaison de la vertu amoureuse avec la connaissance de ce qui est approprié dans les banquets ne laisse guère de doute sur le caractère aussi sexuel d'*erôs*. Sans être un « obsédé sexuel », le sage stoïcien considère qu'il doit faire usage de la sexualité comme d'un indifférent. La résonance platonicienne est encore plus accentuée, comme l'ont montré M. Schofield et C. Rowe, lorsqu'il s'agit de définir *erôs* comme une « chasse des jeunes gens bien nés », revêtant le caractère protreptique de l'*erôs* socratique[2]. Cependant,

1. Stobée, II, 65, 15 = *SVF* III, 717. Je traduis. Le terme ἐρωτομανής est relativement rare, et me semble ici signifier quelque chose comme notre « obsédé sexuel ». Voyez pour une opposition entre « érotomane » et « érotique », Athénée, *Deipnosophistes*, XIII, 72, l. 26-29.

2. M. Schofield, *The Stoic Idea of the City*, *op. cit.*, p. 28-35, et C. J. Rowe, « The *Politeiai* of Zeno and Plato », *in* T. Scaltsas, A. S. Mason (eds.), *The Philosophy of Zeno: Zeno of Citium and his Legacy*, Larnaca, Municipality of Larnaca, 2002, p. 291-308, en particulier p. 304-305.

il serait aussi faux d'opposer le plaisir sexuel à un amour chaste idéalisé par une finalité éducative. Cette chasse ne semble pas devoir renoncer à la relation sexuelle, mais, comme on l'a souvent suggéré, renvoie à une description d'*erôs* qui rappelle le discours de Pausanias dans le *Banquet* de Platon, où un mutuel avantage vers la vertu est échu aux deux partenaires, éraste et éromène, dès lors qu'ils entretiennent une relation où le sexe n'est pas exclu[1]. Zénon ne condamne pas la sexualité en tant que telle : l'amoureux ne manifeste une passion que s'il cherche le plaisir sexuel comme ultime fin, sans qu'il y ait considération d'une fin plus inclusive que sont le bonheur et la vertu[2]. L'acte sexuel est un indifférent, voire un indifférent préférable s'il se porte vers les sages, ou s'il est pratiqué par le sage. En témoignent les nombreux passages, le plus souvent polémiques, qui racontent comment Zénon n'aurait pas manqué d'avoir des relations sexuelles de type pédérastique avec des jeunes garçons[3].

C'est, à mon sens, cet *erôs* inclusif qui vise l'amitié et la vertu du partenaire, permettant des relations sexuelles, que Zénon promeut dans sa *République* :

> Le sage sera amoureux (ἐρασθήσεσθαι) des jeunes gens (τῶν νέων) qui manifestent par leur apparence (τῶν ἐμφαινόντων διὰ τοῦ εἴδους) une disposition naturelle pour la vertu (τὴν πρὸς ἀρετὴν εὐφυΐαν), comme le disent Zénon dans sa *République*, Chrysippe dans son premier livre *Sur les genres de vie* et Apollodore dans son *Éthique*[4].

Que la sexualité soit considérée comme un indifférent préférable n'empêche pas, bien au contraire, qu'elle puisse susciter le scandale au regard des normes sociales et politiques en vigueur. Nous nous contenterons ici de rappeler le témoignage de Sextus sur le caractère scandaleux d'une sexualité n'obéissant pas aux normes communes, permettant la pédérastie et l'inceste :

1. Sans souscrire aux formulations peu prudentes de Gaca (K. L. Gaca, *The making of fornication*, *op. cit.*, p. 60 : « Their idea of early Stoic *erôs* promotes practices of responsible and mutually friendly sexual conduct on a community-wide basis »), je me range à l'avis plus nuancé de B. Inwood, « Why do fools fall in love ? », *Bulletin of the Institute of Classical Studies*, vol. 41, n° S68, 1997, p. 55-69.

2. Comme le montre à mon sens très justement C. Gill sur le caractère inclusif de la relation érotique, dans « Stoic Erôs – Is there such a thing ? », *op. cit.*

3. Voyez *SVF* I, 247 (Athénée, *Deipnosophistes*, XIII, 563e), 249, (Sextus, *Esquisses Pyrrhoniennes*, III, 200) ; 250 (Sextus, *Esquisses Pyrrhoniennes*, III, 245) ; 251 (Sextus, *Contre les mathématiciens*, XI, 190) ; 252 (Plutarque, *Propos de table* III, 6, 1, 653e) ; 253 (Epiphane, *Contre les hérétiques* III, 508, 19, Holl).

4. D. L. VII, 129 = *SVF* I 248, III 716, Apollod. 18.

Il reste à dire que l'art de vivre est saisi à partir de celles de ses œuvres qui ont été consignées dans les livres. Comme il y en a beaucoup et qu'ils se ressemblent, j'en exposerai quelques-unes à titre d'exemple. Ainsi, le chef de leur secte, Zénon, parmi beaucoup de choses semblables concernant l'éducation des enfants (περὶ παίδων ἀγωγῆς), dit ceci dans ses *Discours :* « Écarter les cuisses de ses mignons ni plus ni moins que le faire avec ceux qui ne le sont pas, des filles ni plus ni moins que des garçons (διαμηρίζειν μηδὲν μᾶλλον μηδὲ ἧσσον παιδικὰ ἢ μὴ παιδικά, μηδὲ θήλεα ἢ ἄρρενα), car mignon ou pas, fille ou garçon, cela ne fait pas de différence, mais ce sont les mêmes choses qui leur seyent et leur conviennent (οὐ γὰρ διαφέρει ἐν παιδικοῖς ἢ μὴ παιδικοῖς, οὐδὲ θηλείαις ἢ ἄρρεσιν, ἀλλὰ ταὐτὰ πρέπει τε καὶ πρέποντά ἐστιν) ». À propos de la piété filiale, notre homme dit, au sujet de l'histoire de Jocaste et d'Œdipe, qu'il n'y avait rien d'indigne (οὐκ ἦν δεινὸν) à ce qu'il caresse sa mère : « Si elle est en état de faiblesse et qu'il frotte avec ses mains quelque autre partie de son corps (ἀσθενοῦσαν ἕτερόν τι μέρος τοῦ σώματος τρίψας ταῖς χερσὶν), cela est utile et en rien honteux (ὠφέλει, οὐδὲν αἰσχρόν) ; si en frottant d'autres parties il lui fait du bien en mettant fin à sa douleur et s'il a produit, issus de sa mère, des enfants nobles, est-ce honteux (καὶ παῖδας ἐκ τῆς μητρὸς γενναίους ἐποίησεν, αἰσχρόν) ? » Chrysippe lui aussi est d'accord avec cela ; ainsi dans sa *République :* « Il me semble que l'on peut traiter ces matières à la manière, qui n'est pas mauvaise, dont ont aujourd'hui coutume de la faire beaucoup de gens, de sorte que la mère puisse avoir des enfants de son fils, le père de sa fille et les gens issus de la même mère entre eux »[1].

On peut hésiter sur la valeur de ce passage ainsi que les témoignages concomitants sur Zénon et Chrysippe. Ces pratiques scandaleuses sont une expérience de pensée qui permet de revoir notre attitude vis-à-vis de ces actes apparemment odieux, l'attitude du sage se justifiant dans des circonstances exceptionnelles[2], faisant donc de certaines pratiques sexuelles des convenables circonstanciels. Il s'agit aussi, en un sens, d'une radicalisation d'inspiration cynique de la notion d'indifférent, fondant sur une nature sans fard des pratiques qui auraient été majoritairement condamnées[3]. Le caractère scandaleux de ces pratiques tient à une radicalisation, une

1. Sextus Empiricus, *Esquisses Pyrrhoniennes*, III, 245-246 = *SVF* I 250, 256 (trad. fr. P. Pellegrin, Paris, Seuil, 1997).

2. P. A. Vander Waerdt, « Zeno's Republic and the Origins of Natural Law », *The Socratic Movement*, Ithaca, Cornell University Press, 1994, p. 272-308.

3. C'est la ligne générale de la thèse de M.-O. Goulet-Cazé, *Les* Kynika *du stoïcisme*, *op. cit.*, nullement exclusive par ailleurs de la précédente interprétation. Voir en particulier le chap. v, D, p. 129 *sq.*

mise à la limite de l'indifférence de l'objet poursuivi et de l'acte considéré[1]. La mise en regard de l'inceste et de l'anthropophagie procède ainsi de la radicalisation d'une prémisse platonicienne qui postule l'identité de nature entre le désir sexuel et la faim ou la soif. En revanche, le « scandale » de ces pratiques ne vise probablement pas, comme chez Diogène, l'imposition de normes qui étoufferaient le naturel qu'il faudrait libérer des conventions sociales ; il faudrait plutôt dire qu'*en dépit* du scandale, Zénon et Chrysippe entendent articuler une certaine liberté sexuelle avec une politique de cohésion des membres d'une même cité, idéale ou non. Car ces témoignages soulignent en creux le caractère naturel de la relation sexuelle *et* son importance politique déterminante à travers l'institution pédérastique et le mariage. En un mot, pour Zénon, la sexualité est un indifférent : l'acte sexuel est indifférent, l'objet sexuel est indifférent, et la pratique elle-même semble indifférente. Mais précisément en tant qu'indifférent inclus dans *erôs*, l'acte sexuel peut être conçu comme un convenable faisant partie d'un projet amoureux global visant l'éclosion de la vertu et la procréation régie par le mariage.

Quelle communauté sexuelle ?

S'il existe une particularité du désir sexuel, elle ne saurait, chez nos trois auteurs, relever d'une différence de nature avec d'autres désirs du même type. Ce qui en revanche le distingue, ce sont les symboles que la cité projette sur lui. L'acte sexuel véhicule une certaine représentation du partage entre âme et corps d'une part, entre nature et cité d'autre part, partage que les lois entendent régir puisque l'acte sexuel est associé à une finalité éducative et à une finalité procréatrice. Ces deux finalités nous conduisent donc à examiner la manière dont l'amour a lieu ou doit avoir lieu dans la cité. Or un des points de convergence apparent entre les trois *Républiques* est la « communauté » des hommes et des femmes, préconisée par nos trois auteurs, et notamment une communauté considérée du point de vue sexuel.

1. Voir la mise au point de T. Bénatouïl, *Faire usage : la pratique du stoïcisme*, Paris, Vrin, 2006, p. 312-317 qui rappelle que la mention de ces actes scandaleux est efficace pour nous alerter sur la singularité de la sagesse de l'ancien stoïcisme précisément parce que ces pratiques *ne sont pas présentées* comme des convenables circonstanciels, même si cet argument a pu être utilisé pour défendre des thèses réputées parfois trop inconvenantes. Voir également K. M. Vogt, *Law, Reason, and the Cosmic City*, *op. cit.*, p. 23 *sq.*

La régulation de la sexualité chez Platon

Comme on l'a vu, les potentialités du désir sexuel sont infinies pour Platon. Il n'est qu'à voir ce que le tyran désire dans son sommeil au début du livre IX :

> — Mais de quels désirs et de quels plaisirs parles-tu ? — De ceux qui s'éveillent durant le sommeil, répondis-je, chaque fois que l'autre partie de l'âme — la partie qui est rationnelle, sereine et faite pour diriger — est endormie et que la partie bestiale et sauvage (τὸ δὲ θηριῶδές τε καὶ ἄγριον), repue d'aliments et de boissons (ἢ σίτων ἢ μέθης πλησθέν), s'agite et repoussant le sommeil cherche à se frayer un chemin et à assouvir ses penchants habituels (τὰ αὑτοῦ ἤθη). Tu sais que dans cet état, elle a l'audace (τολμᾷ) de tout entreprendre, comme si elle était déliée et libérée de toute honte et de toute sagesse rationnelle (αἰσχύνης καὶ φρονήσεως). Elle n'hésite aucunement à faire le projet, selon ce qu'elle se représente, de s'unir à sa mère (μητρί…μείγνυσθαι), ou à n'importe qui d'autre, humain, dieu, bête (ἄλλῳ τε ὁτῳοῦν ἀνθρώπων καὶ θεῶν καὶ θηρίων) : elle se souille de n'importe quelle ignominie, elle ne renonce à aucune nourriture, et pour le dire en un mot, elle ne recule devant aucune folie ni aucune infamie (οὔτε ἀνοίας οὐδὲν ἐλλείπει οὔτ' ἀναισχυντίας)[1].

Le tyran est ici présenté comme la figure d'un *erôs* sexuel débridé, outrepassant les nécessités naturelles pour se vautrer dans l'inceste, la bestialité, et se livrer peut-être à l'anthropophagie[2]. Audace, impudeur et déraison sont caractéristiques de l'*erôs* tyrannique que toute convenance sociale et politique a quitté. Par contraste avec le tyran, la communauté des hommes et des femmes dans la *République* de Platon continue d'obéir à une forme de pudeur, de retenue et de raison qui justifie une certaine restriction des actes sexuels, des objets sexuels et des pratiques sexuelles, comme le montre ce long passage du livre V qu'il faut citer en entier :

> Eh bien maintenant, dans les mariages et la procréation des enfants, il semble bien que la rectitude de cette mesure ne soit pas de moindre valeur. — Comment cela ? — Il faut, dis-je, selon les points sur lesquels nous sommes tombés d'accord, que les hommes les meilleurs s'unissent aux femmes les meilleures le plus souvent possible (ὡς πλειστάκις), et le plus rarement possible pour les plus médiocres s'unissant aux femmes les plus médiocres ; il faut aussi nourrir la progéniture des premiers et non

1. Platon, *R.*, 571c-d (trad. fr. G. Leroux légèrement modifiée).

2. Comme le montre de manière assez convaincante B. S. Hook, « Œdipus and Thyestes among the Philosophers : Incest and Cannibalism in Plato, Diogenes, and Zeno », *Classical Philology*, vol. 100, n° 1, 2005, p. 17-40.

> celle des autres, si on veut que le troupeau soit de qualité tout à fait supérieure ; et il faut enfin que tout cela se produise hors de la connaissance de tous, sauf des dirigeants eux-mêmes (ταῦτα πάντα γιγνόμενα λανθάνειν πλὴν αὐτοὺς τοὺς ἄρχοντας), si justement la troupe des gardiens doit être le plus possible exempte de dissension interne. — C'est tout à fait correct, dit-il. — Il faudra donc des législations instituant certaines fêtes au cours desquelles nous rassemblerons les promises et les promis ; il faudra également des sacrifices et des hymnes composés par nos poètes, convenant expressément aux cérémonies des mariages. Nous laisserons aux dirigeants la question du nombre des mariages afin que le plus possible ils préservent le même nombre d'hommes compte tenu des guerres, des maladies et de tous les facteurs de ce genre, et afin d'éviter que la cité ne devienne plus grande ou plus petite. — Avec raison, dit-il. — Je pense aussi qu'il faudra faire des tirages au sort sophistiqués (κλῆροι...κομψοί), de manière que l'homme médiocre, après chaque union, en rende le sort responsable, et non les dirigeants. — Oui, certainement, dit-il. — Quant à ceux des jeunes qui excellent de leur côté, à la guerre ou ailleurs, il faut bien entendu leur accorder des privilèges, et toutes sortes de récompenses, en particulier une liberté plus généreuse de partager leur couche avec les femmes (ἀφθονεστέρα ἡ ἐξουσία τῆς τῶν γυναικῶν συγκοιμήσεως), de façon telle qu'en même temps, en vertu de ce prétexte (μετὰ προφάσεως), le plus grand nombre possible d'enfants soient conçus par la semence de tels hommes[1].

La finalité de l'acte sexuel, à savoir la préservation de la quantité et de la qualité de la communauté des gardiens par le jeu de la procréation, doit être le principe régulateur des unions sexuelles. L'union « maritale », vidée de son sens ordinaire puisqu'elle ne dure que pour les besoins de la procréation, n'est promue qu'entre hommes et femmes de valeur. Les rituels associés à ces unions, de même que la célébration de la virilité des guerriers valeureux à qui l'on donne préséance dans leurs choix de partenaires, sont autant de stratagèmes pour utiliser l'acte sexuel *désiré pour lui-même* par les gardiens et gardiennes à des fins procréatrices fonctionnelles *qu'ils ignorent*. En ce sens, l'eugénisme platonicien, qu'il vaut mieux cacher aux gardiens afin de préserver l'unité de la communauté, donne lieu à la création de normes qui concernent une sexualité (fréquence, partenaires et pratiques) distincte de sa finalité procréatrice[2]. Il faudra donc, en vertu de

1. Platon, *R.*, 459d4-460b5 (trad. fr. G. Leroux légèrement modifiée).

2. Ce passage me semble donc capital pour montrer qu'il faut se garder de projeter sur Platon l'idée que la sexualité serait *naturellement* liée à la procréation. Au contraire pourrait-on dire, Platon n'a jamais été si clair dans la conscience d'une sexualité dont le but n'est assurément pas la procréation, mais un plaisir où concourt une infinie variété de représentations sociales et politiques qui le façonnent et le règlent.

cet impératif caché qu'est la procréation de bons naturels, régler des représentations sur la sexualité de sorte qu'elle puisse à la fois s'épanouir pour elle-même, mais de manière compatible avec la fonction sexuelle dans la cité. Sont donc à première vue exclues, pour les gardiens en âge de procréer du moins, les unions qui ne permettent pas la procréation de jeunes gardiens : unions avec les animaux et les dieux ; unions entre partenaires de même sexe. Sont également exclues les unions qui seraient susceptibles d'instiller la dissension dans la communauté de vie des gardiens : unions entre « père » et « fille », entre « mère » et « fils », les unions entre « frères » et « sœurs » étant tolérées (le lien de sang étant occulté dans la communauté des gardiens, puisque les enfants sont « communs », ses membres sont tous apparentés symboliquement, des seuils générationnels permettant de distinguer un père d'un frère putatifs [1]).

Platon reconnaît donc l'autonomie de la sexualité et de ses pratiques indépendamment de la fonction reproductive, bien que le fonctionnement de la cité idéale commande de soumettre la sexualité à des règles et à des normes compatibles avec l'eugénisme en vigueur chez les gardiens. On pourrait s'attendre ainsi à ce que la sexualité, en dehors de tout enjeu reproductif, puisse être libérée de ces normes. Or le passage 461b9-c7 cité plus haut sur la sexualité des gardiens plus âgés fait état de restrictions qui limitent les relations incestueuses. Si bien que les gardiens âgés ne peuvent avoir de relations sexuelles qu'avec des gardiennes de même âge. Il y a donc au moins deux restrictions qui perdurent : l'inceste, et l'union sexuelle entre partenaires de même sexe. L'inceste serait-il à ce point contre-nature que la sexualité dans ce cas devrait être limitée par un principe supérieur à celui de la procréation eugéniste décrite en 459d4-460b5 ? On peut en douter. Les restrictions incestueuses ne s'appliquent en aucun cas, encore une fois, à des parents biologiques, mais à des relations symboliques ; il ne s'agit donc pas d'interdire l'inceste parce qu'il serait contre-nature, mais parce qu'une relation sexuelle entre un homme et une femme de génération différente risque de briser la relation de fraternité et de sororité entre gardiens du même âge, et la retenue dont ces derniers doivent faire preuve envers leurs parents putatifs [2]. En ce qui concerne une restriction de relations entre partenaires de même sexe, elle se comprend dans la *République* dans la mesure où, d'une part, elle ne saurait remplir la fonction de procréation, et d'autre part dans le cadre de l'institution pédérastique, l'interdit incestueux (entre un père et un fils symboliques par exemple) perdure. Cependant, s'il s'agit bien de restriction, la relation entre partenaires de même sexe n'est

1. *R.*, 463b10-d8.
2. *R.*, 463c9-d6 et 465a5-b4.

à aucun endroit du texte « interdite » : non seulement elle n'est pas exclusive d'une union maritale consacrée, mais aussi la relation pédérastique continue d'être utilisée comme vecteur d'éducation.

> Or, y a-t-il pour toi un plaisir plus grand et plus vif que le plaisir des choses de l'amour (ἡδονὴν τῆς περὶ τὰ ἀφροδίσια) ? — Non, dit-il, et il n'y en a pas de plus fou (οὐδέ γε μανικωτέραν). — Au contraire, l'amour correct (ὁ δὲ ὀρθὸς ἔρως) consiste par nature à aimer avec modération et selon l'esprit de la musique ce qui est ordonné et beau ? — Oui, certainement, dit-il. — Il ne faut donc laisser rien de fou ni d'apparenté à l'indiscipline venir dans les parages de l'amour correct ? — Non, il ne faut pas le laisser. — Il ne faut donc pas laisser s'approcher ce plaisir fou, ni le laisser avoir part aux rapports de l'amour et des jeunes aimés qui s'aiment d'un amour correct (οὐδὲ κοινωνητέον αὐτῆς ἐραστῇ τε καὶ παιδικοῖς ὀρθῶς ἐρῶσί τε καὶ ἐρωμένοις). — Non, par Zeus, Socrate, dit-il, il ne faut pas le laisser s'en approcher. — Ainsi donc, semble-t-il, dans la cité que nous sommes en train de fonder, tu établiras comme loi que l'amant, s'il peut l'en persuader, embrasse le jeune aimé, qu'il se tienne dans sa compagnie et le touche comme s'il était son fils (φιλεῖν μὲν καὶ συνεῖναι καὶ ἅπτεσθαι ὥσπερ ὑέος παιδικῶν ἐραστήν), en vue de ce qui est beau et bien, et qu'en ce qui concerne le reste, il se comporte avec celui qu'il entoure de ses soins de telle manière que jamais on ne puisse présumer que quelque chose de plus important soit intervenu entre eux (ὅπως μηδέποτε δόξει μακρότερα τούτων συγγίγνεσθαι). Sinon, il se verra reprocher son manque de raffinement et de délicatesse[1].

On pourrait lire ce passage en opposant un « amour correct » à un amour dont la finalité est le simple désir sexuel, de même qu'on oppose une *paiderastia* pausanienne à l'*orthos paiderastein* que recommande Diotime dans le *Banquet*. Une lecture plus attentive permet au moins une autre interprétation, plus proche de la manière dont Pausanias décrit la pédérastie dans le *Banquet*, où il s'agit de promouvoir une relation pédérastique apparemment chaste (« qu'il se tienne dans sa compagnie et le touche comme s'il était son fils »), mais qui n'empêche peut-être pas, à l'abri des regards du moins, une relation sexuelle. Il faudra seulement éviter l'opprobre public et *paraître* (δόξει) ne rien avoir fait de plus qu'entourer d'amour filial l'objet de son amour. Comme le passage précédent sur la sexualité des gardiens en 459d4-460b5, Platon reconnaît la nécessité de régler les unions et les pratiques sexuelles non pas par un appel à une « nature » biologique, mais à une loi fonctionnelle qui promeut un eugénisme encadré et des comportements compatibles avec la vertu. À défaut d'empêcher

1. *R.*, 403a4-c2.

certaines pratiques sexuelles et d'interdire des naissances non légitimes, Platon institue des normes qui orientent le désir et le plaisir sexuel en en faisant, comme on le verra dans la dernière section, un enjeu de publicité.

Une (dé-)régulation des unions ? Diogène et Zénon

Si l'on en croit Philodème au § 7 de son ouvrage *Sur les Stoïciens*, Diogène et Zénon semblent avoir repris les deux réformes platoniciennes décrites au livre V, à savoir l'accès égal des femmes aux mêmes occupations que celles des hommes – par exemple s'exercer nues dans les palestres – et la communauté des femmes et des enfants. Le caractère polémique du témoignage de Philodème doit bien entendu être pris en compte, en particulier pour Zénon dont on peut douter qu'il ait été si influencé par des propositions cyniques de cette nature ; pourtant, ce témoignage éclaire rétrospectivement une lecture possible de la *République* de Platon par les cyniques et les stoïciens lorsque sont abandonnés la division trifonctionnelle de la cité en classes ainsi que l'impératif de procréation eugéniste qui guide les unions chez les gardiens. Sans ces deux principes constitutifs de la *kallipolis*, une dérégulation des unions s'impose à toutes et à tous ; une inversion des genres, et une forme de violence comique finissent par subvertir les principes de stabilité et d'unité de l'utopie platonicienne :

> Maintenant ajoutons au dossier les belles théories de ces hommes, de façon à perdre le moins de temps possible avec leurs pensées. Eh bien donc, il plaît à ces saints personnages-là de revêtir la vie des chiens ; d'utiliser ouvertement tous les mots sans les édulcorer ; de se masturber en public ; de revêtir un manteau double ; d'abuser des mâles qui sont leurs amants (οἳ κἂν ἐρῶνται) et de violenter ceux qui ne s'abandonneraient pas avec joie à leurs avances [...] que les enfants soient communs à tous [...] s'il use de violence ; d'avoir commerce avec leurs propres sœurs, leurs mères, les membres de leur famille, et même leurs frères et leurs fils (ἀδελφαῖς ἑαυτῶν και μητράσιν καὶ συγγενέσιν συγγείνεσθαι, καὶ τοῖς ἀδελφοῖς καὶ τοῖς ὑοῖς) ; de ne reculer devant rien pour parvenir à la relation sexuelle (εἰς πλησιασμὸν), pas même s'il faut recourir à la force ; que les femmes assaillent (ἐπιέναι) les hommes et ensuite les séduisent avec art afin qu'ils s'unissent à elles et, si elles ne trouvent personne, qu'elles se rendent sur la place publique auprès des gens disposés à offrir leurs services (ἀγοράζειν τοὺς ἐξυπηρετήσοντας) ; qu'on y ait des rapports avec tous et toutes, au hasard des rencontres (ὡς ἔτυχε δέ, πᾶσιν καὶ πάσαις χρῆσθαι) ; que les hommes mariés aient des rapports avec leurs propres servantes ; que les épouses partent avec les personnes de leur choix en abandonnant leurs maris ; que les femmes revêtent le même costume que les hommes et

> partagent les mêmes occupations et ceci complètement, sans qu'il soit une seule fois fait de différence ; en outre, quant à la course et aux exercices du corps [...] qu'elles soient nues, se dévêtant entièrement devant tout le monde et s'exerçant en compagnie des hommes sans rien dissimuler [...][1].

La description du mode de vie cynique s'oppose ainsi très exactement à toutes les règles qui norment la sexualité des gardiens de la *République* de Platon : la pratique en public de l'acte sexuel, le dévoiement de la relation pédérastique qui lie un éraste (pour lequel il est communément admis qu'il prend l'initiative dans la relation sexuelle) et un éromène en une relation sexuelle violente, la permission de toute forme d'inceste (« avec leurs propres sœurs, leurs mères, les membres de leur famille »), aussi bien entre hommes et femmes qu'entre partenaires de même sexe (« leurs frères et leurs fils »), le recours à la prostitution (masculine)[2], l'absence de toute forme de sélection sexuelle visant l'union des meilleurs aux meilleures pour s'en remettre au hasard des rencontres, l'adultère. Comme on le voit, il n'est aucune restriction platonicienne qui ne soit pas levée dans ce témoignage. Il en résulte une subversion des liens familiaux et politiques traditionnels, que la prohibition de l'inceste, le mariage et les diverses hiérarchies sociales maintiennent[3].

La condition sexuelle des membres de la *République* de Diogène et de Zénon est donc celle de gardiens et de gardiennes abandonnés à leurs pulsions sexuelles (et exclusivement sexuelle comme le souligne le εἰς πλησιασμὸν), lorsque disparaissent les législateurs qui inventent des normes et des rites pour régler une sexualité en fonction du bien de la cité dans son ensemble. Précisément, et le caractère polémique du témoignage de Philodème n'enlève rien à la validité de la conclusion pour nos auteurs,

1. XVIII 1-XIX 21. Je m'appuie sur la traduction, que je modifie à de rares endroits, que S. Husson donne de ce passage à partir de l'édition du texte par T. Dorandi (T. Dorandi, « Filodemo. Gli Stoici (PHerc. 155 e 339) », *op. cit.*, p. 91-133). S. Husson, *La « République » de Diogène : une cité en quête de la nature*, Paris, Vrin, 2011, p. 22-25.

2. L'usage du verbe ἐξυπηρετεῖν est à souligner. La connotation sexuelle du verbe est attestée dans le contexte de la pédérastie, pour signifier la soumission sexuelle ou même la pénétration intercrurale ou anale (K. J. Dover, *Greek Homosexuality*, *op. cit.*, p. 44-45). L'usage est d'autant plus intéressant ici qu'il s'agit d'hommes qui se tiennent à la disposition de femmes.

3. On notera cependant que chez Platon, la « famille » est déjà une institution parfaitement obsolète chez les gardiens et qu'elle est reconfigurée par des liens communautaires et générationnels. Philodème joue à transposer dans une société classique les propositions de la *République* platonicienne qui ne fonctionne pas sur les mêmes lois : il en résulte ainsi une comédie de l'adultère entre maris et épouses qui ne saurait avoir lieu dans l'organisation sociale des gardiens chez Platon.

les normes régissant la sexualité sont reconnues comme étant artificielles, et il suffit qu'on s'en remette à la nature du désir sexuel pour parvenir non pas à une sexualité procréative mais à une sexualité débridée. La sexualité ne redevient pas « naturelle », elle consiste au contraire en une invention et une subversion des normes alors en vigueur. Ce que Diogène et Zénon ont donc pu lire dans la *République* de Platon n'est pas la promesse d'une sexualité libérée des normes sociales et politiques pour revenir à la nature, mais la possibilité de jouer sur ces normes mêmes. Diogène et Zénon, à première vue, font preuve dans leur *République* d'un antiplatonisme radical en insistant sur l'indifférence du partenaire avec lequel on s'unit et la libération de tout interdit sexuel. Pourtant, en un sens, Diogène et Zénon déduisent d'un constat au contraire très platonicien – que la sexualité se définit à travers un jeu de conventions et n'est naturelle qu'à travers l'impératif de reproduction – une sexualité non pas plus « naturelle », mais simplement abandonnée à sa propre initiative normative et inventive, jusqu'à la démesure.

Si la vigilance est de mise pour attribuer à Diogène de telles propositions dans sa *République*[1], elle l'est encore davantage pour Zénon, dont les autres témoignages sont non seulement plus pudiques, mais aussi bien plus cohérents avec une doctrine stoïcienne[2]. Zénon aurait défendu, comme Platon, deux thèses que l'on trouve dans le rapport de Philodème : la « communauté des femmes » et le « port du même vêtement » pour les hommes et les femmes (D. L. VII, 33). La mention de la communauté des femmes est reprise plus loin :

> Ils considèrent que les femmes doivent être communes entre les sages, de sorte que chacun aura commerce avec celle qu'il rencontre (τὸν ἐντυχόντα τῇ ἐντυχούσῃ χρῆσθαι), comme le disent Zénon dans sa *République* et Chrysippe dans son traité *Sur la république,* (tout comme Diogène le cynique et Platon). Nous aimerons tous les enfants d'égale façon comme si nous en étions le père, et la jalousie qui survient à cause de l'adultère sera supprimée[3].

Le lien attesté par Diogène Laërce entre Platon, Diogène de Sinope et Zénon, sur la communauté des femmes ne nous renseigne que bien peu sur la nature de la thèse défendue par Zénon. L'expression « τὸν ἐντυχόντα τῇ ἐντυχούσῃ χρῆσθαι », qui trouve un écho dans le témoignage de Philodème

1. M.-O. Goulet-Cazé, *Les* Kynika *du stoïcisme*, *op. cit.*, p. 11-27.

2. K. M. Vogt, *Law, Reason, and the Cosmic City*, *op. cit.*, en particulier chap. I et p. 21, n. 3 à propos de Philodème.

3. D. L. VII, 131 = *SVF* I 269, III 728.

où le hasard des rencontres domine les relations sexuelles, milite pour une interprétation selon laquelle Zénon aurait repris la thèse de la communauté des femmes du fait de son caractère scandaleux, afin de mieux souligner son caractère indifférent. En effet, dans le cadre d'une cité de sages, comme on l'a vu plus haut, la communauté de femmes peut signifier tout simplement que l'acte sexuel est un indifférent, et qu'il appartient au sage d'user de cet indifférent pas plus avec une femme en particulier qu'avec une autre[1]. Mais il ne s'agit pas de « libérer » la sexualité, mais d'en amoindrir les effets néfastes sur l'unité d'une communauté[2]. En effet, la communauté des femmes implique également la communauté des enfants, faisant de chaque homme et de chaque femme un père et une mère putatifs. Comme chez Diogène de Sinope (D. L. VI, 72 = *SSR* VB 353), le mariage et la famille sont abolis dans ce témoignage comme étant des institutions favorisant l'exclusivité et la jalousie sexuelles, et donc la dissolution du sens de la communauté. Mais contrairement à Diogène, le corrélat d'une telle abolition chez Zénon est nécessairement, au profit de la communauté des enfants, que chaque sage procède, sous l'égide d'un sage *erôs*, à leur éducation[3].

Genre et sexualité

Les trois *Républiques* s'accordent enfin apparemment sur un point, à savoir l'accès égal des femmes aux activités des hommes. Cette égalité est soulignée, ou symbolisée, chez Diogène et Zénon par le port de la même tenue vestimentaire (D. L. VII, 33= *SVF* I 257). Dans le rapport de Philodème, la première et la seconde réforme du livre V de la *République* sont mêlées, de sorte que la différence sexuelle (mâle et femelle) et genrée (masculin et féminin) ainsi brouillée apparaisse comme un point névralgique de la (dé-)régulation de la « sexualité ».

Rappelons tout d'abord que chez Platon, la « différence sexuelle » ne justifie pas une différence de nature (453b-457b) : la femme n'est en rien

1. Voir P. A. Vander Waerdt, « Zeno's *Republic* and the Origins of Natural Law », *op. cit.*, p. 286-288.

2. Je suis donc en désaccord ici avec K. M. Vogt, *Law, Reason, and the Cosmic City*, *op. cit.*, p. 57-58, qui ne considère pas VII, 131 pour éclairer VII, 33, et minore ainsi la fonction d'unification politique d'une telle mesure.

3. Je suis donc ici V. Laurand, *La politique stoïcienne*, Paris, P.U.F., 2005, p. 71-75, sur son explication de l'institution de la communauté des femmes, et néanmoins le maintien par Zénon de l'institution du mariage selon D. L. VII, 121 = *SVF* I 270. « Lier la non-exclusivité d'une relation à l'institution du mariage, qui implique le choix d'un partenaire, permet à Zénon d'articuler loi naturelle et loi d'une cité particulière, qui s'exprime dans des conventions justes, c'est-à-dire qui, ne faisant pas obstacle à la loi naturelle, en rendent praticables les exigences […] » (p. 74).

différente *en nature* de l'homme[1]. Les différences physiologiques existent néanmoins, de telle sorte que la femme est, dans toutes les occupations, « plus faible » (455e1, 457b1). La femme, ainsi libérée de la maisonnée et de tous les attributs péjoratifs qu'on trouve par ailleurs au livre VIII de la *République*, peut déployer toutes les fonctions du naturel du gardien : entraînement à la guerre, cursus éducatif, vie en commun, etc. Une différence demeure bien en revanche quant à l'impératif de procréation (454e) et de soin apporté aux nourrissons (460c-d). Il faut néanmoins souligner qu'en tant que gardienne, la fonction dévolue au soin des nourrissons est extrêmement limitée, l'éducation des nourrissons étant confiée à des nourrices et à des femmes âgées. La fonction biologique de mère doit donc être clairement distinguée de la fonction de gardienne, la nature de la dernière apparaissant incompatible avec la première. On devrait ainsi en déduire que la différence sexuelle n'a rien à voir avec la « sexualité » de la communauté des gardiens, alors même qu'il est nécessaire de rendre désirable les relations sexuelles entre gardiens et gardiennes pour assurer la procréation. Cette difficulté en révèle en réalité une autre qui a trait non à la différence sexuelle mais à la différence genrée. La valorisation du courage et de la virilité (ἀνδρεία), la préséance de la figure masculine du guerrier qui choisit la gardienne avec laquelle il veut s'unir (et non l'inverse), inclinent à penser que Platon demeure tributaire d'une idéologie qui favorise les vertus masculines, la gardienne n'étant que l'égal de l'homme « en plus faible ». Cependant, comme l'a montré A. Larivée, Platon ne promeut pas une vertu typiquement masculine, ni une simple « neutralisation » du genre au profit d'un idéal viril, mais un savant équilibre entre fonctions masculines et féminines dans la communauté des gardiens quant à la fonction politique[2]. Dans le contexte de la *République* de Platon, il est difficile de montrer en quoi la différence sexuelle et la différence de genre ont un impact sur la sexualité des gardiens. Si Zénon, à la suite de Platon, préconise une uniformisation du vêtement pour les deux sexes par exemple, c'est peut-être parce que le « genre » masculin et féminin est perçu comme une surdétermination sociale qui contrevient à l'égalité de l'homme et de la femme d'un point de vue politique et social. Chez Diogène en revanche, dans le témoignage de Philodème, la communauté des femmes *et des hommes* implique un certain jeu sur la différence entre sexe et genre. Suzanne Husson a bien montré dans ce

1. N. Ernoult, « La guerre et le genre : le contre-exemple platonicien », dans V. Sébillotte-Cuchet et N. Ernoult (éd.), *Problèmes du genre en Grèce Ancienne*, Paris, Publications de la Sorbonne, 2007, p. 171-184.

2. A. Larivée, « "Gender Trouble" in Xenophon and Plato », *New England Classical Journal*, vol. 39, n° 4, 2012, p. 281-303, voir en particulier p. 293-295.

témoignage que sont affirmées : a) l'égalité de liberté du choix sexuel de la femme, et de sa « libre initiative » (que mentionne aussi Platon en 461c, mais réservé aux gardiennes qui ne sont plus en âge de procréer), et b) l'inversion des positions de séduction (les femmes « montent sur » les hommes ou les « assaillent »). Les femmes ont donc l'initiative de séduction[1] et ce jeu sur l'inversion des positions sexuelles dont le cynique se soucie peu corrobore l'idée d'une subversion globale des normes de genre et de sexe. En témoigne encore l'inversion d'une institution, celles des courtisanes, présentée dans le témoignage comme moyen de satisfaire le désir des femmes, et non celui des hommes. Ce « féminisme » subvertissant la différence sexuelle et genrée ne se retrouve pourtant pas dans tous les témoignages de Diogène Laërce : les corps restent différenciés par l'âge, le sexe, *et le genre*, et c'est la nature qui est convoquée par Diogène pour condamner la figure de l'efféminé :

> Ayant vu un jour un jeune homme qui prenait des airs efféminés (νεανίσκον θηλυνόμενον), il lui dit : « N'as-tu pas honte (οὐκ αἰσχύνῃ) de décider pour toi-même une condition pire que celle qui t'a été octroyée par la nature (χείρονα τῆς φύσεως περὶ σεαυτοῦ βουλευόμενος) ? Car elle, elle a fait de toi un homme (ἡ μὲν γάρ σε ἄνδρα ἐποίησε) et toi, tu te contrains à être une femme (σὺ δὲ σεαυτὸν βιάζῃ γυναῖκα εἶναι)[2].

Même si ce témoignage fait incidemment l'apologie de la masculinité, il dénonce en premier lieu le fard social et érotisé de l'apprêt du vêtement et de l'apparence, normes qui « forcent » la nature dans une direction opposée. Le jeu de subversion des normes sociales, chez Diogène, est donc limité par une *nature* qui a produit des corps sexués qu'il ne convient donc pas de transformer.

Quelle publicité du rapport sexuel ?

La réflexion de nos trois auteurs sur les unions sexuelles et les partenaires licites et illicites obéit à des impératifs parfaitement différents. La régulation de la sexualité est un enjeu politique déterminant pour Platon afin de répondre aux principes fonctionnels d'une société juste. La sexualité est une affaire de désir naturel et individuel pour Diogène, qui conteste toute forme d'imposition de normes, qu'il joue à subvertir. La sexualité chez

1. Comme en atteste la figure d'Hipparchia (D. L. VI, 96 = *SSR* V I 1), voir sur ce point M.-O. Goulet-Cazé, « Le cynisme ancien et la sexualité », *op. cit.*
2. D. L. VI, 65 = *SSR* VB 403. Voir également D. L. VI, 46 et 54 = *SSR* VB 403, 405.

Zénon, loin de contester des « normes » pour le plaisir du scandale, est libre pour autant que l'acte sexuel est un indifférent, mais elle obéit pour la procréation et les mariages à la sagacité du sage qui sait reconnaître en l'acte sexuel un convenable qui articule loi naturelle et conventions sociales et politiques dans une cité particulière. Dans les trois cas, la sexualité est reconnue comme un enjeu politique, mais aussi « public »[1]. Par « publicité » du rapport sexuel, j'entends la manière dont l'acte sexuel est montré ou caché, dont on le fait relever du « privé » ou du « public », les trois auteurs sachant que la sexualité touche au cœur de la communauté civile et de la manière dont elle se met en scène. L'enjeu n'est donc pas seulement de prescrire et d'interdire[2], mais de cultiver chez chacun des membres de la cité une certaine disposition *envers* la sexualité pour elle-même. C'est à travers les dispositions préconisées par nos trois auteurs que nous pouvons reconnaître dans les *aphrôdisia* ou en *Erôs* son importance politique.

La pudeur platonicienne

Si le mariage est consacré en public au livre V de la *République*, l'acte sexuel, lui, ne s'accomplit certainement pas sur l'*agora* ; c'est à l'abri des regards, sans témoin, portes closes, que l'acte sexuel est consommé, comme le dit si bien Alcibiade à la fin du *Banquet* : « Vous, les serviteurs, et tous les profanes et les rustres, s'il en est ici, refermez sur vos oreilles des portes épaisses » (218b5-7). La dissimulation de l'acte sexuel est d'ailleurs de mise lorsqu'il s'agit, au livre V de la *République*, de montrer ou de cacher le fruit d'une union « conçu dans l'ombre (ὑπὸ σκότου) par suite d'une terrible incapacité à se dominer » (461b1-2). C'est donc une certaine réserve ou « pudeur » qui semble devoir relayer dans chacun des membres de la cité la législation sexuelle de la *République*. La réserve ou retenue (*aidôs*) et la honte apparaissent dans la *République* platonicienne à plusieurs reprises comme des « gardiennes » pour les gardiens[3]. Cependant, pourquoi

1. Pour une étude de l'histoire du partage entre public et privé, voir A. Macé, (éd.), *Choses privées et chose publique en Grèce ancienne : genèse et structure d'un système de classification*, Grenoble, J. Millon, 2012.

2. Nous rejoignons ici M. Foucault dans l'articulation commise entre codification des pratiques sexuelles et ce qu'il appelle une « stylisation » de l'existence, qui attribue à la personne le rôle de régler d'elle-même sa pratique sexuelle (M. Foucault, *Histoire de la sexualité*, vol. 2 : *L'usage des plaisirs*, *op. cit.*, p. 106-107).

3. Voir par exemple 425b1-5 sur la conduite des jeunes que le législateur ne peut codifier (respect silencieux, manières de s'asseoir et de se lever, le soin à l'égard des parents, les manières de se coiffer, de s'habiller, etc.) ; et 465a5-b4 qui mentionne la crainte et la pudeur pour retenir les plus jeunes de s'en prendre aux plus vieux. Sur cette notion complexe, qui ne signifie pas à l'époque de Platon notre « pudeur » moderne, voir en premier lieu

aurait-on besoin, dans la communauté des gardiens, d'un « gardien » supplémentaire concernant la sexualité ? La règle de nudité chez les gardiens et gardiennes lors de leurs exercices en commun ne vise-t-elle pas, outre son utilité, une forme de désérotisation ? Doit-on encore se méfier de l'absence de maîtrise de gardiens réputés modérés ? Il semble que Platon soit parfaitement conscient de la nécessité de recourir à des dispositions qui, sans être des vertus, tempèrent les « nécessités érotiques » des gardiens. Nous trouvons une confirmation de cette intuition dans les *Lois*, qui fait de l'*aidôs* une émotion qui a pour objet un rapport au corps, proche de la « pudeur »[1], et qui invite chacun par l'inhibition véhiculée par la loi, à *cacher* le désir du corps :

> L'ÉTRANGER D'ATHÈNES — Priver autant que possible, nous l'avons vu, ces plaisirs [érotiques] de la force qu'ils acquièrent par l'exercice ; en détourner le cours et la croissance par des travaux pénibles vers quelque autre partie du corps. On obtiendra ce résultat, si l'on empêche que l'acte sexuel s'affranchisse de toute pudeur (εἰ ἀναίδεια μὴ ἐνείη). La honte, au contraire, en diminuera la fréquence (σπανίῳ γὰρ αὖ τῷ τοιούτῳ δι' αἰσχύνην χρώμενοι), et la fréquence diminuée en affaiblira l'autorité despotique. Que dès lors nos citoyens se fassent un point d'honneur de pratiquer ces actes en secret (τὸ δὴ λανθάνειν τούτων δρῶντά τι καλὸν παρ' αὐτοῖς ἔστω) – une règle de conduite dont la légalité se fonde sur la coutume et sur la loi non écrite –, et que pratiquer ces actes au vu et au su de tous soit un déshonneur (τὸ δὲ μὴ λανθάνειν αἰσχρόν), sans qu'on aille jusqu'à en interdire la pratique (ἀλλ' οὐ τὸ μὴ πάντως δρᾶν). Nous aurions ainsi inscrit dans la loi un déshonneur et un honneur se situant à un second niveau, présentant une rectitude de second degré ; et par suite cette unique espèce que constituent les natures corrompues, dont nous disons qu'elles sont inférieures à elles-mêmes, serait enveloppée par trois autres qui la contraindraient à ne pas contrevenir à la loi.
> Clinias — Quelles autres ?
> L'ÉTRANGER D'ATHÈNES — À la fois, le respect des dieux, le respect de l'honneur et l'accoutumance à désirer non les corps, mais celles des manières d'être de l'âme qui sont vraiment belles (τό τε θεοσεβὲς ἅμα καὶ φιλότιμον καὶ τὸ μὴ τῶν σωμάτων ἀλλὰ τῶν τρόπων τῆς ψυχῆς ὄντων καλῶν γεγονὸς ἐν ἐπιθυμίᾳ)[2].

A. G. Wersinger, *Platon et la dysharmonie : recherches sur la forme musicale*, Paris, Vrin, 2001, chap. VII.

1. En ce sens, il y a bien à partir de la *République* une forme de focalisation de l'*aidôs* sur la nudité et sur la sexualité qui s'apparente à la « pudor » latine.

2. Platon, *Lg.*, VIII, 841a6-c6 (trad. fr. L. Brisson et J.-F Pradeau, Paris, GF-Flammarion, 2006, légèrement modifiée).

Ce passage peut expliquer le passage cité plus haut en *République* 403a-c, où le verbe *dokein*, semble recouvrir cette disposition à la pudeur de la part des amants envers leurs aimés : « et qu'en ce qui concerne le reste, il se comporte avec celui qu'il entoure de ses soins de telle manière que jamais on ne puisse *présumer* que quelque chose de plus important soit intervenu entre eux ». L'important donc, est de ne rien faire « paraître »[1]. Est-ce une défaite par rapport à la nature humaine récalcitrante ? Non. Les pratiques sexuelles, à défaut d'être contrôlées par des lois, sont réglées par le sens de la honte de l'individu qui produit un ensemble de représentations spontanées sur ses propres désirs, et détermine ainsi une disposition éthique relativement au désir érotique. La « pudeur » est cette émotion qui rend l'individu spectateur et témoin de ses propres désirs, si bien que même caché, la loi de la cité le regarde pour ainsi dire encore. *Erôs* a bien, chez Platon et dans la *République* en particulier, une importance politique fondamentale. Plus particulièrement, la « sexualité » est le vecteur, comme on l'a vu, d'un ensemble de normes rationnelles, de dispositions, de vertus, qu'il est impératif selon Platon d'encadrer par la loi. La « nécessité érotique » qui conduit chacun à désirer une sexualité épanouie constitue bien ce matériau anthropologique fondamental face auquel la loi tente de modeler des conduites vertueuses, ou du moins compatibles avec la vertu. Agir sur la sexualité et ses représentations, Platon le sait, ce n'est pas seulement empêcher que le désir érotique submerge la cité de sa démesure, c'est aussi, du moins l'espère-t-il, utiliser cette force comme un levier possible vers la vertu. L'acte sexuel et sa pratique, s'ils sont correctement encadrés par la loi et assistés par la pudeur, doivent mener à force d'éducation à la considération « des manières d'être de l'âme qui sont vraiment belles ».

1. L'acte sexuel est déjà conçu, dans la *République*, comme difficilement codifiable. En témoigne encore ce petit aménagement pudique qui revient sur la possibilité de la relation entre partenaires du même sexe : « Celui qui, par contre, a excellé au combat et s'est acquis une réputation, ne te semble-t-il pas qu'il doit être d'abord couronné, en cours d'expédition, par les jeunes gens et aussi par les enfants qui prennent part ensemble à l'expédition, chacun à tour de rôle ? Ou ne faut-il pas le faire ? – Je suis de cet avis. – Eh quoi, qu'on le salue de la main droite ? – Oui, cela aussi. – Mais voici quelque chose, je pense, dis-je, qui ne te semblera pas bien avisé. – Quel genre de chose ? Qu'il embrasse chacun et soit embrassé par lui. – Si, absolument, dit-il. Et je fais un ajout à cette législation : tant et aussi longtemps qu'ils seront dans cette expédition, qu'aucun de ceux qu'il souhaiterait embrasser ne puisse se refuser à lui, afin que si par hasard on est amoureux de quelqu'un, d'un garçon ou d'une fille, que personne ne mette plus de cœur à recevoir les trophées de l'excellence. – Bien, dis-je. Que par ailleurs des mariages soient accessibles en plus grand nombre pour les guerriers valeureux que pour les autres, et que le choix se porte plus souvent vers de tels hommes que vers les autres, de sorte que le plus grand nombre possible d'enfants soit engendré par de tels hommes, cela on l'avait déjà dit » (468b2-c8).

L'impudence de Diogène

Dans une cité de sages, la distinction entre sphère privée et sphère publique n'a plus lieu d'être[1]. L'impudence de Diogène est donc un moyen de dénoncer ce partage inique qui fait s'opposer un beau par nature et un beau par convention, et nous force à accomplir *en privé* des actes réputés honteux en public. Cette impudence se traduit par l'accomplissement *en public* d'actions ou de discours dont la société espère ne pas les voir ou les entendre. Le privé déborde dans l'espace public. Dans le témoignage de Philodème, l'impudence cynique comme on l'a vu se manifeste par : a) la masturbation en public, b) l'usage d'un langage non châtié[2], c) la nudité exhibée des femmes lors des exercices gymniques, d) le détournement de la place publique comme lieu de consommation de l'acte sexuel pour les femmes qui le veulent.

L'impudence de Diogène ne signifie pas pour autant l'abandon de toute forme de sens de l'honneur. Comme dans le *Gorgias*, où Calliclès se prévaut d'une *parrhêsia*, tout en restant sensible à la honte face à des objets odieux, Diogène, tout impudent qu'il est, lie la vertu à une certaine forme de sensibilité à l'honneur.

> Ayant vu un jour un jeune homme qui rougissait, il lui dit : « Courage, c'est là la couleur de la vertu »[3].

Un autre témoignage, déjà cité, fait appel à la honte du jeune homme qui contraint la nature en se fardant des attributs de la féminité :

> Ayant vu un jour un jeune homme qui prenait des airs efféminés, il lui dit : « N'as-tu pas honte (οὐκ αἰσχύνῃ) de décider pour toi-même une condition pire que celle qui t'a été octroyée par la nature ? Car elle, elle a fait de toi un homme et toi, tu te contrains à être une femme »[4].

Ces deux témoignages font donc dépendre le sens de la honte véritable de la vertu naturelle, rendue compatible avec une impudence toute politique et sociale servant à démasquer les normes corruptrices de la cité. Comme l'impudence de Socrate, qui sert à révéler un véritable sens de la honte chez ses interlocuteurs et pas seulement un souci conformiste du regard

1. S. Husson, *La* République *de Diogène*, *op. cit.*, p. 109 : « En effet, les cités non cyniques doublent d'une valeur morale la partition de l'espace en privé et public. En privé il est possible d'accomplir les choses honteuses, alors qu'en public la force contraignante de la *doxa* nous oblige à les éviter ».

2. *Ibid.*, p. 119-120.

3. D. L. VI, 54 = *SSR* VB 405.

4. D. L. VI, 65.= *SSR* VB 403,

d'autrui, mais contrairement à l'Athénien des *Lois* de Platon qui utilise la notion de honte pour véhiculer non plus une morale populaire mais une intériorisation de la loi rationnelle, l'impudence de Diogène, se manifestant sur la place publique, entend rendre la foule sensible à l'écart que constituent les normes sociales par rapport à la nature[1]. L'impudence de Diogène ne concerne pas seulement la sexualité ; en exhibant publiquement une sexualité débarrassée des conventions sociales, Diogène choisit de faire du sexe une pierre de touche de la cohérence des normes auxquelles nous tenons.

Une publicité vertueuse de la sexualité comme vecteur d'unification sociale : Zénon

Erôs est un vecteur d'unification sociale pour Zénon. Athénée, dans les *Deipnosophistes* (XIII, 561c = *SVF* I 263) rapporte que dans la *République* de Zénon, *Erôs* un dieu qui « apporte l'amitié et la liberté, et aussi la concorde », contribuant ainsi au « salut de la cité ». Ce témoignage sur le rôle d'*Erôs* dans la cité comme menant à la *philia* intercommunautaire, corroboré par le témoignage de D. L. VII, 131 = *SVF* I 269, III 728 déjà cité, a suscité des interprétations diverses sur le rôle des relations sexuelles comme facteur d'unité sociale[2]. Une chose est certaine, c'est que Zénon considérait *politiquement* les effets d'*erôs* tout en affirmant qu'il est un indifférent, ce qui l'apparente singulièrement au discours de Pausanias du *Banquet* de Platon. En effet, il ne s'agit pas seulement, pour ces deux personnages, de clamer l'innocence de l'acte, mais de souligner son importance cruciale comme vecteur d'unification sociale. Dans le *Banquet*, Pausanias affirme que l'amour de type pédérastique, ou entre partenaires

1. A. A. Long, « The Socratic Tradition: Diogenes, Crates and Hellenistic Ethics », *in* R. B. Branham, M.-O. Goulet-Cazé (eds.), *The Cynics: the Cynic Movement in Antiquity and its legacy*, Berkeley, University of California Press, 1996, p. 28-46, en particulier p. 34-35.

2. Sur ce témoignage, voir M. Schofield, *The Stoic Idea of the City*, *op. cit.*, p. 27 puis p. 35 *sq.* ; M.-O. Goulet-Cazé, *Les* Kynika *du stoïcisme*, *op. cit.*, p. 31 *sq.*, ainsi que l'étude de G. Boys-Stones, « Eros in Government : Zeno and the Virtuous City », *The Classical Quarterly*, vol. 48, n° 1, 1998, p. 168-174. La proposition de G. Boys-Stones qui fait d'Erôs un amour cosmique et cohésif plutôt qu'une figuration du désir poussant aux relations sexuelles est convaincante. Mais elle ne me semble pas exclusive d'une interprétation politique, lorsqu'on la combine aux témoignages qui mentionnent l'intérêt de Zénon pour les jeunes garçons. Me paraît être esquissée une théorie qui certes n'est pas la pédérastie pausanienne, mais en est une réinterprétation ajustée, et qui diffère du modèle « pudique » platonicien, en suivant ici l'argument de B. Inwood, *in* « Why do Fools fall in Love ? », *op. cit.*

du même sexe, produit des liens de *philia* et renforce le sens de la *koinônia*, et en fait explicitement un levier éducatif « aussi bien pour la cité que pour les particuliers (καὶ πόλει καὶ ἰδιώταις) »[1]. Si l'on ajoute au modèle de la pédérastie pausanienne les mesures susdites, à savoir la communauté des enfants qui supprime toute jalousie dans la cité, une relative liberté sexuelle concernant les unions tout en maintenant le mariage comme un ciment social, et la promotion de l'institution pédérastique comme un levier éducatif, Zénon peut bien placer le salut de la cité sous l'égide d'Erôs. Revenons sur un témoignage déjà cité :

> Le sage sera amoureux (ἐρασθήσεσθαι) des jeunes gens (τῶν νέων) qui manifestent par leur apparence (τῶν ἐμφαινόντων διὰ τοῦ εἴδους) une disposition naturelle pour la vertu (τὴν πρὸς ἀρετὴν εὐφυΐαν), comme le disent Zénon dans sa *République*, Chrysippe dans son premier livre *Sur les genres de vie* et Apollodore dans son *Éthique*[2].

La promotion d'un amour de type pédérastique, qui s'adresse cependant aussi bien aux garçons qu'aux filles si l'on en croit Sextus (*HP*, III, 245) étaye l'hypothèse d'une forme de publicisation de l'amour afin de consolider la communauté des sages. Plutôt qu'une « sublimation d'une forme platonicienne d'amour », Zénon promeut sans doute une sexualité peut-être affichée, mais publiquement contrôlée[3]. Dans la mesure où, comme on l'a vu, l'acte sexuel est un « convenable circonstanciel », la question de la modalité de sa publicité se pose, non pas seulement dans les cas-limites de l'inceste, mais dans la vie publique, celle de tous les jours, pour laquelle Zénon promeut le mariage et une forme de pédérastie qui mène à la vertu. Outre l'impudence apparente de Zénon dans sa *République*, c'est une forme

1. « C'est que chez les Barbares l'exercice du pouvoir tyrannique conduit à faire de cela en tout cas quelque chose de honteux, tout comme l'est la passion pour le savoir et pour l'exercice physique (ἥ γε φιλοσοφία καὶ ἡ φιλογυμναστία). En effet, ceux qui détiennent le pouvoir ne tirent aucun avantage, j'imagine, du fait que naissent chez leurs sujets de hautes pensées (φρονήματα μεγάλα), ou même de solides amitiés et de fortes solidarités (οὐδὲ φιλίας ἰσχυρὰς καὶ κοινωνίας), ce que justement l'amour, plus que toute autre chose, se plaît à réaliser. Les tyrans de chez nous en ont aussi fait l'expérience. En effet, l'amour d'Aristogiton et l'affection d'Harmodios, sentiments solides, brisèrent le pouvoir de ces tyrans » (182b7-c7, trad. fr. L. Brisson). Voir également la conclusion du discours de Pausanias : 185b5-c1.

2. D. L. VII, 129 = *SVF* I 248, III 716, Apollod. 18.

3. Nous avons encore un point de rencontre net entre Zénon et Pausanias, qui déclare dans le *Banquet* : « Il est plus convenable, dit-on, d'aimer ouvertement que d'aimer en cachette (τὸ φανερῶς ἐρᾶν τοῦ λάθρᾳ) » (182d5-6). Zénon, dont on dit qu'il était d'abord réservé (Apulée, *Florilèges* 14 = *SSR* VH 24, raconte comment Zénon cachait Hipparchia et Cratès en train de faire l'amour en public), aurait donc probablement utilisé une impudence de type cynique sans abandonner un certain sens de la réserve. Voir à ce propos M.-O. Goulet-Cazé, *Les* Kynika *du stoïcisme*, *op. cit.*, p. 83-84.

de retenue qui semble devoir caractériser l'attitude publique du sage, comme en témoigne un portrait idéalisé d'un jeune homme rapporté par Clément d'Alexandrie :

> C'est un beau et aimable portrait de jeune homme que semble nous esquisser Zénon de Kition quand il en marque comme au ciseau les traits suivants : « Qu'il ait, dit-il, un visage pur, que ses sourcils ne soient pas froncés, ni ses regards effrontés ou languissants, que son cou ne soit pas renversé en arrière, ni ses membres flasques, mais dressés et tendus, qu'il soit prompt à parler avec droiture, qu'il retienne bien ce qui est dit avec justesse ; que ses attitudes et ses mouvements ne laissent aucun espoir aux débauchés. Que la pudeur et la virilité rayonnent de sa personne (αἰδὼς μὲν ἐπανθείτω καὶ ἀρρενωπία) ! Qu'il évite cette dissipation qui émane des boutiques de vendeurs de parfums, de fondeurs d'or, ou de commerçants en laine, et celle qui vient de tous les autres ateliers, là où certains, parés comme des prostitués (ἑταιρικῶς κεκοσμημένοι), passent la journée entière, comme les femmes qui attendent, assises dans un mauvais lieu[1].

Retenue et virilité sont des qualités qui signalent la force du jugement du sage[2] envers la luxure, dont les signes sont les postures efféminées, l'attrait des plaisirs de l'argent, de l'apparat, et du sexe. Cette retenue est sans doute l'attitude qui articule le mieux l'exigence de conformation à la nature – au risque que la retenue du sage passe pour de l'impudence – et des lois positives qui doivent s'appuyer sur des dispositions comme la retenue pour être plus efficace.

La sexualité doit devenir, comme chez Pausanias, un enjeu public qui doit se débarrasser de la honte conventionnelle qui lui est parfois attachée : c'est pourquoi Zénon peut, dans certains témoignages, user de l'impudence cynique pour dénoncer l'opprobre public qui s'attache à la sexualité en général ; c'est au prix d'une sexualité ouvertement affichée que l'on pourra non seulement en percevoir les véritables effets dans la cité, mais aussi lutter contre la privatisation des sentiments amoureux, privatisation qui n'a, dans une cité de sages, pas lieu d'être. La publicisation de la sexualité ne signifie pourtant pas qu'on doive faire l'amour en public, une retenue « naturelle » nous en empêche. Il ne s'agit pas d'user de l'impudence à contre-courant, et les circonstances en appellent probablement, la plupart du temps, à une réserve plus civilisée que dans la cité des cyniques.

1. Clément d'Alexandrie, *Le pédagogue*, III, 11, 74 (=*SVF* I, 246) (trad. fr. M.-O. Cazé dans *ibid.*, p. 84).

2. Pour une analyse de l'*aidôs* dans l'ancien stoïcisme, voir R. Kamtekar, « ΑΙΔΩΣ in Epictetus », *Classical Philology*, vol. 93, n° 2, 1998, p. 136-160, en particulier p. 138-139, où elle montre que l'*aidôs* caractérise le jugement du sage à la pensée d'un blâme ou d'une censure justifiée.

Conclusion

Platon, Diogène et Zénon ont tous trois conscience que la sexualité est un enjeu éthique et politique considérable. Former, réguler ou libérer la sexualité, c'est toujours aussi agir sur la nature des liens civils. La comparaison des trois *Républiques* permet d'affirmer qu'il y a bien, dès Platon, une réflexion de nature philosophique et politique sur la sexualité, que nul législateur ne saurait négliger en la laissant au gré des sentiments et des pratiques « privés ».

Les positions philosophiques de nos trois auteurs sur la sexualité révèlent des présupposés anthropologiques communs, comme le fait que le désir d'union sexuelle est en lui-même parfaitement naturel et neutre axiologiquement. Mais ce point de départ anthropologique simple débouche sur des conséquences philosophiques et politiques radicalement différentes. Platon reconnaît la naturalité du désir sexuel tout en affirmant que la sexualité s'organise autour de normes dont il appartient au législateur de les rendre les plus compatibles possible avec la loi rationnelle et fonctionnelle de la cité. Diogène fait de la naturalité du désir sexuel un principe de la vie cynique en libérant du carcan des lois de la cité une sexualité qui doit s'épanouir conformément à ce que la nature prescrit. Zénon fait de la sexualité un indifférent, lui permettant d'organiser autour des unions, du mariage et de l'institution pédérastique de nouveaux modes d'association communautaire et civile. Contrairement à Diogène, Platon, et dans une certaine mesure Zénon, considèrent que la sexualité, distincte du désir sexuel, est fondamentalement façonnée, si bien qu'un « retour à la nature » n'aurait probablement pas de sens concernant la sexualité prise comme enjeu politique.

Les mesures que proposent nos trois auteurs sur la sexualité, malgré leur parfum de scandale lorsqu'on les envisage indépendamment du contexte de la cité que chacun d'eux appelle de ses vœux, ne témoignent que partiellement d'une forme de « libération sexuelle ». Néanmoins, ces trois auteurs montrent, pour les contemporains que nous sommes, comment la sexualité pourrait devenir consciente des jeux qu'elle peut inventer, sans l'enfermer dans des normes prétendument naturelles.

LE CULTE DES DIEUX DANS LES TROIS *RÉPUBLIQUES*

Suzanne HUSSON

Comme le disait déjà Fustel de Coulanges : « chez les Anciens, ce qui faisait le lien de toute société c'était un culte »[1]. L'appartenance à une communauté politique impliquait pour ainsi dire naturellement l'assistance commune au culte des dieux de la cité, de sorte que l'effort du philosophe pour penser une *politeia* devait nécessairement se prononcer sur la place qu'y prenaient les dieux et sur les rapports qui pourraient s'instaurer entre eux et les citoyens. Or les représentations traditionnelles et spontanées du commerce entre les hommes et les dieux ne résistaient guère à l'examen rationnel, et ce rapport critique à la tradition était le lot commun de tous les philosophes, au moins depuis Xénophane et sa célèbre critique de l'immoralité et de l'anthropomorphisme des dieux traditionnels[2]. C'est ce

1. *La cité antique* [1864], 2e éd., Paris, Hachette, 1878, p. 166.

2. Comme le signale W. Jaeger à propos des premiers penseurs milésiens (Thalès, Anaximandre, Anaximène) : « Il est vrai que les plus anciens philosophes ne nous ont laissé aucune déclaration directe à propos de leur relation aux mythes traditionnels : mais il est inconcevable qu'ils aient omis de considérer leurs propres idées comme tout à fait opposées à un mode de vie fondé sur l'hypothèse d'après laquelle n'importe quel récit mythique doit, selon ce qui est généralement accepté, être vrai », (W. Jaeger, *The Theology of the Early Greek Philosophers*, trad. angl.. E. S. Robinson, Oxford, Clarendon Press, 1947, p. 19). Même si notre réflexion ne porte pas sur les mythes relatifs aux dieux en général, mais uniquement sur ceux qui interviennent directement dans la compréhension du culte qui leur est destiné (pour la distinction entre les dieux des poètes et les dieux de la religion, c'est-à-dire ceux du culte, *cf.* J. D. Mikalson, *Greek Popular Religion in Greek Philosophy*, Oxford, Oxford University Press, 2010, p. 18), et même si la question de savoir si les Grecs du VIIe et du VIe s. av. J.-C. tenaient n'importe quel récit mythique, même poétique, pour immédiatement vrai demanderait à être discutée, l'approche naturaliste de phénomènes (éclipses, foudres,

socle critique commun que nous allons, dans un premier temps, évoquer, car il constitue, pensons-nous, un présupposé explicite et implicite partagé aussi bien par Platon, Diogène et Zénon dans leurs *Républiques* respectives, bien que ce soit chez Platon que nous en trouvions les développements les plus suivis.

UN SOCLE COMMUN

Les principaux honneurs dus aux dieux sont résumés par Euthyphron vers la fin de son entretien avec Socrate :

> Si quelqu'un sait dire et faire ce qui est agréable aux dieux, à l'occasion des prières et des sacrifices, c'est cela qui est pieux (ἐὰν μὲν κεχαρισμένα τις ἐπίστηται τοῖς θεοῖς λέγειν τε καὶ πράττειν εὐχόμενός τε καὶ θύων, ταῦτ' ἔστι τὰ ὅσια), et ce sont les paroles et les gestes de ce genre qui préservent les demeures privées et le bien commun des cités. Le contraire de ce qui est agréable aux dieux est sacrilège, et c'est aussi ce qui renverse et détruit toutes choses[1].

On s'accorde à voir dans cette quatrième et dernière définition proposée par Euthyphron et réfutée par Socrate, une expression de la conception traditionnelle de la piété que l'on retrouve, par exemple, dans l'*Iliade*, lorsque Phénix dit à Achille :

> Allons ! Achille, dompte ton cœur superbe. Non, ce n'est pas à toi d'avoir une âme impitoyable, alors que les dieux mêmes se laissent toucher. N'ont-ils pas, plus que toi, mérite, gloire et force ? Les hommes pourtant les fléchissent avec des offrandes, de douces prières, des libations et la fumée des sacrifices, quand ils les viennent implorer après quelque faute ou erreur[2].

Le soin (*therapeia*) à donner aux dieux consiste donc essentiellement en deux rites, les seuls que nous prendrons en compte dans la réflexion

tremblements de terre) qui étaient traditionnellement interprétés comme des signes ou des punitions divines remettait en cause directement certains fondements concrets des rapports entre les dieux et les hommes. Quant à Xénophane, l'attaque est évidemment beaucoup plus directe, en particulier vis-à-vis des images cultuelles (DK B 14-16).

1. Platon, *Euthyphron*, 14b, trad. fr. L.-A. Dorion, Paris, GF-Flammarion, 1997.

2. Homère, *Iliade*, IX, 497-501, trad. fr. P. Mazon (Paris, Les Belles Lettres, 1937-1938, pour l'identification de cette définition avec l'approche traditionnelle de la piété, *cf. Euthyphron*, trad. cit., p. 231-233, J. D. Mikalson, *Greek Popular Religion...*, *op. cit.*, p. 39 *sq.*, L. Bruit Zaidman, *Le commerce des dieux : Eusebeia, essai sur la piété en Grèce ancienne*, Paris, La Découverte, 2001, p. 152-157.

présente : la prière, qui est avant tout comprise comme une prière de demande, par laquelle on sollicite une faveur, et le sacrifice destiné à éveiller l'attention bienveillante du dieu par une forme de don[1].

Comme le résume Paul Veyne : « entre la race humaine et la race des dieux païens, qui vivaient surtout pour eux-mêmes, les relations étaient pour ainsi dire internationales, contractuelles et occasionnelles »[2]. L'objectif du culte public des dieux est donc de permettre à la cité de gérer ses relations avec ces (grandes) puissances étrangères, qui peuvent être aussi bien hostiles que bienveillantes, et avec lesquelles contracter les bonnes alliances est d'une importance stratégique. Les manifestations de piété satisfaisaient évidemment aussi des objectifs privés, ou même sans doute des besoins spirituels plus intimes chez les plus fervents, mais la dimension politique était primordiale. De plus, dans la mesure où l'on considérait que c'était son respect des *nomima* et des traditions rituelles, qui avait permis à la cité de subsister et de prospérer (lorsque c'était bien le cas), vouloir les modifier signifiait courir le risque de perdre la protection des dieux : il ne fallait

1. Le soin rendu aux dieux est également caractérisé par la prière et le sacrifice dans le *Politique*, 290c-d. J. D. Mikalson, lorsqu'il résume le contenu de ce qui, dans la tradition philosophique, constitue le « soin des dieux » ajoute à la prière et aux sacrifices, les offrandes (dont il sera question à propos de Zénon, cf. *infra* p. 180), la rectitude des discours concernant les dieux, le respect des serments, ainsi que ce qui découle de cette première liste, à savoir les soins dus aux sanctuaires et à leurs desservants (*Greek Popular Religion…*, *op. cit.*, p. 32). Le recours à la divination est également un des aspects fondamentaux de la piété antique, mais nous ne l'aborderons pas ici de façon spécifique. En effet, si le recours à l'oracle delphique joue un rôle à la fois secondaire et fondateur dans les utopies platoniciennes (cf. *infra* p. 186), nous ne trouvons rien sur cette question dans les témoignages concernant les *Politeiai* de Diogène et de Zénon. De fait, dans la mesure où la divination institutionnelle avait lieu dans des temples, nous pouvons considérer que sa disparition accompagne la suppression des temples au sein de la cité de sages (cf. *infra* p. 183) cependant le sens de cette suppression diffère très certainement. Si, en effet, l'attitude critique des cyniques à l'égard de la divination est bien connue (*Cf.* Eusèbe, *Préparation évangélique*, IV, 2, 12-13 [= *SSR* VB 336], D. L. VI 24 [= *SSR* VB 375]), l'apologétique stoïcienne de la divination aussi (Cicéron, en *De la divination*, I, 6, présente l'école stoïcienne comme favorable à la divination, mais sans passer sous silence l'existence de débats internes – *cf.* C. Lévy, « De Chrysippe à Posidonius : variations stoïciennes sur le thème de la divination », dans J. G. Heintz (éd.), *Oracles et prophéties dans l'Antiquité*, *Actes du colloque de Strasbourg, 15-17 juin 1995*, Paris, De Boccard, 1997, p. 321-343). Comment Zénon pouvait-il, en toute vraisemblance, rejeter la divination institutionnelle de sa cité, tout en l'admettant par ailleurs ? La réponse à cette question, excédant le cadre de sa pensée politique, réclamerait une étude indépendante que nous ne mènerons pas ici.

2. P. Veyne, *Quand notre monde est devenu chrétien*, Paris, Albin Michel, 2007, p. 17, et du même auteur, « Inviter les dieux, sacrifier, banqueter. Quelques nuances de la religiosité gréco-romaine », *Annales, Histoire, Sciences Sociales* 1, 2000, p. 3-42, ici p. 20.

surtout rien changer aux pratiques qui avaient prouvé leur efficacité et respecter la tradition[1], le *nomos*, de la règle reçue par l'usage.

Ces caractéristiques de la *religio*, dans son sens antique, sont battues en brèche par l'approche rationnelle du divin. Sans en retracer l'histoire depuis les présocratiques, nous pouvons en caractériser le fondement critique par un trait principal : le principe d'éminence, d'après lequel les dieux sont, pour le philosophe, supérieurs à l'homme, non pas en quelques attributs traditionnels (comme la puissance d'action ou l'immortalité[2]), mais de façon totale, par nature. Cette radicalisation rationnelle de la différence entre l'humain et le divin peut se décliner à différents niveaux : ainsi au niveau épistémologique, l'éminence des dieux implique qu'ils ne peuvent être appréhendés selon le mode de connaissance ordinaire, que la connaissance que nous en avons est nécessairement limitée[3]. Cependant, ce sont les déclinaisons ontologiques et morales de ce principe qui nous intéresseront ici, dans la mesure où celles-ci ont des conséquences directes au niveau religieux. Nous en trouvons l'explicitation chez Platon, mais il est possible de déceler leur présence chez Zénon aussi bien que chez Diogène.

Ainsi, dans un premier temps, si les dieux sont ontologiquement supérieurs à l'homme, ils sont nécessairement autarciques, de sorte que nous n'avons rien à leur donner dont ils aient besoin en échange de nos demandes. Socrate s'élève ainsi dans l'*Euthyphron* (14e) contre la conception traditionnelle de la piété qui en fait une sorte de troc où nous échangeons des dons contre les faveurs divines : « il ne serait sans doute pas bien malin, de la part de celui qui donne, d'apporter comme présents à quelqu'un des choses dont il n'a aucun besoin » (οὐ γάρ που τεχνικόν γ' ἂν εἴη δωροφορεῖν διδόντα τῳ ταῦτα ὧν οὐδὲν δεῖται). Pour Euripide déjà les dieux n'ont

1. *Cf.* Xénophon, *Mémorables*, IV, 6, 2-4, et J. D. Mikalson, *La religion populaire à Athènes*, [*Athenian Popular Religion*, Chapel Hill, Univ. of North Carolina Pr., 1983], Paris, Perrin, 2009, p. 35-41.

2. Morgan, par exemple définit le socle théologique commun des pratiques religieuses de la Grèce du ve s., auquel il donne le nom de « théologie delphique », de la façon suivante : les dieux sont immortels; possèdent une connaissance parfaite et sont extrêmement puissants; les hommes à l'opposé sont mortels et limités au niveau de la puissance et de la connaissance; l'humanité doit reconnaître ses propres limites et ne pas chercher à effacer cette discontinuité fondamentale entre les dieux et les hommes (M. L. Morgan, « Plato and Greek Religion » *in* R. Kraut (ed.), *Cambridge Companion to Plato*, Cambridge, Cambridge University Press, 2006, p. 230). Nous pouvons mettre en avant deux traits qui distinguent ces représentations partagées des principes fondamentaux des théologies rationnelles que l'on retrouve dans toutes les écoles hellénistiques et qui prennent racine chez les présocratiques : l'éminence morale des dieux et la compréhension de la sagesse comme imitation de la divinité, quelle que soit la formule employée.

3. Cela apparaît clairement chez Xénophane (DK B 18; 34; 35).

besoin de rien (*Héraclès*, 1345-1346), mais nous retrouvons cette idée également dans la bouche du Socrate de Xénophon :

> Tu sembles croire, Antiphon, que le bonheur consiste dans la mollesse et la dépense. Pour ma part, je considère que l'absence de besoin est divine et qu'avoir besoin du minimum de besoins est ce qui s'approche le plus du divin (ἐγὼ δ' ἐνομίζον τὸ μὲν μηδενὸς δεῖσθαι θεῖον εἶναι, τὸ δ' ὡς ἐλαχίστων ἐγγυτάτω τοῦ θείου)[1].

L'individu est un être dépendant, dont l'existence est suspendue à la satisfaction de manques toujours renouvelés, comme le disait Hérodote : « Un seul individu (*sôma*) humain n'est pas autarcique : il est des choses qu'il possède et d'autres dont il manque »[2] et Platon met cet aspect de la condition humaine en avant lorsqu'il décrit dans la *République* la genèse rationnelle de la cité[3]. À l'opposé, les dieux ne manquent de rien, ils ne se confondent donc pas avec les dieux traditionnels, moqués par Aristophane, censés se nourrir de la fumée des sacrifices et vouloir recevoir des offrandes :

> La seule chose à faire pour nous c'est de recevoir, bon dieu ! D'ailleurs les dieux le font bien. À preuve, les mains de leurs statues : quand nous les supplions de nous donner leurs faveurs, ils sont là campés, tenant la paume en l'air. Ce n'est pas le geste de quelqu'un qui s'apprête à donner, mais à recevoir. (Aristophane, *L'assemblée des femmes*, v. 779-783, traduction V. H. Debidour)[4].

1. Xénophon, *Mem.*, I, 6, 10, trad. fr. L.-A. Dorion citée très légèrement modifiée.

2. « ἀνθρώπου σῶμα ἓν οὐδὲν αὔταρκές ἐστι· τὸ μὲν γὰρ ἔχει, ἄλλου δὲ ἐνδεές ἐστι », Hérodote, *Histoires*, I, 32, 42-43. σῶμα peut avoir le sens d'« individu », mais dans le cas présent la référence à la corporéité demeure.

3. *Cf.* « Personne parmi nous n'est autarcique mais chacun manque de beaucoup de choses », Platon, *République*, II, 369b.

4. Il est vrai que nous sommes face à un passage dont le ressort comique consiste à attribuer aux dieux des aspects ridicules de la condition humaine, mais les fidèles pensaient-ils réellement que les dieux avaient besoin des hommes pour se nourrir ? Que la fumée parvenait à eux, ainsi que les offrandes dont ils savaient bien qu'elles étaient consommées par les pauvres ou les esclaves ? On peut douter que telle ait été la représentation générale, ainsi Paul Veyne voit dans les sacrifices et les théoxénies (repas offerts aux dieux où ceux-ci se nourrissent non pas d'une part réservée – la graisse et les os – brûlées sur l'autel, mais de la même nourriture que les hommes) des motivations plus complexes, il s'agit avant tout d'entrer dans un jeu social avec le dieu, dont le fidèle pourra sortir gagnant : « il nous faut concéder aux dieux une part de ce que nous mangeons. Pour les nourrir ? Même pas : c'est à la fois un geste d'hommage, une conduite magique […] et un défi, un challenge : le dieu à qui nous avons sacrifié aura-t-il le front, après cela, de nous refuser les bonnes récoltes ? » (P. Veyne, « Inviter les dieux, sacrifier, banqueter. Quelques nuances de la religiosité gréco-romaine », art. cit., p. 15, sur la consommation des offrandes par les esclaves et les pauvres voir p. 13). Sans doute les Grecs ne pensaient-ils pas assurer vraiment la subsistance des dieux, mais leur offrir plutôt ce qui était pour eux des gourmandises.

De cette constatation, Socrate et Euthyphron concluent qu'il ne peut s'agir entre les hommes et les dieux d'un échange commercial, puisqu'il est inconcevable que les dieux acceptent un échange dont ils seraient les perdants. Cependant reste la possibilité qu'il s'agisse d'un échange où l'homme n'apporte pas aux dieux des biens matériels, mais des satisfactions immatérielles : « le respect, la marque d'honneur et, comme je l'ai dit tout à l'heure[1], l'agrément », « τιμή τε καὶ γέρα καί, ὅπερ ἐγὼ ἄρτι ἔλεγον, χάρις » (Platon, *Euthyphron*, 15a). Or, mis à part la difficulté que cette nouvelle définition pose dans l'économie de l'ensemble du dialogue[2], elle rend compte de la croyance qui veut que les dieux, comme les puissants, puissent se laisser fléchir ou tenter par des marques de considération qui les flattent et les disposent favorablement à notre égard. Autrement dit, les dieux se laisseraient subtilement corrompre par les marques d'attention que nous leur portons. Mais cette conception traditionnelle de la piété, bien que moins naïve que la première, se heurte chez le philosophe au versant moral du principe d'éminence des dieux.

Ceux-ci, en effet, nous sont par nature moralement supérieurs, de sorte que nous ne pouvons pas projeter sur eux nos faiblesses et en particulier, la tendance à être corrompus par des présents ou des marques de soumission (cf. *République*, II, 364b-365a; *Lois* X, 905d-907b). Et lorsque Platon critique les tentatives de corruption des dieux, soit en censurant les mythes (*République*, II, 377e-383a), soit en démontrant leur incorruptibilité afin de convertir les citoyens mécréants (*Lois*, X, *ibid.*), il ne s'attaque pas de fait seulement à certaines pratiques privées, mais aussi à l'approche commune de la fonction de la religion civique qui consiste, par les honneurs publics qu'on lui rend et par eux seuls, à attirer les faveurs d'une divinité sur une cité déterminée et ses intérêts particuliers, indépendamment de leur légitimité intrinsèque : « Ils font accroire non seulement aux particuliers, mais encore aux États qu'on peut par des sacrifices et des jeux divertissants être absous et purifié de son crime » (*République*, II, 364e-365a, trad. fr. É. Chambry).

Si les deux piliers du culte traditionnellement rendu aux dieux, à savoir la prière de demande ritualisée et le sacrifice, ont de telles fonctions incompatibles avec la nature du divin et l'exigence morale humaine, il semble inéluctable que, dans une *politeia* rationnelle, le philosophe ne

1. C'est Euthyphron qui parle – *cf.* 14b.

2. Elle vient du fait que Socrate va réfuter cette dernière définition, alors qu'une conception semblable de la piété lui est attribuée, comme nous l'avons vu, dans les *Mémorables* par Xénophon (*cf.* la note de L.-A. Dorion dans Platon, *Lachès, Euthyphron*, trad. cit., p. 233).

puisse les maintenir en l'état. Et ce qui est vrai de Platon l'est aussi de Diogène et Zénon, car tous deux sont les héritiers de cette conception rationaliste de la divinité. En ce qui concerne l'autarcie, la formule de Diogène : « le propre des dieux est de n'avoir besoin de rien, de celui qui est semblable aux dieux d'avoir de peu de choses[1] », démontre, malgré les différences de conception de l'autarcie entre le cynique et le Socrate de Xénophon[2], une continuité d'inspiration. D'autre part, quelle que soit la position des cyniques à l'égard de l'existence des dieux[3], ceux-ci demeurent, comme cette formule même l'indique également, un modèle moral. Puisque la vertu consiste à se rendre semblables à eux, on ne peut que leur attribuer une vertu éminente incompatible avec les aspects plus ou moins avouables des pratiques religieuses communes. Quant à Zénon, l'autarcie divine n'est pas formellement avancée dans les fragments qui nous restent ; nous trouvons néanmoins cette citation de Chrysippe, que Plutarque attribue à son traité *Sur la Providence* :

> Le monde seul est dit autarcique, parce qu'il est le seul à posséder en lui-même tout ce dont il a besoin et il tire sa nourriture et sa croissance de lui-même, alors que par ailleurs ses parties se transforment les unes dans les autres[4].

Comme chez Platon (*Timée*, 32c-34b), le monde est conçu comme un être vivant, et visiblement l'être vivant est autarcique non pas parce qu'il n'a pas de manques, mais parce qu'il possède en lui-même tout ce qui peut combler ses manques, il se nourrit de lui-même par une sorte de recyclage perpétuel. Dans ces conditions, les dieux intramondains, par exemple les astres[5], ne seront pas à proprement parler autarciques. Cependant, il n'en demeure pas moins qu'ils le sont par rapport à nous, c'est-à-dire que nous ne pouvons leur fournir ce dont ils auraient éventuellement besoin et cette autarcie physique relative suffit pour notre propos. D'autre part, ils sont autarciques au niveau moral, puisqu'ils possèdent la vertu et que celle-ci suffit au bonheur (*SVF* III, 49-67). La providence sans faille qu'ils exercent ne peut donc être ébranlée par nos tentatives de corruption.

Dans un monde rythmé par les rites, dont le respect était la norme, nos trois auteurs mirent ainsi à profit la liberté que confère la construction théorique d'une cité rationnelle pour s'en détacher. Mais, si le culte

1. D. L. VI, 105 (*SSR* VA 135).
2. *Cf.* L.-A. Dorion, *L'autre Socrate*, *op. cit.*, p. 429-448.
3. Cf. *infra* p. 176.
4. Plutarque, *De Stoic. Rep.*, XXXIX, p. 1052 d = *SVF* II 604.
5. *Cf.* Cicéron, *La nature des dieux*, II, XIX 49-XXI 56.

habituellement rendu aux dieux est condamnable, quelle attitude faudrait-il rationnellement adopter ? Faut-il le supprimer tout à fait, lui substituer un culte d'un autre ordre ou bien le conserver tout en le réformant ? Nous retrouvons ces trois positions dans les trois *Républiques*, cette diversité reflétant, malgré ce fonds commun de théologie rationnelle, la divergence de leur conception du rapport de la religion à l'individu et à la cité.

DIOGÈNE : L'EFFACEMENT DU RELIGIEUX

Commençons par la solution la plus radicale, c'est-à-dire, très certainement, celle de Diogène en remarquant que des trois personnages, il est le seul à s'être attaqué, au niveau pratique, au conformisme religieux. Néanmoins, les transgressions auxquelles il se livra étaient suffisamment modérées pour ne pas encourir de poursuites pour impiété : la tradition ne nous rapporte pas que Diogène, par exemple, ait mutilé des statues, révélé des Mystères ou se soit livré à des rites ouvertement sacrilèges, actes pour lesquels il aurait très certainement encouru des poursuites[1]. Les « transgressions » pratiques auxquelles il s'est livré restaient donc dans la limite de l'acceptable pour ses contemporains.

Nous savons ainsi qu'il prenait domicile dans des édifices religieux, comme le portique de Zeus Eleutherios à l'Agora ou le Pompeion dans le Céramique (D. L. VI 22 = *SSR* VB 174). Ces édifices ne sont pas exactement des temples : la Stoa de Zeus, située sur l'Agora, bien qu'elle fût un lieu de culte de Zeus Eleutherios, était un lieu de promenade et de rencontre, et le Pompeion, situé au Céramique, était destiné à conserver les objets sacrés servant à la procession des Panathénées, et servait également de salle à manger pour les grandes familles athéniennes durant ces fêtes[2]. Cependant, son célèbre abri de fortune est clairement situé dans un temple, celui de la mère des dieux situé lui-même dans l'Agora :

> Alors qu'il avait demandé à quelqu'un de lui prévoir une petite maison et que la personne tardait, il élut domicile dans la jarre qui se trouvait au Métrôon (τὸν ἐν τῷ Μητρῴῳ πίθον ἔσχεν οἰκίαν)[3].

1. Pour les sanctions encourues, selon la tradition, par les profanateurs des Mystères, *cf.* V. Magnien, *Les Mystères d'Éleusis. Leurs origines, le rituel de leurs initiations*, Paris, Payot, 1929, 1950^3, p. 28-31.

2. *Cf.* H. R. Goette, *Athens, Attica and the Megarid, An Archeological Guide*, [1re éd. en all, 1993], London-New York, Routledge, 2002, p. 63 (Pompéion), p. 71-72 (Stoa de Zeus).

3. D. L. VI 23 = *SSR* VB 174, trad. fr. M.-O. Goulet-Cazé, très légèrement modifiée.

Malgré cela, les Athéniens ne lui en tinrent pas rigueur, puisque lorsqu'un jeune vandale détruisit sa jarre, ceux-ci mirent une autre à sa disposition[1] Il faut croire que dormir à cet endroit n'apparaissait pas comme un acte sacrilège. Certes, dormir dans un temple pouvait être un acte de piété, puisque l'incubation se pratiquait couramment dans les sanctuaires oraculaires (par exemple à Delphes) et dans les temples d'Asclépios comme à Epidaure, mais y élire domicile devait être inhabituel.

Diogène, d'autre part, s'autorisait à manger la nourriture offerte aux dieux[2], mais c'était une pratique connue que d'abandonner les restes des sacrifices et des offrandes aux pauvres[3].

Nous savons par ailleurs qu'il avait refusé de se faire initier aux Mystères (D. L. VI 39 = *SSR* VB 339), mais l'initiation, tout en étant généralement pratiquée, n'était pas une obligation. Signalons, d'autre part, que dans la mesure où il n'était pas citoyen athénien, on ne pouvait pas reprocher à Diogène de ne pas assister à la plupart des cérémonies du culte civique. Comme dans d'autres domaines, la transgression cynique jouait avec les limites de ce que la société pouvait accepter. Il ne faut pas négliger néanmoins la portée de la justification qui l'accompagnait et qui se signale tout d'abord par le rejet de la notion de pureté rituelle et des interdits qui l'accompagnent. Mis à part son rejet des coutumes et des interdits relatifs à la mort et à sa propre sépulture (*SSR* VB 86, 100-101, 104-105), nous trouvons également :

> Il cueillait des figues sur un figuier. Le gardien des lieux lui dit : « Sur cet arbre, dernièrement, un homme s'est pendu ». « C'est bien pourquoi je vais le purifier »[4].

Comme le signale M.-O. Goulet-Cazé (*ad. loc.*), Diogène purifie l'arbre « non en s'adonnant à des rites apotropaïques, mais en le débarrassant de ses fruits », et surtout en montrant par l'exemple qu'il ne faut pas prendre en compte la distinction religieuse fondamentale du pur et de l'impur.

Ces catégories doivent être remplacées par l'évaluation éthique, la seule véritable. Il justifiait, par exemple, ainsi son absence de participation aux Mystères :

> À des Athéniens qui lui demandaient de se faire initier aux Mystères, sous prétexte que, dans l'Hadès, les initiés ont droit à la première place, il ré-

1. D. L. VI 43, = *SSR* VB 169.
2. Cf. *infra* p. 176.
3. *Cf.* P. Veyne, « Inviter les dieux, sacrifier, banqueter. Quelques nuances de la religiosité gréco-romaine », art. cit., p. 14.
4. D. L. VI 62 = *SSR* VB 348, trad. fr. M.-O. Goulet-Cazé.

> pliqua : « Laissez-moi rire ! Agésilas et Épaminondas croupiraient dans le bourbier, tandis que n'importe quel type, à condition d'être initié, séjournerait dans les Îles des Bienheureux ! »[1].

On trouve donc chez Diogène une claire contestation de l'efficacité des rites, mais à celle-ci est également liée une assimilation du sage aux dieux, dans le sens où le sage a les mêmes droits religieux que ceux-ci.

Ainsi, son occupation du portique de Zeus et du Pompéion était justifiée par le fait que ceux-ci avaient été construits pour lui :

> Tout endroit lui convenait pour toute activité, manger, dormir ou discuter. C'est dans ces circonstances qu'il dit, en montrant le Portique de Zeus et le Pompéion, que les Athéniens les avaient construits à son intention, afin qu'il y demeurât[2].

Mais surtout, il estimait qu'« Il n'y a rien de déplacé [...] à prendre quelque chose dans un temple ou à goûter de la viande d'un animal (Μηδέν τε ἄτοπον εἶναι ἐξ ἱεροῦ τι λαβεῖν) »[3]. Même si la consommation des offrandes par les pauvres était admise, la revendiquer de la sorte implique de s'attaquer à un interdit fondamental concernant les biens appartenant aux dieux. Or, on peut penser que la justification prenait appui sur le syllogisme d'après lequel,

> Πάντα τῶν θεῶν ἐστι· φίλοι δὲ τοῖς σοφοῖς οἱ θεοί· κοινὰ δὲ τὰ τῶν φίλων· πάντα ἄρα τῶν σοφῶν.
> Tout appartient aux dieux ; les dieux sont amis des sages ; tout est commun entre amis ; donc tout appartient aux sages. (D. L. VI 72 = VB 353)

Si tout appartient aux sages, c'est *a fortiori* le cas des biens qui, conventionnellement, sont attribués aux dieux. À l'opposé, pour Diogène, prendre le bien des dieux est un vol de la part des non-sages, y compris les fonctionnaires du temple :

> Ayant vu un jour les gardiens du temple emmener quelqu'un qui avait dérobé une coupe appartenant au trésor du temple il dit : « Les grands voleurs emmènent le petit »[4].

1. D. L. VI 39 = *SSR* VB 339, trad. fr. M.-O. Goulet Cazé.
2. D. L. VI 22 = *SSR* VB 174, trad. fr. *ibid.*
3. D. L. VI 73 = *SSR* VB 353, trad. fr. *ibid*, légèrement modifiée. Il s'agit ici de s'emparer de n'importe quelle nourriture dans un temple, et donc de celle qu'on pouvait laisser aux dieux à titre d'offrande. Une autre anecdote montre un Diogène faisant la fine bouche dans un temple, alors qu'on lui sert des pains de mauvaise qualité. Mais nous pouvons nous situer ici dans le cadre d'un repas sacrificiel public, ou privé, auquel cas, il ne saurait être question de sacrilège (D. L. VI 64 = *SSR* VB 349).
4. D. L. VI 45 = *SSR* VB 462, trad. fr. M.-O. Goulet-Cazé, légèrement modifiée.

L'anthropomorphisme de la religion et de ses pratiques est pris au mot : si les temples et les offrandes sont les biens des dieux, ils sont aussi ceux de leurs amis, les sages. Les sages, en effet, ne s'identifient pas entièrement aux dieux, puisque seuls les dieux sont pleinement autarciques, de sorte que les sages ne seront jamais que semblables à eux, mais ils se situent moralement sur un même plan[1].

Dans un registre moins radical, signalons également que Diogène se livrait à une critique engagée des pratiques religieuses de ses contemporains que ceux-ci auraient également pu qualifier de superstitieuses, comme la prosternation. Traditionnellement, en effet, la prière se faisait debout les bras tendus et les paumes levées vers le ciel :

> Il vit un jour une femme qui se prosternait devant les dieux dans une attitude particulièrement indécente. Voulant la débarrasser de sa superstition, à ce qui dit Zoïlos de Pergée, il s'approcha d'elle et dit : « Ne crains-tu pas femme, que si un jour un dieu se tient derrière toi, – car tout est rempli de la divinité –, ton attitude ne soit indécente ?[2]
>
> À Asclépios, il offrit un lutteur qui se jetait sur les fidèles prosternés face contre terre et les rouait de coups[3].

Enfin, il dénonçait, les contradictions des insensés, leurs incohérences morales lorsqu'ils s'approchent des dieux :

> Il adressait des reproches aux hommes à propos de leurs prières, disant qu'ils réclamaient des biens qui leur paraissent à eux-mêmes des biens, non ceux qui le sont en vérité[4].
>
> À des gens qui faisaient un sacrifice aux dieux pour avoir un fils, il dit : « Et ne sacrifiez-vous pas pour la sorte d'homme qu'il deviendra ? »[5].
>
> Il était hors de lui quand des gens sacrifiaient aux dieux pour leur santé et, au cours du même sacrifice, mangeaient au détriment de cette même santé[6].

En ce qui concerne la *République*, malheureusement, aucun témoignage direct ne nous permet de dire quelle était l'attitude préconisée par Diogène

1. *Cf.* M. Daraki, *Une religiosité sans dieu, Essai sur les Stoïciens d'Athènes et saint Augustin*, Paris, La Découverte, 1989.
2. D. L. VI 37 = *SSR* VB 344, trad. cit.
3. D. L. VI 38 = *SSR* VB 341, trad. cit.
4. D. L. VI 42 (= *SSR* VB 350), trad. cit. très légèrement modifiée. On trouve une critique similaire de la pratique commune de la prière chez le Socrate de Xénophon (*Mem.*, I, 3, 2).
5. D. L. VI 63 (= *SSR* VB 343), trad. cit..
6. D. L. VI 28 (= *SSR* VB 345), trad. cit.

à l'égard des dieux. Il n'est cependant pas invraisemblable de penser que, comme Zénon, dont l'ouvrage partageait avec le sien beaucoup de similitudes, il proscrivait aussi les temples et les statues[1]. Malheureusement nous ne pouvons guère aller plus loin, sinon en ajoutant que son argumentation n'était certainement pas la même, dans la mesure où, comme nous le verrons, l'argument de Zénon dépend étroitement de sa propre théorie de la valeur. S'agissait-il, d'autre part, d'abolir toute relation aux dieux ou de remplacer les cultes traditionnels par une religion philosophique ? Nous pencherions plutôt vers la première solution. Le bonheur du sage cynique, en effet, ne repose pas sur la connaissance intime des dieux, mais sur la pratique de l'autarcie que la vie naturelle rend possible. S'il n'est pas exclu que le sage cynique se réfère aux dieux, comme paradigmes moraux, son bonheur n'implique pas d'établir avec eux une relation particulière, de l'ordre du sacré : comme le montre le syllogisme qui démontre que tout appartient au sage, dieux et sages se situent sur un pied d'égalité, et, surtout, d'indépendance. La question de savoir si Diogène croyait ou non à l'existence des dieux est difficile à résoudre dans la mesure où sont attribuées à Diogène aussi bien des formules qui, tout en critiquant la religion traditionnelle, s'appuient sur l'existence de dieux rationnellement conçus, que des positions athées, généralement aussi attribuées à Diagoras de Mélos ; soit encore des manifestations d'agnosticisme[2]. Sans se lancer dans l'entreprise hasardeuse de pénétrer dans le for intérieur de Diogène, on peut néanmoins constater, qu'authentiques ou non, les manifestations d'athéisme qui lui sont attribuées, devaient correspondre à l'image qu'on pouvait se faire du cynisme dans l'Antiquité. Le cynisme pouvait apparaître athée parce qu'il prétendait vivre sans *religio*, sans piété conçue dans son sens traditionnel, mais ce rejet des coutumes a pu aussi être interprété, par Épictète et Julien notamment, comme la manifestation d'une piété supérieure, d'une relation philosophique à la divinité[3]. Or, précisément, la possibilité de cette double image est due au fait que le cynisme propose une sagesse qui non seulement se dispense de la religion traditionnelle, mais dont l'autarcie pratique enlève toute pertinence à la question de l'action actuelle des dieux dans le monde, ainsi qu'à celle de l'influence que les hommes peuvent ou non avoir sur elle : le sage cynique idéal se rend semblable aux dieux par son autarcie, mais n'a pas besoin, comme le sage stoïcien ou épicurien, de penser à Dieu ou

1. Cf. *infra* p. 178 *sq*.

2. Cf. *SSR* VB 131, 342, 103, 334, G. Giannantoni, *SSR*, IV, Napoli, Bibliopolis, p. 547-550, et M.-O. Goulet-Cazé, « Les premiers Cyniques et la religion », dans M.-O. Goulet-Cazé et R. Goulet (éd.), *op. cit.*, 1993, p. 117-158.

3. Épictète, *Entretiens*, III, 22, 53-61, Julien, *Discours*, VII, 8, 212a-c (= *SSR* VB 333), VII, 25, 238a-239c (= *SSR* VB 332).

aux dieux, de les contempler dans leur transcendance ou dans leur immanence, pour achever son bonheur. Il n'a rien à demander aux dieux, même passés sous le prisme de la réflexion philosophique, et doit tout attendre de la réalité qui l'entoure et de lui-même. À côté de cela, une relation plus intime au divin est une option possible, que des cyniques comme Démonax semblent avoir prise[1], ou que des admirateurs du cynisme ont projetée sur eux : rien n'indique que tel ait été le cas pour Diogène, ni même qu'il se soit sérieusement posé la question de l'existence des dieux à un niveau philosophique (ce qu'il a dû faire s'il était athée ou ouvertement agnostique comme Protagoras), puisque la sagesse telle qu'il la concevait n'imposait pas de la résoudre. Quelle qu'ait été sa posture, nous pouvons néanmoins très vraisemblablement en conclure que Diogène ne remplaçait pas, dans sa *République* et contrairement à Zénon, la religion conventionnelle par une piété rationnelle.

ZÉNON, LA RELIGION ET LA NATURE

Chez Zénon, en effet, la sagesse implique au contraire la pleine conscience de l'action de Dieu et des dieux dans la nature et la présence du divin dans la partie directrice de notre âme. D'autre part, nous savons, de façon documentée que, dans sa *République*, le stoïcien refusait radicalement certaines des pratiques religieuses traditionnelles. Mais jusqu'où son refus s'étendait-il ?

Certes, contrairement aux cyniques, les stoïciens affichent un conformisme dans la pratique religieuse, mais celui-ci contraste avec ce que Zénon envisageait dans une cité composée uniquement de sages, vivant selon les normes de la nature. Plutarque, par exemple, y voit une contradiction :

> Et il y a une encore une doctrine de Zénon (d'après laquelle) il ne faut pas construire de sanctuaires des dieux, en effet, un sanctuaire n'est ni de grande valeur ni sacré et aucun ouvrage des constructeurs et des artisans n'est de grande valeur. Or tout en prônant cela comme la bonne attitude, ils se font initier dans les sanctuaires, montent à l'Acropole, se prosternent devant les statues et honorent les chapelles, qui sont des ouvrages de constructeurs et d'artisans humains[2].

1. « Un de ses amis lui dit : "Partons, Démonax, pour l'Asclépéion et prions pour mon fils". Il répartit : "Tu penses qu'Asclépios est complètement sourd, s'il ne peut nous entendre prier ici aussi" », Lucien, *Vie de Démonax*, 27, trad. fr. J. Bompaire, Paris, Les Belles Lettres, 1993, légèrement modifiée.

24. 1. Plutarque, *De Stoic. rep*, 6, 1034 B-C = *SVF* I 264[2] fr 9, Bees 18[a], Husson 10. Nos traductions des fragments de la *Politeia* de Zénon ont bénéficié des discussions stimulantes

Le fait est que nous savons que dans sa *République* Zénon rejette la construction de temples[1], mais cet interdit s'étend à tout objet cultuel, c'est-à-dire aux statues[2], ainsi qu'à toutes les sortes d'offrandes :

> Ζήνων ἔφη δεῖν τὰς πόλεις κοσμεῖν οὐκ ἀναθήμασιν ἀλλὰ ταῖς τῶν οἰκούντων ἀρεταῖς.
> Zénon dit qu'il faut embellir les cités non avec des offrandes mais avec la vertu de leurs habitants[3].

Nous connaissons, d'autre part, de façon assez précise l'argumentation par laquelle Zénon condamnait l'édification de temples : les fragments *SVF* I 265, 264^{1} et 264^{2} se réfèrent tous à un même syllogisme que Clément d'Alexandrie cite littéralement :

> ἱερά τε οἰκοδομεῖν οὐδὲν δεήσει· ἱερὸν γὰρ μὴ πολλοῦ ἄξιον καὶ ἅγιον οὐδὲν χρὴ νομίζειν· οὐδὲν δὲ πολλοῦ ἄξιον καὶ ἅγιον οἰκοδόμων ἔργον καὶ βαναύσων.
> Il n'y aura pas besoin de construire de sanctuaire ; car il faut tenir pour rien un sanctuaire qui n'est ni de grande valeur, ni très sacré ; or aucun ouvrage de constructeurs et d'artisans n'est de grande valeur ni très sacré[4].

Nous pouvons ainsi distinguer trois propositions :

A) « il faut tenir pour rien un sanctuaire qui n'est ni de grande valeur, ni très sacré » ;

B) « or aucun ouvrage de constructeurs et d'artisans n'est de grande valeur ni très sacré » ;

C) donc « il n'y aura pas besoin de construire de sanctuaire ».

La première proposition pose qu'un sanctuaire par son essence même doit être de très grande valeur et très sacré. Or nous savons que Zénon distinguait, parmi les indifférents, les choses préférées : celles-ci ont une grande valeur parce qu'elles sont choisies en vertu d'une raison plus forte.

> Τῶν δ' <ἀξίαν ἐχόντων> τὰ μὲν ἔχειν <πολλὴν ἀξίαν, > τὰ δὲ <βραχεῖαν.> Ὁμοίως δὲ καὶ τῶν <ἀπαξίαν> ἐχόντων ἃ μὲν ἔχειν <πολλὴν ἀπαξίαν, > ἃ δὲ <βραχεῖαν.>
> Τὰ μὲν <οὖν> <πολλὴν> ἔχοντα <ἀξίαν προηγμένα> λέγεσθαι, τὰ δὲ

au sein du séminaire d'édition des fragments de Zénon dirigé par J.-B. Gourinat au Centre Léon Robin. Que ses participants en soient remerciés ; toute erreur, subsistant malgré tout, étant de notre fait.

1. *SVF* I 264 (Bees 9^{a}, 9^{c}, 18^{a}, Husson 20, 23, 10), 265 (Bees 9^{b}, Husson 21), 267 (Bees 4, Husson 13).
2. *SVF* I, 264^{1} (Bees 9^{a}, Husson 20).
3. Stobée, IV. 1.88 = *SVF* I 266 (Bees 19, Husson 18).
4. Clément d'Alexandrie, *Stromates*, V 11, 76, 1 p. 691 P = *SVF* I 264^{1} (Bees 9^{a}, Husson 20).

<πολλὴν ἀπαξίαν ἀποπροηγμένα, > Ζήνωνος ταύτας τὰς ὀνομασίας θεμένου πρώτου τοῖς πράγμασι. <Προηγμένον> δ' εἶναι λέγουσιν, ὃ ἀδιάφορον <ὂν> ἐκλεγόμεθα κατὰ προηγούμενον λόγον. Τὸν δ' ὅμοιον λόγον ἐπὶ τῷ <ἀποπροηγμένῳ> εἶναι, καὶ τὰ παραδείγματα κατὰ τὴν ἀναλογίαν ταὐτά. Οὐδὲν δὲ τῶν ἀγαθῶν εἶναι προηγμένον διὰ τὸ τὴν μεγίστην ἀξίαν αὐτὰ ἔχειν. Τὸ δὲ <προηγμένον, > τὴν δευτέραν χώραν καὶ ἀξίαν ἔχον, συνεγγίζειν πως τῇ τῶν <ἀγαθῶν> φύσει·.
Parmi les choses qui ont de la valeur, certaines ont une grande valeur, d'autres une petite. De même aussi pour les choses qui ont valeur négative, certaines ont une valeur négative importante, d'autres une petite. Celles qui ont une grande valeur, on les appelle préférées, et celles qui ont une grande valeur négative, non-préférées, Zénon ayant été le premier à imposer ces appellations aux choses. Ils disent qu'est préféré ce que, alors qu'il est indifférent, nous choisissons selon une raison plus forte ; une définition semblable s'applique au non-préféré, et les exemples sont les mêmes par analogie. Du fait qu'ils possèdent eux-mêmes la valeur la plus grande, aucun des biens n'est préféré ; alors que le préféré, étant au second rang en place et en valeur, est en quelque sorte voisin de la nature des biens[1].

Un sanctuaire fait donc partie des indifférents, puisqu'il est une réalité extérieure à l'âme qui ne peut s'identifier ni à la vertu, ni au vice. Cependant, les raisons de ne pas le construire sont plus fortes que celles de le construire.

Par la proposition B, nous savons que la raison qui donne aux sanctuaires une « valeur négative » est le fait qu'ils sont l'œuvre de constructeurs et d'artisans. Pourtant, dans une cité de sage, de telles œuvres seraient parfaites. Puisque le sage possède les méthodes de tous les arts[2], la question n'est pas là. D'autre part, si aucune production de constructeurs et d'artisans n'a de grande valeur, il ne faut pourtant pas en conclure que Zénon bannissait de sa cité toute construction et tout artéfact artisanal : le philosophe veut certainement dire qu'un artéfact humain n'a pas de valeur pour remplir la fonction qui est censée être celle d'un temple ou d'une statue, c'est-à-dire donner au dieu un lieu où il pourra être présent. Le seul lieu digne des dieux, c'est celui qu'eux-mêmes ont construit, c'est-à-dire la nature.

Nous trouvons, du moins chez Sénèque, l'idée que les dieux, ou plutôt le dieu cosmique, édifient eux-mêmes, dans la nature, les temples qui manifestent leur présence à l'homme :

1. Stobée, II, 84, 18-85, 11 = *SVF* III 128, trad. fr. A. Long, D. Sedley, J. Brunschwig, P. Pellegrin.

2. *SVF* III 117, Philodème, *Sur la rhétorique*, vol II, p. 210 Sudh (S. Sudhaus, Philodemi Volumina Rhetorica, Leipzig, Teubner 1892-1895), il s'agit d'un fragment de Diogène de Babylone.

> Tu arrives devant une futaie antique d'une hauteur extraordinaire, bois sacré où la multiplication et l'entrelacs des branches dérobent la vue du ciel, la grandeur des arbres; la solitude du lieu, le spectacle impressionnant de cette ombre si épaisse et si continue au milieu de la libre campagne te feront croire à une divine présence (*fidem tibi numinis faciet*). Cet antre tient sur des rocs profondément minés une montagne suspendue; il n'est pas de main d'homme (*non manu factus*) ; des causes naturelles ont créé l'énorme excavation : le sentiment d'un religieux mystère saisira ton âme[1].

Il est donc possible de penser que, alors que la présence du dieu est sensible dans les bois sacrés où l'homme n'intervient pas, elle ne pourra pas se manifester avec la même intensité dans ce que l'homme, et non pas le feu artiste, a produit.

Est sacré (ἅγιον), d'autre part, ce qui est digne d'être consacré aux dieux[2]. Or, nous pouvons considérer que seul peut être digne des dieux ce qui est d'une perfection comparable à la leur. Il se trouve que tel est le cas à la fois de leur œuvre et d'une âme égale à eux en vertu. Ce n'est donc pas par une construction ou un artéfact quelconque que nous pourrons de façon convenable les honorer, mais en mettant en œuvre la vertu dans notre âme, par laquelle nous nous identifions à eux, comme le suggère Épiphane :

> Ζήνων ὁ Κιτιεὺς ὁ Στωικὸς ἔφη μὴ δεῖν θεοῖς οἰκοδομεῖν ἱερά, ἀλλ' ἔχειν τὸ θεῖον ἐν μόνῳ τῷ νῷ, μᾶλλον δὲ θεὸν ἡγεῖσθαι τὸν νοῦν· ἔστι γὰρ ἀθάνατος.
>
> Zénon de Citium le stoïcien a dit qu'il ne faut pas construire de sanctuaires aux dieux, mais qu'il faut tenir le divin dans l'intellect seul, car il est immortel[3].

1. Sénèque, *Lettres à Lucilius*, livre IV, 41, 3, trad. fr. H. Noblot. Voir la belle analyse de C. Merkel, Seneca theologus, *La religion d'un philosophe romain*, thèse soutenue en 2012 à l'Université de Strasbourg, sous la direction de Y. Lehmann et E. Karamalengou, p. 261-264, qui montre comment l'émotion religieuse y est mise au service de l'approche rationnelle – thèse consultable en ligne; url : https://tel.archives-ouvertes.fr/tel-00796579/document. Cependant, Sénèque ne semble pas partager entièrement le mépris zénonien à l'égard des artisans à l'origine des statues cultuelles, puisqu'il critique les fidèles superstitieux qui, tout en vénérant les statues de façon insensée, méprisent ceux qui les ont fabriquées (Lactance, *Institutions divines* II, 2, 14 = fragment 120 Haase [F. Haase, *Seneca. Opera quae supersunt*, 4e vol., Leipzig, Teubner, 1902]).

2. Pour É. Benveniste (*Le vocabulaire des institutions indo-européennes*, vol. 2 : *Pouvoir, droit, religion*, Paris, Minuit, 1969, p. 207), *hieros* et *hagios* expriment l'aspect positif et négatif du sacré en grec, le premier signifiant l'existence d'une présence divine, le deuxième l'interdit provenant de la consécration d'une réalité aux dieux, qui le retire ainsi de l'usage commun des hommes. La question à laquelle répond ce texte est donc bien celle de savoir quelle réalité doit être consacrée aux dieux.

3. Épiphane, *Contre les hérétiques*, II, 508, 16-17 Holl = *SVF* I 264[4], Bees 18[b], Husson 22.

L'intellect répandu partout dans l'univers est, en effet, divin :

> ἀντιπίπτειν ἐδόκει μοι τούτοις τό τε τὸν νοῦν καὶ ἐν τοῖς φαυλοτάτοις εἶναι, θεῖον ὄντα, ὡς καὶ τοῖς <ἀπὸ τῆς Στοᾶς> ἔδοξεν.
> Et le fait que l'intellect se trouve aussi dans ce qu'il y a de plus vil tout en étant divin, comme c'était aussi l'avis des partisans de la Stoa, m'a semblé entrer en opposition avec ces considérations[1].

C'est donc dans l'intellect individuel qu'il faut chercher les dieux cosmiques et les honorer, particulièrement par la vertu, comme le montrait le passage de Stobée précédemment cité (*supra* p. 178).

Ainsi, dans une cité de sages il n'y aurait de place ni pour les temples, ni pour un quelconque objet votif, mais qu'en est-il des deux piliers de la piété antique, à savoir les sacrifices et la prière de demande ? Pour les sacrifices, nous n'avons pas de témoignage direct pour Zénon et les premiers stoïciens, mais il est vraisemblable qu'en refusant le lieu dans lequel, ou plutôt devant lequel, les sacrifices se déroulaient traditionnellement, à savoir le temple, ils refusaient la cérémonie elle-même. Non pas en vertu d'un respect de l'animal, mais à cause de son inaptitude à honorer la divinité : en quoi, en effet, un cadavre d'animal, ou toute autre nourriture détruite ou offerte par des humains, pourrait-elle être digne de la nature divine ? Sans doute Zénon partageait-il les vues qu'exposera, là aussi, Sénèque :

> *Primus est deorum cultus deos credere ; deinde reddere illis maiestatem suam, reddere bonitatem sine qua nulla maiestas est.*
> Le premier culte à vouer aux dieux, c'est de croire qu'il y a des dieux, et ensuite de reconnaître leur majesté, et de reconnaître leur bonté, sans laquelle il n'est pas de majesté[2].

Ce précepte que Sénèque énonce pour condamner les excès de la superstition de son temps peut, dans le contexte d'une cité de sages, signifier le refus de tout rite sacrificiel, à l'image du refus des offrandes.

Mais un problème demeure, car ce que nous venons de dire semble entrer frontalement en contradiction avec un passage de Diogène Laërce :

> θεοσεβεῖς τε τοὺς σπουδαίους· ἐμπείρους γὰρ εἶναι τῶν περὶ θεοὺς νομίμων· εἶναί τε τὴν εὐσέβειαν ἐπιστήμην θεῶν θεραπείας. ἀλλὰ μὴν καὶ θύσειν αὐτοὺς θεοῖς ἁγνούς θ' ὑπάρχειν· ἐκνεύειν γὰρ τὰ περὶ θεοὺς

1. À savoir, la conception alexandrienne d'après laquelle l'intellect premier moteur exerce son action sur la réalité infralunaire de façon indirecte (à travers le mouvement des sphères célestes) et non de façon immanente, Alexandre d'Aphrodise, *De anima libri mantissa*, p. 113, 12 Bruns = *SVF* II 1038.
2. *Lettres à Lucilius*, livre XV, 95, 50.

ἁμαρτήματα. καὶ τοὺς θεοὺς ἄγασθαι αὐτούς· ὁσίους τε γὰρ εἶναι καὶ δικαίους πρὸς τὸ θεῖον. μόνους θ' ἱερέας τοὺς σοφούς· ἐπεσκέφθαι γὰρ περὶ θυσιῶν, ἱδρύσεων, καθαρμῶν, καὶ τῶν ἄλλων τῶν πρὸς τοὺς θεοὺς οἰκείων.

Les sages sont pieux, car ils ont l'expérience des coutumes qui concernent les dieux. La piété est la science du culte des dieux. De plus, (les sages) sacrifieront aux dieux et ils sont purs. Ils repoussent en effet toutes les fautes contre les dieux. Les dieux s'émerveillent d'eux, car ils sont saints et justes envers le divin. Seuls les sages sont prêtres, car ils ont étudié les sacrifices, les fondations, les purifications et toutes les autres institutions appropriées aux dieux[1].

Si nous cherchons à mettre ce passage en cohérence avec le refus des temples attesté en toute sûreté dans la *République*, nous voyons que le fait que les sages soient prêtres ne signifie pas qu'ils accompliront tous les rites habituels des prêtres, mais que leur science de la *therapeia* des dieux peut, au contraire, les conduire à s'en abstenir – du moins, tel est le cas pour les fondations (terme qui peut s'appliquer aussi bien aux temples qu'aux statues). Donc, s'il en est ainsi, il est fort probable que leurs purifications et leurs sacrifices n'aient plus grand-chose à voir avec ce que l'on entend ordinairement par ce mot, de la même façon que lorsque les stoïciens disent de façon paradoxale que seul le sage est riche (*SVF* III 593-600), ils ne veulent pas parler de l'état de son compte en banque.

Il est donc probable que le refus des temples et des statues allait de pair chez Zénon avec celui des autres rites traditionnels. Reste alors la prière. Même si nous n'avons pas de témoignage sur la question directement reconductible à Zénon, nous savons bien que son successeur Cléanthe n'a pas abandonné la prière, mais celle-ci ne correspond plus à la prière de demande traditionnelle, dans la mesure où le seul bien que le sage puisse demander, c'est le seul bien qui existe, à savoir la vertu. Or, celle-ci consiste à connaître, accepter et célébrer entièrement le destin, comme en témoigne la fin de l'*Hymne à Zeus* de Cléanthe.

En résumé, l'un des objectifs de la *République* de Zénon était de substituer aux manifestations traditionnelles de la piété une piété philosophique, naturalisée, moralisée, très largement intériorisée et anti-ritualiste. Dans cette optique, la *therapeia* des dieux perd son sens politique traditionnel, elle n'est pas destinée à préserver une cité particulière, au milieu de cités ennemies et d'une nature hostile, mais à manifester le lien qui unit hommes et dieux au sein de la nature, autrement dit actualiser la cité cosmique.

1. D. L. Laërce, VII, 119 = *SVF* III 608, trad. fr. R. Goulet.

PLATON

Si nous en venons à la *République* platonicienne, la situation est tout autre : elle est d'abord contrastée en ce que, d'un côté, le philosophe s'autorise à intervenir sur les mythes concernant les dieux qui devront suivre les canons rationnels fixés par lui aux livres II et III, mais, de l'autre, ce dernier ne s'autorise aucune intervention au niveau des rites qui devront être reçus inchangés de la tradition :

> — Mais que peut-il bien nous rester, dit-il, qui puisse encore faire l'objet de notre activité législative ?
> — Pour nous, répondis-je alors, il ne reste rien, mais pour l'Apollon de Delphes, il reste les législations les plus essentielles, les plus belles et les plus fondamentales de toutes.
> — Lesquelles ? dit-il.
> — Les législations relatives aux fondations des temples sacrés, aux sacrifices et à toutes les choses qui concernent le culte des dieux, des démons et des héros. Aussi ce qui concerne les sépultures des défunts et tout ce qui est requis pour servir ceux qui sont là-bas et leur assurer la sérénité. Les choses de ce genre, nous ne les connaissons pas nous-mêmes quand nous fondons une cité, et si nous sommes intelligents, nous ne nous laisserons influencer par personne, pas plus que nous n'aurons recours à un exégète différent de celui de nos ancêtres. Ce dieu, en effet, est de toute évidence l'exégète ancestral de toutes ces questions pour tous les hommes, lui qui, siégeant au centre de la terre, en son ombilic, y exerce l'activité de l'interprétation. (*R.* 427b-428c, trad. fr. G. Leroux)

La science des fondations et des sacrifices qui, chez les stoïciens, est attribuée au sage, est ici l'exclusivité du dieu. Dans les *Lois*, la situation est un peu changée : d'un côté, l'enquête philosophique sur la nature des dieux est poursuivie au livre X, ainsi que l'exigence d'orthodoxie des citoyens, dont les opinions déviantes sont sévèrement réprimées, mais, par ailleurs, le domaine d'intervention du nomothète s'élargit, jusqu'à légiférer sur certains aspects du culte qui dans la *République* étaient réservés à Apollon.

Les mesures envisagées vont dans le sens d'une subordination du culte des dieux aux impératifs politiques : les cultes privés sont interdits ainsi que toute pratique non orthodoxe[1], c'est-à-dire reposant sur une conception

1. Comme le signale O. Reverdin, Platon, en réprimant l'impiété doctrinale dans les *Lois*, envisage d'imposer dans sa cité des dogmes sur les dieux destinés à être appris par cœur, ce qui est une attitude « révolutionnaire » par rapport aux pratiques de son temps (*La religion dans la cité platonicienne*, Paris, De Boccard, 1945, p. 7-9). Si les dispositions répressives ne se rencontrent pas encore dans la *République*, les lignes générales de ces « dogmes » se trouvent déjà aux livres II et III.

déviante de la divinité, par exemple lorsqu'on considère qu'elle peut être corrompue par des présents (X, 909d-910d). D'autre part, les restrictions imposées aux cultes, essentiellement les offrandes[1], sont d'ordre somptuaire. Elles visent non pas à diminuer les occasions de rite, qui continuent à présider les actes de la vie politique et l'organisation de la cité, mais leurs incidences économiques. Le soin accordé aux dieux ne doit pas être une occasion de dilapidation de richesses.

Néanmoins, ces interventions du philosophe sont conçues comme marginales, l'autorité en matière de culte restant la tradition delphique. Nous retrouvons dans les *Lois* une allégeance à l'autorité ancestrale similaire à celle de la *République*[2].

Ainsi, dans les cités platoniciennes, le rite n'est pas rejeté, bien au contraire, mais il est moralisé et rationalisé. Reste, maintenant, la question de savoir pourquoi. On pourrait penser tout d'abord que cette présence du culte réformé des dieux chez Platon est due au fait que les cités platoniciennes ne sont pas composées que de sages. Le naturel philosophe, comme nous le savons, est chose rare (*Resp*. VI, 491a-b, *Pol*. 301d-e), si bien que ceux pouvant accéder à une appréhension correcte du divin restent très minoritaires ; les autres citoyens ne pourront tout au plus accéder qu'à l'opinion droite véhiculée par les mythes orthodoxes, ainsi que par les rites autorisés. Dans la cité platonicienne seraient présentes deux religions, la religion intellectuelle et intérieure du philosophe, et la religion rituelle destinée avant tout à éduquer la foule[3] – religion qui n'a plus de raison d'être dans une cité de sages comme celle de Zénon.

1. *Lg*., XII, 955e-956b, pour les règles somptuaires des funérailles, 958c-959d, pour le maintien des rites traditionnels au sein de la cité, voir aussi livre VIII 828a-828d, et pour l'importance politique que Platon accorde à la célébration des dieux, voir tout le livre II qui développe le rôle des chœurs.

2. Cf. *Lg*., V, 738 b-d. Comme le fait remarquer A. Lefka, il y a chez Platon un contraste entre la place de la mantique inspirée delphique à vocation cultuelle qui est une référence pour le législateur et les exégètes et les autres formes de mantique qui sont au contraire réprimées (« Au service des dieux et des hommes : être prêtre dans la cité de Platon », *Kernos* 9, 1996, p. 130-131). Pour une évaluation de l'intervention platonicienne par rapport aux dispositions cultuelles en vigueur à Athènes, voir M. Piérart, *Platon et la cité grecque. Théorie et réalité dans la constitution des* Lois, Paris, Belles Lettres, 2008, p. 353-354.

3. Telle semble être, par exemple, la position de M. L. Morgan (art. cit., p. 242-244), il existe au sein de la cité platonicienne deux religions : la religion des philosophes qui est une interprétation rationnelle d'un ensemble de courants religieux tournés vers les expériences d'enthousiasme et d'extase (orphisme, rites bacchiques, Mystères) et la religion des simples citoyens, le culte traditionnel revisité par le philosophe. La cité platonicienne permet à ces deux religions de coexister dans un même espace. Sans nier la différence de nature entre une pratique doxique des rites autorisés au sein des cités platoniciennes et l'approche que les philosophes y auront des dieux, nous préférons insister ici sur une forme de continuité, dans

Néanmoins, pour que cette dichotomie soit valable, encore faudrait-il que le philosophe puisse par lui-même parvenir à la pleine connaissance des dieux et, par conséquent, de l'attitude requise à leur égard. Or nous savons que, chez Platon, ce n'est pas le cas. Autant le philosophe peut parvenir à une certaine connaissance des dieux cosmiques[1] (à savoir le monde lui-même et les astres) – puisqu'il formule à leur propos un discours rationnel censé être persuasif au livre X des *Lois*, qui, contrairement aux autres préambules des *Lois*, prend l'ampleur d'une démonstration, et un mythe vraisemblable décrivant leur genèse dans le *Timée* (40a-d) – autant, lorsqu'il s'agit de se prononcer sur les autres dieux encosmiques, il ne peut que s'en remettre à la tradition :

> Περὶ δὲ τῶν ἄλλων δαιμόνων εἰπεῖν καὶ γνῶναι τὴν γένεσιν μεῖζον ἢ καθ' ἡμᾶς, πειστέον δὲ τοῖς εἰρηκόσιν ἔμπροσθεν, ἐκγόνοις μὲν θεῶν οὖσιν, ὡς ἔφασαν, σαφῶς δέ που τούς γε αὐτῶν προγόνους εἰδόσιν· ἀδύνατον οὖν θεῶν (40 e) παισὶν ἀπιστεῖν, καίπερ ἄνευ τε εἰκότων καὶ ἀναγκαίων ἀποδείξεων λέγουσιν, ἀλλ' ὡς οἰκεῖα φασκόντων ἀπαγγέλλειν ἑπομένους τῷ νόμῳ πιστευτέον. οὕτως οὖν κατ' ἐκείνους ἡμῖν ἡ γένεσις περὶ τούτων τῶν θεῶν ἐχέτω καὶ λεγέσθω.
>
> En ce qui concerne les autres divinités, dire et célébrer leur naissance, voilà une tâche qui est au-dessus de nos forces. Il faut faire confiance à ceux qui en ont parlé avant nous, eux qui, prétendent-ils, sont des rejetons des dieux, et qui savent exactement, j'imagine, à quoi s'en tenir du moins sur leurs ancêtres. Ainsi donc, il est impossible de ne pas faire confiance à des enfants des dieux, même s'ils tiennent des discours qui ne sont ni vraisemblables ni rigoureux ; du moment qu'ils assurent débiter des affaires de famille il faut les croire, suivant en cela l'usage. Faisons donc nôtre et répétons quelle fut selon eux la généalogie de ces dieux. (*Timée*, 40d-e, trad. fr. L. Brisson)

le sens où le philosophe, en tant qu'être incarné a, lui aussi, besoin des rites (contre l'idée d'un agnosticisme platonicien à l'égard des dieux de la religion traditionnelle qui conduirait à l'indifférence, voir aussi A. Lefka, « *Tout est plein de dieux* ». *Les divinités traditionnelles dans l'œuvre de Platon*, Paris, L'Harmattan, 2013, p. 446-447). Il importe, par ailleurs, de ne pas introduire, lorsqu'il s'agit de comprendre le rapport de Platon (ou d'autres auteurs antiques) aux divinités traditionnelles, la notion de foi dogmatique héritée du christianisme : nous sommes dans un régime de croyance où l'on peut adhérer à un sacré dégagé de la pratique religieuse, sans souscrire à tous les discours qui l'entourent, et sans même que cette divergence apparaisse comme problématique (*cf.* P. Veyne, *Les Grecs ont-ils cru à leurs mythes ? Essai sur l'imagination constituante*, Paris, Seuil, 1983).

1. Si cette connaissance ne peut pas être totale, – étant données les limites de la connaissance humaine, même celle du philosophe – il n'en demeure pas moins qu'elle est réelle, l'agnosticisme porte sur les particularités de l'existence des dieux, pas sur les caractéristiques générales de leur nature (*Cf.* A. Lefka, « Le regard rationnel de Platon sur les dieux traditionnels », *Kernos* 16, p. 130-131).

Ce genre de passage est difficile à interpréter à cause de l'ironie qui est évidente. Mais, malgré elle, demeure néanmoins pour Platon la conviction qu'en deçà des dieux cosmiques connus par le philosophe, il existe d'autres dieux, encore plus immergés dans la réalité sensible, dont, pour cette raison même, il ne peut avoir ni connaissance, ni mythe vraisemblable, concernant leurs particularités[1]. Nous ne pouvons plus alors recourir à une opinion rationnellement justifiée, mais tout au plus à une opinion héritée, peut-on espérer, de visions enthousiastes des initiateurs, pas trop mal interprétées et pas trop défigurées par le temps.

> Ces instructions peuvent même avoir été suggérées par d'antiques traditions quel que soit le moyen qu'elles ont utilisé pour persuader les gens, qu'il s'agisse de visions ou d'une inspiration envoyée par des dieux (ἔπεισαν παλαιοὶ λόγοι ὁπηδή τινας πείσαντες, φασμάτων γενομένων ἢ ἐπιπνοίας λεχθείσης θεῶν). Une fois persuadés, les gens ont institué des sacrifices associés à des initiations, que ces rites soient d'origine locale ou qu'ils soient importés d'Étrurie, de Chypre ou de tout autre pays, et sur la foi de ces traditions, ils ont institué des oracles, des représentations des dieux, des autels, et des temples (φήμας τε καὶ ἀγάλματα καὶ βωμοὺς καὶ ναούς), réservant à chacun de ces sanctuaires une enceinte sacrée. Que le législateur se garde bien de toucher si peu que ce soit à rien de tout cela. (*Les Lois*, V, 738 b-d, trad. fr. L. Brisson-J.-F. Pradeau)

Il est bien question de persuasion et non de connaissance. Ces dispositions cultuelles peuvent être admises sans filtre préalable parce qu'elles sont censées se prononcer, non pas sur les actions des dieux, mais sur leurs images ou le culte qu'on doit leur rendre[2]. Autrement dit, Platon fait clairement la distinction entre les dieux des poètes, objets de censure au livre II et III, et les dieux du culte, les dieux de la religion, dont la volonté est le fruit d'une révélation originelle et d'une tradition[3]. Or ce sont justement ces dieux-là, et non pas les dieux cosmiques du philosophe, que la cité

1. Voir, par ex. O. Reverdin, *La religion dans la cité platonicienne*, *op. cit.*, p. 53-55.

2. Répondre à des interrogations cultuelles était en effet l'une des fonctions de l'oracle de Delphes (*Cf.* J. Fontenrose, *The Delphic Oracle*, Berkeley-Los Angeles-London, University of California Press, 1978, p. 51)

3. On pourrait alors se demander pourquoi le discours des poètes doit être censuré, alors qu'il est, lui aussi, le fruit d'une folie divine (*Phèdre*, 244a-245b), et non pas celui de l'oracle de Delphes. L'une des raisons possibles est, comme nous venons de le voir, qu'ils ne s'expriment pas sur les mêmes sujets, mais aussi que les fruits cultuels de la mantique ne sont acceptés que pour autant qu'ils sont passés par le tamis de la tradition, de la transmission historique qui garantit leur efficacité politique (malgré leur imperfection, certaines lois permettent à certaines cités de résister à l'épreuve du temps, cf. *Politique*, 301e-302a).

vénère et doit vénérer. La cité, en effet, est une réalité sensible particulière qui, en tant que telle, est attachée à des dieux sensibles particuliers, dont le culte n'est pour sa grande part qu'affaire d'opinion.

On peut même dire que ces dieux que la cité vénère ne sont pas nécessairement les dieux grecs, puisqu'au livre VI de la *République* (499c), Platon n'exclut pas que la cité juste ait été réalisée un jour chez les barbares. Ceux-ci auraient donc eu des dieux barbares auxquels on aurait rendu d'autres formes d'hommages. Les révélations qui fondent les cultes des dieux ne sont ni intangibles, ni universelles, ni définitives. Ce sont des révélations relatives.

La cité pensée par le philosophe n'aura donc pas à révérer des dieux de philosophes, mais des dieux traditionnels, réinterprétés par le philosophe. Elle doit leur rendre un culte, afin de respecter en eux la perfection des valeurs morales reconnues par l'intellect. Les dieux servent de modèle moral aux citoyens, et les actes du culte ont pour but de manifester cette allégeance à leur véritable supériorité. Le citoyen, philosophe ou non, n'étant pas simplement une âme, mais une âme engagée dans un corps, et désarticulée par ses multiples désirs (*Lois*, I, 644d-645d), sa relation aux dieux ne peut pas être purement intérieure. Il aura besoin de cet acte collectif qu'est le culte pour manifester et réitérer sa soumission à la hiérarchie, que seul l'intellect connaît tout à fait[1].

De ce fait, contrairement à Zénon, la piété pour Platon ne peut pas être que philosophique, car le philosophe ne peut pas être tel que, devenu sage, il n'ait que des connaissances sur les dieux. Les dieux faisant partie de la réalité sensible, il restera toujours une part d'inconnu qui justifie le recours à des opinions immémoriales. D'autre part, s'il y a bien un démon en nous (*Timée*, 90a), la relation intérieure au divin, pour importante qu'elle soit, ne suffit pas : d'une part, parce que notre âme est unie à un corps, de telle sorte qu'il y a une part d'irrationnel en nous, dont il faut tenir compte ; d'autre part, parce que le culte collectif aux dieux est une des façons d'instaurer la communauté des citoyens, alors que chez Zénon, la communauté des sages, dont le siège est la partie directrice de l'âme, préexiste à toute institution (*SVF* III 625, 627, 635).

Les trois *Républiques*, ainsi, prennent pour acquis la critique rationnelle de la religion traditionnelle, mais les conséquences qu'elles en tirent divergent. Pour Platon, le philosophe impose ses normes à une tradition dont il reste dépendant, dans la mesure où sa connaissance du divin restera par nature imparfaite. Ainsi ne cherche-t-il pas, comme les révolutionnaires

1. *Cf.* V. Goldschmidt, *La religion de Platon*, Paris, P.U.F., 1949, p. 125-127.

français – avec le culte de la déesse Raison, puis ensuite celui de l'Être Suprême[1] – à substituer une religion rationnelle à la religion héritée, ou tout du moins à introduire de nouveaux dieux philosophiques dans la cité. Chez Diogène, c'est la relation même aux dieux qui est désacralisée, en même temps que la vie quotidienne du sage est divinisée. La notion même de *thérapeia* des dieux perd tout son sens, celle de religion, quel que soit le sens qu'on donne à ce mot, aussi ; elle perd également son rôle constitutif au niveau politique. Il n'en va pas de même pour Zénon qui hérite du cynisme la radicalité de la contestation de la tradition, mais en remplaçant celle-ci par un culte rationnel et « scientifique » du divin, dans une cité qui n'est composée que de sages.

1. Il faut en fait distinguer d'une part la naissance spontanée d'une religion révolutionnaire avec ses symboles et ses célébrations, suivie d'une phase où celle-ci s'attaque de façon frontale à la religion instituée (vague de déchristianisation et culte de la déesse Raison d'octobre 1793 à Juin 1794) et enfin, en réaction à cet activisme, l'instauration par Robespierre du culte de l'Être suprême (*cf.* A. Mathiez, *Les Origines des cultes révolutionnaires* [*1789-1792*], Paris, G. Bellais, 1904 ; M. Vovelle, *1793 : la révolution contre l'Église : de la Raison à l'être suprême*, Paris, Complexe, 1988).

TROISIÈME PARTIE

RÉCEPTIONS

MUSIQUE ET POLITIQUE
L'INFLUENCE DE PLATON
SUR DIOGÈNE DE BABYLONIE

Christelle VEILLARD

INTRODUCTION

En écrivant son traité *Des lois*, Cicéron se présente comme l'héritier et le continuateur de Platon : il entend notamment se distinguer de ses prédécesseurs, qui n'ont rédigé que des ouvrages à usage pratique. Il cite parmi ces derniers le stoïcien Diogène de Babylonie, qui est dit avoir discuté des magistratures et qui est présenté pour cette raison comme un contributeur très important dans le champ de la philosophie politique en général[1]. Ce texte est l'une des raisons pour lesquelles on présente Diogène comme le seul stoïcien à avoir véritablement fait pièce aux théories politiques antérieures, au sens où il aurait proposé une théorie consistante, discuté des régimes et du contenu des lois. Attentif aux conditions effectives de réalisation des principes politiques dans la cité concrète[2], Diogène se démarquerait en ce sens des stoïciens antérieurs, concentrés sur la *cosmopolis*. Et, de fait, la politique constitue un domaine d'investigation très accessoire, une fois posé que la vertu peut se réaliser dans n'importe quelle circonstance. Ainsi Zénon, qui écrivit sa *République* contre celle de Platon, pose que la

1. Cicéron, *Les lois*, III, 13-14.
2. En témoignent les textes transmis par Cicéron dans son traité *Des devoirs*, III, 49-55 opposant Diogène et Antipater de Tarse.

solution n'est pas de changer les lois, mais de changer de référentiel : il faut détourner le regard de la cité concrète dans laquelle on habite, pour s'intéresser à la seule vraie cité, la cité universelle formée par tous les êtres vertueux et soumise à la seule véritable loi, la loi divine de la raison droite[1]. La divergence de Diogène en la matière a tendance à être admise sans discussion, notamment depuis les travaux de Vander Waerdt et Obbink sur cette question[2]. La nouvelle édition disponible des fragments sur la musique de Philodème (qui cite Diogène)[3] semble conduire à la même conclusion, dans la mesure où, loin de prendre Platon pour cible comme le faisait Zénon, Diogène en fait une source majeure, citant de très nombreux passages de *La République* comme des *Lois*. Mon objectif dans cet article est de répondre à deux questions distinctes : 1) Diogène s'inspire-t-il de Platon pour construire sa propre théorie ? 2) Diogène s'intéresse-t-il à la politique d'une manière inédite, différente de celle de ses prédécesseurs, et analogue, éventuellement, à celle de Platon[4] ?

L'examen des fragments nous conduit assez vite à deux conclusions. En premier lieu, étant donné la mutilation du texte, les fragments de Diogène, supposés parallèles à ceux de Platon, sont généralement dépourvus de tout contexte et il est impossible en l'état de dire pourquoi Diogène citait Platon. Était-ce à titre d'autorité renforçant son propre argument ? Comme un adversaire à combattre ? Comme une référence attendue, dans un traité qui s'inscrit dans une longue tradition ? Il faut rappeler en effet que le traité sur la musique de Diogène ne nous est connu que par ce que nous en dit Philodème. L'un comme l'autre s'inscrivent dans deux traditions diamétralement opposées dont ils ne sont que les représentants ponctuels : Philodème se fait le porte-parole de Démocrite et d'Épicure, qui dénient toute valeur à la musique ; Diogène, quant à lui, est le continuateur d'une tradition selon laquelle la musique est un instrument d'éducation primordial, tradition initiée par les pythagoriciens, mise en place par Platon, reprise par Damon, Aristote, Héraclide du Pont, et les stoïciens en général. La référence à Platon, dans ce cas, peut tout simplement être attendue et naturelle : elle signale l'appartenance à un même camp ; elle signe peut-être

1. *Cf.* Cicéron, *La République*, III, 22-33 (*SVF* III, 325) et Marcien, *Institutions*, I, vol. 1, p. 11, 25 Mommsen (*SVF* III, 314).

2. P. A. Vander Waerdt, « Politics and Philosophy in stoicism », *OSAP* 9, 1991, p. 185-211 ; P. A. Vander Waerdt, D. Obbink, « Diogenes of Babylon, the Stoic Sage in the City of Fools », *Greek, Roman and Byzantine Studies*, vol. 32, n° 4, 1991, p. 355-396.

3. Philodème de Gadara, *Sur la musique*, livre IV, t. 1 et 2, éd., trad. fr. et notes D. Delattre, Paris, Les Belles Lettres, 2007. Les textes cités dans cet article suivent cette édition.

4. Le Platon des *Lois* n'a pas le même objectif que celui de la *République*, mais il nous est impossible, étant donné l'état des textes transmis, de savoir si Diogène en était averti et s'il en tenait compte.

la volonté de se doter d'un appui puissant en la personne de Platon, ce qui ne suppose pas pour autant un parfait accord sur les principes défendus. En second lieu, la présence supposée de ces parallèles conduit les éditeurs à compléter un texte qui est déjà très complété : on reconstitue en effet les colonnes manquantes de la partie diogénienne (colonnes 1 à 55) par les reprises qu'en fait Philodème (colonnes 56 à 140)[1]. Ainsi, si l'on trouve un renvoi à Platon dans la partie Philodème, on le transporte dans l'autre partie. Pourtant, les lettres restantes sont parfois très insuffisantes pour justifier de tels parallèles.

Comment procéder alors ? Il faut d'abord comprendre ce que dit Diogène de l'usage de la musique et le comparer à ce que disait Platon. Cette première étape montre qu'il existe des similitudes thématiques – et parfois conceptuelles – évidentes, ce qui sera l'objet de la première partie de l'article. Ces simiitudes ne sont pas étonnantes, dans la mesure où nous lisons un ouvrage qui s'inscrit, sur ce sujet, dans la même tradition que celle de Platon et de ses successeurs, que Diogène a manifestement lus. Ce qui est plus intéressant, en revanche, c'est la présentation par Diogène du mécanisme psychologique par lequel la musique réforme l'âme. Nous trouvons alors des textes qui, en stricte théorie stoïcienne, sont impossibles, voire incompréhensibles. Pourtant, ils prennent sens s'ils sont mis en rapport avec le mécanisme défendu par Platon, en particulier dans les *Lois*. L'influence de Platon serait alors réelle, puisqu'elle aurait conduit Diogène à imaginer une nouvelle manière pour l'âme d'acquérir la vertu, sans qu'il soit besoin, pour autant, d'abandonner totalement la psychologie chrysippéenne. L'étude de ces textes nous permet, il me semble, de produire trois résultats : 1) d'une part, prouver la dépendance de Diogène à l'égard de Platon – dépendance certes partielle, mais réelle, ce qui est un argument à l'appui de la thèse selon laquelle Diogène est le premier à adopter une attitude non critique à l'égard de Platon ; 2) d'autre part, mieux comprendre le rôle que jouent, dans le système stoïcien, ces éléments intermédiaires entre la sensibilité et la rationalité que sont les *eupatheiai*, dont l'origine platonicienne est manifeste ; 3) enfin, constater que rien dans le traité *Sur la musique* ne laisse entendre que Diogène assortisse ses recommandations pédagogiques et morales de réformes proprement politiques, comme le fait Platon.

1. Philodème suit dans ce traité la méthode du maître épicurien Zénon de Sidon, qui préconise de citer le plus précisément possible les thèses de l'adversaire avant d'en faire une critique réglée, en suivant le même ordre d'exposition. *Cf.* la colonne 137, 27-139, 3 : « Cependant, les considérations dont Diogène […] nous les avons exposées dans le troisième <livre> de nos *Commentaires*, ainsi d'ailleurs que ce qui chez d'autres <auteurs> s'apparente à ces considérations, avant de montrer point par point combien tout cela est délirant » (trad. fr. D. Delattre).

RESSEMBLANCES THÉMATIQUES ET CONCEPTUELLES DIOGÈNE ET PLATON, UN ACCORD SUR LES PRINCIPES

Le pouvoir de la musique : mise en mouvement et harmonisation

Diogène adopte dans un premier temps des thèses très traditionnelles quant à l'efficacité de la musique sur l'âme. Le son de la trompette est utilisé afin de redoubler l'ardeur des coureurs dans la dernière ligne droite de la course ; on sonne également le branle-bas de combat, τὸν πολεμικὸν νόμον[1], pour donner du courage au soldat[2]. La musique accompagne les mouvements des chœurs au théâtre, ainsi que les danses gymnopédiques et armées[3]. Elle est utile dans les deuils pour apaiser le chagrin[4], ainsi que dans les mariages pour préparer les époux à l'amour[5]. Que la mélodie contribue à la vertu d'amour[6], Diogène en veut pour preuve que l'une des Muses a le nom d'Erato. Par ailleurs, la musique est appropriée (οἰκεῖον) à l'amitié[7] ainsi qu'à ce qui est producteur d'amitié, de bienveillance, de sociabilité affable, comme les banquets, qui engendrent la *philophrosunê*, (φιλο⌊φροσύ⌋νην) ou bonne humeur, disposition bienveillante et amicale[8].

1. En acceptant la conjecture de D. Delattre.

2. Diogène, col. 39, 30-40, 5.

3. Diogène, col. 40. Les danses gymnopédiques ont lieu lors des Gymnopédies, fêtes très anciennes de Lacédémone, au cours desquelles les enfants dansent nus.

4. Philodème, col. 120, 13-26 (la colonne diogénienne est illisible) : les poèmes que sont les thrènes ne guérissent pas la peine, bien au contraire, ils l'avivent, et c'est justement pour cela qu'on les chante, puisque l'on entend manifester bruyamment sa peine.

5. Diogène, col. 39 : la colonne est illisible, mais on peut en reconstituer le contenu à partir de la critique qu'en fait Philodème dans la col. 119, 25-43 et 120, 1-13. Diogène aurait soutenu que la musique est utile dans les mariages, ce que conteste Philodème : tout aussi utiles sont les bouchers et les pâtissiers. Par ailleurs, l'utilité conférée vient des paroles prononcées, et non pas de la musique – ce qui correspond à la critique habituelle de Philodème, comme nous le verrons plus loin. Philodème précise que la passion amoureuse (ἐρωτικῶς πάθος) n'est pas sacrée (ὅσιον) et que le mariage n'est pas un bien (ἀγαθόν), ce qui pourrait laisser entendre que Diogène avançait ces thèses. Diogène reconnaît d'ailleurs lui-même que la passion amoureuse est source de troubles, et « les choses qu'il dit survenir du fait de la musique, ce n'est pas la musique, mais les poèmes qui les produisent » (120, 2) (trad. Delattre). Ainsi, conclut Philodème, l'ἔρος ne trouve aucun secours dans la musique ou la poésie, bien au contraire : il se trouve attisé et ses effets délétères renforcés par elles, chez la plupart des gens. Contrairement à ce que prétend Diogène, elles ne remettent pas d'ordre. De même, Phil. col. 127 et 129 : ce qui soulage, ce n'est pas la mélodie, mais un calcul raisonné enseignant le caractère vain, nuisible et toujours insatisfait du désir amoureux.

6. Diogène, col. 44, 37. La colonne 44 est très reconstruite.

7. Diogène, col. 47, 11-15. Puisqu'elle est appropriée à ἔρος, elle doit l'être aussi à la fin (τέλος) de celui-ci, c'est-à-dire à l'amitié. Sur ce point, Diogène reprend les définitions de Zénon et Chrysippe : l'amour a pour destination l'amitié. Cf. *SVF* III, 397.

8. Diogène, col. 47, 15-18. La preuve en est Stésichore, qui réconcilie les Locriens en chantant (col. 47, 35-46 = *SVF* III, Diogène 85 a).

La critique exercée par Philodème à l'encontre de ces thèses est toujours la même. Elle peut nous donner en creux une idée des arguments qu'utilisait Diogène. Selon Philodème,

1) la chose pratiquée (athlétisme, mariage, danse) n'est pas un bien et ne produit pas non plus le bien. Par exemple, aucune danse ne contient rien qui contribue à la beauté et à la noblesse morale (πρὸς τὸ καλὸν καὶ γενναῖον)[1];

2) aucune contribution d'aucune sorte n'est procurée par l'accompagnement musical : le concours athlétique, qui ne comporte rien de bon en lui-même, ne reçoit par ailleurs aucune contribution de la trompette[2];

3) ce qui produit l'effet que veut Diogène – effet d'apaisement dans le cas du deuil, effet de mise en ordre du désir amoureux dans le cas du mariage – n'est pas la musique, mais les paroles qui l'accompagnent, paroles transmises par les chants[3].

Pour ce qui est du bien et de ce qui le produit, les catégories stoïciennes sont assez précises et elles sont manifestement mobilisées par Diogène ici, ainsi que nous le verrons confirmé plus loin. Si le seul bien est la vertu, on parle cependant du bien en plusieurs sens : il existe des biens instrumentaux qui produisent le bien (comme les amis), et les biens à la fois instrumentaux et finaux (comme les vertus)[4]. Pour Philodème, la musique ne produit rien en elle-même et n'est utile en rien : « Que même aujourd'hui <la musique> offre pour les caractères (πρὸς τὰ ἤ[θ]η) une utilité universelle, nous avons constaté que c'est un mensonge flagrant »[5]. Diogène attribue donc à la musique une efficacité majeure : parce qu'elle produit une harmonie, elle est capable d'harmoniser les caractères et de faire parvenir aux vertus.

En effet, la musique harmonise l'âme, comme la gymnastique harmonise le corps. Cette harmonisation, c'est, nous dit le texte suivant, la *paideia* :

> Puisque notre nature se trouve constituée à partir de deux êtres, il est une activité qui règle d'une manière [unifiée] les puissances tant de l'âme que du corps : c'est l'art éducatif; pour le corps, c'est la gymnastique et, pour l'âme, la musique. Toutes deux en effet permettent l'harmonisation entre elles des [...] de l'âme[6].

Le travail particulier réalisé par la gymnastique est de conduire à la beauté et à l'utilité :

1. Philodème, col. 121, 6-8. Que le mariage ne soit pas un bien, ni la passion amoureuse sacrée, est indiqué en 119, 25-43 et 120, 1-13.
2. Philodème, col. 120, 26-39.
3. Philodème, col. 127-129.
4. *Cf.* D. L. VII, 94.
5. Philodème, col. 107, 41-44 (trad. Delattre).
6. Diogène, col. 8., 3-12 (notre traduction).

> D’autre part, pour le corps, le fait de se mouvoir et de rester en repos de manière belle et utile, relève de la gymnastique, de même que le fait de rendre les sens qui s’en occupent aptes à juger. La peinture, de son côté, apprend à la vue à juger sous l’angle de la beauté nombre d’objets visibles. Quant à la musique, si le caractère de nécessité y vaut moins que dans ces arts, la beauté prime dès lors qu’on saisit par l’ouïe. Il semble que… [1].

En cela, Diogène rejoint ce que disait Platon[2] : la musique donne le sens de l’harmonie et de la grâce à qui en est dépourvu (μετὰ ἀρρυθμίας τε καὶ ἀχαριστίας ζῇ), elle vient compléter la gymnastique pour éviter que l’homme ne reste ignorant, grossier, imperméable aux raisonnements fins. Ainsi, musique et gymnastique sont des instruments permettant de travailler à la réalisation d’une harmonie, par un jeu de tension et de relâchement. Selon Diogène, la mélodie conduit :

> […] vers une disposition telle que, grâce à elle, il soit possible d’être mis en mouvement conformément à la nature par la mélodie qui convient (τῆς προ[σηκού |-σ̲η̲ς̲ μελῳ̣δίας *) : puisque <nous> ne serons pas tous mis en mouvement de la même façon par celle-ci ; ou bien, au contraire, [telle qu’il soit possible] d’adoucir et de ramener [l’âme] au calme, lorsqu’elle bondit et se porte vers un objet quelconque ; ou encore, d’en modifier l’organisation (μετακο̣[σμεῖν) et de la retourner (ἀποστρέφειν) d’une impulsion vers une autre (πρὸ̣[ς ἄλ- |λην ὁρμὴν ἀπ’ ἄλλη[ς), et de faire qu’une [disposition] existante augmente ou diminue[3].

Voici ce que nous lisions précédemment chez Platon :

> Il semble bien donc, je présume, que ce soit pour ces deux éléments, à savoir le naturel ardent et le naturel philosophe, qu’un dieu a donné aux hommes ces deux arts de la musique et de la gymnastique. Il ne les a pas donnés pour l’âme et pour le corps, si ce n’est de manière complémentaire, mais bien pour ces deux éléments, afin qu’ils s’harmonisent l’un avec l’autre, dans une tension et une détente portées jusqu’au point qui convient. […] Ainsi, celui qui mêle la gymnastique et la musique dans la plus belle proportion et qui les applique à son âme dans la plus juste mesure, celui-là, c’est à bon droit que nous le déclarerons parfait musicien et souverainement harmonieux, et il l’est bien davantage que celui qui accorde entre elles les cordes d’un instrument[4].

1. Diogène, col. 27, 2-14 (*SVF* III, Diogène 57) (notre traduction).
2. Platon, *R.*, III, 411e.
3. Diogène, col. 36, 1-14 (notre traduction).
4. Platon, *R.*, III, 411e-412a (trad. fr. G. Leroux).

Les résonances thématiques avec le système stoïcien d'une part, avec le texte de Platon d'autre part, sont indéniables : l'âme est une harmonie, qui s'obtient par une juste proportion, par la détente et le relâchement du *tonos* qu'est l'âme, jusqu'à atteindre une tension adéquate analogue à la tension possédée par une âme vertueuse. Diogène et Platon s'accordent pour dire que la musique – pour Platon, dans la mesure où elle est conjuguée à la gymnastique – a un pouvoir de mise en ordre, de mise en mesure et en harmonie de l'âme[1]. Comme Platon, d'ailleurs, Diogène en conclura que le véritable musicien n'est pas le professionnel, mais l'homme bien harmonisé.

L'explication de ce pouvoir : la musique est κινητικὸν et μιμητικόν

D'après Philodème, « c'est en définissant la mélodie qu'il a affirmé qu'elle est capable par nature de mettre en mouvement (κινητικὸν εἶναι φύσει) »[2]. En effet Diogène dit : « Aussi loin que l'on remonte vers les origines, la mélodie est par nature capable de mettre en mouvement (κινητικὸν φύσει) : elle est capable d'exciter aux actions »[3]. C'est d'ailleurs pour cette raison que la Providence a fait exister la musique[4].

1. D'après Philodème, Diogène fausse le sens de ce que dit Platon, colonne 138, 25-139, 3 : « Car aussi bien, si Platon avait voulu dire que la <musique> sert pour la justice, nous en aurions attendu de sa part une démonstration. Mais ce qu'il dit en réalité, c'est que l'homme juste est dans un rapport d'analogie avec le musicien et non que le musicien est juste ; de même, il ne dit pas non plus que l'homme juste est musicien, ni que l'un contribue à <l'acquisition> par l'autre du savoir qui lui est propre. Mais sans doute voulait-il dire que le [musicien] ressemble au cordonnier, au peintre, à quiconque maîtrise [un art], dans la mesure où, en matière de <musique> non plus, il ne [veut] pas avoir l'avantage sur l'homme de l'art » (trad. fr. D. Delattre). Diogène aurait forcé le trait, concluant que l'harmonie conférée par le musicien est identique à celle conférée par le juste.

2. Philodème, col. 122, 2-3 (trad. fr. D. Delattre).

3. Diogène, 41, 17-28 (notre traduction). Pour preuve : Orphée charmait les pierres par la voix, Ptolémée fait jouer de l'aulos pour mettre à flot son navire, devant les efforts impuissants des haleurs. C'est donc la musique qui, par elle-même, joue le rôle de cause motrice. Elle dispose d'une puissance causale propre, que l'on peut préciser ainsi : dans l'exemple de Ptolémée, les haleurs sont impuissants à initier le mouvement du navire ; c'est le son de la flûte qui réussit à ébranler le navire, c'est donc le son qui est cause initiatrice du mouvement. Lorsque Philodème objecte que le son ne produit pas tout seul le mouvement du bateau, mais que ce dernier est principalement dû aux haleurs, il ne tient pas compte d'une distinction stoïcienne précise : c'est bien le son qui est cause initiatrice, les haleurs ne sont que causes auxiliaires dans la mesure où ils aident et amplifient un mouvement qu'ils sont, tout seuls, dans l'incapacité de provoquer.

4. Philodème, col. 121, 27-29.

Si la musique met en mouvement, c'est parce qu'elle possède une capacité d'imitation[1] des qualités morales, qualités qu'elle est par surcroît capable de transmettre à celui qui l'écoute. La musique possède en effet des ressemblances de caractères : magnificence, bassesse, courage, absence de courage, réserve, audace[2]. Plus précisément, elle imite les affections suivantes : audace, honte, réserve (θάρση, αἰσχύ]νας, κοσμιοτήτα[ς)[3]. Ce triptyque va se révéler important, comme on le verra. La musique reçoit des qualifications éthiques, ainsi que le soutient Diogène[4] : la musique enharmonique est dite par certains majestueuse, noble, simple, pure ; la musique chromatique est dépourvue de virilité, grossière, indigne d'hommes libres. Ces qualificatifs ne sont pas nécessairement l'objet d'un consensus : ils peuvent être contestés et inversés, chacun jugeant en fonction de sa disposition interne. Tous ces éléments, déjà présents chez Platon, se retrouvent manifestement chez Aristote et son disciple Héraclide du Pont, dont Diogène s'inspire et qui lui fait conclure que l'utilité de la musique s'exerce dans de nombreux domaines de la vie et que sa pratique assidue met dans des dispositions appropriées à bon nombre de vertus, ou même à toutes[5]. Chez Platon, en effet, la musique est également mimétique[6] et dotée de qualités morales[7]. Notons enfin l'importance pour Platon des habitudes prises :

1. Elle est dite capable d'imiter (μιμητικόν), en Philodème, col. 117, 24 (*SVF* III, Diogène 63 b).

2. Philodème, col. 117, 25-35.

3. Philodème, 91, 3-7 : « Il est faux de dire d'une part que la musique imite les choses qu'il a énumérées, et que leur imitation par la musique soit utile en quelque chose pour atteindre la vertu » (notre traduction). Selon D. Delattre (voir Philodème, *Sur la musique*, livre IV, éd. citée, note 3 p. 174), Philodème renvoie aux affections énumérées en 90, 1-3 : les sentiments d'audace, de honte, de réserve et toutes les passions de cette sorte (τὰ θάρση καὶ τὰς αἰσχύ]νας καὶ κοσμιοτήτα[ς καὶ τ]ὰ τοιαῦτα πάθη).

4. Philodème, col. 116, 11 *sq*.

5. Diogène, 49, 10-20. Selon Héraclide, disciple d'Aristote, il existe des mélodies convenables et d'autres qui sont inconvenantes (⌊ἀπρεπο⌋ῦς), des caractères mâles et des caractères efféminés, des actions qui sont ou non en harmonie avec les personnages auxquels on a affaire (τοῖς ὑποκειμέ⌊νοις πρ⌋οσώποις, col. 49, 7-8). Diogène, qui est dit avoir accueilli les idées d'Héraclide d'une façon beaucoup plus large, en conclut à l'efficacité de la musique quant à l'acquisition des vertus. Ce passage est reconstruit à partir du parallèle en 137, 28-38 : « Cependant, les considérations dont Diogène dit qu'elles nous [persuadent], "quand nous y avons bien réfléchi (elles se trouvent consignées chez Héraclide – et concernent la mélodie convenable et non convenable, les caractères virils et doux et les actions qui sont ou non en harmonie avec tel ou tel personnage donné – dans un esprit qui n'est pas fort éloigné de l'acte de philosopher"), que "l'utilité de la musique s'exerce dans de [nombreux] domaines de la vie et que sa pratique assidue met dans des dispositions appropriées à bon nombre de vertus, ou, mieux même, à toutes" » (trad. Delattre).

6. Cf. *Lg.*, VII, 798d : « Les rythmes et tout ce qui relève des Muses en général sont des imitations des manières d'être des hommes les meilleurs ou les pires » (trad. Brisson-Pradeau).

7. Pour l'articulation entre mimésis et qualités morales, cf. *Lg.*, II, 655d-e : « Les

Si la culture musicale au sein de laquelle on a vécu depuis l'enfance jusqu'à l'âge mûr et raisonnable a été de l'espèce raisonnable et réglée, on ne peut jamais prêter l'oreille à l'autre espèce sans la détester et la déclarer indigne d'un homme libre. Au contraire, si on a été élevé dans l'espèce populaire et doucereuse, on déclare que l'espèce opposée est froide et insipide. Dès lors, et c'est justement là ce qui vient d'être dit, du point de vue de l'agrément ou du manque d'agrément, aucune n'est supérieure ni inférieure à l'autre. Ce qui fait leur différence, c'est que l'une rend meilleurs les hommes qui ont été élevés en elle, tandis que l'autre les rend pires[1].

De la pédagogie à la législation?

De tout cela il découle qu'il suffira d'entraîner une âme en lui faisant écouter des mélodies appropriées, pour qu'elle en prenne par imitation le caractère.

> « Au troisième <livre>, il a surtout parlé, et plutôt longuement, de la musique consacrée à la divinité, sans argumenter de manière démonstrative, mais en historien et en interprète des rites; il suffira d'en donner un abrégé qui réunira les points essentiels [qu'on y lit]. C'est une musique réglée par les lois et sérieuse qui a été instituée <dit-il> dans un premier temps pour honorer le divin, puis pour éduquer les hommes de naissance libre. D'ailleurs, les termes eux-mêmes, θεωρεῖν <regarder un spectacle>, θεατής <spectateur> et θέατρον <théâtre> sont justement le signe de sa relation au θε[ῖο]ν <divin>; [et] la <musique> la plus [ancienne] s'adressait au [divin], comme le <terme> [θεάματ]α <spectacles>] en témoigne »[2].

Ou encore :

> La connaissance (σύ]νεσιν) de l'harmonique et du rythme est par soi (καθ' ἑαυτὴν) utile (χρησίμ[ων) en vue de la *paideia* [πρὸς τὴν παι]δείαν[3].

La musique est capable de façonner les âmes qui ne sont pas encore rationnelles et qui n'ont pas encore pris, par conséquent, de mauvais plis.

évolutions d'un chœur sont des imitations des manières de se conduire (μιμήματα τρόπων) qui s'effectuent au travers d'une multitude d'actions ». Les mélodies et les évolutions chorégraphiques peuvent être qualifiées de laides ou de belles, selon qu'elles imitent une manière de se conduire conforme ou contraire à la nature. D'où la conclusion de *Lg.*, III, 700e : ce n'est pas le plaisir de l'auditeur qui est la mesure de la rectitude, c'est la droiture morale; et de *R.* III, 397b : l'homme de bien n'imite pas des bruits ou des individus ridicules ou laids, mais use d'un style d'expression doté de l'harmonie et du rythme qui conviennent (ἁρμονίαν καὶ ῥυθμὸν …ὀρθῶς); l'homme de bien ne peut sans se faire violence imiter un comportement laid.

1. *Lg.*, VII, 802c-d (trad. fr. L. Brisson, J.-F. Pradeau).
2. Diogène, col. 38, 1-19 (trad. fr. D. Delattre).
3. Diogène, col. 32, 30-38 (*SVF* III, Diogène 56) (notre traduction).

Philodème, par sa critique, suggère que Diogène en tirait un enseignement quant à l'établissement de la justice dans l'âme, suivant en cela Platon :

> Que l'idée que certains se font de la justice soit aussi parfaitement ridicule, cela est une conséquence inévitable <de ce qui précède>. En effet, il n'est pas même pensable que des sons, à même de ne mettre en mouvement que l'ouïe – qui n'a pas part à la raison –, contribuent en quoi que ce soit à une disposition de l'âme capable de déterminer de façon théorique ce qui est profitable et ce qui ne l'est pas pour la coexistence des citoyens dans un même État, et de choisir le premier tout en évitant le second, à l'aide des règles que nous enregistrons d'habitude[1].

Platon préconise de commencer ce modelage très tôt, avant la naissance, l'enfant étant bercé par la marche de la mère, puis par les bras de la nourrice, ainsi que par les chants qui accompagnent ce mouvement[2].

La proximité entre Platon et Diogène serait encore plus grande si l'on pouvait lire chez le second des recommandations législatives analogues à celles que l'on trouve chez le premier. Pour Platon, en effet, les gardiens devront veiller à ce qu'il n'y ait pas d'innovation en gymnastique et en musique en dehors de la règle établie[3]. L'Athénien déplore dans les *Lois* la licence qui s'est installée et le non-respect des formes anciennes de péans, thrènes et hymnes[4], recommandant ainsi d'encadrer la culture musicale, car c'est elle qui forme le goût et permet de distinguer les musiques raisonnables et réglées (celles qui rendent les hommes meilleurs) des musiques contraires[5]. Il faut ainsi séparer les chants selon qu'ils conviennent aux hommes ou aux femmes, puisqu'il existe des mélodies et des rythmes adaptés à la nature de chacun[6] ; ne pas respecter ce principe produit des chants déplacés ou contre nature. Nous ne trouvons chez Diogène aucun texte véritablement convaincant qui recommande l'encadrement par la loi des pratiques musicales – par exemple, en interdisant certains instruments[7]

1. Philodème, col. 137, 27-139, 3 (trad. fr. D. Delattre).
2. Platon, *Lg.*, VII, 789a *sq.*
3. Platon, *R.*, IV, 424b.
4. Platon, *Lg.*, III, 700d.
5. *Ibid.*, VII, 802a-e.
6. *Ibid.*, VII, 802e : « Les garçons se distinguent par un penchant (ῥέπον) à la grandeur et au courage (τὸ δὴ μεγαλοπρεπὲς οὖν καὶ τὸ πρὸς τὴν ἀνδρείαν), les filles se distinguent au contraire par une inclination qui pousse plutôt vers la réserve et la réflexion (τὸ δὲ πρὸς τὸ κόσμιον καὶ σῶφρον) » (trad. Brisson-Pradeau).
7. L'interdiction de l'*aulos*, promulguée par Platon (*R.* III, 399d) ne se retrouve pas chez Diogène : on a bien une bribe sur le fait que l'enfant qui joue de l'*aulos* grimace et a le visage déformé (col. 41, 31-34) mais le stoïcien souligne aussi l'effet positif de l'*aulos*, qui vient soutenir le courage des haleurs de manière si déterminante que c'est au son de cette flûte que le bateau se met enfin en branle (col. 41, 17-28).

ou certaines mélodies, en sexualisant les chants, en proscrivant les innovations. Nous trouvons de vagues allusions – si l'on suit les reconstructions proposées – aux *nomothetai* des premiers âges[1], et le texte le plus précis en la matière indique seulement que Diogène conseille d'éviter certaines mélodies, parce que les contraires sont inévitablement accueillis par les contraires[2]. De même, Philodème précise :

> [Il est faux de dire que] la mélodie est convenable (πρεπώδη) si elle est chantée par une femme de bonne naissance (εὐγενῶν) et ne l'est pas par nature si elle est chantée par une courtisane ; cette classification est vaine[3].

Cela ne présume en rien d'une intervention étatique, en cas de violation du principe. Nous disposons par ailleurs de quelques indices qui montrent que Diogène ne devait pas suivre Platon sur ce terrain. Nous lisons en effet dans les *Lois* que le meilleur exemple à suivre est celui des Égyptiens, qui réglementent de manière très pointilleuse les danses, mélodies et fêtes religieuses : il convient de donner un caractère religieux à toute danse, à toute mélodie, en établissant ensuite quel hymne il faut chanter en sacrifiant à chacun de ces dieux et de quelles danses il faut honorer le sacrifice en question[4]. Pindare indique de même qu'à chaque dieu convient une mélodie, adaptée à sa puissance. Selon ce que nous en dit Philodème, Diogène n'était pas ridicule au point de suivre ces principes[5], ce qui suggère qu'il ne suivait pas Platon sur cette voie de réforme législative. Cela étant posé, examinons de plus près le mécanisme par lequel la musique agit sur l'âme.

1. Philodème, col. 112, 29-33 : « En outre, c'est parce qu'il y voyait [la preuve de] la nocivité <des mélodies> que notre adversaire [a parlé] justement d'un vif intérêt qu'auraient porté à ces questions les [législateurs] d'autrefois, alors que, souvent, [ils ont défini les règles communes] pour défendre leur intérêt propre » (trad. Delattre). Ce passage intervient à un endroit très mutilé – les colonnes 110, 111, et les 16 premières lignes de 112 manquent. Il est par ailleurs très reconstruit. Notons qu'auparavant il est question de l'apprentissage du beau chez l'enfant, tandis que la suite – bien mieux conservée – dit la chose suivante : « De plus, l'intelligence de ce qui est harmonieux ou non comme de ce qui est bien rythmé, il n'est pas plus manifeste qu'elle soit par elle-même au nombre des choses importantes et utiles à l'éducation qui contribue à la vie vertueuse, que l'intelligence de ce qui est épicé ou non en matière de nourriture et de parfum » (112, 33-42, trad. Delattre). La lecture de νομοθέτων dans le texte précédent, proposée par Delattre, est présentée comme douteuse par Kemke. Cette lecture arrangerait fort nos affaires, mais, si elle est cohérente avec la pédagogie, rien ne dit, pour l'instant, que Diogène passait aussi aisément de la pédagogie à la législation. C'est ce lien, pourtant, que l'on trouve évoqué dans la colonne 38, 8-13 : « C'est une musique réglée par les lois et sérieuse qui a été instituée <dit-il> dans un premier temps pour honorer le divin puis pour éduquer les hommes de naissance libre » (trad. Delattre, texte déjà cité page 202).
2. Diogène, col. 82, 5-9.
3. Philodème, col. 128, 1-4 (notre traduction).
4. Platon, *Lg.*, VII, 799a-b.
5. *Cf.* col. 48, 20-22 et col. 135, 18-23.

COMMENT LA MUSIQUE AGIT-ELLE SUR L'ÂME ?

L'explication platonicienne

Selon Platon, la musique amollit l'âme, comme le feu amollit le fer :

> Lors donc qu'un homme laisse la musique l'enchanter au son de la flûte et verser en son âme, par le canal des oreilles comme par un entonnoir, les harmonies suaves, molles et plaintives dont nous parlions tout à l'heure, et qu'il passe toute sa vie à fredonner et à savourer la beauté du chant, tout d'abord *il adoucit par là l'élément irascible* (θυμοειδὲς) *qui se trouve en son âme, comme le feu amollit le fer*, et il perd la rudesse qui le rendait inutile auparavant ; mais s'il continue à s'adonner à la musique et à ses ravissements, son courage ne tarde pas à se dissoudre et à se fondre, jusqu'à ce qu'il soit entièrement dissipé, que son âme ait perdu tout ressort, et qu'il ne soit plus qu'un guerrier sans vigueur[1].

Cela explique pourquoi le professionnalisme est interdit : l'âme risque d'être trop amollie par un usage répété des mélodies. Par ailleurs, Platon a développé une théorie du travail irrationnel permettant de faire acquérir à l'âme des dispositions rationnelles : c'est le cas de l'ivresse, qui nous entraîne à supporter un certain état de l'âme et du corps, et qui nous conduit à éprouver certaines affections pré-rationnelles aisément transformables, si ce n'est en vertus, du moins en comportements droits[2]. En effet, le fait de boire du vin rend plus intenses les plaisirs et les douleurs (ἡδονὰς καὶ λύπας), les ardeurs et les désirs passionnés (θυμοὺς καὶ ἔρωτας) ; cela supprime sensations, souvenirs, opinions et pensées, de sorte que l'on est comme un enfant et que l'on a moins de contrôle sur soi[3]. Comment cette perte de contrôle pourrait-elle être bénéfique ?

Ainsi que le précise la *République*[4], l'âme possède deux cordes (celle de la philosophie et celle du courage) qui forment une harmonie quand elles sont accordées à la hauteur voulue par la musique et par la gymnastique. La corde du courage est relâchée par la musique et tendue par la gymnastique,

1. Platon, *R.*, III, 411a-c (notre traduction). Ce passage est cité partiellement par Philodème, col. 146, sans qu'il soit possible de dire s'il existait dans la partie diogénienne une colonne correspondante.

2. Notons que chez Diogène, boire du vin de manière encadrée en écoutant de la musique est une pratique recommandée, puisqu'elle conduit à acquérir des vertus particulières : il existe en effet une vertu des banquets, admise par Diogène (col. 46) et critiquée par Philodème (col. 130). Sur ce point, *cf.* T. Bénatouïl, *Faire usage : la pratique du stoïcisme*, Paris, Vrin, 2006, p. 296 *sq*.

3. Platon, *Lg.*, I, 645d-e.

4. Platon, *R.*, III, 411c.

la corde de la philosophie est relâchée par la gymnastique et tendue par la musique. Gymnastique et musique sont nécessaires pour chacune des deux cordes. De manière analogue, on peut lire dans les *Lois*[1] la chose suivante : la ficelle d'or qu'est la raison, ou loi collective de la cité[2], conduit avec douceur et souplesse, sans contraindre mais par le biais du raisonnement ; elle a donc besoin de notre concours pour fonctionner. Si nous sommes rétifs au raisonnement, nous avons une échappatoire. L'ivresse est un détour vers un état misérable qui peut avoir son utilité, analogue au fait d'aller chez le médecin alors que l'on sait que notre corps sera momentanément inutilisable, ou encore lorsque l'on va au gymnase et que l'on en ressort épuisé[3]. Cela permet d'expérimenter les passions et de se maîtriser soi-même, en éprouvant une crainte raisonnée de ce que l'on pourrait faire dans ces moments-là : ainsi, la honte ou la retenue que nous éprouvons sont une sorte de crainte[4], c'est-à-dire l'opinion anticipée d'un mal futur[5]. Elles peuvent ainsi se substituer à un raisonnement droit et nous conduire à bien agir, quoique nous agissions non pour le bien directement, mais par crainte du regard d'autrui. Nous retrouvons, de manière étonnante, une séquence analogue dans les textes de Diogène.

1. Platon, *Lg.*, I, 644e *sq.*

2. *Ibid.*, I, 644c-d : « Devons-nous admettre que chacun de nous est un individu ? – Oui. – Mais un individu qui a en lui deux conseillers, à la fois antagonistes et déraisonnables, que nous appelons "plaisir" et "douleur" ? – C'est bien cela. – Et en plus de ces deux-là, il a des opinions sur ce qui va arriver, qui portent le nom commun d'"attente" et le nom particulier de "crainte", s'il s'agit de l'attente d'une douleur, et d'"audace", s'il s'agit de l'attente du contraire. Et en plus de tout cela, il existe la raison qui calcule ce qui en ces sentiments vaut le mieux et ce qui est le pire pour chacun de nous ; et quand ce calcul est devenu le décret commun de la cité, il porte le nom de "loi" » (trad. fr. Brisson-Pradeau).

3. Platon, *Lg.*, I, 646c.

4. Platon, *Lg.*, I, 647a. *Cf.* également *Philèbe*, 32b-d ; 65a-66a ; la crainte est l'opinion anticipée d'un mal futur (*Lachès*, 198b ; *Protagoras*, 358d ; *Euthyphron*, 12a-c ; *Philèbe*, 12c ; 32b-c ; 36c, 40 c ; *Timée*, 69c-d).

5. Platon, *Lg.* I, 646e-647 b : « Nous craignons, je suppose, les maux dont nous prévoyons qu'ils vont se produire. – Oui. – Et nous craignons souvent l'opinion publique, quand nous estimons qu'on nous juge méchants, lorsque nous faisons ou disons quelque chose qui n'est pas convenable. Et je pense que c'est cette crainte-là que tout le monde appelle avec nous "la honte" (αἰσχύνην) […] N'est-il pas vrai que le législateur et aussi bien tout homme de quelque utilité, tiennent le plus grand compte de cette crainte ; aussi l'appellent-ils "retenue" (αἰδῶ) et donnent-ils à l'audace (θάρρος) qui est opposée à la retenue le nom d'"impudence" (ἀναίδειάν), en considérant que c'est le pire des maux pour tout le monde, dans la vie privée comme dans la vie publique ? » (trad. .fr. Brisson-Pradeau).

L'explication de Diogène

La musique agit sur le souffle qu'est l'âme

Diogène reprend tout d'abord l'analogie platonicienne entre la musique et le feu. Ainsi, pour le stoïcien, « un accompagnement mélodique est du feu enfermé dans une qualité de son (μέλος δ' ἀκόλουθον ἐν ποιότητι φωνῆς ̣τι πụ[ρ]ῶδες) »[1]. L'explication est donc probablement de type physique, posée en termes d'équilibre, de tension, de relâchement et de resserrement. D'après la colonne 36, 1-14 citée plus haut[2], la musique agit sur les puissances (*dunameis*) de l'âme, elle en modifie l'ordre (*metakosmein*) en relâchant ou en resserrant certaines dispositions (*diatheseis*).

Elle permet, également, que l'âme se dirige d'une impulsion (ὁρμή) vers une autre. L'impulsion est, « de manière générale (κατὰ τὸ γένος), un mouvement de l'âme vers quelque chose ». L'impulsion rationnelle (ὁρμή λογική), qui est le propre des êtres dotés de *logos*, est « un mouvement (φοράν) de la pensée raisonnante vers quelque chose dans le domaine de l'agir »[3]. En un sens particulier, les stoïciens appellent également ὁρμή l'élan (ὅρουσις) qui est une espèce de l'impulsion pratique (ὁρμή πρακτική), cet élan étant un mouvement de la pensée raisonnante vers ce qui est sur le point de se produire. On parle aussi de l'ὁρμή en un troisième sens : il s'agit de la capacité impulsive (ἕξις ὅρμητική), à partir de laquelle se produit le fait d'impulser (ὁρμᾶν). La musique serait capable d'intervenir sur cette faculté de mouvement intérieur possédée par l'âme, ainsi que sur les dispositions, c'est-à-dire sur la constitution initiale de l'âme, laquelle est supposée différente selon les individus. De fait, comme nous le rappelait la colonne 36, nous ne sommes pas tous mis en mouvement de la même façon, chaque âme possédant, par nature ou par acquisition, un ordre ou une structure préalable qui la rend plus accessible à certains mouvements. Diogène adopterait ainsi un vocabulaire aristotélisant, contradictoire avec les définitions stoïciennes. Pour un stoïcien, une διάθεσις est un caractère ferme, stable, qui n'est pas sujet aux degrés, ce qui est le cas, au contraire de l'ἕξις. Aristote avait posé des définitions croisées, manifestement reprises ici[4].

1. Philodème, col. 128, 15-18 (trad. fr. D. Delattre).

2. Cf. *supra* p. 196.

3. Stobée, II, 7, 9 p. 87 W. (*SVF* III, 169). Sur le problème de l'*hormê* dans le stoïcisme, *cf.* M.-O. Goulet-Cazé (éd.), *Études sur la théorie stoïcienne de l'action*, Paris, Vrin, 2011.

4. Diogène suit les définitions d'Aristote, et non les définitions stoïciennes. On trouve par ailleurs dans la colonne 14, 5-10 et 15-23 (citée ci-après) la présence de *proairesis* et de l'expression ὡς τύπῳ λαβεῖν, ce qui renforce l'hypothèse d'un emprunt à l'école d'Aristote.

La musique agit par conséquent sur un sol préalablement qualifié. Ainsi que le disait Platon, son effet est immédiat sur une âme molle et sans ressort ; sur une âme courageuse, le cœur devient énervé, impressionnable, prompt à s'emporter et à s'apaiser pour des riens ; de courageux qu'il était, il est devenu violent, irascible, atrabilaire[1]. Mais comment agit-elle exactement ? Le texte clef en la matière est le suivant :

> Puisque, assurément, les actions existent conformément à la *proairesis*, pour appréhender grossièrement les choses (ὡς τύπῳ λαβεῖν), certaines passions accompagnées de puissance (πάθη τ⌊ι⌋[νὰ μετὰ δ⌊υνάμεως⌋) *deviennent des* proaireseis (πρ[οαιρ]⌊έσεις⌋) (lacune de 4 lignes) [...] l'audace débouchant sur le courage (πρὸς ἀνδρεί[α]⌊ν μὲν θάρ⌊ σος), honte et réserve sur la tempérance (πρὸς σωφρ ⌊οσύνην δὲ⌋ αἰσχύν ⌜η⌝ [ν κ] ⌊αὶ κόσμον⌋) [...] c'est par l'intermédiaire de l'imitation (διὰ [μιμή] ⌊σεως) que se produisent les impulsions (τὰς ὁρ⌋μὰς) par lesquelles s'acquièrent les puissances (τὰς⌋ δυνάμε[ι]⌊ς)[2].

Philodème commente ce texte difficile ainsi :

> Il veut que la <musique> inspire (ἐμποιεῖν) des impulsions et que certaines passions accompagnées de puissance soient des *proaireseis*, parce que parfois c'est [la même chose]. Or, que le principe (ἀρχὴν) permettant d'acquérir les *proaireseis* (προαιρέ]σεις) et les puissances (δυνάμ]εις) soit les passions, l'audace débouchant sur le courage, honte et réserve sur la tempérance et ainsi de suite, c'est ridicule de l'admettre. Et en effet, au lieu de dire que le principe permettant d'acquérir les puissances, ce sont les passions de cette sorte, il dit que ce sont des vertus ou des effets de vertus (ἀρετὰς ἢ τῶν ἀ]ρετῶν [ἀ]ποτελέσματα). (91. 1) Et pourtant, les audaces, hontes, réserves, et autres choses de même sorte (τὰ θάρση καὶ τὰς αἰσχύ]νας καὶ κοσμιοτήτα[ς), il les appelle bien des passions ; et les impulsions par lesquelles s'acquièrent les puissances, en disant qu'elles naissent non seulement des actions capitales[3], mais aussi des choses qui leur ressemblent (ὑπὸ ⌊τῶν⌋ κυρίων γίνεσθαι πράξεω]ν, ἀλλὰ καὶ ὑπὸ τῶν [υ] ὁ μοι]ωμάτων), [c'est là qu']il se trompe[4].

Diogène pose ainsi que certaines passions peuvent devenir des « choix volontaires » ou des « intentions » : en stricte terminologie stoïcienne, cela

1. Platon, *R.*, III, 411c.

2. Diogène, , col. 14, 5-10 et 15-23 (notre traduction). Cette colonne est parallèle à la colonne 89 citée ci-après.

3. Les actions capitales apparaissent, outre en 90, 7 ici cité, en 14, 19-23, dans un passage mutilé parallèle à 89-90, duquel on ne peut rien déduire de plus. Également en 15, 9-14 : « Et dans un petit nombre d'actions capitales se produisent les exercices des choses conformes aux vertus : les occasions d'un entraînement conforme aux vertus » (notre traduction).

4. Philodème, col. 89, 29-91 (notre traduction).

signifie que certains gonflements démesurés de l'âme adossés à des erreurs de jugement – ce qui est la définition d'une passion – peuvent devenir des choix rationnels – autrement dit, des impulsions volontaires[1]. Pour sauter encore un pas, cela signifierait que l'on peut enraciner certains mouvements raisonnables et contrôlés dans des mouvements déraisonnables et démesurés : les vertus que sont le courage et la tempérance peuvent ainsi être atteintes, à partir des points de départ passionnels que sont l'audace, la honte et la réserve.

Philodème, qui transmet ce texte, sursaute à juste titre : il faudrait appeler ces affections non pas des passions, mais des vertus ou des effets de vertus[2]. En stricte terminologie stoïcienne, effectivement, l'audace et la réserve ne sont pas des passions, mais des affections dont le lien à la vertu est attesté.

Stobée indique ainsi que si l'audace (θάρσος ou θάρρος) n'est pas une vertu (c'est-à-dire à la fois un bien final et productif), c'est parce qu'elle est un bien qui est seulement final[3]. Pourtant, elle peut ailleurs être présentée comme une vertu subordonnée au courage : elle est « la science par laquelle nous savons que nous n'encourons rien de terrible ». De la même façon, la réserve s'apparente à la vertu de κοσμιότης, laquelle est une vertu

1. D'après Stobée, II, 7, 5 p. 87.14 W. (*SVF* III, 173), la προαίρεσις est une des espèces de l'impulsion pratique. Sa définition, comparée aux autres espèces, ne nous aide pas beaucoup. En effet, la προαίρεσις se définit comme αἵρεσιν πρὸ αἱρέσεως, choix avant le choix ; le dessein comme « indication de l'accomplissement » ; le projet (ἐπιβολῆ) comme « impulsion avant l'impulsion » ; le préparatif comme « l'action avant l'action » ; l'entreprise comme « l'impulsion vers quelque chose qui est à présent sous la main » ; le choix (αἵρεσις) comme « le souhait rationnel provenant d'un raisonnement (βούλησιν ἐξ ἀναλογισμοῦ) », le souhait rationnel (βούλησις) comme « un désir raisonnable (εὔλογον ὄρεξιν) ; le vouloir (θέλησις) comme « le souhait rationnel volontaire (ἑκούσιον βούλησιν) ». La προαίρεσις peut donc s'entendre de manière particulière comme une intention, ou bien de manière plus générale comme un choix de vie qui donne sa cohérence à tous les autres choix. Ce sens plus général est attesté chez Zénon (*SVF* I, 216) dans sa description du σπουδαῖος, qui est « grand, robuste, sublime et puissant » parce qu'il est « capable d'accomplir les choses qui sont pour lui conforme à son choix (κατὰ προαίρεσιν) ». Chez Épictète, le terme désigne le choix lui-même, la capacité de choisir (*Entretiens*, I, 17, 21-24 et *Manuel, passim*) ainsi que la personne morale, c'est-à-dire finalement le choix au sens général (*Entretiens*, I, 29, 47). Chez Diogène, il s'agit manifestement du choix au sens étroit et ponctuel du terme, que l'on peut donc éventuellement traduire par intention, quoiqu'il soit difficile de savoir ce qu'il entendait précisément par là.

2. C'est ainsi que je comprends la phrase « au lieu de dire que le principe permettant d'acquérir les puissances, ce sont les passions de cette sorte, il dit que ce sont des vertus ou des effets de vertus ».

3. Stobée, II, 7, 5 p. 72 W. (*SVF* III, 106) : « La joie (χαρά), l'affabilité (εὐφροσύνη), la confiance (θάρρος), la promenade intelligente (φρόνιμη περιπάτησις) sont des biens finaux (τελικὰ ἀγαθά) ».

subordonnée à la vertu de tempérance (σωφροσύνη) et qui se définit comme « la science des mouvements séants et malséants (ἐπιστήμη πρεπούσων καὶ ἀπρεπῶν κινήσεων) »[1].

Le rapprochement entre ces affections positives et les passions n'est toutefois pas totalement incongru, comme on le voit dans un texte de Plutarque. Ce dernier se moque de la terminologie stoïcienne, qui distingue vertu, eupathie et passion. Pour résumer la position stoïcienne, une vertu est à la fois une disposition harmonieuse (διάθεσις ὁμολογουμένη) et la science d'un domaine particulier[2] ; ce que l'on appelle passion est son contraire : il s'agit d'une impulsion excessive, d'un mouvement de l'âme irrationnel et contraire à la nature, provoqué par une erreur de jugement[3]. Ainsi le plaisir est-il l'impulsion excessive née d'une opinion erronée sur un bien présent ; la souffrance, l'impulsion excessive née d'une opinion erronée sur un mal présent ; le désir vise un bien futur, la peur un mal futur. Ce que l'on appelle bonne affection (*eupatheia*) est au contraire une impulsion maîtrisée née d'une opinion droite. Chaque passion (plaisir, désir, peur) à l'exception de la souffrance possèdera sa bonne affection correspondante : la joie (χαρά) est l'impulsion maîtrisée née d'une opinion droite sur un bien présent ; le souhait raisonnable (βούλησις) l'impulsion maîtrisée née d'une opinion droite sur un bien futur ; la précaution (εὐλάβεια) est l'impulsion maîtrisée née d'une opinion droite sur un mal futur. Seule la souffrance ne peut recevoir de correspondant positif : on ne peut développer d'impulsion maîtrisée à partir d'une opinion droite sur un mal présent.

Plutarque se moque de ces distinctions complexes, récusant la distinction qui est faite entre eupathies et passions :

> Ils appellent la honte *réserve*, le plaisir *joie*, la peur *précaution*. Nul ne peut les blâmer de cet euphémisme, s'ils réservent ces dernières appellations à ces mêmes passions quand elles se joignent à la raison, et les premières quand elles combattent avec violence contre elle. Mais quand ils sont convaincus d'erreurs par leurs larmes, leur tremblement, leur changement de couleur, et que néanmoins ils ne parlent pas de chagrin ni de peur, mais de componction et de confusion, quand ils appellent par euphémisme <*ardeurs*> leurs désirs, ils semblent avec leur vocabulaire fabriquer des justifications et des échappatoires plus dignes de sophistes que de philosophes[4].

1. Stobée, II, 7, 5b2 p. 61 W. (*SVF* III, 264).
2. D. L. VII, 89, *SVF* III 39 et 92-93.
3. D. L. VII, 110-111.
4. Plutarque, *De la vertu morale*, 9, 449A-B (trad. fr. D. Babut modifiée) : « οἷς καὶ αὐτοὶ τρόπον τινὰ διὰ τὴν ἐνάργειαν ὑπείκοντες αἰδεῖσθαι τὸ αἰσχύνεσθαι καλοῦσι καὶ τὸ ἥδεσθαι

Ce texte identifie clairement la honte (αἰσχύνη) comme une passion dont l'eupathie correspondante est la réserve. Et de fait, les anciens stoïciens classent la honte parmi les vices : il s'agit d'une passion subordonnée à la peur[1]. En ce sens, Diogène s'écarte très clairement du dogme stoïcien lorsqu'il place la honte à côté de l'audace et de la réserve. On pourrait de fait avancer l'hypothèse suivante : la honte est un bon candidat pour la quatrième eupathie, à savoir le correspondant positif de la souffrance ; le seul mal présent qui soit, est le vice ; or, la honte est effectivement une peine ressentie à l'idée de se mal conduire. La définition platonicienne de la honte, comme la crainte légitime de la mauvaise réputation, crainte utile qui aide à bien se conduire, y est peut-être pour quelque chose. En tout état de cause, l'idée de Diogène est analogue à celle de Platon : à partir de ce qui n'est pas encore une vertu, on peut accéder à la vertu.

Possède-t-on des renseignements supplémentaires chez Diogène ? Malheureusement il semble que non, d'après ce que dit Philodème lui-même : les Anciens utilisent la musique pour amener à une ébauche de vertu (εἰς ὑποτύπωσιν ἀρετῆς), mais :

> nous aurions bien aimé apprendre de sa bouche [*sc.* de Diogène] quelles idées elle ébauche qui contribuent à cela, en fonction du moins du [type] de musique[2].

La musique agit sur la partie logique de l'âme

Pour Diogène, parallèlement à ce travail physique sur la tension de l'âme, la musique agit également sur un plan logique. La colonne 27, 2-14 nous indiquait déjà qu'elle rend les sens aptes à juger[3]. Puisqu'elle entraîne l'âme à recevoir des sons, elle l'éduque à les recevoir de manière de plus

χαίρειν καὶ τοὺς φόβους εὐλαβείας ταύτην μὲν οὐδενὸς ἂν αἰτιασαμένου τὴν εὐφημίαν, εἰ τὰ αὐτὰ πάθη προστιθέμενα μὲν τῷ λογισμῷ τούτοις καλοῦσι τοῖς ὀνόμασι, μαχόμενα δὲ καὶ βιαζόμενα τὸν λογισμὸν ἐκείνοις. ὅταν δὲ δακρύοις ἐλεγχόμενοι καὶ τρόμοις καὶ χρόας μεταβολαῖς ἀντὶ λύπης καὶ φόβου δηγμούς τινας καὶ συνθροήσεις λέγωσι, καὶ προθυμίας τὰς ἐπιθυμίας ὑποκορίζωνται, σοφιστικὰς δοκοῦσιν οὐ φιλοσόφους δικαιώσεις καὶ ἀποδράσεις ἐκ τῶν πραγμάτων μηχανᾶσθαι διὰ τῶν ὀνομάτων ». De fait, l'exposition de Plutarque est relativement fidèle, comme nous avons pu le rappeler plus haut. Pourtant, l'objection des larmes et du changement de couleur ne saurait valoir, puisque cela correspond à un autre phénomène, involontaire, que les stoïciens nomment *propatheiai*. Sur ces classifications, *cf.* D. L. VII, 110-116 ; Cicéron, *Tusculanes* IV, 11-15 ; Ps.-Andronicos, *SVF* III, 397, 401, 409, 414, 432.

1. Stobée, II, 7, 10b p. 90 W. (*SVF* III, 394) ; *idem* en II, 7, 5d, p. 69 W. (*SVF* III, 86) il est dit que toutes les choses vicieuses (κακὰ) sont honteuses (αἰσχρά).

2. Philodème, col. 126, 17-21 (trad. fr. D. Delattre).

3. Texte cité *supra*, p. 196.

en plus fine : c'est ainsi que se constitue la sensation savante. Cette thèse est le point d'achoppement entre Diogène et Philodème. Pour l'épicurien, toute sensation est par définition alogique, elle ne peut donc en aucun cas être ou devenir savante et il n'y a pas de science de la musique. Pour Diogène au contraire, « la musique offre pour l'intelligence une grande utilité, étant donné qu'il y a nombre de définitions, de divisions et de démonstrations dans l'harmonique »[1]. La musique est une science qui s'enseigne et l'on voit ainsi pourquoi elle est une voie possible vers la vertu. Elle peut donc agir directement sur l'âme rationnelle.

Diogène est sur ce point en désaccord avec Philodème comme nous l'avons vu plus haut, mais également avec l'enseignement de Platon. Selon ce dernier en effet, la musique sert à donner des habitudes (ἔθεσι) à nos gardiens, à leur enseigner par l'harmonie (κατά τε ἁρμονίαν) un certain bon accord mais pas la science (εὐαρμοστίαν τινά, οὐκ ἐπιστήμην) ; par le rythme musical, elle confère la régularité ; par les discours, soit fabuleux soit véridiques, elle fait émerger certaines habitudes analogues ; mais d'enseignement à proprement parler, elle n'en offre aucun[2].

La musique selon Platon n'agit pas de manière rationnelle, elle ne fait que provoquer une habitude de tension dans l'âme, en agissant sur le θυμοειδής qu'elle amollit. La musique n'est qu'une contrepartie de la gymnastique et aucune des deux n'a de valeur en elle-même. La seule chose qui puisse enseigner et conférer la science, c'est le calcul et la science des nombres[3].

CONCLUSION

Ce parcours des textes nous enseigne combien Diogène est redevable aux théories platoniciennes mais aussi combien il s'en écarte. Son traité *Sur la musique* présente une théorie de pédagogie musicale construite sur des bases analogues à celle proposée par Platon, de telle sorte qu'il ne peut qu'en revendiquer l'origine platonicienne : Platon lui servait très probablement de caution, soit dans une polémique contre les anti-académiciens (sur le point particulier de l'usage de la musique), soit dans une polémique plus subtile, menée à l'intérieur du camp stoïco-académicien, afin de

1. Philodème, col. 135, 24-28 (trad. fr. D. Delattre).
2. Platon, *R.*, VII, 522a. La seule chose qui puisse enseigner et conférer la science, c'est le calcul et la science des nombres (522e).
3. Platon, *R.*, VII, 522e.

neutraliser par avance des objections académiciennes. Et en effet, pour Diogène comme pour Platon, la musique possède un pouvoir cinétique sur l'âme, fonctionnant par l'imitation de son caractère moral. Axiologiquement déterminée, la mélodie prépare l'âme à la vertu en lui faisant acquérir une qualité particulière, une tension analogue à la disposition équilibrée et harmonieuse qu'est la vertu. Pourtant, l'usage de la musique reste un pis-aller pour Platon, lorsque l'on ne peut pas encore faire usage de la science et du raisonnement. Le dressage musical ne confère ainsi aucun savoir et ne conduit par conséquent qu'à des vertus de second ordre. Dans une veine que l'on pourrait qualifier de cynique, le procédé imaginé par Diogène consiste, de la même façon, à travailler sur le souffle physique qu'est l'âme au moyen d'exercices qui sont eux aussi d'ordre physique : l'écoute répétée de certains sons. Toutefois, ces exercices ne sont jamais dénués de rationalité pour le stoïcien : en effet, le son est rationnel ; toute mélodie contient des définitions et des divisions qui entraînent l'âme à la rationalité, même si cela se fait de manière indirecte, c'est-à-dire inaperçue. Le conditionnement de l'âme par la moralité musicale réside dans l'acquisition d'une tension particulière, ce conditionnement n'étant jamais dissocié de la rationalité. C'est pourquoi Diogène maintient le lien entre la musique et la *proairesis*, entre la pédagogie musicale et l'acquisition de la science, c'est-à-dire des vertus au sens fort du terme. Il est contraint, ce faisant, à se contorsionner quelque peu au sein du vocabulaire stoïcien, en utilisant un intermédiaire entre l'affectivité passionnelle (déraisonnable) et la rationalité droite : la bonne affection (*eupathie*) se trouve à mi-chemin entre la passion et la vertu, trouvant ici une place tout à fait inédite.

Tributaire de Platon, Diogène l'est manifestement. Il est tout aussi manifestement opposé à certaines des conclusions platoniciennes. Son traité *Sur la musique* ne nous fournit pas d'arguments pour confirmer l'assertion de Cicéron, selon laquelle il aurait adopté une posture nouvelle quant à la politique. En effet, Diogène ne suit pas Platon sur la voie politique et législative ; il en reste à un usage pédagogique de la musique, sans prétendre légiférer en ce domaine.

Faisant de Platon une source d'inspiration mais non un maître, Diogène conserve ainsi une indépendance totale, indépendance qui se manifeste d'abord à l'égard de ses propres maîtres stoïciens, si l'on admet la thèse pour le moins étrange qu'il semble avancer dans ce traité : la vertu peut s'atteindre indépendamment d'un raisonnement conscient, par imprégnation avec la logique, la rationalité et la science contenues dans cet objet particulier qu'est la musique.

« N'ESPÈRE PAS LA *RÉPUBLIQUE* DE PLATON » REMARQUES SUR UNE MAXIME DE MARC AURÈLE

Jean-Baptiste GOURINAT

C'est paradoxalement à un stoïcien[1] qu'il revient d'avoir appliqué de la façon la plus spectaculaire le souhait de Platon au livre V de la *République*, « que les philosophes deviennent rois dans les cités, ou que ceux que l'on appelle à présent rois et hommes de pouvoir dans les cités ne se mettent à philosopher de façon sérieuse et suffisante »[2]. Le 7 mars 161 de notre ère, Antonin le Pieux mourait et Marcus Aurelius Antoninus, son fils adoptif, devenait empereur de Rome. Il régna pendant vingt ans, jusqu'à sa mort le 17 mars 180, d'abord en partageant volontairement la charge impériale

1. Ainsi est-il caractérisé par les historiens de son règne. Voir *Histoire auguste*, *Vie de Marc Aurèle*, désormais cité en « *H. A., Vit. Marc.* », XVI, 5 : « Il y avait en lui une telle sérénité que jamais le chagrin ni la joie n'altérèrent ses traits, car il était adepte de la philosophie stoïcienne que lui avaient enseigné les maîtres les plus éminents et auquel il s'était formé lui-même par divers moyens » (trad. fr. A. Chastagnol [Paris, Robert Laffont, 1994] modifiée). Même remarque chez Dion Cassius, LXXI, 1, 3 : « il était surtout attaché aux doctrines stoïciennes » (προσέκειτο δὲ τοῖς ἐκ τῆς στοᾶς μάλιστα δόγμάσιν). On a parfois douté que Marc Aurèle ait été stoïcien. La réponse la plus connue aux doutes soulevés est celle de J. Rist, « Are You a Stoic? The Case of Marcus Aurelius », *in* B. F. Meyer, E. P. Sanders (eds.), *Jewish and Christian Self-Definition*, vol. 3, *Self-Definition in the Graeco-Roman World*, London, SCM Press Ltd., 1982, p. 23-45, 190-193. Voir aussi désormais C. Lévy, « De la politique à la perfection morale. À propos de deux ouvrages récents », « 1. Marc Aurèle était-il un philosophe stoïcien ? », *Bulletin de l'Association Guillaume Budé*, 2018/1, p. 115-126. Les doutes plus récemment soulevés le sont dans l'introduction de C. Dalimier à sa traduction : Marc Aurèle, *Pensées pour soi*, trad. fr., prés., notes, biblio. et index C. Dalimier, Paris, GF-Flammarion, 2018, p. 24-27, qui essaie de faire passer le stoïcisme de Marc Aurèle pour un « mythe » des humanistes, et se garde bien de citer les historiens antiques pour ne pas affaiblir ses affirmations sensationnelles.

2. Platon, *R.*, V, 473c11-d2.

avec son frère Lucius Verus, puis seul, à la mort de ce dernier en janvier 169, avant de partager le pouvoir avec son fils Commode dans les dernières années de sa vie, en 177[1]. Adopté en 138 par Antonin, sur la demande d'Hadrien au moment même où celui-ci adoptait Antonin pour qu'il lui succède, il était depuis lors destiné à régner, une tâche à laquelle il put se préparer pendant une vingtaine d'années, mais il accueillit cette perspective « avec effroi » et « à contrecœur »[2], tel le philosophe de la *République* qu'il faut traîner de force pour qu'il revienne dans la caverne. Il ne régna pas seulement sur une cité, Rome, mais sur le très vaste empire dont Rome était la maîtresse. Depuis l'âge de onze ans, il avait étudié la philosophie avec passion, au point d'inquiéter un temps sa mère devant tant de zèle :

> Il se passionna pour la philosophie, et cela depuis l'enfance, puisque c'est en entrant dans sa douzième année qu'il adopta le vêtement, puis l'austérité du philosophe : il étudiait revêtu du *pallium*, couchait à même le sol, et sa mère n'obtint qu'à grand-peine qu'il dorme sur un lit recouvert de fourrure. (*Historia Augusta*, *Vita Marci Antonini philosophi*, II, 6, trad. fr. Chastagnol)

Il continua d'étudier la philosophie après son accession à l'Empire, au point de provoquer des persiflages chez certains de ses contemporains qui s'irritaient de voir l'empereur de Rome prendre des leçons comme un écolier[3]. Il fallut la première calamité du règne (une crue du Tibre dévastatrice), puis les guerres qu'il dut mener lui-même à la mort de Lucius Verus pour l'obliger à diminuer son activité philosophique[4]. Ce fut au point qu'il finit par écrire :

> tu ne peux plus avoir passé l'ensemble de ta vie en philosophe, du moins depuis ta jeunesse. À toi-même comme à beaucoup d'autres il est évident que tu t'es éloigné de la philosophie. (VIII, 1)[5]

1. Sur la vie et la chronologie de Marc Aurèle, voir A. Birley, *Marcus Aurelius: A Biography*, London, Routledge, 2001 (2e éd.).

2. *H. A.*, *Vit. Marc.* V, 3.

3. *H. A.*, *Vit. Marc.* II, 1 ; III, 1-4 ; Philostrate, *Vie des sophistes* II, 557.

4. *H. A.*, *Vit. Marc.* VIII, 3-4 : « Marc se plongeait complètement dans la philosophie (*dabat se Marcus totum et philosophiae*) tout en cherchant à gagner l'affection des citoyens. 4. Mais le bonheur et la tranquillité de l'empereur furent interrompus par une première crue du Tibre – la plus violente de leur règne –, qui détruisit beaucoup de bâtiments de la ville, tua un grand nombre d'animaux et engendra une terrible famine. » (trad. fr. Chastagnol).

5. Plus optimiste, il dira pourtant en XI, 7 : « Combien il frappe avec évidence qu'il n'y a pas d'autre situation dans la vie (βίου ὑπόθεσιν) plus appropriée à la pratique de la philosophie (εἰς τὸ φιλοσοφεῖν) que celle dans laquelle tu te trouves maintenant ». La différence entre les deux textes s'explique peut-être par le fait qu'en VIII, 1, il s'agit de son incapacité d'obtenir « un renom de philosophe », tandis qu'en XI, 7, il s'agit de sa capacité

Si l'on en croit l'*Histoire auguste*, Marc Aurèle était pourtant bien conscient d'avoir réalisé la situation prônée par Platon. Il n'aurait eu de cesse de citer la phrase de Platon, décrite comme une « maxime » :

> *Sententia Platonis semper in ore illius fuit florere civitates, si aut philosophi imperarent aut imperantes philosopharentur. (Historia Augusta, Vita Marci Antonini philosophi, XXVII, 7)*
> Il avait toujours à la bouche cette maxime de Platon, que les cités seraient florissantes si les philosophes dirigeaient ou si les dirigeants philosophaient. (trad. fr. A. Chastagnol)

Dans son entourage, Marc Aurèle avait deux philosophes platoniciens, « Alexandre le platonicien », qu'il mentionne dans ses *Écrits* en I, 12 comme l'un de ceux qui l'ont influencé, et qui est probablement Alexandre de Séleucie, son secrétaire pour la correspondance en grec, qui l'accompagnait dans ses campagnes (169-175), et aussi Galien de Pergame, médecin des gladiateurs, médecin de Commode en 169, médecin de Marc Aurèle en 176[1]. Aucun de ces deux philosophes n'a été son professeur et rien n'indique que Marc Aurèle, qui a eu cinq maîtres stoïciens et un maître péripatéticien, Claudius Severus[2], ait suivi un enseignement platonicien. Mais il connaissait certainement très bien l'œuvre de Platon, dont il cite cinq passages[3] et dont il cite trois fois le nom[4]. Les références ou allusions moins explicites à Platon sont évidemment plus nombreuses encore[5]. Son expression prend parfois des expressions platoniciennes, voire des inflexions platoniciennes, notamment dans ses descriptions de l'âme ou du *daimôn*[6], mais pour autant il n'est pas un platonicien. Se voyait-il comme celui qui avait réalisé le

à « philosopher », ce qui veut dire sans doute : pratiquer la philosophie et non l'étudier, l'enseigner, et acquérir une renommée par ses écrits.

1. Marc Aurèle ne le mentionne jamais dans ses *Écrits pour lui-même*, mais Galien lui-même prétend avoir été tenu en haute estime par l'Empereur : « il ne cessait de parler de moi, comme tu le sais, en disant que j'étais premier parmi les médecins et seul parmi les philosophes » (Galien, *Méthode thérapeutique à Glaucon*, I, 1, p. 128, 25-28 Kühn)

2. Voir Marc Aurèle, I, 14 et *H. A.*, *Vit. Marc.* III, 3.

3. Marc Aurèle, III, 6, 2 (*Timée*, 61d); VII, 35, 1 (*R.*, VI 486a); VII, 44-45 (*Apologie de Socrate*, 28b-d); VII, 46 (*Gorgias*, 512d); X, 23, 2 (*Théétète*, 174e). Voir G. Rigo, *Marcus Aurelius Antoninus – Index Verborum in opus quod inscribitur* Ta eis eauton, Hildesheim-Zürich-New York, Olms-Weidmann, 2010, p. 343-344.

4. Marc Aurèle [VII 48, 1]; IX, 29, 5; X, 23, 2.

5. Pour le seul livre II, l'apparat de Farquharson répertorie des références à Platon aux chap. I (*Protagoras*, 345d, *Apologie de Socrate* 30c), 11 (*Apologie de Socrate*, 41c), 12 (*Timée* 69d), 8 (*Phédon* 67b), 13 (*Théétète*, 173e, *Timée*, 90c) et 17 (*Timée*, 90c). Voir Marcus Aurelius, *The Meditations of the Emperor Marcus Antoninus*, ed, transl. and comment. A.S.L. Farquharson, Oxford, Clarendon Press, 1944, t. 1, p. 20-32, *in app. crit.*

6. *Cf.* J. Rist, « Are you a Stoic? », art. cit., p. 31-34.

programme de Platon ? La sentence que lui attribue l'*Histoire Auguste* n'est pas invraisemblable, mais qu'il s'agisse d'une anecdote fabriquée de toutes pièces n'est pas invraisemblable non plus. Qu'il avait « toujours à la bouche » cette sentence de Platon est d'ailleurs une formule toute faite – on la trouve déjà chez Cicéron pour décrire la position doctrinale conciliante de Panétius à l'égard des platoniciens et des aristotéliciens, ce que Philodème décrit plus sobrement en Grec comme « l'amour » de Platon et d'Aristote[1] : « il avait tout le temps à la bouche (*semperque habuit in ore*) Platon, Xénocrate, Aristote, Dicéarque, comme ses propres écrits le manifestent »[2]. *Semper habere in ore* peut donc signifier : répéter partout *par écrit.* Il ne faut donc pas s'imaginer que Marc Aurèle déambulait dans les couloirs de son palais ou dans la garnison de Carnuntum en répétant la maxime de Platon. Mais si cela signifie qu'il l'a souvent répétée par écrit, où cela ? En réalité, certainement pas dans ses *Écrits pour lui-même* où la phrase n'est pas citée – mais il est vrai que l'*Histoire auguste* ne semble pas connaître l'écrit de Marc Aurèle et ne peut donc y faire allusion. Au lieu de cela, la seule citation de la *République* que l'on trouve correspond à un passage du livre VI et c'est une remarque sur la durée de la vie humaine et sur la mort[3].

En revanche, au cours du livre IX, Marc Aurèle formule à son tour une sentence célèbre, « N'espère pas la *République* de Platon » (IX, 25, 5). De la part d'un homme qui a réalisé la partie du programme platonicien qui consiste en ce qu'un philosophe devienne roi, la formule est frappante. Que faut-il penser de cette formule ? Marc Aurèle est-il en train d'exprimer une sentence définitive de celui qui a expérimenté ce que peut faire le philosophe au pouvoir ? et en a-t-il retiré la leçon qu'il n'y avait pas grand-chose à espérer, en tout cas pas la réalisation du reste du programme platonicien ? Déjà Farquharson dans son commentaire soupçonne que Marc Aurèle « est peut-être en train de penser au dirigeant idéal de Pl. *R.* 502a, mais probablement cette maxime était déjà proverbiale »[4]. La question, ouverte discrètement par Farquharson, a été ensuite reprise par P. Hadot, puis par G. Reydams-Schils[5]. Pour bien saisir la signification de la formule, il convient de citer d'abord le chapitre en entier :

1. Philodème, *Histoire des stoïciens* (PHerc. 1018), col. LXI, 2-3 (Panétius, T. 1 Alesse, *in* F. Alesse, *Panezio di Rodi. Testimonianze*, Napoli, Bibliopolis, 1997, dorénavant cité « Alesse ») : φιλοπλάτων, φιλοαριστοτέλης.

2. Cicéron, *Des fins des biens et des maux*, IV, 79 (Panétius T 79 Alesse).

3. Platon, *R.* VI 486a, cité par Marc Aurèle, VII, 35, 1.

4. A.S.L. Farquharson, *The Meditations*, *op. cit.*, t. 2, p. 182.

5. Voir *infra*, p. 218-221. On peut remonter au commentaire de T. Gataker, *Marci Antonini, De Rebus suis libri XII studio Thomae Gatakeri*, Cambridge, 1652, p. 340, qui renvoie déjà au passage de Cicéron, *ad Att.* II 1, 8 qui sera cité plus bas.

(1) Χειμάρρους ἡ τῶν ὅλων αἰτία· πάντα φέρει. (2) ὡς εὐτελῆ δὲ καὶ τὰ πολιτικὰ ταῦτα καί, ὡς οἴεται, φιλοσόφως πρακτικὰ ἀνθρώπια· μυξῶν μεστά. (3) ἄνθρωπε, τί ποτε; (4) ποίησον ὃ νῦν ἡ φύσις ἀπαιτεῖ, ὅρμησον, ἐὰν διδῶται, καὶ μὴ περιβλέπου εἴ τις εἴσεται. (5) μὴ τὴν Πλάτωνος πολιτείαν ἔλπιζε, ἀλλὰ ἀρκοῦ, εἰ τὸ βραχύτατον πρόεισι, καὶ τούτου αὐτοῦ τὴν ἔκβασιν ὡς οὐ μικρόν τί ἐστι διανοοῦ. (6) δόγμα γὰρ αὐτῶν τίς μεταβαλεῖ; χωρὶς δὲ δογμάτων μεταβολῆς τί ἄλλο ἢ δουλεία στενόντων καὶ πείθεσθαι προσποιουμένων; (7) ὕπαγε νῦν καὶ Ἀλέξανδρον καὶ Φίλιππον καὶ Δημήτριον τὸν Φαληρέα μοι λέγε. ὄψονται, εἰ εἶδον, τί ἡ κοινὴ φύσις ἤθελε, καὶ ἑαυτοὺς ἐπαιδαγώγησαν· εἰ δὲ ἐτραγῴδησαν, οὐδείς με κατακέκρικε μιμεῖσθαι. (8) ἁπλοῦν ἐστι καὶ αἰδῆμον τὸ φιλοσοφίας ἔργον· μή με ἄπαγε ἐπὶ σεμνοτυφίαν.

(7) ὄψονται AT, Theiler, Hadot 1992, p. 321 : ὄψομαι Stich, Dalfen, Maltese : ἕψομαι Wilamowitz-Möllendorf, Farquharson

La cause de l'univers est un torrent : elle emporte tout. (2) Comme ils sont minables, ces petits bonshommes qui font de la politique, et qui s'imaginent agir en philosophes : ils sont pleins de morve. (3) Homme, que faire ? (4) Fais ce que la nature te réclame maintenant ; aie une impulsion, si cela t'est donné, et ne regarde pas autour de toi si quelqu'un le saura. (5) *N'espère pas la* République *de Platon,* mais estime-toi satisfait si les choses avancent un tant soit peu, et une avancée en ce domaine, réfléchis que ce n'est pas une petite chose. (6) Car qui changera leur conviction ? et sans un changement de leurs convictions, qu'y a-t-il d'autre qu'un esclavage de gens qui gémissent tout en faisant semblant d'obéir ? (7) Bas en retraite maintenant, et parle-moi d'Alexandre, de Philippe et de Démétrios de Phalère. À eux de voir s'ils ont su ce que la nature voulait et s'ils se sont éduqués eux-mêmes. Mais s'ils ont joué la tragédie, personne ne m'a condamné à les imiter. (8) La tâche de la philosophie est simple et modeste. Ne me pousse pas à prendre de grands airs. (Marc Aurèle, *Écrits pour lui-même*, IX, 29[1].)

Le texte, divisé en huit paragraphes par Dalfen, est d'une grande unité thématique. Il appartient au livre IX, où il est difficile de trouver un thème dominant. Le thème de la situation personnelle de Marc Aurèle comme empereur n'y apparaît que dans ce chapitre. Il rappelle le thème de VI, 30, où Marc Aurèle se recommande à lui-même de ne pas « césariser » (§ 1) mais d'agir en tout « comme un disciple d'Antonin » (§ 5). Le thème du

1. Traduction personnelle, avec des emprunts à celle de P. Hadot, *La citadelle intérieure. Introduction aux* Pensées *de Marc Aurèle*, Paris, Fayard, 1992, p. 321.

chapitre XXIX est néanmoins spécifique : il ne s'agit pas, sauf dans les derniers paragraphes, de la manière dont Marcus doit jouer son rôle d'Empereur, de la manière dont il doit se comporter dans l'exercice du pouvoir et des vertus qu'il doit appliquer, comme en VI, 30, mais, véritablement, de la manière dont il faut concevoir le rôle du dirigeant politique. Selon G. Reydams-Schils, il y a deux pièges que Marc Aurèle veut éviter, celui du « pouvoir traditionnel » qu'elle voit exemplifié par Alexandre, Philippe et Démétrios de Phalère, qui ont une conception tragique ou héroïque de leur rôle, et celui d'une utopie réformiste, représentée par le modèle de la *République* de Platon[1]. Il me semble que la situation est un peu plus compliquée : le § 2 mentionne tous « ces petits bonshommes qui font de la politique, et qui s'imaginent agir en philosophes », et il n'y a pas de raison de penser que cela ne s'applique pas aussi à Alexandre, Philippe et Démétrios. Sans doute le cas de Philippe, associé ici à son fils, est-il un peu à part, mais Alexandre et Démétrios sont tous les deux des disciples d'Aristote pour le premier et de Théophraste pour le second[2]. Dans l'Antiquité, Alexandre a été parfois décrit comme un « philosophe en armes »[3] ou comme celui qui a réalisé le rêve de la cité des sages à laquelle Zénon n'avait fait que rêver dans sa propre *République*[4]. Quant à Démétrios de Phalère[5], il est l'un des premiers philosophes, bien avant Marc Aurèle, à réaliser le programme platonicien d'un philosophe archonte : non seulement il écrivit de nombreux ouvrages de philosophie, mais il fut le gouverneur d'Athènes à partir de 325 av. notre ère, mit en place certaines réformes politiques en s'inspirant de principes philosophiques, puis prit le

1. G. Reydams-Schils, « Social ethics and politics », *in* M. van Ackeren (ed.), *A Companion to Marcus Aurelius*, Malden (Mass.), Wiley-Blackwell, 2012, p. 441-442.

2. Je remercie Michel Narcy d'avoir infléchi dans cette direction ma lecture de ce passage lors du colloque sur les trois *Républiques*.

3. Onesicrite, Jacoby 134 F 17 A (F. Jacoby, *Die Fragmente der griechischen Historiker*, Teil 2, Zeitgeschichte – B. Spezialgeschichten, Autobiographien und Memoiren, Zeittafeln [Nr. 106-261], Berlin, Weidmann, 1926-1930 (*cf.* R. Lane Fox, *Alexander the Great*, London, Penguin, 1986, p. 55).

4. Plutarque, *Sur la fortune ou la vertu d'Alexandre*, 329 B (*SVF*, I 262).

5. La remarque du commentaire de Farqhuarson (*op. cit.*), t. 2, p. 811, selon laquelle τὸν Φαληρέα est une glose probablement fautive et qu'il s'agit probablement de Démétrios Poliorcète montre qu'il n'a pas du tout saisi ni le sens du passage, ni la raison pour laquelle Alexandre et Démétrios sont cités ici. Il pense manifestement qu'il s'agit d'une liste de rois conquérants et non de rois philosophes. Il décrit d'ailleurs Démétrios de Phalère comme « le dernier et le plus érudit des orateurs attiques » et non comme un philosophe. Il a plus de raison de s'étonner de la présence de Philippe, dont il cite des jugements antiques où il apparaît sans aucune vertu et il est vrai qu'il détonne dans la liste et n'est sans doute là que parce que c'est lui qui a fait éduquer Alexandre par Aristote.

titre d'archonte à partir de 308, avant de devoir fuir Athènes en 307 et de devenir le conseiller de Ptolémée en Égypte[1]. Il ne semble donc pas qu'Alexandre et Démétrios de Phalère représentent « le pouvoir traditionnel », mais, bien plutôt, ils font partie de ces « petits bonshommes qui font de la politique, et qui s'imaginent agir en philosophes ».

Marc Aurèle distingue deux types de philosophes faisant de la politique : ceux qui écrivent des traités de politique et veulent réformer les hommes, et ceux qui prennent réellement le pouvoir et essaient plus ou moins d'appliquer des principes philosophiques dans leur méthode de gouvernement, ou du moins font semblant. Le premier groupe est voué à échouer parce que l'on ne peut changer les convictions des hommes; le second groupe n'est que des « tragédiens » qui se parent du titre de philosophe, alors qu'en fait ils exercent le pouvoir peut-être en effet de manière traditionnelle, comme le suggère G. Reydams-Schils. Le premier groupe est platonicien, le second groupe est péripatéticien : Marc Aurèle ne le dit pas, mais il est tout à fait plausible qu'il ait opposé consciemment ces deux groupes. Comme le remarque très justement P. Hadot, le verdict de Marc Aurèle au § 6 sur les tentatives de réforme politique de ceux qui « espèrent la *République* de Platon » est qu'il

> est extrêmement difficile de transformer les masses humaines, de changer les valeurs qui les fascinent, les opinions qui les font agir, d'en faire des philosophes. Et, si l'on ne transforme pas leur manière de voir les choses, si l'on ne change pas complètement la vie morale de chaque individu, toute réforme imposée sans leur consentement les enfoncera dans un esclavage de « gens qui gémissent tout en faisant semblant d'obéir »[2].

On ne peut s'empêcher évidemment de penser ici aux prisonniers de la caverne, qui gémissent et souffrent dans leurs chaînes quand on veut les amener à la lumière[3]. Les échos textuels littéraux entre les deux textes sont faibles et se limitent, semble-t-il, à l'emploi du terme μεταβολή (« changement »)[4] mais il n'en semble pas moins que Marc Aurèle pense à ce passage[5]. Sur le second groupe, le jugement de Marc Aurèle n'est pas moins sévère – la transition entre les deux groupes imagine une situation dialectique où l'interlocuteur, défait par l'argument, bat en retraite, et

1. Voir J.-P. Schneider, « Démétrios de Phalère » D 54, dans R. Goulet (éd.), *Dictionnaire des philosophes antiques*, t. 2, Paris, CNRS Éditions, 1994, p. 628-633, en particulier p. 629-630.

2. P. Hadot, *La citadelle intérieure*, *op. cit.*, p. 322.

3. Platon, *R.* VII, 515c-516c.

4. *Ibid.*, VII, 516c6; Marc Aurèle, IX 29, 6 (δογμάτων μεταβολῆς).

5. Voir le commentaire de Farquharson, t. 2, p. 810-811, qui renvoie plutôt à 502b.

suggère le nom de dirigeants philosophes qui n'ont pas cherché à changer les convictions du peuple et à réformer l'État mais ont exercé le pouvoir de manière non réformiste. Ces dirigeants-là, Marc Aurèle demande s'ils se sont éduqués eux-mêmes, autrement dit, si, au lieu d'avoir cherché à changer les convictions et les mœurs de leurs concitoyens, comme le suggère la ligne platonicienne, ils ont au moins réformé leur propre caractère. La ligne de partage entre les deux groupes de philosophes au pouvoir est donc entre ceux qui ont cherché à réformer les convictions de leurs concitoyens et ceux qui ont cherché à se réformer eux-mêmes. Marc Aurèle suggère à la fois que c'est la deuxième ligne qui est la bonne mais que la plupart de ceux que l'on prend comme modèles de cette ligne ne font que jouer la comédie. Sa conclusion – « la tâche de la philosophie est simple et modeste; ne me pousse pas à prendre de grands airs » – fait écho à d'autres passages des *Écrits pour lui-même* où il décrit le rôle qu'il assigne à la philosophie dans sa propre vie :

> (3) Qu'est-ce donc qui peut te faire escorte pour te protéger en cette vie? Une seule et unique chose, la philosophie. (4) Elle consiste à garder le démon intérieur exempt de déshonneur et sans dommage, plus fort que les plaisirs et les peines, ne faisant rien sans but, ni de manière mensongère et par faux-semblant; sans avoir besoin qu'un autre fasse ou ne fasse pas quelque chose, acceptant en outre ce qui lui advient et qui lui est donné en partage, comme venant de cette origine d'en haut, quelle qu'elle soit, d'où lui-même est venu; et, surtout, attendant, dans une disposition de sérénité, la mort comme n'étant rien d'autre que la dissociation des éléments dont se compose chaque être vivant. (Marc Aurèle, II, 17, 3-4)

Les deux textes fonctionnent selon un écho intertextuel[1], car les deux chapitres commencent de la même manière, par l'évocation d'un univers dans un état de flux perpétuel, décrit comme un torrent en IX, 29, 1, et comme une substance qui s'écoule en II, 17, 1. La fonction de la philosophie pour Marc Aurèle n'est ni de tâcher de transformer les citoyens et l'État comme le suggère Platon, ni d'exercer le pouvoir en tragédien qui déclame de la philosophie ou cherche à appliquer des principes philosophiques, mais de trouver dans la philosophie un garde du corps qui protège son démon intérieur et lui permet de suivre la nature, ainsi que le suggère discrètement IX, 29, 7 (« s'ils ont su ce que la nature voulait »).

1. Je renvoie ici à la suggestion de la relation de « glose intrasystématique » comme mode d'écriture et de lecture de l'*Écrit pour lui-même* formulée par A. Giavatto, *Interlocutore di se stesso. La dialettica di Marco Aurelio*, Hildesheim, G. Olms, 2008, p. 21 *sq*.

Le sens général du chapitre étant désormais plus clair, nous pouvons en venir à la signification de la référence à la *République* de Platon. P. Hadot commente l'expression de la manière suivante :

> « La *République* de Platon » était une expression proverbiale, qui avait un sens bien précis. Elle ne désignait pas à proprement parler le programme politique exposé dans le dialogue du grand philosophe, mais, d'une manière plus générale, un État dans lequel tous les citoyens, devenus philosophes, auraient été parfaits. C'est ainsi que Cicéron racontait que le stoïcien Mucius Scaevola avait plaidé la cause de Rutilius Rufus « comme elle aurait pu l'être dans la *République* de Platon », c'est-à-dire comme s'il s'adressait à des philosophes. Ailleurs le même Cicéron dit de Caton d'Utique qu'il agissait comme s'il vivait dans la *République* de Platon et non dans la fange de Romulus[1].

Les deux textes auxquels P. Hadot fait allusion sont les suivants :

> *Nunc talis vir amissus est, dum causa ita dicitur, ut si in illa commenticia Platonis civitate res ageretur.* (Cicéron, *De l'orateur*, I, 230)
> Et maintenant ce grand homme est perdu, parce que sa cause fut plaidée comme elle eût pu l'être dans la cité imaginaire de Platon.

> *Nam Catonem nostrum non tu amas plus quam ego ; sed tamen ille optimo animo utens et summa fide nocet interdum rei publicae ; dicit enim tamquam in Platonis politeiai, non tamquam in Romuli faece sententiam.* (Cicéron, *Lettres à Atticus*, II, 1, 8)
> Car notre cher Caton, tu n'as pas plus d'affection que moi pour lui ; mais avec les meilleures intentions et une parfaite bonne foi, il nuit parfois à la République ; il formule en effet sa pensée comme si nous étions dans la *Politeia* de Platon, et non dans la fange de Romulus.

Le premier texte renvoie à la plaidoirie maladroite de Mucius Scaevola pour Rutilius Rufus, qui lui valut d'être condamné comme Socrate, qui n'avait pas accepté que Lysias le défende. On peut y ajouter, comme le suggère Gataker, *loc. cit.*, le passage où Plutarque cite Cicéron :

> ὁ μὲν Κικέρων φησὶν αὐτὸν ὥσπερ ἐν τῇ Πλάτωνος πολιτείᾳ καὶ οὐκ ἐν τῇ Ῥωμύλου πολιτευόμενον ὑποστάθμῃ τῆς ὑπατείας ἐκπεσεῖν. (Plutarque, *Vie de Phocion*, 3, 2, 742 F.)
> Cicéron dit que c'est en faisant de la politique comme s'il était dans la République de Platon et non dans la fange de Romulus, qu'il [Caton] échoua dans sa candidature au consulat.

1. P. Hadot, *La citadelle intérieure*, *op. cit.*, p. 322.

Les deux textes de Cicéron et leur appendice plutarchéen montrent que la référence à la *République* de Platon est en effet quasi proverbiale. Il s'agit de philosophes qui se comportent comme s'ils étaient dans une cité de sages, mais il n'y a pas de référence très exacte aux idées de Platon – c'est presque la *République* de Zénon qui est visée et non celle de Platon. Cependant, dans la référence croisée à la « boue de Romulus », il y a d'autres réseaux d'allusion. La « boue de Romulus » chez Cicéron, sans être exactement une expression proverbiale, est une image qui renvoie probablement à la réalité des rues de Rome que de fréquentes inondations exposaient à la saleté[1]. Il était traditionnel de représenter Rome comme une cité construite sans plan urbanistique, avec un grand sens pratique, mais sans avoir cherché à l'origine la moindre beauté dans les rues[2]. Voilà donc deux images qui sont presque des clichés : la cité idéale de Platon et la cité réelle de Romulus, dont les rues sont boueuses et sales. La République de Platon ne semble pas désigner autre chose qu'une certaine manière utopique de philosopher sans se préoccuper de la réalité.

En même temps, il peut y avoir une autre allusion dans la « boue de Romulus ». Au livre VI de la *République*, après avoir décrit les naturels philosophes et les imposteurs qui prennent souvent leur place dans les cités, Socrate décrit des philosophes qui ont réussi à se tenir à l'écart de la cité, de ses dangers et de ses corruptions, et à se garder purs :

> Alors, prenant tout cela pour objet de ses calculs, on se tient en repos, on fait sa propre besogne ; à la façon d'un homme qui, dans la tempête, quand le vent soulève la poussière et chasse des trombes d'eau, se tient à l'abri d'un petit mur, on se satisfait, en voyant les autres regorger d'iniquité, d'être soi-même appelé à vivre, pur d'injustice comme d'œuvres impies, sa vie d'ici-bas. (Platon, *République*, VI 496d-e, trad. fr. L. Robin.)

Dans la « boue de Romulus », n'y a-t-il pas aussi une allusion à la saleté et aux flots d'eau des cités dont on se protège à l'abri d'un petit mur ? N'a-t-on pas une opposition semblable à celle que décrit Platon dans ce passage de la *République* ? Là encore, cela ne paraît pas impossible.

On peut donc conclure avec quelque vraisemblance que « la *République* de Platon », que mentionne Marc Aurèle, est bien une expression proverbiale que celui-ci reprend. Cette expression proverbiale désigne une certaine

1. Sur les crues de Rome, voir G. S. Aldrete, *Floods of the Tiber in Ancient Rome*, Baltimore, The Johns Hopkins University Press, 2007.

2. Strabon, V 3, 8 ; Tite Live, V 55, 2. Comme l'explique Strabon, c'est seulement à l'époque de César, de Pompée et d'Auguste et Agrippa qu'on chercha à embellir Rome. Je remercie Giusto Traina d'avoir attiré mon attention sur ces textes.

manière de faire de la politique, qui se veut idéaliste et non soucieuse de la réalité de la cité, dans une opposition, sans doute presque aussi proverbiale à la « boue de Romulus », celle d'une cité réelle, qui a été construite de façon pragmatique, mais sans plan préconçu et où les règles politiques sont établies par l'usage, et éventuellement exposées à l'injustice. En même temps, cette référence à la *République* de Platon n'est pas seulement proverbiale et vague : elle se réfère très exactement au programme de transformation des mentalités que Platon décrit dans le mythe de la caverne, et que Marc Aurèle juge irréalisable. Mais il s'attache tout autant à dénoncer un autre écueil possible des philosophes-rois, qu'il va chercher chez ceux de ses prédécesseurs qui ont exercé le pouvoir avec une formation philosophique poussée ou en continuant d'être philosophes, comme Alexandre ou Démétrios de Phalère, mais sans se conduire eux-mêmes en philosophes. En cela, à défaut de tracer un programme de philosophie politique, ce qu'il souhaite clairement ne pas faire, Marc Aurèle dessine ce qu'il estime être le rôle de la philosophie en politique, guider le caractère et les décisions du dirigeant, et lui permettre d'accomplir de petits progrès :

> Estime-toi satisfait, si seulement tu vis le reste de ta vie comme le veut ta nature. (Marc Aurèle, VIII, 1, 3)
>
> Estime-toi satisfait si les choses avancent un tant soit peu, et une avancée en ce domaine, réfléchis que ce n'est pas une petite chose. (Marc Aurèle, IX, 29, 5)

FRAGMENTS

DIOGÈNE DE SINOPE
LA *RÉPUBLIQUE*[1]

Les deux principaux témoignages

[A] : PHILODÈME, *Sur les stoïciens*, P. Herc. 155 et 339, 6-9, XV, 12-XXII, 10, éd. T. Dorandi [Zénon *R.*[2] 3, 4, 5][3].

XV (6) ἀλλὰ | γὰρ ἐπεί τινες τῶν καθ' ἡμᾶς | καὶ περὶ τῆς Διογένους, ὥς γέ φα|σι, διστάζουσιν Πολιτείας ὑπεκ|δυόμενοι τὴν Στοά[ν, ῥ]ητέ | ον ἂν εἴη τὸ καὶ Δ[ιο]γένους εἶναι | καὶ τὸν τρόπον ἔχουσαν τοῦτον, | ὡς αἵ τ' ἀναγραφαὶ τῶν πινάκων | αἵ τε βυβλιοθῆκαι σημαίνουσιν. | καὶ Κλεάνθης ἐν τῶι Περὶ στο|λῆς ὡς Διογένους αὐτῆς μνη|μονεύει καὶ ἐπαινεῖ καὶ κοι|νῶς τε τῶν ἐν τῶν ἐν[4] αὐτῆι [......] κἀ|πὶ μέρους ἐνίων ἔχθεσι ποι|εῖται· καὶ Χρύσιππος ἐν τῶ[ι Πε]|ρ[ὶ] πόλεως κα[ὶ] νόμου δι' αὐτ[ῆς | μι]μνήσκετα[ι] καὶ τά τ[ε– – –|– – –]εγ[– – – |– – –] νομ[– – –]|. [..]ς ἐν ταῖς Πολ[ι]τείαις. κἀν [τῶι] | Περὶ πολιτείας λαλήσας περὶ | **XVI** ἀχρηστία[ς τ]ῶν ὅπλων φ[ησὶ ταῦ]|τα καὶ Διογένην λέγειν,

1. Nous reproduisons ici les fragments de la *République* de Diogène, tels qu'ils apparaissent dans Husson p. 21-29, la traduction des fragments F et G a été cependant entièrement révisée et celle du fragment A a été très légèrement modifiée (col. XVII, 9). Lorsque ceux-ci concernent également la *République* de Zénon, la numérotation en est signalée entre crochets; dans la section consacrée aux fragments de Zénon, les textes et les traductions présents dans cette section sont reproduits sans les notes.

2. Par cette abréviation « Zénon *R.* » nous indiquons la numérotation des fragments de la *République* de Zénon présentés à la suite (*infra* p. 235 *sq*), les correspondances avec les autres éditions sont signalées dans les tableaux de correspondance (p. 257).

3. Signes utilisés : <a> lettres ajoutées par l'éditeur; [abg] lettres conjecturées par l'éditeur; [..] lettres manquantes; [— — —] lacunes dont le nombre de lettres manquantes est indéterminé; [[a]], lettres supprimées par le copiste; \`a´, lettres écrites par-dessus; chiffres romains en gras, numéro de colonne; **(n)** numéro de chapitre.

4. Une erreur est à signaler dans Husson (2011) : « ἐν αὐτῆι [......] κἀ|πὶ μέρους ἐνίων ἔχθεσι ποι|εῖται· καὶ Χρύσιππος » (col. XV, 24-25), bien que traduit n'est pas reproduit dans le texte.

ὅπε[ρ γ]ε | ἐν τῆι Πολε[ι]τείαι μόνον φανή|[σ]εται γε[γρα]φώς. κἂν [τῶ] ι Πε|ρὶ τῶν [μὴ] δι᾽ αὑτὰ αἱρ[ετῶ]ν φη|σιν ἐν τῆι Πολιτείαι νο[μ]ο-θε|τεῖν τὸν Διογένην [περὶ] τοῦ | δεῖν ἀστραγάλοις νομ[ιτε]ύεσ|θαι. κεῖται δὲ ταὐτ᾽ ἐν τῶι [π]ερὶ | ἧς λαλοῦμεν κἀν τ[ῶι πρώ]τωι Πρὸς τούς ἄλλως νοο[ῦν]τας | τὴν φρόνησιν. ἅμ[α κἀν] τ[ῶι] Περὶ | τὸν κατὰ φύσιν βίον μνημο|νεύει γε αὐτῆς καὶ τῶν ἐκεῖ | δυσσεβῶν ο[ἷς] κα[ὶ σ]υνκατατί|θεται· κἀν [τῶι] δ [Περὶ] τοῦ | καλοῦ καὶ τῆς ἡδ[ονῆς πολλά]|κις αὐτῆς κα[ὶ] τῶν ἐν αὐτῆι μι|μνήσκ[ε]ται μετ᾽ [ἐγ]κωμίω[ν.]| κἀν τῶι [γ] Περὶ δ[ι]και[ο]σύνη[ς] | τὸ περὶ τῆς ἀνθρωποφαγ[ίας] | δόγμα ε[..]σ.[…]εσκει[– – –]|Διόγεν[– – –]να[– – –]|θε[– – –]κατακεχώ[ρικε.]| τά[χα δὲ τῆς α]ὐτῆς πραγ[ματεί]|ας ἐν τῶι ζ Περὶ τοῦ [κα]θήκ[ον|τος] λέ[γει…]ν[– – –]| τοδ[…]α τοῦθ᾽ [ὑπ]άρχει[ν. αὐ]|τὸς θ᾽ ὁ Διογένης ἔν τε τῶι Ἀ|τρεῖ κα[ὶ] τῶι Οἰδίποδι [κα]ὶ τ[ῶι Φιλί]| **XVII** σκωι τὰ πλεῖστα τῶν κατὰ τ[ὴν] | Πολιτείαν αἰσχρῶν καὶ ἀνο|σίων ὡς ἀρέσκοντα καταχω|ρ[ί]ζει. καὶ Ἀντίπατρος ἐν τῶι | Κατὰ τῶν αἱρέσεων τῆς τε τοῦ | Ζήνωνος μιμνήσκεται Πολι|τείας καὶ τῆς τοῦ Διογένους δό|ξης, ἣν κατεχώρισεν ἐν τῆι Πο|λιτείαι, τὴν ἀπαθίαν καταπλη[τ|τ]όμενος αὐτῶν. καί φασί | τινες· « ἀλλ᾽ οὐκ ἔστ[ι]ν ἡ Πολιτ[εί]|α τοῦ Σινωπέως, ἀλλ᾽ ἑτέρ[ου | τι]νός. κ[ακ]ῶν γάρ τις, οὐ Διογέ|[νη]ς οτο…[…] κασ[…..] ωσ|[– – –]ε | καὶ γράφει.[..].[– – –]..χου Διογένους καὶ [– – –] εἴπα|μεν ἐκεῖνο[ν κ]αὶ παρ[αλογι]στήν.| καὶ διά τε τῆς ἀρ[χῆς τοῦ γρ]άμ|ματο[ς] καὶ τῆς τ[ελευτῆ]ς ἐμ|φαίνεται τὸ [πάντως ἐφι]κέσθαι | τὸν Διογένη [– – –]ε[..]κοσ|τ[.]ν ἐξ ἀλλ[– – –]ου κισ [– – –|…]υ[– – –|…]ιυ[– – –]|ι[– – –

XVIII (7) τὰ καλὰ τῶν [ἀνθρ]ώπων ἤδη παρα|γράφωμε[ν], ὅπως ἂν ὡς ὀλιγώ|τατον χρόνον ἐν ταῖς ἐπι|νοία[ι]ς διατρίβωμεν αὐτῶν. ἀ|ρέ[σ]-κ[ει] τοίνυν τοῖς παναγέσι | τού[το]ις κυνῶν μετα`μ´[[σ]]φιένυσ|[θαι βί]-ον· ἀποκεκ[α]λυμμένως | [τοῖς ὀ]νόμασι χρῆσθαι καικε|[ραίως] καὶ πᾶσ[ι]ν· ἀποτρίβεσ|[θαι φανερῶς· διπ]λῆν ἐσθῆ[τα] με|[τενδύειν]· παραχρῆσθαι τοῖς ἄρ|[ρεσιν οἳ] κἂν ἐρῶνται, κἂμ μὴ καὶ |[οἷοί] τε[…] ἀσμένως ἐπιδιδό|[ναι τοῖς πρ]οαιτουμένοις, συν|[βιάζεσ]θαι· το[…….] σαις | να[..] τα[– – –|– – –] τῶν[……..]ναι τού[ς]| παῖδα[ς πᾶσιν εἶνα]ι κοινούς· |λύειν[– – –]κ[– – –] εἰ |[β]ιάζε[τ]αι· ἀδελφαῖς ἑαυτῶν | καὶ μητρά[σι]ν καὶ συγγ[ενέ|σι]ν συγγε[ίν]εσθαι, καὶ [τ]ο[ῖς] | ἀδελφοῖς κ[αὶ] τοῖς υἱοῖς· μη|δενὸς ἀπέχεσθαι μέρους εἰς [πλη|σ]ιασμὸν μηδ᾽ ἂν πρός γέ [τι]|να συντελῆται βίαν· [ἐπιέναι] | τοῖς ἀνδράσιν | **XIX** τὰς γυναῖ-[κ]ας, εἶ[τα ἐπ]άγειν διὰ [1] | φιλοτεχνεῖν, ὅπως ἂν αὐταῖς | συμπλέ[κων-τ]αι, κἂμ μηδενὸς | τυγχάν[ωσι]ν ἀγοράζειν τοὺς |ἐξυπηρετήσοντας. ὡς ἔτυχ[ε] | δέ, πᾶσι κα[ὶ] πάσαις χρῆσθαι· ταῖς | ἰδίαις θεραπαίναι[ς] ἐπιπλέ|κεσθαι τοὺς γεγαμ[η]κότας· | τὰς γεγαμημένας μετὰ τῶν | προαιρου[μέν]ων συναπα[ί]|ρειν τοὺς ἄνδρας ἀπολιπού|σας τὴν αὐτὴν στολὴν αμ|πέχεσθαι τοῖς ἀνδράσιν τὰς | γυναῖκα[ς] καὶ τῶν αὐτῶν

1. Nous rétablissons ici l'accent sur le διὰ qui est omis dans l'édition de T. Dorandi.

με| τέχ[ειν ἐπιτη]δευμάτω[ν, πά]ν|τως δ[ὲ μηδ’] ἅπαξ ἀπ[η]λλοι|ῶσ[θαι]· δ[ρόμο]ν ἔτι καὶ γ[υ]μνάσι|α [...] ε [...] γυμνὰς εἶναι καὶ | [πάντ’] ἀφαιρούσας ἐναντίον | [π]άντων καὶ συνγυμνάζεσ|θαι [τοῖς] ἀνδράσιν μηδὲν ἀπο|[κεκρυμμένον] γίνεσθαι [– – –] τῶν [ἰ]δίων [– – –|– – –] τούς [τ]ελευ|[τῶν]τας· [τὸ πλε]ῖστον καὶ | συνκατασιτεῖσθαι καὶ | α[.]. [.....] τατ[..] μὴ μέν|τοι διαφέρεσθαι μηδὲ ἀτά|φους [– – –]| προστ[– – –]| **XX** κα[....]ας β[....] ἀνέχεσθα[ι] μ[η]|δὲ τῶ[ν ἄ]λ[λων] μέρων, ἐὰν ἀφαι|ρεθῇ<ι> καὶ τούς ἀνθρώπους | [δε]ῖν `π΄ατ[ρο]φονεῖν καὶ μή[τ]ε| πόλιν ἡγεῖσθαι μηδεμίαν ὧν | ἐπιστάμεθα μήτε νόμον. ἅ|παντας ο[ἴ]εσθαι παιδάρια καὶ | μαινομένους ὑπάρχειν ὥς | γε καὶ νοσ[εῖ]ν καὶ β[..]. [– – –]| καὶ τούς [φί]λους νο[μίζειν] | ὑ[π]ούλους καἰπί[σ]τ[ο]υς καὶ θε|οῖ[ς ἐ]χθροὺ[ς] καὶ αὐτοῖς, ὥσ|τ[ε μ]ηδεμ[ίαν πίστιν] τῶν νῦν α|νι[..]η..[.] ε. [..] κ[...] σ [– – –]| κα [– – –]τοὺς κα [– – –]| το. ἐμπᾶσιν ἁμαρτολούς, | ὥστε μηδὲ τῶν νομιζομένων | καλῶν ἢ δικαίων παρ’ αὐτοῖς | μηδὲν καλὸν ἐν τῆι φύσει κα|θεστηκέναι καὶ δίκαιον | δὲ τῶν αἰσχρῶν καὶ ἀδίκων | οὕτως ἔχοντας ἅμα νεανικῶς | ἀ[π]οπληκ[τεύεσθαι πρ]ὸς τ[οὺς]| χ[..] ι [.]τον[....]ει[– – –|..σ]θαι. κἂν [– – –|..]. [– – –]λ[– – –]|π[– – –]| ἀν[δρ]ῶν τε καὶ γυναικῶν |

XXI (8)..]ι[– – –]| αἰτίαν τ[– – –|...]ις καὶ ευ[– – –]καὶ ε..|γονὰς καὶ τοτε[.] ν. [...]ειναι | τῶν μά[λ]ιστ’ α[ἰ]σχρῶν ὡ]σὰν | Ἑλένας καὶ Ἰοκάστας καὶ Φι|λομήλας· ἀντὶ δὲ τῆς Ἀθηναί|ων καὶ τῶν ἄλλων Ἑλλήνων | διεξαγωγῆς εἰς Καμπανούς | ἡμᾶς καὶ Τυρρηνίαν τὴν πάλαι | καὶ Σαρδόνα καὶ Πέρσας μετοι|κίζειν καὶ τὸ πέρας εἰπεῖν τὴν | Ταυρικήν· ἀντὶ δὲ τῆς ἐξη|μερωμένης ἐν τοῖς νῦν χρό|νοις ἀναστροφῆς εἰς τὴν ἐπὶ | τῶν γηγε[νῶ]ν, εἴ πη δυνα|τὸν αὐτοῖς ἐκ τῆς ἀνθρω[π]ί|νης σ[....]ιτωνε[.]ι[..] γη| [– – –] λω[– – –]εσλ[– – –]| εχ[– – –]η τὰς τ[οι]αύτας, ἀλ|λὰ [....] κ[..]σρημ[– – –|– – –]ιαι[– – –]αρα [– – –]| ἔστα[ι– – –]υνα| [..]ιχ[– – –|..] η[– – –|.]εναρ[.....]ζει[...]τει[– – –]| παρα[– – –]ι[...]συ.|

XXII (9) – – –]ει[– – –]|σα. ἐὰν δέ τ[ι]ς [– – –]..|α[...]ι[..] ε[ἰρ]ημένοις, [.]αν[..]σ|θεοιτι[...]μεν μανίας [καὶ τα]ύ|της φαγε[δαιν]ώσης. [ἡ]μεῖς| δὲ καὶ τὰ[ς] ἀκοὰ[ς] καὶ τ[ὸ]ν ν[οῦ]ν | πολὺ πρότερον ἁγνευσάμε|νοι δυσφημοσύνης ἀλγει[νοτά]|της [οὐδὲν μετέχομεν, ὡς ἐμή]| νυμεν.

XV (6) Mais, en effet, puisque certains près de nous, s’écartant discrètement de l’école stoïcienne, ont des doutes, comme ils disent, aussi à propos de la *République* de Diogène, il faudrait dire à la fois qu’elle est de Diogène et que tel est son style, comme le signalent aussi bien les registres des catalogues que les bibliothèques. Et Cléanthe, dans son *Sur le vêtement*, la mentionne comme une œuvre de Diogène, en fait l’éloge et expose les doctrines qu’elle contient, soit en général soit, pour quelques-unes, en détail. Et Chrysippe dans son *Sur la cité et la loi* en fait mention et [...] dans les *Républiques*. Et dans son *Sur la république*, lorsqu'il parle de [**XVI**] l'inutilité des armes, il dit que Diogène aussi l'a énoncée, ce que précisément, semble-t-il, il n'a pu écrire que dans la *République*. Et dans son *Sur les choses non choisies pour elles-mêmes*, il dit que Diogène décrète, dans sa *République*, qu'il faut que les osselets aient cours comme monnaie. Cela se trouve dans l'ouvrage dont nous parlons et dans le premier livre du *Contre ceux qui conçoivent autrement la sagesse*. En même temps il la mentionne aussi dans son *Sur la vie selon la nature*, ainsi que les impiétés qui s'y trouvent, auxquelles il donne son assentiment. Et dans le quatrième livre de son *Sur la beauté et le plaisir*, il en fait souvent mention avec éloge ainsi que des doctrines qu'elle contient. Et dans le troisième livre du *Sur la justice*, la doctrine sur l'anthropophagie [...] il a inscrit. Vraisemblablement le même sujet dans le sixième livre du *Sur le devoir* [...] Diogène lui-même dans l'*Atrée*, l'*Œdipe* et le *Philiscos* [**XVII**] présente comme agréables la plupart des horreurs et des impiétés de la *République*. Et Antipater[1] dans le *Contre les écoles philosophiques* fait mention de la *République* de Zénon et de la doctrine de Diogène que celui-ci a soutenue dans la *République*, choqué[2] par leur impassibilité. Et quelques-uns disent : « En réalité, la *République* n'est pas du Sinopéen mais de quelqu'un d'autre. Quelqu'un de malveillant, en effet, pas Diogène [...] est nous l'avons dit, celui-là aussi, trompeur. Et du début à la fin de l'écrit il apparaît que Diogène parvient à [...].

XVIII (7) Maintenant ajoutons au dossier les belles théories de ces hommes, de façon à perdre le moins de temps possible avec leurs pensées. Eh bien, donc, il plaît à ces saints personnages-là de revêtir la vie des chiens ; d'utiliser ouvertement tous les mots sans les édulcorer ; de se masturber en public ; de revêtir un manteau double[3] ; d'abuser des mâles qui seraient épris et de violenter ceux qui ne s'abandonneraient pas avec joie à leurs avances [...] que les enfants soient communs à tous [...] s'il use de violence ; d'avoir commerce avec leurs propres sœurs, leurs mères, les membres de leur famille, et même leurs frères et leurs fils ; de ne reculer devant rien pour parvenir à la relation sexuelle, pas même s'il faut recourir à la force ; que les femmes [**XIX**] montent sur les hommes et ensuite les

1. Il s'agit d'Antipater de Tarse (IIIe-IIe siècle av. J.-C.), successeur de Diogène de Séleucie à la tête de l'école stoïcienne à Athènes et qui eut Panétius pour élève (*cf.* Ch. Guérard, art. « Antipatros de Tarse » dans R. Goulet [dir.], *Dictionnaire des Philosophes Antiques*, I, Paris, CNRS, 1989, p. 219-223).

2. Le sens de « καταπλη[ττ]όμενος », est certainement négatif et manifeste à quel point Antipater, plus conventionnel, désapprouvait les doctrines qu'il exposait (*cf.* F. Alesse, *La Stoa e la tradizione socratica*, Napoli, Bibliopolis, 2000, p. 45 et M.-O. Goulet- Cazé, *Kynika*, p. 19, n 36).

3. Sans doute Philodème a-t-il retenu ce détail, qui peut paraître bénin par rapport aux obscénités qui l'entourent, à cause de l'indécence de ce costume (surtout pour les femmes) et aussi parce qu'il est un marqueur essentiel de la condition cynique.

séduisent avec art afin qu'ils s'unissent à elles et, si elles ne trouvent personne, qu'elles se rendent sur la place publique auprès des gens disposés à offrir leurs services; qu'on y ait des rapports avec tous et toutes, au hasard des rencontres; que les hommes mariés aient des rapports avec leurs propres servantes; que les épouses partent avec les personnes de leur choix en abandonnant leurs maris; que les femmes revêtent le même costume que les hommes et partagent les mêmes occupations et ceci complètement, sans qu'il soit une seule fois fait de différence; en outre, quant à la course et aux exercices du corps [...] qu'elles soient nues, se dévêtant entièrement devant tout le monde et s'exerçant en compagnie des hommes sans rien dissimuler [...] des propres [...] les mourants; et que la plupart du temps ils prennent leurs repas en commun [...] qu'il n'y ait pas de différence, ni privés de sépulture [...] [**XX**] ne se retenir d'agir d'aucune autre façon s'il était enlevé et que les êtres humains doivent tuer leurs pères et qu'ils ne reconnaissent comme cité aucune de celles que nous connaissons, ni aucune loi; (il leur plaît) de penser que tous sont puérils et déments au point d'être malades, et de considérer leurs amis comme fourbes, indignes de confiance, ennemis des dieux et d'eux-mêmes, de sorte qu'aucune confiance à ceux qui aujourd'hui [...]. Ils se trompent en toute chose, si bien que rien de ce qui chez eux est tenu pour beau ou juste n'est beau en nature, et ils ont établi comme juste ce qui est laid et injuste, se comportant comme des adolescents, ils sont stupides contre [...] des hommes et des femmes.

XXI (8) [...] des choses fort affreuses comme Hélène, Jocaste et Philomèle; au lieu de partager le mode de vie des Athéniens et des autres Grecs, (il leur plaît) de nous envoyer vivre chez les Campaniens, dans la Tyrrhène d'autrefois et en Sardaigne et chez les Perses et de fixer la frontière en Taurique. Au lieu de la vie civilisée d'aujourd'hui, de (se tourner) vers celle des titans; lorsque cela leur est possible, hors de l'humaine [...]

XXII (9) [...] De cette folie dévorante. Quant à nous qui, comme nous l'indiquions, avons bien auparavant purifié nos oreilles et notre esprit, nous ne partageons en rien ces fort pénibles infamies.

Contexte : ce fragment a pu être reconstitué à partir de deux papyrus, le papyrus 155 étant un apographe fragmentaire du papyrus 339[1]*. L'ensemble représente 22 colonnes divisées par T. Dorandi en 9 chapitres, dont nous reproduisons ici et dans les autres fragments concernés, le texte simple sans l'apparat critique, ni les indications détaillées qu'on pourra trouver dans son édition complète*[2]*. Il ne se situe, en fait, qu'à la fin de l'œuvre*

1. Au sujet de la reconstitution du papyrus, *cf.* T. Dorandi, « Filodemo, gli stoici (PHerc 155 e 339) », *Cronache Ercolanesi*, 1982, p. 91-2.

2. La première édition de la totalité du fragment fut établie par W. Crönert (« Die Politien

dont rien, ni le début, ni la partie centrale, ne nous est resté sauf 25 fragments. Pour l'étude de la République *attribuée à Diogène, seuls nous intéressent les chapitres* VI *à* IX. *Ce passage, immédiatement précédé par le fragment 3 de la* République *de Zénon (infra p. 238-239), fait suite à une polémique de Philodème contre le fondateur de l'école stoïcienne, centrée sur le caractère apparemment contestable de sa* République, *fort mal défendue, d'après l'épicurien par certains de ses successeurs, tandis que d'autre mettent en doute son authenticité, ainsi que celle de l'ouvrage homonyme de Diogène.*

[B] : DIOGÈNE LAËRCE, *Vies et doctrines des philosophes illustres* [1], VI 80, *SSR* VB 117 et 128.

φέρεται δ' αὐτοῦ [scil. Diogenis] βιβλία τάδε · διάλογοι· Κεφαλίων, Ἰχθύας, Κολοιός, Πόρδαλος, Δῆμος Ἀθηναίων, Πολιτεία, Τέχνη ἠθική, Περὶ πλούτου, Ἐρωτικός, Θεόδωρος, Ὑψίας, Ἀρίσταρχος, Περὶ θανάτου. Ἐπιστολαί. Τραγῳδίαι ἑπτά · Ἑλήνη, Θυέστης, Ἡρακλῆς, Ἀχιλλεύς, Μήδεια, Χρύσιππος, Οἰδίπους.

Σωσικράτης δ' ἐν τῷ πρώτῳ τῆς Διαδοχῆς καὶ Σάτυρος ἐν τῷ τετάρτῳ τῶν Βίων οὐδὲν εἶναι Διογένους φασί· τά τε τραγῳδάριά φησιν ὁ Σάτυρος Φιλίσκου εἶναι τοῦ Αἰγινήτου, γνωρίμου τοῦ Διογένους. Σωτίων δ' ἐν τῷ ἑβδόμῳ ταῦτα μόνα φησὶ Διογένους εἶναι· Περὶ ἀρετῆς, Περὶ ἀγαθοῦ, Ἐρωτικόν, Πτωχόν, Τολμαῖον, Πόρδαλον, Κάσανδρον, Κεφαλίωνα, Φιλίσκον, Ἀρίσταρχον, Σίσυφον, Γανυμήδην, Χρείας, Ἐπιστολάς.

On lui attribue les ouvrages suivants. Des dialogues : *Céphalion*, *Ichthyas*, *Le Geai*, *Pordalos*, *Le peuple d'Athènes*, *La République*, *L'art de la mo-*

des Zenon und des Diogenes » *in Kolotes und Menedemos, Studien zur Paleographie und Papyruskunde* VI, Munich, 1906, pp 53-67). Il fut ensuite réédité partiellement par R. Giannattasio Andria (« Diogene cinico nei papiri ercolanesi », *Cronache Ercolanesi*, 1980, noté désormais *Diogene*, p. 129 *sq*). Il existe une traduction italienne complète du fragment par T. Dorandi, faisant suite à son édition ; celle-ci est reprise en français, pour les chapitres VI et VII, dans « La *Politeia* de Diogène de Sinope et quelques remarques sur sa pensée politique » dans M.-O. Goulet-Cazé et R. Goulet (éd.), *Le cynisme ancien et ses prolongements*, Paris, P.U.F., 1993, p. 57-68. Les chapitres VI à IX sont traduits en français par L. Paquet (*Les cyniques grecs*, 3e éd., Paris, Librairie générale française, 1992, p. 143-145). M.-O. Goulet-Cazé en a traduit quelques passages (« Un syllogisme stoïcien sur la loi dans la doxographie de Diogène le cynique. À propos de Diogène Laërce VI 72 », *Rheinisches Museum für Philologie*, Neue folge, 125, Band Heft I, Frankfurt, 1982, p. 214-240), mais sa traduction la plus récente et la plus étendue se trouve dans *Kynika*, p. 11-49.

1. Notre référence pour le texte de Diogène Laërce est l'édition de T. Dorandi (Cambridge University Press, 2013) que nous ne signalons cependant que lorsque celle-ci se démarque du consensus des éditeurs modernes (Zénon *R.* 13, et *infra* n. 1, p. 233, *cf.* bibliographie *ad loc.*).

rale, *Sur la richesse*, *Traité sur l'amour*, *Théodore*, *Hypsias*, *Aristarque*, *Sur la mort*; des lettres; sept tragédies : *Hélène*, *Thyeste*, *Héraclès*, *Achille*, *Médée*, *Chrysippe*, *Œdipe*.

Mais Sosicrate, au livre I de sa *Succession*, et Satyros, au livre IV de ses *Vies*, affirment que rien n'est de Diogène. Concernant les petites tragédies, Satyros dit qu'elles sont de Philiscos d'Égine, disciple de Diogène. Cependant Sotion, au livre VII, dit que seuls les ouvrages suivants sont de Diogène : *Sur la vertu, Sur le bien, Traité sur l'amour, Le mendiant, L'audacieux, Pordalos, Casandros, Céphalion, Philiscos, Aristarque, Sisyphe, Ganymède, Chries, Lettres.*

Contexte : comme il l'a fait pour Antisthène, après avoir relaté la vie et la doctrine de Diogène le cynique, Diogène Laërce nous informe sur ses écrits.

Les témoignages se rattachant aux textes précédents

[C] : [EUDOCIA][1], *Le champ de violettes*, 332 p. 245, 10-14 Flach, *SSR* VB 117

φέρεται δ' αὐτοῦ [*scil. Diogenis*] συγγράμματα τάδε · Δῆμος Ἀθηναίων, Πολιτεία, Τέχνη ἠθική, Περὶ ἀρετῆς, Περὶ ἀγαθοῦ, Περὶ πλούτου, Τραγῳδίαι ἑπτά, Περὶ θανάτου, Περὶ πτωχείας, διάλογοι πολλοὶ καὶ ἄλλα τινά.

On lui attribue les écrits suivants : *Le peuple d'Athènes, La République, L'art de la morale, Sur la vertu, Sur le bien, Sur la richesse,* sept tragédies, *Sur la mort, Sur la mendicité,* beaucoup de dialogues et d'autres œuvres encore.

Contexte : dans le chapitre 332, consacré à Diogène le cynique, après en avoir retracé la vie, et rapporté nombre d'anecdotes, le compilateur en vient à la liste de ses œuvres.

1. Le *Violarium* [Ἰωνία], faussement attribué à l'impératrice Eudocia Macrembolitissa est considéré comme une falsification du XVIe s. qui emprunte ses matériaux à des ouvrages déjà publiés (*cf.* J.-F. Kindstrand, « Eudocia et Pseudo-Eudocia », art. 96, *Dictionnaire des philosophes antiques*, III, Paris, CNRS, 2000, p. 289). La liste qui nous est ici donnée emprunte des titres aux deux listes de Diogène Laërce, avec un changement minime (le titre Πτωχόν de la deuxième liste de Diogène Laërce devenant Περὶ πτωχείας chez Eudocia) et n'apporte donc pas d'information supplémentaire. On peut penser qu'il s'agit d'un extrait de la première liste anonyme chez Diogène Laërce, certains ouvrages étant identifiés à partir de leurs thématiques éthiques et non par un personnage éponyme (*cf.* Husson, p. 26).

[D] : ATHÉNÉE, *Les deipnosophistes*, IV 159 c, *SSR* VB 125

Διογένης δ' ἐν τῇ ἑαυτοῦ Πολιτείᾳ νόμισμα εἶναι νομοθετεῖ ἀστραγάλους.

Diogène, dans sa propre *République*, décrète que les osselets sont la monnaie.

Contexte : cette allusion à la République *de Diogène prend place dans un développement consacré à l'amour inconsidéré de l'argent, ce qui laisse supposer que l'on attribuait à Diogène l'intention de censurer ce vice en substituant à l'argent une chose sans valeur*[1].

[E] : PHILODÈME, *Présentation des philosophes*, P. Herc. 1018 iv, éd. Dorandi[2] [Zénon *R.* 6]

[...] οὐ ταύτην μόνη[ν, ἀλλ' ἀν]|αισχυντησάντω[ν γελ]ά|σαι καὶ προσυποπτε[ῦσαι] | τὴν ὑπὸ Ζήνων[ος κατὰ] | τι συνερραμμένη[ν], ὃν| τρόπον ἐν ἄλλοις « δακτύ|λῳ δείκνυται » φασί. καὶ| [το]ύ[τ]οις ὅμοιοι τῶν μάλι|[στ' οἰκεί]ων κατ[ὰ] Πε[ρσαῖ|ον] [κ]αὶ Φιλονίδ[ην. ἡ]| Π[ολι]τεία δὲ [τοῦ Ζήνωνος]...

[...] pas seulement celle-là[3], mais ils dénigrent sans vergogne et mettent également en doute celle que Zénon, dans un certain sens, s'est cousue[4], d'une façon qu'ailleurs on appelle « être montré du doigt »[5]. Et ils s'apparentent à certains parmi les plus intimes, selon Persée et Philonide. Cependant la *République* de Zénon...

Contexte : ce fragment très lacunaire et obscur est vraisemblablement issu de l'entreprise d'historiographie philosophique de Philodème, la Présentation des philosophes *: une section de cet ouvrage particulièrement consacrée au stoïcisme débute par des considérations sur le fondateur de l'école.*

1. Nous considérons par ailleurs que la source directe ou indirecte d'Athénée est l'ouvrage de Chrysippe *Des choses qui ne sont pas préférables par elles-mêmes*, (*cf.* Husson, *ibid.*).

2. Édition de T. Dorandi, « Due note ercolanesi », *Zeitschrift für Papyrologie und Epigraphik 45*, Bonn, 1982, n. 1.

3. « ταύτην » renvoie à la *République* de Diogène et non à celle de Platon (*cf.* Husson, p. 27).

4. « συνερραμμένη[ν] » : sans doute Philodème voulait-il présenter la *République* de Zénon comme un assemblage mal ficelé de doctrines hétéroclites.

5. Le sens de cette expression reste difficile à déterminer mais est, de toute façon, dépréciatif. Diogène Laërce y fait peut-être allusion dans sa vie de Phérécyde (I 118).

La tradition assimilant les *Républiques* de Platon, Diogène et Zénon

[F] : DIOGÈNE LAËRCE, *Vies et doctrines des philosophes illustres*, VII 131, *SVF* I 269 [Zénon *R*. 16]

ἀρέσκει δ' αὐτοῖς καὶ κοινὰς εἶναι τὰς γυναῖκας δεῖν παρὰ τοῖς σοφοῖς, ὥστε τὸν ἐντυχόντα τῇ ἐντυχούσῃ χρῆσθαι, καθά φησι Ζήνων ἐν τῇ Πολιτείᾳ καὶ Χρύσιππος ἐν τῷ Περὶ πολιτείας, ἀλλ' ἔτι Διογένης ὁ κυνικὸς καὶ Πλάτων. πάντας τε παῖδας ἐπίσης στέρξομεν πατέρων τρόπον καὶ ἡ ἐπὶ μοιχείᾳ ζηλοτυπία περιαιρεθήσεται.

Ils estiment que les femmes doivent être communes entre les sages, de telle sorte que celui qui fait une rencontre ait commerce avec celle qui le rencontre, comme le dit Zénon dans sa *République* et Chrysippe dans son *Sur la république*, mais aussi Diogène le cynique et Platon. Nous chérirons tous les enfants d'une égale tendresse, à la façon des pères, et la jalousie liée à l'adultère sera supprimée.

Contexte : dans la partie consacrée à l'éthique de la doxographie stoïcienne générale, Diogène Laërce vient d'évoquer les genres de vies et les occasions où le suicide est justifié pour le sage.

Note : cette digression mentionnant Diogène et Platon, dans un exposé consacré uniquement à la pensée politique des stoïciens en général, a plutôt l'air d'une glose introduite ultérieurement dans le texte [1], néanmoins, c'est un témoignage de la tradition qui associait les *Républiques* de Platon, Diogène et Zénon.

[G] : PLUTARQUE, *Vie de Lycurgue* 31, *SVF* I 263, 261 [Zénon *R*. 7]

(1) οὐ μὴν τοῦτό γε τῷ Λυκούργῳ κεφάλαιον ἦν τότε, πλείστων ἡγουμένην ἀπολιπεῖν τὴν πόλιν · ἀλλ' ὥσπερ ἑνὸς ἀνδρὸς βίῳ καὶ πόλεως ὅλης νομίζων εὐδαιμονίαν ἀπ' ἀρετῆς ἐγγίνεσθαι καὶ ὁμονοίας τῆς πρὸς αὑτήν, πρὸς τοῦτο συνέταξε καὶ συνήρμοσεν ὅπως ἐλευθέριοι καὶ αὐτάρκεις γενόμενοι καὶ σωφρονοῦντες ἐπὶ πλεῖστον χρόνον διατελῶσι. **(2)** ταύτην καὶ Πλάτων ἔλαβε τῆς πολιτείας ὑπόθεσιν καὶ Διογένης καὶ Ζήνων, καὶ πάντες ὅσοι τι περὶ τούτων ἐπιχειρήσαντες εἰπεῖν ἐπαινοῦνται γράμματα καὶ λόγους ἀπολιπόντες μόνον.

1. C'est pourquoi R. D. Hicks dans son édition (Cambridge [Mass.]-London, Harvard University Press, 1972, 2e éd.) met entre crochets [ἀλλ' ἔτι … Πλάτων], alors que T. Dorandi adopte des parenthèses, ce qui n'est le cas ni de H. S. Long (Oxford, Oxford University Press, 1964) ni de M. Marcovich (Stuttgart-Leipzig, Teubner, 1999), *cf.* Husson, p. 28.

(1) Mais ce n'était pas là le principal pour Lycurgue, que de laisser (après lui) une cité commandant à la plupart des autres. Mais, dans la pensée que le bonheur naît de la vertu et de la concorde intérieure, aussi bien dans la vie d'un seul homme que de la cité tout entière, pour aller dans ce sens il ordonna et harmonisa (la cité) afin que, devenant libres et autarciques, ils persévèrent la plupart du temps dans la sagesse. **(2)** C'est le même fondement de la république qu'adopta Platon, ainsi que Diogène et Zénon, et tous ceux qui, après avoir entrepris de dire quelque chose sur ce sujet, reçoivent des éloges mais n'ont laissé que des écrits et des paroles.

Contexte : Nous sommes à la fin de la Vie de Lycurgue, *le but de Plutarque est de montrer que l'activité de Lycurgue correspond aux idéaux philosophiques et surtout aux idéaux platoniciens. Les références à Platon, Diogène le cynique et Zénon se justifient par certains aspects de leurs* Républiques *respectives inspirés des institutions spartiates dont Plutarque vient d'attribuer la paternité à Lycurgue (les repas en commun [12, 1-14], l'austérité dela vie et de l'éducation [16, 11-14], la gymnastique féminine [14, 2-7], ainsi que certaines pratiques qui peuvent être assimilées à un embryon de communauté des femmes et des enfants [15, 11-18 ; 18, 9]). Il s'agit bien d'une référence à Diogène le cynique*[1].

1. D. Babut (*Plutarque et le stoïcisme*, Paris, P.U.F., 1969, p. 201-202) estime qu'il s'agit de Diogène de Babylone et non de Diogène le cynique, principalement parce que le stoïcien représentait une référence au sein de l'école dans le domaine de la philosophie politique et parce que Diogène le cynique n'est par ailleurs jamais évoqué par Plutarque comme un auteur, mais mis à part le fait que l'interprétation chronologique de l'énumération (Platon, Diogène, Zénon) semble la plus naturelle, le contexte nous incline à identifier le cynique et, en particulier, sa *République* (*Cf.* Husson p. 29).

ZÉNON DE CITIUM
LA *RÉPUBLIQUE*[1]

LES TÉMOIGNAGES DE PHILODÈME

[1] : PHILODÈME, *Sur les stoïciens*, 2, IX, 1-XII, 20, éd. T. Dorandi (modifiée, col. X, 14), Baldry 2a, b, c, Bees 12 part.

IX (2)..κεινα.ρα. [τ]ὴν Ζήνωνος |[Πο]λιτείαν ἔχειν δέ τινας |[ἁ]μαρτάδας, ὑπὸ [ν]έου καὶ [ἄφρο]|νος ὄντος ἔ[[π]]`τ´[ι] γεγγραμμέν[[ας]]ην, |ὥστε δεῖν αὐτῇ<ι> μ[ε]ρίζειν τινὰ |συγνώμην ». πρὸς οὓς χρὴ | λέγειν, ὅτι τὸν ἔ[σε]σθαι μέλλον|τα φιλόσοφον, ἁ[παλὸ]ν δ' ὅπ[ο]υ καὶ νέον, ἀνάνκη πα[ν]τὸς ἀγνεύ| ειν τοιούτου καὶ λόγου καὶ πρά|γματος, καὶ δίοτι προβάντα| κατὰ τὴν ἡλικίαν καὶ τὴν διά|θεσιν ἔδει μάλιστα μὲν ἀφε|λεῖν αὐτῆς, εἰ δὲ μή, διορθῶ[σ]αι. | Ζή[[νω]]ν[[ι]]ων γὰρ οὐκ ἦν ἀεί. καὶ| τὸ παραπλήσιον [αὐ]τὸν [..]νε[.]|θαι καὶ δι'ἄλλων [ἐπι]δεικνύει| τὴν μεμενηκυῖαν κρίσιν ἄχρι |παντός. τὸ δὲ δὴ [κ]αὶ τοὺς ἀρχαί| ους, ὧν [ἐσ]τιν μά[λι]στα [θα]υμασ|τής, καὶ τῶν ἀπά[ντω]ν τ[οὺς] με|γίστους καὶ πασ[.....].[.]ο[.|.....]δουν καὶ[..]γε[— — —| — — —].εσατο τὴν [— — —| — — —]νο[..]χειν[........]και|[...]κα[........]υλ[......]τη[..|..]γον. αυ[— — —| — — —]ητ[— — —|...]. [— — —| — — —]πλ[— — —| — — —]ι[— — —| — — —]ω[— — —| **X** — — —]δι|[— — —]τον [φι]λό[σο]φον |[....]κυλι[.]σθαια λέγ[ουσι]ν τοῖς | χ[..]η. ε[....]ομονο[...]α καί| τοὺς κακίστους τῶν ἐπιγεγο|νότων ἐσχηκυῖα<ν> συμψήφους |καὶ πά[ντηι] κ[υ]ροῦσι τὸ διημαρτῆσ|θαι τὴ[ν] Πο[λ]ιτείαν· οἱ δὲ λέ|γουσιν, ὅτι καὶ παντελῶς οὐδεὶς | ἦν καὶ λέγειν αὐ[τὸν] ὡς οὐδεὶς| ἦν ὑπὲρ

1. Le recueil de ces fragments constitue une partie du travail effectué dans le cadre du projet d'édition des fragments de Zénon de Citium, dirigé par Jean-Baptiste Gourinat au Centre Léon Robin de recherches sur la pensée antique (UMR 8061) dont je remercie chaleureusement tous les participants pour leurs remarques et suggestions, avec en particulier une pensée pour notre regretté collègue Guillaume Rocca Serra. Néanmoins, les erreurs qui pourraient demeurer sont de notre propre fait. Les principes de cette édition sont explicités ci-dessous, p. 257-258.

ἑαυτοῦ, διὸ [κα]ὶ τρ[ό]πωι| τινὶ μηδ᾽ ἐκείνου δεῖν αὐτὴν| ν[ομ]ίζειν ψε[υδό]μενοι. λέγειν| [....]τον οὐδ᾽ ἄνωθεν ὑπάρχειν, |ἀλλ᾽ οὐχὶ μηδ[έ]να εἶναι· τάχα | μὲν τὸ τῆς [πα]τρίδος ἢ τοῦ γέ|νους ἄσημο[ν.]πογραφὼν [..], τά|χα δὲ τὴν [ἀκο]σμίαν [τῆς πρ]ότε|ρον αἱρέσεως προσκληρ[οῦ]σιν| ἃ πρὸς τὴν [ὑπ]ὲρ τῆς Πολ[ι]τ[ε]ίας| ἀπολογίαν [οὐ]δὲ μέχρ[ι] ε[...].η|[.....]τει. [..]ινειται[— — —| — — —]αυ.ι[..ε]ἶναι φησ[ι, μ]ᾶλλον |[.....]ηβα[.....].οιδρα[— — —| — — —]απο[— — —| — — —].[— — —| — — —].[— — —| — — —].δι[— — —| — — —]ι..|[— — —]τ..|[— — —]ισ... [— — —| **XI** ὕ]στερος δε.ετα[......] Στωι|κῶν. καὶ γὰ[ρ] ὁμολογεῖται | τὸ πανκάκως ἔχειν τὴν Πο|λιτείαν· « ἀλλ᾽ ὥσπερ Ἐπίκου|ρος », φασίν, « ἐν τοῖς ἀρχαϊκοῖς| λεγόμενος ἁμαρτάνειν οὐκ ἄ|ξιος κρίνεται κατηγορ[ίας], οὕ|τως ὀφείλει μηδὲ Ζήνων ».| ἐγὼ δὲ φήσω παρὰ μὲν [το]ῖς| ἀρχαίοις μηδὲν αἰσχρ[ὸ]ν εὑ|ρίσκεσθαι μηδ᾽ἀσεβές, ἀνά|μεστον δὲ τούτων εἶναι ταύ|την, ἐφ᾽ ὧι δὴ καὶ τυγχάνει τῆς| κατηγορίας, οὐκ ἐπὶ τῶι περι|έχειν τιν[ὰς] ἁμαρτίας κοινῶς | κατεσ[π]α[ρμέν]ας, ἃν οὐ πᾶσιν ὑπάρ|χειν ἀνέκφευκτα, διὰ τὸ μη|δ᾽ε[ἶ]ναι δυνατὸν ἄνωθεν ἀνα|μάρτητόν τινα γενέσθαι καὶ| σοφόν, ταῦτα δὲ μηδὲ τῶν ἰδι|ωτῶν εἰς τοὺς παν[ο]σίους πεί|πτειν. κα[ὶ τὴν μ]έγ γεγονυῖ|αν μετάθε[σιν] καὶ διόρθωσιν | ετ[.....]ηι.[..]ντος μό|νης [κ]αὶ συμ[...]ι[...] ἐν τοῖς ἄλ|λ[οις κ]αὶ τῶν [ὕ]στ[ερον] Στωικῶν| [...δι]ωκουσ[..]τονι[.......].ιν|[— — —] α[— — —]|μ[..]σ[..]εις τινα|[— — —]|οδ[...]ισσ[.]ι[...]και[.....].[.] δι|σ.[..]α[..]η[..]οισ. [.....].ασ| **XII** θυμηδέσιν, εἰ γένοιτο, παρο|ρῶντες, ὅτι κατ᾽ ἀρχὰς τοῦ γρά[μ]|ματος ἐμφαίνει τὸ πρόσφορον| αὐτὴν ἐκτιθέναι καὶ τοῖς τόποις, |ἐν οἷς ὑπῆρχε, καὶ τοῖς χρόνοις, | καθ᾽ οὓς ἔζη καὶ διότι μέμψε|ως ἄξι[[α]] `ον´ ἂν ἦν τυγ[χ]άνειν, εἰ | τοῦτο πεπόηκε· καὶ καθ᾽ ὅσον | ἀδυνάτους πάλ[ι]ν ὑποθέσεις| τοῖς οὐκ οὖσιν ἐνομοθέτει, τοὺς| ὄντας παρείς· καὶ διότι προθέσε|ως τοιαύτης οὔσης ἄθλιος ἦν| ὁ τὰς οὕτως ὑποτιθέμενος| ἐχθέσμους ὑποθέσεις· καὶ| τὰ ἐ[πὶ] τούτοις, ὅτι καθ᾽ ὃν ἂν [λ]ό|[γον] ὑποστήσηταί τις, ἀσε[β]είας| ὑπερβολὴν ταῦτ᾽οὐ καταλέ|λοιπε καὶ τὸ τελευταῖον ὡς| καὶ δι᾽ ἄλλον τὰ παραπλήσια| νομοθετεῖ.

IX (2) […] La *République* de Zénon contient certes des erreurs, elle a été écrite par un auteur encore jeune et insensé si bien qu'on doit lui accorder quelque indulgence ». À ces personnes, il faut objecter que celui qui se destinait à la philosophie, alors jeune et fragile, devait nécessairement se garder de tout discours et comportement de ce genre et que progressant en âge et en caractère, il fallait avant tout s'en[1] séparer et, à défaut la corriger. Zénon, en effet, ne fut pas toujours ainsi et d'une façon semblable il […] ainsi qu'à travers d'autres choses, il fait montre d'un jugement constamment invariable. Par ailleurs, il est vrai, les anciens dont il est au plus haut point l'admirateur, et les plus grands de tous et […] philosophe […] ils disent […] **[X]** que la *République* a obtenu les pires suffrages de ceux

1. αὐτῆς en IX 14, renvoie à la *République* de Zénon.

qui, depuis lors, ont vu le jour et comprennent qu'elle est toute entière une erreur. D'autres par contre ont un argument mensonger : ils disent qu'il n'était absolument personne et qu'il disait de lui-même qu'il n'était personne, c'est pourquoi, dans un certain sens, il ne faut pas la regarder comme sienne. Il est (possible)[1] de dire qu'au début il était inexistant[2], mais non pas qu'il n'était personne. Peut-être font-ils allusion à l'obscurité de sa patrie et de sa famille, ou bien peut-être lui attribuent-ils le désordre des premiers temps de l'école, ce que, contre la défense de la *République* pas jusqu'à [...] être il dit [...] postérieur [...] **[XI]** des stoïciens. Et, en effet, ils conviennent que la *République* est abominable. « De même », disent-ils, « qu'on ne juge pas qu'Épicure mérite qu'on lui fasse un procès alors qu'à ce qu'on dit, il s'est fourvoyé dans ses écrits de jeunesse, Zénon n'a pas plus de comptes à rendre ». Or moi, je répondrai que dans ses écrits de jeunesse on ne trouve aucune mention honteuse ou impie alors que celle-là [*c.a.d. la République de Zénon*] en est pleine. Voilà ce dont il se trouve qu'on l'accuse, non de ce qu'elle contient certaines erreurs communément répandues et que nul ne saurait éviter car il est impossible de devenir, dès le départ, infaillible et sage – c'est pourquoi ces considérations provenant de gens communs n'atteignent pas les personnes en tous points respectables – le changement et la rectification survenus [...] dans les autres et parmi les stoïciens postérieurs [...] **[XII]** qui réjouissent le cœur, ils ne voient pas que dès le début de son écrit il la présente comme l'exposition de ce qui conviendrait aux lieux dans lesquels il se trouvait ainsi qu'à l'époque à laquelle il vivait, ni pourquoi, s'il a écrit cela, il en est blâmable[3]; ni qu'inversement dans le cas où ses principes étaient impossibles il légiférait pour des êtres qui n'existent pas en négligeant ceux qui existent; ni que, si tel était son but, c'était un misérable, lui qui prenait pour base des principes si odieux; ni que, par-dessus le marché, d'après l'argument que quelqu'un a soutenu, il n'a rien abandonné de son impiété outrancière et, à la fin, il légifère à peu près comme dans le reste de son œuvre.

1. X 14 [....]τον : nous conjecturons [δυνα]τὸν.

2. Philodème joue ici sur la polysémie du verbe *huparchein* en lui donnant à la fois le sens de commander et d'exister (on peut admettre qu'au départ, Zénon ne commandait pas au sein d'une école, mais on ne peut pas interpréter cela en feignant de croire qu'il n'existait pas).

3. Le « τοῦτο » dans « εἰ τοῦτο πεπόηκε » (XII 7,8) ne se rapporte pas à ce qui précède immédiatement, c'est-à-dire l'affirmation que faisait Zénon de l'actualité et de la pertinence de sa *République* mais à l'argument évoqué par ces « stoïciens postérieurs » dans la lacune des lignes XI 27-30, qui devait présenter l'œuvre comme une simple fantaisie utopique. Philodème veut dire : même si Zénon ne considérait pas que sa *République* pouvait s'appliquer à la Grèce de son époque, par son seul contenu scandaleux, cette œuvre devrait le discréditer.

Contexte : ce passage fait suite au début très lacunaire du Sur les stoïciens, *où il est vraisemblablement question de polémiques stoïciennes relatives à certains épisodes contestés de la vie d'Épicure ou de son école (Cf. 1, III, 2-8). Philodème réagit en reprochant au fondateur du stoïcisme son héritage cynique scandaleux, et dénonce ici les différentes tactiques mises en œuvre par les stoïciens pour faire face à cette difficulté.*

[2] : PHILODÈME, *Sur les stoïciens*, 4, XIV, 4-15, Bees 12 part.

XIV 4. τὸ δὲ λέγειν ὡς ἀπο|δέχονται τὸν Ζήνωνα διὰ τὴν | τοῦ τέλους εὕρεσιν οἱ Στωικοὶ |κατατετολμηκότων ἐστι· καὶ | γὰρ τὰ λοιπὰ τῶν δογμάτων| θαυμάζουσιν αὐτοῦ. καὶ τῶν| ἀμηχάνων ἐστὶν τοῦ τέλους| ἐ[νδεχομ]ένου μὴ κ[α]ὶ τἆλλα| συμφώνως ἀποδίδοσθαι. καὶ| τῶι τέλει δὲ ἀκόλουθόν ἐστι| τὰ διὰ τῆς Πολιτείας ἐκκείμε|να πρ[ο]σδέχεσθαι.

XIV 4. Et il est aventureux de dire que les stoïciens acceptent Zénon comme maître à cause de sa découverte de la fin. En effet, ils admirent aussi le reste de ses doctrines. Il est malhabile d'accepter la fin sans accorder conjointement le reste et même il est cohérent avec la fin (du stoïcisme) d'accepter les thèses exposées tout au long de la *République*

Contexte : certains stoïciens cherchent à rattacher leur école directement à Socrate en niant l'importance de Zénon, or les doctrines stoïciennes viennent majoritairement de Zénon et beaucoup le reconnaissent comme leur fondateur.

[3] : PHILODÈME, *Sur les stoïciens*, 5-6, XV, 1-16, Bees 12 part. [Diogène *R*. A part.]

XV (5) πρὸς | δὲ τοὺς γενναίου`ς´ καὶ τὴν Πολιτείαν ὡς ἀναμάρτητον προσ|δεχομένους τί ἄν τις λέγων ἀ|τοπώτερον συνάπτοι; Πειρῶν|ται δ'οὖν οὐδὲ πρὸς ἄλλο τι φέρειν| οὗτοι τὰς ἀπολογιάς ἢ πρὸς τὰ | περὶ τοῦ διαμηρίζειν το`σ´ο`ύ´των| περιειλλημένων κακῶν, καὶ| προγεγραφότες ὅτι περὶ τῆς Πο|λιτείας, ἀλλ' οὐχ ὅτι περί [τ]ινος | ἀπολογήσονται μέρους. **(6)** ἀλλὰ | γὰρ ἐπεί τινες τῶν καθ' ἡμᾶς | καὶ περὶ τῆς Διογένους, ὥς γέ φα|σι, διστάζουσιν Πολιτείας ὑπεκ | δυόμενοι τὴν Στοά[ν ... [1]

XV (5) Que trouverait-on de plus extraordinaire à dire contre ces nobles penseurs qui acceptent aussi la *République* comme exempte d'erreurs? Ainsi, ceux-ci essaient de ne centrer leur défense sur rien d'autre que sur le sujet de la copulation[2], évacuant les si mauvaises doctrines qui l'entou-

1. Suite, Diogène, *R.* A.

2. « διαμηρίζειν », au sens propre « copulation intercrurale », qui peut avoir lieu aussi bien entre deux hommes qu'entre un homme et une femme (que les stoïciens mettraient

rent et, de plus, après avoir annoncé qu'ils défendraient la *République* et non une de ses parties. (6) Mais, en effet, puisque certains près de nous, s'écartant discrètement de l'école stoïcienne, ont des doutes, comme ils disent, aussi à propos de la *République* de Diogène....

Contexte : Zénon est admis par la plupart des stoïciens comme le fondateur de l'école, ce fragment est immédiatement suivi par le fragment A de la République *de Diogène (*supra *p. 225-230).*

[4] : PHILODÈME, *Sur les stoïciens*, 6, XVII, 4-10, Baldry 2d, Bees 12 part. [Diogène *R.* A part.]

καὶ Ἀντίπατρος ἐν τῶι | Κατὰ τῶν αἱρέσεων τῆς τε τοῦ | Ζήνωνος μιμνήσκεται Πολι|τείας καὶ τῆς τοῦ Διογένους δό|ξης, ἣν κατεχώρισεν ἐν τῆι Πο|λιτείαι, τὴν ἀπαθίαν καταπλη[τ| τ]όμενος αὐτῶν.

Et Antipater dans le *Contre les écoles philosophiques* fait mention de la *République* de Zénon et de la doctrine de Diogène que celui-ci a soutenue dans la *République*, choqué par leur impassibilité.

Contexte : certains stoïciens, afin de mettre en doute l'authenticité de la République *de Zénon, contestent également celle de Diogène (*cf. *fr. 3). En réponse Philodème accumule des témoignages d'anciens stoïciens (de Cléanthe à Antipater [*cf. *note dans Diogène* R. *A]) garantissant l'authenticité de la* République *de Diogène et a fortiori de celle de Zénon.*

[5] : PHILODÈME, *Sur les stoïciens*, 7-8, XVIII 1-XXI 28, Bees 3 [Diogène, *R.* A part.]

XVIII (7) τὰ καλὰ τῶν [ἀνθρ]ώπων ἤδη παρα|γράφωμε[ν], ὅπως ἂν ὡς ὀλιγώ|τατον χρόνον ἐν ταῖς ἐπι|νοία[ι]ς διατρίβωμεν αὐτῶν. ἀ| ρέ[σ]κ[ει] τοίνυν τοῖς παναγέσι | τού[το]ις κυνῶν μεταμφιένυσ|[θαι βί]ον· ἀποκεκ[α]λυμμένως | [τοῖς ὀ]νόμασι χρῆσθαι καἰκε|[ραίως] καὶ πᾶσ[ι]ν· ἀποτρίβεσ| [θαι φανερῶς· διπ]λῆν ἐσθῆ[τα] με|[τενδύειν]· παραχρῆσθαι τοῖς ἄρ|[ρεσιν οἳ] κἂν ἐρῶνται, κἂμ μὴ καὶ |[οἷοί] τε[...] ἀσμένως ἐπιδιδό|[ναι τοῖς πρ]οαιτουμένοις, συν| [βιάζεσ]θαι· το[.......]σαις | να[..] τα[– – –|– – –] τῶν[........]ναι τού[ς]| παῖδα[ς πᾶσιν εἶνα]ι κοινούς· |λύειν[– – –]κ[– – –] εἰ | [β]ιάζε[τ]αι· ἀδελφαῖς ἑαυτῶν | καὶ μητρά[σι]ν καὶ συγγ[ενέ|σι]ν συγγε[ίν]εσθαι, καὶ [τ]ο[ῖς] | ἀδελφοῖς κ[αὶ] τοῖς υἱοῖς· μη|δενὸς ἀπέχεσθαι μέρους εἰς [πλη| σ]ιασμὸν μηδ' ἂν πρός γέ [τι]|να συντελῆται βίαν· [ἐπιέναι] | τοῖς ἀνδράσιν | **XIX** τὰς γυναῖ-

donc en avant pour édulcorer les pratiques sexuelles prônées par l'ouvrage) *cf.* T. Dorandi, *Filodemo*, p. 119, n. 157, et surtout K. J. Dover, *Homosexualité grecque*, trad. de l'anglais S. Saïd, *La pensée sauvage*, Paris, 1982, p. 124.

[κ]ας, εἶ[τα ἐπ]άγειν δια | φιλοτεχνεῖν, ὅπως ἂν αὐταῖς | συμπλέ[κων-τ]αι, κἂμ μηδενὸς | τυγχάν[ωσι]ν ἀγοράζειν τούς |ἐξυπηρετήσοντας. ὡς ἔτυχ[ε] | δέ, πᾶσι κα[ὶ] πάσαις χρῆσθαι· ταῖς | ἰδίαις θεραπαίναι[ς] ἐπιπλέ|κεσθαι τούς γεγαμ[η]κότας· | τὰς γεγαμημένας μετὰ τῶν | προαιρου[μέν]ων συναπα[ί]|ρειν τούς ἄνδρας ἀπολιπού|σας τὴν αὐτὴν στολὴν αμ|πέχεσθαι τοῖς ἀνδράσιν τὰς | γυναῖκα[ς] καὶ τῶν αὐτῶν με|τέχ[ειν ἐπιτη]δευμάτω[ν, πά]ν|τως δ[ὲ μηδ᾽] ἅπαξ ἀπ[η]λ-λοι|ῶσ[θαι]· δ[ρόμο]ν ἔτι καὶ γ[υ]μνάσι|α [...] ε [...] γυμνὰς εἶναι καὶ | [πάντ᾽] ἀφαιρούσας ἐναντίον | [π]άντων καὶ συνγυμνάζεσ|θαι [τοῖς] ἀνδράσιν μηδὲν ἀπο|[κεκρυμμένον] γίνεσθαι [– – –] τῶν [ἰ]δίων [– –|– – –] τούς [τ]ελευ|[τῶν]τας· [τὸ πλε]ῖστον καὶ | συνκατασιτεῖσθαι καὶ | α[.]. [.....]τατ[..] μὴ μέν|τοι διαφέρεσθαι μηδὲ ἀτά|φους [– – –]| προστ[– – –]| **XX** κα[....]ας β[....] ἀνέχεσθα[ι] μ[η]|δὲ τῶ[ν ἄ]λ[λων] μέρων, ἐὰν ἀφαι|ρεθῆ<ι> καὶ τούς ἀνθρώπους | [δε]ῖν πατ[ρο]φονεῖν καὶ μή[τ]ε| πόλιν ἡγεῖσθαι μηδεμίαν ὧν | ἐπιστάμεθα μήτε νόμον. ἅ|παντας ο[ἴ]εσθαι παιδάρια καὶ | μαινομένους ὑπάρχειν ὥς | γε καὶ νοσ[εῖ]ν καὶ β[..]. [– – –]| καὶ τούς [φί]λους νο[μίζειν] | ὑ[π]ούλους καὶπί[σ]-τ[ο]υς καὶ θε|οῖ[ς ἐ]χθρού[ς] καὶ αὐτοῖς, ὥσ|τ[ε μ]ηδεμ[ίαν πίστιν] τῶν νῦν α|νι[..]η..[.] ε. [..] κ[...] σ [– – –]| κα [– – –]τούς κα [– – –]| το. ἐμ-πᾶσιν ἁμαρτολούς, | ὥστε μηδὲ τῶν νομιζομένων | καλῶν ἢ δικαίων παρ᾽ αὐτοῖς | μηδὲν καλὸν ἐν τῆι φύσει κα|θεστηκέναι καὶ δίκαιον | δὲ τῶν αἰσχρῶν καὶ ἀδίκων | οὕτως ἔχοντας ἅμα νεανικῶς | ἀ[π]οπληκ[τεύεσθαι πρ]ὸς τ[ούς]| χ[..] ι [.]τον[....]ει[– – –|..σ]θαι. κἂν [– – –|..]. [– – –]λ[– – –]|π[– – –]| ἀν[δρ]ῶν τε καὶ γυναικῶν |

XXI (8)..]ι[– – –]| αἰτίαν τ[– – –|...]ις καὶ ευ[– – –]καὶ ε..|γονὰς καὶ τοτε[.] ν. [...]ειναι | τῶν μά[λ]ιστ᾽ α[ἰσχρῶν ὡ]σὰν | Ἑλένας καὶ Ἰοκάστας καὶ Φι|λομήλας· ἀντὶ δὲ τῆς Ἀθηναί|ων καὶ τῶν ἄλλων Ἑλλήνων | διεξαγωγῆς εἰς Καμπανούς | ἡμᾶς καὶ Τυρρηνίαν τὴν πάλαι | καὶ Σαρδόνα καὶ Πέρσας μετοι|κίζειν καὶ τὸ πέρας εἰπεῖν τὴν | Ταυρικήν· ἀντὶ δὲ τῆς ἐξη|μερωμένης ἐν τοῖς νῦν χρό|νοις ἀναστροφῆς εἰς τὴν ἐπὶ | τῶν γηγε[νῶ]ν, εἴ πη δυνα|τὸν αὐτοῖς ἐκ τῆς ἀνθρω[π]ί|νης σ[....]ιτωνε[.]ι[..] γη| [– – –] λω[– – –]εσλ[– – –]|εχ[– – –]η τὰς τ[οι]αύτας, ἀλ|λὰ [....] κ[..]σρημ[– – –|– – –]ιαι[– – –]αρα [– – –]| ἔστα[ι– – –]υνα|[..]ιχ[– – –|..] η[– – –|.]εναρ[.....]ζει[...]τει[– – –]| παρα[– – –]ι[...]συ.|

(7) [XVIII] Maintenant ajoutons au dossier les belles théories de ces hommes, de façon à perdre le moins de temps possible avec leurs pensées. Eh bien, donc, il plaît à ces saints personnages-là de revêtir la vie des chiens ; d'utiliser ouvertement tous les mots sans les édulcorer ; de se masturber en public ; de revêtir un manteau double ; d'abuser des mâles qui seraient épris et de violenter ceux qui ne s'abandonneraient pas avec joie à leurs avances, [...] que les enfants soient communs à tous [...] s'il use de violence ; d'avoir commerce avec leurs propres sœurs, leurs mères, les membres de leur famille, et même leurs frères et leurs fils ; de ne reculer devant rien pour parvenir à la relation sexuelle pas même s'il faut recourir à la force ; que les femmes **[XIX]** montent sur les hommes et ensuite les séduisent avec art afin qu'ils s'unissent à elles et, si elles ne trouvent personne, qu'elles se rendent sur la place publique auprès des gens disposés à offrir leurs services ; qu'on y ait des rapports avec tous et toutes, au hasard des rencontres ; que les hommes mariés aient des rapports avec leurs propres servantes ; que les épouses partent avec les personnes de leur choix en abandonnant leurs maris ; que les femmes revêtent le même costume que les hommes et partagent les mêmes occupations et ceci complètement, sans qu'il soit une seule fois fait de différence ; en outre, quant à la course et aux exercices du corps [...] qu'elles soient nues, se dévêtant entièrement devant tout le monde et s'exerçant en compagnie des hommes sans rien dissimuler [...] des propres [...] les mourants. Et que la plupart du temps ils prennent leurs repas en commun [...] qu'il n'y ait pas de différence, ni privés de sépulture [...] **[XX]** ne se retenir d'agir d'aucune autre façon s'il était enlevé et que les êtres humains doivent tuer leurs pères et qu'ils ne reconnaissent comme cité aucune de celles que nous connaissons, ni aucune loi ; (il leur plaît) de penser que tous sont puérils et déments au point d'être malades, et de considérer leurs amis comme fourbes, indignes de confiance, ennemis des dieux et d'eux-mêmes, de sorte qu'aucune confiance à ceux qui aujourd'hui [...]. Ils se trompent en toute chose si bien que rien de ce qui chez eux est tenu pour beau ou juste, n'est beau en nature et ils ont établi comme juste ce qui est laid et injuste, se comportant comme des adolescents, ils sont stupides contre [...] des hommes et des femmes.

(8) **[XXI]**[...] des choses fort affreuses comme Hélène, Jocaste et Philomèle ; au lieu de partager le mode de vie des Athéniens et des autres Grecs (il leur plaît) de nous envoyer vivre chez les Campaniens, dans la Tyrrhénie d'autrefois, en Sardaigne et chez les Perses et de fixer la frontière en Taurique. Au lieu de la vie civilisée d'aujourd'hui, de (se tourner) vers celle des Titans ; lorsque cela leur est possible, hors de l'humaine [...]

Contexte : Après avoir démontré l'authenticité de la République *de Diogène (*cf. *fr. 4, et Diogène* R. *A), Philodème entreprend un résumé conjoint de l'ouvrage du Cynique et du Stoïcien.*

[6] : PHILODÈME, *Présentation des philosophes*, P. Herc. 1018 iv, éd. Dorandi, *SVF* I 42, Bees 14 [Diogène *R.* E[1]]

1. Voir notes *ad. loc.*

[...] οὐ ταύτην μόνη[ν, ἀλλ' ἀν]|αισχυντησάντω[ν γελ]ά|σαι καὶ προσυποπτε[ῦσαι] | τὴν ὑπὸ Ζήνων[ος κατὰ] | τι συνερραμμένη[ν], ὃν| τρόπον ἐν ἄλλοις « δακτύ|λῳ δείκνυται » φασί. καὶ| [το]ύ[τ]οις ὅμοιοι τῶν μάλι|[στ' οἰκεί]ων κατ[ὰ] Πε[ρσαῖ|ον] [κ]αὶ Φιλονίδ[ην. ἡ]| Π[ολι]τεία δὲ [τοῦ Ζήνωνος]...

[...] pas seulement celle-là, mais ils dénigrent sans vergogne et mettent également en doute celle que Zénon, dans un certain sens, s'est cousue, d'une façon qu'ailleurs on appelle « être montré du doigt ». Et ils s'apparentent à certains parmi les plus intimes, selon Persée et Philonide. Cependant la *République* de Zénon...

Contexte : ce fragment est vraisemblablement issu de l'entreprise d'historiographie philosophique de Philodème, la Présentation des philosophes *: une section de cet ouvrage particulièrement consacrée au stoïcisme débute par des considérations sur le fondateur de l'école.*

PLUTARQUE

[7] : PLUTARQUE, *Vie de Lycurgue* 31, 1,1-2,5, Pearson 163 2 ; *SVF* I 263 2 fr. 8, 261 ; Festa 20 note a ; Baldry 4 [Diogène *R*. G]

(1) οὐ μὴν τοῦτό γε τῷ Λυκούργῳ κεφάλαιον ἦν τότε, πλείστων ἡγουμένην ἀπολιπεῖν τὴν πόλιν · ἀλλ' ὥσπερ ἑνὸς ἀνδρὸς βίῳ καὶ πόλεως ὅλης νομίζων εὐδαιμονίαν ἀπ' ἀρετῆς ἐγγίνεσθαι καὶ ὁμονοίας τῆς πρὸς αὑτήν, πρὸς τοῦτο συνέταξε καὶ συνήρμοσεν ὅπως ἐλευθέριοι καὶ αὐτάρκεις γενόμενοι καὶ σωφρονοῦντες ἐπὶ πλεῖστον χρόνον διατελῶσι. **(2)** ταύτην καὶ Πλάτων ἔλαβε τῆς πολιτείας ὑπόθεσιν καὶ Διογένης καὶ Ζήνων, καὶ πάντες ὅσοι τι περὶ τούτων ἐπιχειρήσαντες εἰπεῖν ἐπαινοῦνται γράμματα καὶ λόγους ἀπολιπόντες μόνον.

(1) Mais ce n'était pas là le principal pour Lycurgue, que de laisser (après lui) une cité commandant à la plupart des autres. Mais, dans la pensée que le bonheur naît de la vertu et de la concorde intérieure, aussi bien dans la vie d'un seul homme que de la cité tout entière, pour aller dans ce sens il ordonna et harmonisa (la cité) afin que, devenant libres et autarciques, ils persévèrent la plupart du temps dans la sagesse. **(2)** C'est le même fondement de la république qu'adopta Platon, ainsi que Diogène et Zénon, et tous ceux qui, après avoir entrepris de dire quelque chose sur ce sujet, reçoivent des éloges mais n'ont laissé que des écrits et des paroles.

Contexte : Nous sommes à la fin de la Vie de Lycurgue*, le but de Plutarque est de montrer que l'activité de Lycurgue correspond aux idéaux philosophiques et surtout aux idéaux platoniciens. Les références à Platon, Diogène le cynique et Zénon se justifient par certains aspects de leurs* Républiques *respectives inspirés des institutions spartiates (*cf. *Diogène* R. *G,* ad loc.*).*

[8] : PLUTARQUE[1], *Sur la fortune ou la vertu d'Alexandre* I, 6 329 A-B, Pearson 162[1] ; *SVF* I 262[1], fr. 7 ; Festa 19, Baldry 12, Bees 1

καὶ μὴν ἡ πολὺ θαυμαζομένη πολιτεία τοῦ τὴν Στωικῶν αἵρεσιν καταβαλομένου Ζήνωνος εἰς ἓν τοῦτο συντείνει κεφάλαιον, ἵνα μὴ κατὰ πόλεις μηδὲ δήμους οἰκῶμεν ἰδίοις ἕκαστοι διωρισμένοι δικαίοις, ἀλλὰ πάντας ἀνθρώπους ἡγώμεθα δημότας καὶ πολίτας, εἷς δὲ βίος ᾖ καὶ κόσμος, ὥσπερ ἀγέλης συννόμου νόμῳ κοινῷ συντρεφομένης. τοῦτο Ζήνων μὲν ἔγραψεν ὥσπερ ὄναρ ἢ εἴδωλον εὐνομίας φιλοσόφου καὶ πολιτείας ἀνατυπωσάμενος, Ἀλέξανδρος δὲ τῷ λόγῳ τὸ ἔργον παρέσχεν.

Et la très admirée *République* de Zénon, le fondateur de l'école stoïcienne, tend principalement vers un seul objectif : que nous ne vivions pas dans des cités ni des dèmes, chacun séparé par des normes particulières, mais que nous pensions que tous les hommes sont nos compatriotes et concitoyens et qu'il n'y ait qu'une seule vie et qu'un seul ordre, comme un troupeau paissant ensemble et nourri par une loi commune. Cela Zénon l'écrivit et le représenta comme le rêve ou l'image du bon ordre et de la bonne république philosophique tandis qu'Alexandre ajouta aux écrits les actes.

Contexte : L'objectif de Plutarque est de montrer qu'Alexandre ne doit pas ses succès à la fortune mais à sa vertu proprement philosophique, ainsi nous ne sommes qu'un petit nombre à avoir lu les Lois *de Platon (328 E) alors que nombreux sont les peuples à avoir été éduqués par les lois d'Alexandre, ce qui fait de lui le plus grand philosophe (voir aussi* Sur la fortune ou la vertu d'Alexandre *I, 6 329 C 2-5).*

1. L'authenticité du premier discours *Sur la fortune ou la vertu d'Alexandre* avait été contestée par J. Kaerst, *Geschichte des Hellenismus*, II^2, 1926 (cité par Ch. Froidefond dans *Plutarque. Œuvres Morales*, t. 5, 1re partie, Paris, Les Belles Lettres, 1990, p. 73, n. 9), mais cette hypothèse a été abandonnée par les auteurs les plus récents. Ch. Froidefond (*op. cit.*, p. 89-95) démontre, en particulier, que le premier discours ne peut pas avoir été composé par un faussaire, ou par Plutarque de mémoire, uniquement à partir des renseignements contenus dans le deuxième discours et dans la *Vie d'Alexandre*, il s'agit donc d'une œuvre originale obéissant aux règles rhétoriques de l'éloge, comme le *Sur la fortune des Romains* et le discours *Les Athéniens se sont-ils davantage illustrés par la guerre ou par la sagesse* (*sophian*) *?* (*De gloria atheniensium*).

[9] : PLUTARQUE, *Propos de table* III, 6, 653 E, Pearson 180[4] ; *SVF* I 252, fr. 3 ; Festa 15 ; Baldry 10 ; Bees 7

« ὡς ἔγωγε, νὴ τὸν κύνα, καὶ τοὺς Ζήνωνος ἂν ἐβουλόμην » ἔφη « διαμηρισμοὺς ἐν συμποσίῳ τινὶ καὶ παιδιᾷ μᾶλλον ἢ σπουδῆς τοσαύτης ἐχομένῳ συγγράμματι, τῇ Πολιτείᾳ, κατατετάχθαι ».

C'est comme les copulations de Zénon, moi, par le chien, dit-il, je voudrais qu'elles fussent situées dans un *Banquet* ou un ouvrage de divertissement, plutôt que dans un écrit d'un tel sérieux : la *République*.

Contexte : nous sommes dans le problème 6 du livre III des Propos de table *portant sur le moment propice aux rapports sexuels (Περὶ καιροῦ συνουσίας), Zopyros répond à ceux qui reprochent à Épicure d'avoir abordé cette question, indécente à leurs yeux, dans son* Banquet. *Ces propos ne sont pas déplacés dans un* Banquet, *alors qu'ils peuvent l'être ailleurs.*

[10] : PLUTARQUE, *Des contradictions des stoïciens* 6, 1034 B, Pearson 164 3 ; *SVF* I 264[2], fr. 9 ; Bees 18a

ἔτι δόγμα Ζήνωνός ἐστιν « ἱερὰ θεῶν μὴ οἰκοδομεῖν· ἱερὸν γὰρ μὴ πολλοῦ ἄξιον καὶ ἅγιον οὐκ ἔστιν· οἰκοδόμων δ' ἔργον καὶ βαναύσων οὐδέν ἐστι πολλοῦ ἄξιον ».

Et il y a encore une doctrine de Zénon (d'après laquelle) il ne faut pas construire de sanctuaires des dieux, en effet, un sanctuaire n'est ni de grande valeur ni sacré et aucun ouvrage des constructeurs et des artisans n'est de grande valeur.

Contexte : Plutarque énonce ce qu'il suppose être une contradiction : les stoïciens admettent le rejet zénonien des temples tout en fréquentant les sanctuaires et en y sacrifiant aux dieux.

[11] : PLUTARQUE, *Des contradictions des stoïciens* 8, 1034 E ; *SVF* I 260, fr. 5 ; Festa 1

τοῦτον δὲ τὸν λόγον ἐρωτήσας αὐτὸς ἀντέγραφε μὲν πρὸς τὴν Πλάτωνος Πολιτείαν…

Et après avoir proposé cet argument, il a écrit contre la *République* de Platon…

Contexte : Zénon estimait que, dans un procès, il suffisait d'écouter une des parties, il aurait dû appliquer ce principe à la République *de*

Platon : soit elle démontre sa propre vérité, soit elle ne le fait pas, dans les deux cas il est inutile d'écrire contre elle.

Les doxographes

[12] : DIOGÈNE LAËRCE, *Vies et doctrines des philosophes illustres*, VII 4, *SVF* I 2, 41, Baldry 1

> ἕως μὲν οὖν τινὸς ἤκουε τοῦ Κράτητος· ὅτε καὶ τὴν Πολιτείαν αὐτοῦ γράψαντος, τινὲς ἔλεγον παίζοντες ἐπὶ τῆς τοῦ κυνὸς οὐρᾶς αὐτὴν γεγραφέναι. γέγραφε δὲ πρὸς τῇ Πολιτείᾳ καὶ τάδε·
>
> Il fut donc auditeur de Cratès pendant un certain temps ; quand il écrivit sa *République*, quelques-uns dirent en plaisantant qu'il l'avait écrite sur la queue du chien. Outre la *République*, il écrivit aussi ces œuvres : …

Contexte : nous sommes dans la biographie de Zénon, après les anecdotes relatives à l'enseignement de son maître cynique Cratès et avant la liste des œuvres du stoïcien.

[13] : DIOGÈNE LAËRCE, *Vies et doctrines des philosophes illustres*, VII 32-34, éd. Dorandi ; Pearson 154, 167, 149[1], 166, 168, 177, 176[2] ; *SVF* I, 259, fr. 4, 226, 222, fr. 1, 269[2], fr. 14, 267, fr. 12, 268, fr. 13, 257 ; Festa 2, 12, 13, 22, 25, 27 ; Baldry 6 ; Bees 4, 13

> ἔνιοι μέντοι, ἐξ ὧν εἰσιν οἱ περὶ Κάσσιον τὸν σκεπτικόν, ἐν πολλοῖς κατηγοροῦντες τοῦ Ζήνωνος, πρῶτον μὲν τὴν ἐγκύκλιον παιδείαν ἄχρηστον ἀποφαίνειν λέγουσιν ἐν ἀρχῇ τῆς Πολιτείας, δεύτερον ἐχθροὺς καὶ πολεμίους καὶ δούλους καὶ ἀλλοτρίους ἀλλήλων λέγειν αὐτὸν εἶναι πάντας τοὺς μὴ σπουδαίους, καὶ γονεῖς τέκνων καὶ ἀδελφοὺς ἀδελφῶν, <καὶ> οἰκείους οἰκείων. **(33)** Πάλιν ἐν τῇ Πολιτείᾳ παριστάντα πολίτας καὶ φίλους καὶ οἰκείους καὶ ἐλευθέρους τοὺς σπουδαίους μόνον, ὥστε τοῖς στωικοῖς οἱ γονεῖς καὶ <τὰ> τέκνα ἐχθροί· οὐ γάρ εἰσι σοφοί. κοινάς τε τὰς γυναῖκας δογματίζειν ὁμοίως ἐν τῇ Πολιτείᾳ [[καὶ]] κατὰ τοὺς διακοσίους <στίχους> μήθ' ἱερὰ μήτε δικαστήρια μήτε γυμνάσια ἐν ταῖς πόλεσιν οἰκοδομεῖσθαι. περί τε νομίσματος οὕτως γράφειν, « νόμισμα δὲ οὔτ' ἀλλαγῆς ἕνεκεν οἴεσθαι δεῖν κατασκευάζειν οὔτ' ἀποδημίας ἕνεκεν. » καὶ ἐσθῆτι δὲ τῇ αὐτῇ κελεύει<ν> χρῆσθαι ἄνδρας καὶ γυναῖκας καὶ μηδὲν μόριον ἀποκεκρύφθαι. **(34)** ὅτι δ'αὐτοῦ ἐστιν ἡ Πολιτεία καὶ Χρύσιππος ἐν τῷ Περὶ πολιτείας φησίν.

Il en est quelques-uns, parmi lesquels se trouvent les disciples de Cassius le sceptique, qui accusent Zénon à de nombreuses reprises : premièrement, ils disent qu'il déclare au début de sa *République* que le cycle des études[1] est inutile ; **(33)** deuxièmement il dit que tous ceux qui ne sont pas sages sont, les uns pour les autres, des individus haïs, ennemis, esclaves et étrangers et même les parents à l'égard des enfants, les frères des frères, les familiers des familiers ; toujours dans sa *République*, il qualifie de citoyens, d'amis, familiers et libres, les sages seuls, [*si bien que pour les stoïciens les parents et les enfants sont haïs puisque ce ne sont pas des sages*][2]. De même dans sa *République*, il pose comme doctrine que les femmes doivent être communes vers la deux-centième ligne et qu'il ne faut construire ni temples, ni tribunaux, ni gymnases dans les cités. À propos de la monnaie, il écrit ceci : « il pense qu'il ne faut pas (frapper de) monnaie pour le commerce ou le voyage ». Il ordonne aussi que les femmes et les hommes utilisent le même vêtement et qu'aucune partie ne soit cachée. **(34)** Chrysippe aussi dans son *Sur la république* dit que la *République* est bien de lui.

Contexte : après avoir évoqué la mort de Zénon et les poèmes le célébrant, Diogène Laërce revient sur la conversion du stoïcien à la philosophie, ainsi que son apprentissage auprès de Cratès.

[14] : DIOGÈNE LAËRCE, *Vies et doctrines des philosophes illustres*, VII 121 : Pearson 171 ; *SVF* I 270, fr. 15 ; Festa 29 ; Baldry 8 ; Bees 10

καὶ γαμήσειν, ὡς ὁ Ζήνων φησὶν ἐν Πολιτείᾳ, καὶ παιδοποιήσεσθαι.

Et (le sage) se mariera, comme le dit Zénon dans sa *République*, et il aura des enfants.

Contexte : dans la partie consacrée à l'éthique de la doxographie stoïcienne générale, Diogène Laërce vient d'évoquer la doctrine de Chrysippe d'après laquelle le sage s'engagera dans la vie politique.

1. Cette expression n'est pas zénonienne, puisque, comme l'a montré I. Hadot (*Arts libéraux et philosophie dans la pensée hellénistique*, Paris, Vrin, 2005, p. 264) elle n'est pas attestée de façon certaine à l'époque hellénistique mais est utilisée par des auteurs de l'époque impériale, comme Diogène Laërce, pour caractériser des doctrines de l'époque hellénistique.

2. Ici Diogène Laërce, ou sa source, interrompt son exposé sur Zénon pour en tirer une conséquence à l'égard du stoïcisme en général. Sans doute s'agit-il d'une trace d'argument polémique : leur doctrine commande aux stoïciens de haïr leurs proches.

[15] : DIOGÈNE LAËRCE, *Vies et doctrines des philosophes illustres*, VII 129 : Pearson 172 ; *SVF* I 248, fr. 2 ; Festa 17 ; Baldry 9 ; Bees 6

καὶ ἐρασθήσεσθαι δὲ τὸν σοφὸν τῶν νέων τῶν ἐμφαινόντων διὰ τοῦ εἴδους τὴν πρὸς ἀρετὴν εὐφυΐαν, ὥς φησι Ζήνων ἐν τῇ Πολιτείᾳ...

Et le sage sera épris des jeunes gens qui manifestent par leur aspect leurs heureuses dispositions pour la vertu, comme le dit Zénon dans sa *République*...

Contexte : dans la partie consacrée à l'éthique de la doxographie stoïcienne générale, Diogène Laërce après avoir évoqué certaines positions stoïciennes sur la justice (interrompues par des considérations sur la philosophie) (128, 5 – 129, 16), enchaîne sur le thème de l'amour.

[16] : DIOGÈNE LAËRCE, *Vies et doctrines des philosophes illustres*, VII 131 : Pearson 176 [1] ; *SVF* I 269 [1], fr. 14 ; Festa 21 ; Baldry 7 ; Bees 5 [Diogène *R.* F]

ἀρέσκει δ' αὐτοῖς καὶ κοινὰς εἶναι τὰς γυναῖκας δεῖν παρὰ τοῖς σοφοῖς, ὥστε τὸν ἐντυχόντα τῇ ἐντυχούσῃ χρῆσθαι, καθά φησι Ζήνων ἐν τῇ Πολιτείᾳ καὶ Χρύσιππος ἐν τῷ Περὶ πολιτείας, ἀλλ' ἔτι Διογένης ὁ κυνικὸς καὶ Πλάτων. πάντας τε παῖδας ἐπίσης στέρξομεν πατέρων τρόπον καὶ ἡ ἐπὶ μοιχείᾳ ζηλοτυπία περιαιρεθήσεται.

Ils estiment que les femmes doivent être communes entre les sages, de telle sorte que celui qui fait une rencontre ait commerce avec celle qui le rencontre, comme le dit Zénon dans sa *République* et Chrysippe dans son *Sur la république*, mais aussi Diogène le cynique et Platon. Nous chérirons tous les enfants d'une égale tendresse, à la façon des pères, et la jalousie liée à l'adultère sera supprimée.

Contexte : dans la partie consacrée à l'éthique de la doxographie stoïcienne générale, Diogène Laërce vient d'évoquer les genres de vies et les occasions où le suicide est justifié pour le sage, après ce fragment il est question de la constitution mixte pensée comme la meilleure πολιτείᾳ.

[17] : ATHÉNÉE, *Les deipnosophistes* XIII, 12, 561c : Pearson 163 [1] ; *SVF* 263, fr. 8 ; Festa 18 ; Baldry 5 ; Bees 2

Ποντιανὸς δὲ Ζήνωνα ἔφη τὸν Κιτιέα ὑπολαμβάνειν τὸν Ἔρωτα θεὸν εἶναι φιλίας καὶ ἐλευθερίας, ἔτι δὲ καὶ ὁμονοίας παρασκευαστικόν, ἄλλου δὲ οὐδενός. διὸ καὶ ἐν τῇ Πολιτείᾳ ἔφη τὸν Ἔρωτα θεὸν εἶναι συνεργὸν ὑπάρχοντα πρὸς τὴν τῆς πόλεως σωτηρίαν.

Pontianos dit que Zénon de Citium pensait que l'amour est le dieu de l'amitié et de la liberté et, en outre, qu'il engendre la concorde mais rien de plus. Voilà pourquoi il dit aussi dans sa *République* que l'amour est un dieu dont l'existence contribue au salut de la cité.

Contexte : les convives entreprennent de parler de l'amour et de la beauté en citant des poètes et des arguments philosophiques.

[18] : STOBÉE, *Anthologie* IV. 1.88, t. 4, p. 27 12-14 Hense : Pearson 165 ; *SVF* I 266, fr. 11 ; Festa 24 ; Bees 19

Ζήνων ἔφη δεῖν τὰς πόλεις κοσμεῖν οὐκ ἀναθήμασιν, ἀλλὰ ταῖς τῶν οἰκούντων ἀρεταῖς.

Zénon dit qu'il faut embellir les cités non avec des offrandes mais avec la vertu de leurs habitants.

Contexte : nous sommes dans la partie de l'anthologie consacrée à la politeia (Περὶ πολιτείας), la sentence de Zénon se trouve au milieu d'autres citations de philosophes et de poètes avançant la thèse d'après laquelle la meilleure politeia repose sur la vertu des citoyens

LES PENSEURS CHRÉTIENS

[19] : JEAN CHRYSOSTOME, *Homélies sur l'Évangile de saint Matthieu* I, 4, 9 : Pearson 163[1] ; *SVF* I, 262[3], fr. 7 ; Festa 18 ; Baldry 3 ; Bees 8

οὐ καθάπερ Πλάτων, ὁ τὴν καταγέλαστον ἐκείνην πολιτείαν συνθεὶς, καὶ Ζήνων, καὶ εἴ τις ἕτερος πολιτείαν ἔγραψεν, ἢ νόμους συνέθηκεν. καὶ γὰρ αὐτόθεν ἅπαντες ἐδείκνυντο οὗτοι, ὅτι πνεῦμα πονηρὸν, καὶ δαίμων τις ἄγριος πολεμῶν ἡμῶν τῇ φύσει, καὶ σωφροσύνης ἐχθρὸς, καὶ εὐταξίας πολέμιος, πάντα ἄνω καὶ κάτω ποιῶν, ἐνήχησεν αὐτῶν τῇ ψυχῇ. ὅταν γὰρ κοινὰς πᾶσι τὰς γυναῖκας ποιῶσι, καὶ παρθένους γυμνώσαντες ἐπὶ τῆς παλαίστρας ἄγωσιν ἐπὶ θέαν ἀνθρώπων, καὶ λαθραίους κατασκευάζωσι γάμους, πάντα ὁμοῦ μιγνύντες καὶ συνταράττοντες, καὶ τοὺς ὅρους τῆς φύσεως ἀνατρέποντες, τί ἕτερον ἔστιν εἰπεῖν ;

En effet, ce n'est pas comme Platon qui a composé une certaine *République* ridicule, ni comme Zénon et tous ceux qui ont écrit une *République* ou ont composé des lois. En effet, par là-même tous ces individus ont montré qu'un esprit misérable et un démon à la nature sauvage combattant notre nature, ennemi de la tempérance et hostile au bon ordre a investi leur âme. En effet, lorsqu'ils rendent les femmes communes à tous et, dénudant les vierges, les conduisent à la palestre, à la vue de tous et arrangent des mariages clandestins, mélangeant et mêlant toutes choses ensemble et renversant les limites de la nature, que devons-nous dire d'autre ?

Contexte : les Écritures ne peuvent pas se contredire puisqu'elles ont été adoptées par des peuples entiers avec l'aide d'une puissance divine et ceci alors même qu'elles délivrent un enseignement portant non pas sur la vie terrestre mais sur les réalités transcendantes. La République *de Platon ne saurait se comparer à un tel niveau de perfection.*

[20] : CLÉMENT D'ALEXANDRIE, *Stromates* V 11, 76, 1 : Pearson 164[1] ; *SVF* I 264[1], fr. 9 ; Festa 23 ; Baldry 11[1] ; Bees 9a

λέγει δὲ καὶ Ζήνων ὁ τῆς Στωϊκῆς κτίστης αἱρέσεως ἐν τῷ τῆς πολιτείας βιβλίῳ μήτε ναοὺς δεῖν ποιεῖν μήτε ἀγάλματα· μηδὲν γὰρ εἶναι τῶν θεῶν ἄξιον κατασκεύασμα, καὶ γράφειν οὐ δέδιεν αὐταῖς λέξεσι τάδε· « ἱερά τε οἰκοδομεῖν οὐδὲν δεήσει· ἱερὸν γὰρ μὴ πολλοῦ ἄξιον καὶ ἅγιον οὐδὲν χρὴ νομίζειν· οὐδὲν δὲ πολλοῦ ἄξιον καὶ ἅγιον οἰκοδόμων ἔργον καὶ βαναύσων. »

Zénon, le fondateur de l'école stoïcienne, dans son livre la *République*, dit qu'il ne faut faire ni temples, ni statues, car aucun objet fabriqué n'est digne des dieux ; et il n'a pas craint d'écrire ces mots exactement : « Il n'y aura pas besoin de construire de sanctuaire ; car il faut tenir pour rien un sanctuaire qui n'est ni de grande valeur, ni très sacré ; or aucun ouvrage de constructeurs et d'artisans n'est de grande valeur ni très sacré ».

*Contexte : le christianisme (que Clément conçoit comme une philosophie) et la tradition grecque se rejoignent pour condamner les manifestations sensibles de la religion. Après avoir cité Moïse le gnostique, c'est-à-dire divers passages de l'*Ancien Testament *condamnant les images et relativisant le temple, Clément cite deux vers contre les temples faussement attribués à Euripide (fr. [dub] 1130) et deux vers condamnant les sacrifices (*Hercule furieux, *1345 f) ; un passage attribué à Platon ; un passage du sermon de Paul aux Athéniens (*Actes *17, 24-5) semblant condamner les temples, le présent fr. 20, et un passage des* Lois *(955 e 6-956 a 5) de Platon.*

[21] : ORIGÈNE, *Contre Celse* I 5, 15-18 Borret (p. 5, 3-5, Marcovich) ; Pearson 164[2] ; *SVF* I 265, fr. 10 ; Festa 23 ; Baldry 11[3], Bees 9b

καὶ Ζήνων ὁ Κιτιεὺς ἐν τῇ Πολιτείᾳ φησίν· « Ἱερά τε οἰκοδομεῖν οὐδὲν δεήσει· ἱερὸν γὰρ οὐδὲν χρὴ νομίζειν οὐδὲ πολλοῦ ἄξιον καὶ ἅγιον, οἰκοδόμων τε ἔργον καὶ βαναύσων. »

Et Zénon de Citium dit dans sa *République* : « Il ne sera besoin de construire aucun sanctuaire ; en effet il faut tenir pour rien un sanctuaire, ouvrage de constructeurs et d'artisans, qui n'est pas de grande valeur ni très sacré ».

Contexte : Celse estime que le rejet chrétien des dieux faits de mains d'homme n'est pas original, ce n'est qu'une conception commune, il cite à l'appui de sa thèse Héraclite (f. D.K. B5) et se réfère à Hérodote (I, 131) attribuant cette position aux Perses. Origène lui répond que ce n'est pas une objection contre le christianisme : il s'agit d'une notion présente dans le cœur de tout homme, il peut d'ailleurs renchérir sur Celse en ajoutant une référence à Zénon.

[22] : ÉPIPHANE, *Contre les hérétiques* III, 508, 16-17 Holl (Diels DG p. 592, 21) : Pearson 164⁵ ; *SVF* I 146 ; 264⁴, fr. 9 ; Festa 26 ; Bees 18b

Ζήνων ὁ Κιτιεὺς ὁ Στωϊκὸς ἔφη μὴ δεῖν θεοῖς οἰκοδομεῖν ἱερά, ἀλλ' ἔχειν τὸ θεῖον ἐν μόνῳ τῷ νῷ· (ἔστι γὰρ ἀθάνατος).

Zénon de Citium le stoïcien a dit qu'il ne faut pas construire de sanctuaires aux dieux, mais qu'il faut tenir le divin dans son intellect seul (car il est immortel)[1].

Contexte : Epiphane énumère quarante-quatre hérésiarques dans la philosophie grecque, en donnant, pour les maîtres, un aperçu de leurs doctrines coupables, Zénon apparaît à la 36ᵉ place entre Critolaos et Cléanthe.

[23] : THÉODORET, *Thérapeutique des maladies helléniques* III 74, 1-3 (p. 89,7 Raeder) : Pearson 164⁴ ; *SVF* 264³, fr. 9 ; Festa 23 ; Baldry 11² ; Bees 9c

ταῦτα ξυνορῶν καὶ Ζήνων ὁ Κιτιεὺς ἐν τῷ τῆς Πολιτείας ἀπαγορεύει βιβλίῳ καὶ ναοὺς οἰκοδομεῖν καὶ ἀγάλματα τεκταίνειν· οὐδὲν γὰρ εἶναι τούτων φησὶ θεῶν ἄξιον κατασκεύασμα.

1. Le terme de νοῦς, ainsi que la thèse de son immortalité sont d'allure beaucoup plus platonicienne que stoïcienne, Épiphane introduit donc ici une digression dans sa référence à Zénon, c'est pourquoi nous avons mis la fin de la phrase entre parenthèses. D'ailleurs, quelques lignes plus loin (III, 508, 21-23 Holl), Epiphane rappelle la doctrine stoïcienne d'après laquelle, l'âme n'est pas entièrement incorruptible, le *pneuma* se dispersant après un long laps de temps hors du corps (cf. *SVF* I 146).

En considération de cela, Zénon de Citium lui aussi interdit, dans sa *République*, de construire des temples et de sculpter des statues, car aucun objet fabriqué n'est, à ce qu'il dit, digne des dieux.

Contexte : Theodoret passe en revue les philosophes opposés à l'adoration des idoles, il évoque d'abord la critique de l'anthropomorphisme de Xénophane (DK, fr. 14-16) qui précède notre fragment 23. Il poursuit en affirmant que Platon ne s'est pas directement opposé à l'idolâtrie, par peur des Athéniens, mais qu'une longue citation des Lois *(XII, 955 e-956 a) montre ses réserves à l'égard du culte païen.*

TABLEAUX DE CONCORDANCE

FRAGMENTS DE LA *RÉPUBLIQUE* DE DIOGÈNE

HUSSON	SSR VB	SVF I
A	—	—
B	117, 128	—
C	117	—
D	125	—
E	—	—
F	—	269
G	—	263, 261

FRAGMENTS DE LA *RÉPUBLIQUE* DE ZÉNON

Tableau B1

HUSSON	PEARSON	SVF I	FESTA	BALDRY	BEES
1	—	—	—	2A, B, C	12
2	—	—	—	—	12
3	—	—	—	—	12
4	—	—	—	2D	12
5	—	—	—	—	3
6	—	42	—	—	14
7	163[2]	263[2], 261	20 N. A	4	11
8	162[1]	262[1]	19	12	1
9	180[4]	252	15	10	7

10	164^{3}	264^{2}	—	—	18A
11	—	260	1	—	
12	—	2, 41		1	15
13	154, 167, 149^{1}, 166, 168, 177, 176^{2}	259, 226, 222, 269^{2}, 267, 268, 257	2, 12, 13, 22, 25, 27	6	4, 13
14	171	270	29	8	10
15	172	248	17	9	6
16	176^{1}	269^{1}	21	7	5
17	163^{1}	263	18	5	2
18	165	266	24		19
19	163^{1}	262^{3}	18	3	8
20	164^{1}	264^{1}	23	11^{1}	9A
21	164^{2}	265	23	11^{3}	9B
22	164^{5}	264^{4}	26		18B
23	164^{4}	264^{3}	23	11^{2}	9C

Tableau B2

SVF I	SVF FRAGMENTS[1]	HUSSON	BEES
—	—	1	12
—	—	2	12
—	—	3	12
—	—	4	12
—	—	5	3
2	—	12	15
42	—	6	14
41	—	12	15
222	1	13	4
226	—	13	4
248	2	15	6
252	3	9	7

1. Numérotation des fragments de la *République* de Zénon, dans les *SVF* I, p. 72.

257	4	13	6, 13
259	4	13	4
260	5	11	—
261	8	7	11
262	7	8	1
263	8	17	2
265	10	21	9B
266	11	18	19
270	15	14	10
262^{1}	—	8	1
262^{3}	7	19	8
263^{2}	8	7	11
264^{1}	9	20	9A
264^{2}	9	10	18A
264^{3}	9	23	9C
264^{4}	9	22	18B
267	12	13	4
268	13	13	4
269^{1}	14	16	5
269^{2}	14	13	4

Tableau B3

BEES	HUSSON	SVF I
	11	260
1	8	262^{1}
2	17	263
3	5	—
4	13	259, 226, 222, 269^{2}, 267, 268, 257
5	16	269^{1}
6	15	248
7	9	252
8	19	262^{3}
9A	20	264^{1}

9B	21	265
9C	23	264^{3}
10	14	270
11	7	263^{2}, 261
12	1, 2, 3, 4	—
13	13	—
14	6	42
15	12	2, 41
16	—	—
17	—	—
18A	10	264^{2}
18B	22	264^{4}
19	18	266
20	—	—
21	—	—
22	—	43

FRAGMENTS COMMUNS À LA *RÉPUBLIQUE* DE DIOGÈNE ET DE ZÉNON

DIOGÈNE	ZÉNON
A	3, 4, 5
E	6
F	16
G	7

PRINCIPES GÉNÉRAUX D'ÉDITION

Qu'il s'agisse de la *République* de Diogène, comme celle de Zénon, nous avons choisi de n'inclure dans les fragments que des passages qui, soit citent explicitement ces ouvrages, soit reprennent des thèses que d'autres fragments leur attribuent explicitement [1], à l'exception de trois cas : Diogène *R.*, F et G [= Zénon *R.* 7] (pour la justification, cf. *ad loc.*) et Zénon *R.*, 11, dont la justification est évidente : c'est dans sa propre *République* (abondamment attestée par ailleurs) que Zénon a pu écrire contre la *République* de Platon.

D'autre part, comme un examen du tableau B3 le montre, Robert Bees a inclus pour la *République* de Zénon cinq fragments que nous n'avons pas retenus. Signalons, tout d'abord que ceux-ci se trouvent tous dans sa dernière section réservée aux textes dont l'attribution, pour l'auteur, est moins sûre ou moins directe, « Zuweisbare Texte » (Bees, p. 349-351), nous allons néanmoins les passer en revue.

Le fragment 16 de Robert Bees (Philodème, *Sur les stoïciens*, fr. 9, éd. Dorandi) évoque sans référence d'auteur ni d'ouvrage des pratiques sexuelles androgynes et homosexuelles qui rappellent, bien évidemment, les thèmes des *Républiques* de Diogène et de Zénon, telles que Philodème les résume, mais le papyrus étant très lacunaire, nous ne savons rien du contexte.

Son fragment 17 (Apulée, *Apologie*, 9, 9-11) fait allusion à des écrits sexuels scandaleux de Diogène et de Zénon et d'autres auteurs du même genre, il peut, là aussi, s'agir d'une allusion aux deux *Républiques*, mais il n'y a pas de certitude.

Le fragment 20 dans l'édition de Robert Bees : D. L. VI, 15 (= *SSR* VA 22), « οὗτος ἡγήσατο καὶ τῆς Διογένους ἀπαθείας καὶ τῆς Κράτητος

1. C'est par exemple le cas pour nos fragments, Zénon *R.* 10, 18, 22, qui reprennent les thèses rejetant les pratiques religieuses traditionnelles, elles-mêmes explicitement attribuées à la *République*, dans les fragments 13, 20 et 21.

ἐγκρατείας καὶ τῆς Ζήνωνος καρτερίας, αὐτὸς ὑποθέμενος τῇ πολιτείᾳ τὰ θεμέλια », « Il [c'est-à-dire Antisthène] fut l'initiateur à la fois, de l'impassibilité de Diogène, de la maîtrise de soi de Cratès et de l'endurance de Zénon, celui-ci ayant posé les fondements de la république », concerne d'abord Antisthène. Une fois admise la correction de Reiske, du πόλει des manuscrits en πολιτείᾳ, la question demeure de savoir de quelle πολιτείᾳ il s'agit, autrement dit : à qui « αὐτὸς » renvoit-il ? Diogène Laërce parle-t-il de la conception antisthénienne de la république, ou de celle de Zénon ? Et au cas où il s'agirait de celle de Zénon, comment concilier le caractère paradoxal et utopique de la *République* de Zénon avec les conceptions beaucoup moins radicales d'Antisthène (*cf.* Husson, p. 191-199) ? Nous sommes dans un passage caractéristique de l'effort du doxographe en vue d'établir une continuité entre le cynisme et le stoïcisme (*cf.* I. Gugliermina, *Diogène Laërce et le Cynisme*, Villeneuve d'Ascq, Septentrion, 2006, p. 195), mais qui ne nous donne probablement pas d'information sur la *Politeia* de Zénon.

Enfin les fragments 21 (D. L. VII, 34 : « τοιουτότροπά … αὐτοῦ. ») et 22 (Clément d'Alexandrie, *Stromates*, V 9, 58, 2 = *SVF* I 43) de Robert Bees sont tous deux très importants pour la compréhension de la *République* de Zénon, mais ils ne citent explicitement, ni l'ouvrage, ni un de ses thèmes.

LISTE DES CONTRIBUTEURS

Suzanne Husson, maître de conférences à Sorbonne-Université, Centre Léon Robin (UMR 8061), Labex RESMED

Juliette Lemaire, analyste de sources au CNRS, UMR 8230, Centre Jean Pépin

Franco Trabattoni, professeur à l'Università degli Studi di Milano

Christopher Rowe, professeur à Durham University

Louis-André Dorion, professeur à l'Université de Montréal

Valéry Laurand, professeur à l'Université Bordeaux Montaigne, SPH

Luc Brisson, directeur de recherche émérite au CNRS, Centre Jean Pépin UMR 8230

Olivier Renaut, maître de conférences à l'Université de Paris Nanterre, Institut de Recherches Philosophiques (IREPH)

Christelle Veillard, maître de conférences à l'Université de Paris Nanterre, Institut de Recherches Philosophiques (IREPH)

Jean-Baptiste Gourinat, directeur de recherches au CNRS, Centre Léon Robin (UMR 8061)

BIBLIOGRAPHIE

SOURCES

Platon, République – *éditions et traductions citées*

ADAM J., *The Republic of Plato*, Cambridge, Cambridge University Press, 1902.

BURNET J., *Platonis opera*, t. 4, 2 vol., Oxford, Oxford University Press, 1907.

CHAMBRY É., *Platon. La République*, intro. Auguste Diès, dans *Platon, Œuvres complètes*, t. 6 et 7 (3 vol.), Paris, Les Belles Lettres, « Collection des Universités de France », 1932.

FERRARI G. R. F. John, GRIFFITH T., *Plato, The Republic*, Cambridge, Cambridge University Press, 2000.

LEROUX G., *Platon, La République*, Paris, GF-Flammarion, 2002.

PACHET P., *Platon, La République. Du régime politique*, Paris, Gallimard, « Folio-Essais », 1993.

ROBIN L., MOREAU J., *Platon, Œuvres complètes*, t. 1, Paris, Gallimard, « Bibliothèque de la Pléiade », 1950.

ROWE C. J., *Plato. Republic*, transl. en., intro. and notes C. Rowe, London, Penguin, 2012.

VEGETTI M. (dir.), *Platone, La Repubblica*, trad. it. e comm., 7 vol. (livres I à IX), Napoli, Bibliopolis, 1998-2006.

Cynisme

BALDACCHINO A., *Diogène le Cynique. Fragments inédits*, avec une préface de M. Onfray, Paris, Autrement, 2014.

DECLEVA CAIZZI F., *Antisthenis fragmenta*, Milano-Varese, Instituto Editoriale Cisalpino, « Testi e documenti per lo studio dell'Antichita », 1966.

DELEULE D., ROMBI G., *Les cyniques grecs, lettres de Diogène et Cratès*, Arles, Actes Sud, 1998.

FUENTES GONZÁLEZ P. P., *Les diatribes de Télès*, Paris, Vrin, 1998.

GIANNANTONI G., *Socratis et Socraticorum Reliquiae*, 4 vol., éd., notes, biblio. et index G. Giannantoni, 2e éd. revue et augmentée, Napoli, Bibliopolis, 1990.

HUSSON S., *La* République *de Diogène, Une cité en quête de la nature*, Paris, Vrin, 2011.

JUNQUA F., *Lettres de cyniques : étude des correspondances apocryphes de Diogène de Sinope et Cratès de Thèbes*, Thèse de doctorat en Philosophie (Simone Follet dir.), Université Paris IV, 2000.

MALHERBE Abraham J. *et al.*, *The Cynic Epistles,* Missoula (Montana), Scholars Press, 1977.

MARTÍN GARCÍA J. A., MACÍAS VILLALOBOS C., *Los filósofos cínicos y la literatura moral serioburlesca*, trad. esp. rév. C. MACÍAS VILLALOBOS, Madrid, Akal, 2008.

MÜSELER E., *Die Kynikerbriefe*, 2 vol., Paderborn, Ferdinand Schöningh, 1994.

PAQUET L., *Les cyniques grecs. Fragments et témoignages*, choix, trad. fr., intro., notes et index, [Ottawa, Les Presses de l'université d'Ottawa, « Philosophica », 1e éd. 1978, 2e éd. 1988], 3e éd. avec avant-propos M.-O. Goulet-Cazé, Paris, Librairie générale Française, 1992.

PRINCE S., *Antisthenes of Athens : Texts, Translations, and Commentary*, Ann Arbor, University of Michigan Press, 2015.

Stoïciens

Fragments et recueils

ALESSE F., *Panezio di Rodi. Testimonianze*, Napoli, Bibliopolis, 1997.

ARNIM H. von, *Stoicorum Veterum Fragmenta*, 4 vol., Stuttgart, Teubner, 1903-1924, réimpr. 1968.

– RADICE R., *Stoici antichi. Tutti i frammenti*, éd. H. von Arnim, trad. it. R. Radice, Milano, Bompiani, 2002.

BEES R., *Zenons Politeia*, Leiden-Boston, Brill, 2011.

FESTA N., *I frammenti degli Stoici antichi*, vol. 1, Bari, Laterza, 1932.

LONG A., SEDLEY D., *The Hellenistic Philosophers*, vol. 1 : *Translation of the principal sources with philosophical commentary*, vol 2 : *Greek and Latin texts with notes and bibliography*, Cambridge-New York-Melbourne, Cambridge University Press, 1979, trad. fr. J. Brunschwig, J.-P. Pellegrin, *Les philosophes hellénistiques*, Paris, GF-Flammarion, 2001.

PEARSON, A. C., *The Fragments of Zeno and Cleanthes, with introduction and explanatory notes*, London-Cambridge, C.J. Clay-Cambridge University Press, 1891.

SCHUHL P.-M. (dir.), *Les Stoïciens*, trad. fr. E. Bréhier *et al.*, Paris, Gallimard, « Bibliothèque de la Pléiade », 1962.

Œuvres citées

DALFEN J., *Marci Aurelii Antonini Ad se ipsum libri XII*, Leipzig, Teubner, 1re éd. 1979, 2e éd. rev. et corr. 1987.

DALIMIER C., *Marc Aurèle, Pensées pour soi*, Paris, GF-Flammarion, 2018.

DOBBIN R. F., *Epictetus, Discourses. Book 1*, Oxford-New York, Oxford University press, 1998.

FARQUHARSON A. S. L., *Marcus Aurelius, The Meditations of the Emperor Marcus Antoninus*, Oxford, Oxford University press, 1944.

GATAKER T., *Marci Antonini, De Rebus suis libri XII*, Cambridge, T. Buck, 1652.

HADOT P., LUNA C., *Marc Aurèle, Écrits pour lui-même, tome I : Introduction générale. Livre I*, éd. et trad. fr. P. Hadot avec la contribution de C. Luna, Paris, Les Belles Lettres, « Collection des Universités de France », 1998.

OLDFATHER W. A., *Epictetus, The discourses as reported by Arrian; the Manual; and fragments*, 2 vol., Cambridge (Mass.), Harvard University Press, 1e éd. 1925, éd. mise à jour (bibliogr.), 1979.

PRÉCHAC F., NOBLOT H., *Sénèque, Lettres à Lucilius*, 5 t., Paris, Les Belles Lettres, 1945-1964.

SCHENKL H., SCHWEIGHÄUSER J., *Epicteti Dissertationes ab Arriani digestae*, 1e éd. Leipzig, Teubner, 1894, 2e éd. 1916, réimpr.

SOUILHÉ J., *Épictète, Entretiens*, I-IV, avec la collab. d'A. Jagu et L. Guéry, Paris, Les Belles Lettres, « Collection des Universités de France », 1943, 1949, 1963, 1965.

TRANNOY A.-I., PUECH A., *Marc Aurèle, Pensées*, éd. et trad. fr. A. I. Trannoy, intro. A. Puech, Paris, Les Belles Lettres, « Collection des Universités de France », 1925.

AUTRES SOURCES (NON EXHAUSTIF)

Présocratiques

DIELS H., KRANZ W., *Die Fragmente der Vorsokratiker*, 5e éd., Berlin, Weidmann, 1958.

Sophistes

PRADEAU J.-F. (dir.), *Les sophistes*, 2 vol., Paris, GF-Flammarion, 2009.

Xénophon

OLLIER F., *Xénophon, Le Banquet – Apologie de Socrate*, Paris, Les Belles Lettres, « Collection des Universités de France », 1961.

MARCHANT E. C., TODD O. J., HENDERSON J., *Xenophon. Memorabilia. Oeconomicus. Symposium. Apology*, trad. fr. E. C. Marchant et O. J. Todd, rev. par J. Henderson, 2e éd. (1re éd. 1923), Cambridge (Mass.), Harvard University Press, 2013.

BONNETTE A. L., BRUELL C., *Xenophon, Memorabilia*, translated by A. L. Bonnette, intr. C. Bruell, Ithaca, Cornell University Press, 1994.

TREDENNICK H., WATERFIELD R., *Xenophon, Conversations of Socrates*, London, Penguin, 1990.

BANDINI M., DORION L.-A., *Xénophon, Mémorables*, t. 1 : Introduction générale. Livre I, éd. M. Bandini, trad. fr. L.-A. Dorion, Paris, Les Belles Lettres, « Collection des Universités de France », 2000.

BANDINI M., DORION L.-A., *Xénophon, Mémorables*, t. 2, 1re partie : Livres II-III, éd. M. Bandini, trad. fr. L.-A. Dorion, Paris, Les Belles Lettres, « Collection des Universités de France », 2011.

DE MARTINIS L., REALE G., *Senofonte, Tutti gli scritti socratici : Apologia di Socrate-Memorabili-Economico-Simposio*, trad. it. L. De Martinis, intr. G. Reale, Milano, Bompiani, 2013.

Mégariques

KLAUS D., *Die Megariker. Kommentierte Sammlung der Testimonien*, Amsterdam, Grüner, 1972.

Diogène Laërce

COBET C. G., *Diogenis Laertii De clarorum philosophorum vitis, dogmatibus et apophthegmatibus libri decem*, Paris, A. F. Didot, 1850.

DORANDI T., *Diogenes Laertius. Lives of Eminent Philosophers*, edited with an introduction and commentary by T. Dorandi, Cambridge, Cambridge University Press, 2013.

GIGANTE M., *Diogene Laerzio, Vite dei filosofi*, trad. it., Bari, Laterza, 1962.

GOULET-CAZÉ M.-O. *et al.*, *Diogène Laërce, Vies et doctrines des philosophes illustres*, trad. fr. de M.-O. Goulet-Cazé. pour le livre VI et de R. Goulet pour le livre VII, Paris, Librairie générale française, 1999, 2e éd. rév. 2000.

HICKS R. D., *Diogenes Laertius, Lives of Eminent Philosophers*, 2 vol., ed. and transl. en. R. D. Hicks, Cambridge (Mass.), Harvard University Press, 1972 (1st ed. 1925), reimpr. 1991.

LONG H. S., *Diogenis Laertii Vitae philosophorum*, Oxford, Oxford University Press, 1964.

MARCOVICH M., *Diogenes Laertius, Vitae Philosophorum*, 2 vol., Stuttgart-Leipzig, Teubner, 1999.

REALE G., GIRGENTI G., RAMELLI I., *Diogene Laerzio, Vite e dottrine dei più celebri filosofi*, trad. it. G. Reale collab. de G. Girgenti et I. Ramelli, Milano, Bompiani, 2005.

Philodème

DORANDI T., « Filodemo, Gli Stoici (PHerc. 155 e 339) », *Cronache Ercolanesi* 12, 1982, p. 91-133.

– *Filodemo, Storia dei filosofi : la stoà da Zenone a Panezio* (*PHerc. 1018*), Leiden-New York-Köln, Brill, 1994.

Plutarque

CHERNISS H., *Plutarch, Moralia*, vol. 13 : Part 2: *Stoic Essays*, Cambridge (Mass.), Harvard University Press, 1976.

CASEVITZ M., BABUT D., *Plutarque, Œuvres morales*, t. 15, 2e partie, Traité 72, *Sur les notions communes contre les Stoïciens*, éd. M. Casevitz, trad. fr. et comment. D. Babut, Paris, Les Belles Lettres, « Collection des Universités de France », 2002.

– *Plutarque, Œuvres morales*, t. 15, 1re partie, Traité 70, *Sur les contradictions stoïciennes*; Traité 71, Synopsis du traité *Que les stoïciens tiennent des propos plus paradoxaux que les poètes*, éd. M. Casevitz, trad. fr. et comment. D. Babut, Paris, Les Belles Lettres, « Collection des Universités de France », 2004.

FRAZIER F., FROIDEFOND C., *Plutarque, Œuvres morales*, t. 5, 1re partie, *La fortune des Romains. La fortune ou la vertu d'Alexandre. La gloire des Athéniens*, Paris, Les Belles Lettres, « Collection des Universités de France », 1990.

ÉTUDES

ADLER M., *Geschichte des Sozialismus und Kommunismus von Plato bis zur Gegenwart*, t. 1, Leipzig, Hirschfeld, 1899.

ALDRETE G. S., *Floods of the Tiber in Ancient Rome*, Baltimore, The Johns Hopkins University Press, 2007.

ALESSE F., « La "Repubblica" di Zenone di Cizio e la letteratura socratica », *Studi Italiani di Filologia Classica*, 1998, p. 17-38.

– *La Stoa e la tradizione socratica*, Napoli, Bibliopolis, 2000.

BABUT D., *Plutarque et le stoïcisme*, Paris, P.U.F., 1969.

BALDRY H. C., « Zeno's Ideal State », *Journal of Hellenic Studies* 79, 1959, p. 3-15.

BARKER E., *Greek Political Theory*, London, Methuen, [1918], 1964.

BARNEY R., « Platonism, Moral Nostalgia, and the "City of Pigs" », *in* J. J. Cleary, G. M. Gurtler (eds.), *Proceedings of the Boston Area Colloquium in Ancient Philosophy*, vol. 17, Leiden-Boston-Köln, Brill, 2001, p. 207-227.

BEES R., *Die Oikeiosislehre der Stoa. I. Rekonstruktion ihres Inhaltes*, Würzburg, Königshausen & Neumann, 2004.

– *Zenons Politeia*, Leiden, Brill, 2011.

BÉNATOUÏL T.., *Faire usage : la pratique du Stoïcisme*, Paris, Vrin, 2006.

BENVENISTE É., *Le vocabulaire des institutions indo-européennes 2. Pouvoir, droit, religion*, Paris, Minuit, 1969.

BIRLEY, A. R., *Marcus Aurelius, A Biography*, London, Routledge, 2e éd., 2001.

BORDES J., *POLITEIA dans la pensée grecque jusqu'à Aristote*, Paris, Les Belles Lettres, 1982.

BOYS-STONES G. R., « Eros in Government: Zeno and the Virtuous City », *The Classical Quarterly*, vol. 48, no 1, 1998, p. 168-174.

– ROWE Christopher J., *The Circle of Socrates: Readings in the First-Generation Socratics*, Hackett, Indianapolis, 2013.

BRANCACCI A., « Érotique et théorie du plaisir chez Antisthène », dans M. O. Goulet-Cazé et R. Goulet (éd.), *Le cynisme ancien et ses prolongements*, Paris, P.U.F., 1993, p. 35-55.

– « Liberta e fato in Enomao di Gadara » *in* A. Brancacci (dir.) *La filosofia in età imperiale*, Napoli, Bibliopolis, 2000, p. 37-67.

BRANHAM R. B., GOULET-CAZÉ M.-O. (eds.), *The Cynics: the Cynic Movement in Antiquity and its legacy*, Berkeley, University of California Press, 1996.

BRISSON L., « Agathon, Pausanias, and Diotima in Plato's *Symposium*. Paiderastia and Philosophia », *in* J. Lesher, D. Nails and F. Sheffield (eds.), *Plato's Symposium. Issues, Interpretation and Reception*, Washington D.C., Center for Hellenic Studies, 2006, p. 229-251.

– « Interprétation du mythe du *Politique* », *in* C. J. Rowe (ed.), *Reading the Statesman. Proceedings of the III Symposium Platonicum, International Plato Studies* 4, Sankt Augustin, Academia, 1995, p. 349-363.

– « Eros éducateur : entre *paiderastia* et *philosophia* », *in* M. Tulli and M. Erler (eds.), *Plato in Symposium. Selected papers from the tenth Symposium Platonicum* [*Pisa July 2013*], Sankt Augustin, Academia, 2016, p. 24-35.

– et PRADEAU J.-F., *Les* Lois *de Platon*, Paris, P.U.F., 2007.

BRUIT ZAIDMAN L., *Le commerce des dieux : Eusebeia, essai sur la piété en Grèce ancienne*, Paris, La Découverte, 2001.

BRULÉ P., « L'exposition des enfants en Grèce antique : une forme d'infanticide », *Enfances & Psy* 44, 2009, p. 19-28.

CALABI F. N., « Aristotele discute la *Repubblica* » *in* M. Veggetti (dir.), *Platone, La Repubblica*, vol. 4, libro V, Napoli, Bibliopolis, 2000, p. 421-438.

CLÉMENT M., *Le Cynisme à la Renaissance*, Genève, Droz, 2005.

COOPER J. M., « Two Theories of Justice », *Proceedings and Addresses of the American Philosophical Association* 74, 2000, p. 3-27.

– « Plato and Aristotle on "Finality" and "(Self)-sufficiency" », *in* R. Heinaman (ed.), *Plato and Aristotle's Ethics*, Aldershot, Ashgate, 2003, p. 117-147.

CRÖNERT W., *Kolotes und Menedemos, Studien zur Palaeographie und Papyruskunde* VI, Leipzig, Avenarius, 1906.

DELEUZE G., *Logique du sens*, Paris, Minuit, 1969.

DEVEREUX D., « Socrates'First City in the *Republic* », *Apeiron* 13, 1979, p. 36-40.

DARAKI M., *Une religiosité sans dieu. Essai sur les Stoïciens d'Athènes et saint Augustin*, Paris, La Découverte, 1989.

DAWSON D., *Cities of the Gods. Communist Utopias in Greek Thought*, New York-Oxford, Oxford University Press, 1992.

DESMOND W. D., *The Greek Praise of Poverty. Origins of Ancient Cynicism*, Notre Dame, University of Notre Dame Press, 2006.

DORANDI T., « Due note ercolanesi », *Zeitschrift für Papyrologie und Epigraphik* 45, 1982, p. 47-52.

– « La "Politeia" de Diogène et quelques remarques sur sa pensée politique », dans M.-O. Goulet-Cazé et R. Goulet (éd.), *Le Cynisme ancien et ses prolongements*, Paris, P.U.F., 1993, p. 57-68.

– « La *Politeia* de Zénon entre cynisme et stoïcisme », dans É. Moutsopoulos (éd.), *Chypre et les origines du Stoïcisme*, Paris, Centre Culturel Hellénique de Paris, 1996, p. 101-109.

DORION L.-A., « L'impossible autarcie du Socrate de Platon », dans *L'Autre Socrate, Études sur les écrits socratiques de Xénophon*, Paris, Les Belles Lettres, 2013, p. 429-448.

– *L'Autre Socrate, Études sur les écrits socratiques de Xénophon*, Paris, Les Belles Lettres, 2013.

DOVER K. J., *Greek Homosexuality*, Cambridge (Mass.), Harvard University Press, 1978, trad. fr. par S. Saïd, *Homosexualité grecque*, Paris, La pensée sauvage, 1982.

ERNOULT N., « La guerre et le genre : le contre-exemple platonicien », dans V. Sébillotte-Cuchet et N. Ernoult (éd.), *Problèmes du genre en Grèce Ancienne*, Paris, Publications de la Sorbonne, 2007, p. 171-184.

ERSKINE A., *The Hellenistic Stoa, Political Thought and Action*, Ithaca (New York), Cornell University Press, 1990.

FLORES-JÚNIOR O., « Cratès, la fourmi et l'escarbot : les cyniques et l'exemple animal », *Philosophie antique* 5, 2005, p. 135-171.

FONTENROSE J. E., *The Delphic Oracle*, Berkeley-Los Angeles-London, University of California Press, 1978.

FOUCAULT M., *Histoire de la sexualité*, vol 2 : *L'usage des plaisirs*, Paris, Gallimard, 1984.

FUENTES GONZÁLEZ P. P., « En defensa del encuentro entre dos "Perros", Antístenes y Diógenes : historia de una tensa amistad », *Cuadernos De Filología Clásica, Estudios Griegos e Indœuropeos* 23, 2013, p. 255-267, http://dx.doi.org/10.5209/rev_CFCG. 2013.V23.41550, consulté le 29 Juin 2018.

FUSTEL DE COULANGE N. D., *La cité antique*, [1864], 2e éd., Paris, Hachette, 1878.

GACA K. L., *The Making of Fornication: Erôs, Ethics, and Political Reform in Greek Philosophy and Early Christianity*, Berkeley, University of California Press, 2003.

GIANNATTASIO A. R., « Diogene Cinico nei papiri ercolanesi », *Cronache Ercolanesi* 10, 1980, p. 129-151.

GIAVATTO A., *Interlocutore di se stesso. La dialettica di Marco Aurelio*, Hildesheim, G. Olms, 2008.

GILL C., « Stoic Erôs – Is there Such a Thing? », *in* E. Sanders, C. Thumiger, N. J. Lowe (eds.), *Erôs in Ancient Greece*, Oxford, Oxford University Press, 2013, p. 143-157.

GOETTE H. R., *Athens, Attica and the Megarid, An Archeological Guide*, [1re éd. en all, 1993], London-New York, Routledge, 2002.

GOLDSCHMIDT V., *La religion de Platon*, Paris, P.U.F., 1949.

GOMPERZ T., « Eine verschollene Schrift des Stoikers Kleanthes, der *Staat* und die sieben Tragödien des Cynikers Diogenes », *Zeitschrift für die österreichischen Gymnasien* 29 (1878), p. 252-256.

– *Greek Thinkers*, vol. 2, London, John Murray, 1905.

GONZÁLEZ F. J., « Plato's *Lysis*. An Enactment of Philosophical Kinship », *Ancient Philosophy* 15, 1995, p. 69-90.

GOULET R., « Sotion d'Alexandrie », *Dictionnaire des philosophes antiques*, vol. 6, Paris, CNRS, 2016, p. 521-526.

GOULET-CAZÉ M.-O., « Un syllogisme stoïcien sur la loi dans la doxographie de Diogène le cynique. À propos de Diogène Laërce VI 72 », *Rheinisches Museum für Philologie*, Neue folge, 125, Band Heft I, Frankfurt, 1982, p. 214-240.

– *L'ascèse cynique : un commentaire de Diogène Laërce VI 70-71*, Paris, Vrin, 1986.

– « Les premiers Cyniques et la religion », dans M.-O. Goulet-Cazé et R. Goulet (éd.), *Le cynisme ancien et ses prolongements*, Paris, P.U.F., 1993, p. 117-158.

– « Who Was the First Dog? », *in* M.-O. Goulet-Cazé et B. Branham, *The Cynics. The Cynic Movement in Antiquity and Its Legacy*, Berkeley-Los Angeles-London, University of California Press, 1996, p. 414-415.

– *Les* Kynika *du stoïcisme*, Stuttgart, Franz Steiner Verlag, 2003.

– « Le cynisme ancien et la sexualité », *Clio* 22, 2005, p. 17-35.

– (éd.), *Études sur la théorie stoïcienne de l'action*, Paris, Vrin, 2011.

– « Les origines du mouvement cynique », dans *Le cynisme, une philosophie antique*, Paris, Vrin, 2017, p. 607-630.

– *Le cynisme, une philosophie antique*, Paris, Vrin, 2017.

GUÉRARD C., art. « Antipatros de Tarse », dans R. Goulet (dir.), *Dictionnaire des Philosophes Antiques*, I, Paris, CNRS, 1989, p. 219-223.

GUGLIERMINA I., *Diogène Laërce et le Cynisme*, Villeneuve d'Ascq, Presses Universitaires du Septentrion, 2006.

HADOT I., *Arts libéraux et philosophie dans la pensée hellénistique*, Paris, Vrin, 2005.

HADOT P., *Qu'est-ce que la philosophie antique ?*, Paris, Gallimard, 1995.

– *La citadelle intérieure, Introduction aux* Pensées *de Marc Aurèle*, Paris, Fayard, 1992.

HALPERIN D., *Cent ans d'homosexualité et autres essais sur l'amour grec*, trad. fr. I. Châtelet, Paris, EPEL, 2000.

HAYES K., *Résurgence et transformation du cynisme au* XVIIIe *siècle : la réception de Diogène dans les Lumières françaises*, Thèse, Université de Montréal, 2016.

HAZEBROUCQ M.-F., *La folie humaine et ses remèdes, Platon:* Charmide *ou* De la modération, Paris, Vrin, 1997.

HELMER É., « Le remodelage politique de l'*oikos* dans la *République*. De la famille au modèle familial, de l'économie domestique à l'économie politique », *Plato – The Internet Journal of the International Plato Society* 11, 2011, DOI : https://doi.org/10.14195/2183-4105_11_6, consulté le 29 Juin 2015.

HOCK R. F., « Simon the Shoemaker as an Ideal Cynic », *Greek, Roman and Byzantine Studies* 17, 1976, p. 41-53.

HOOK B. S., « Œdipus and Thyestes among the Philosophers : Incest and Cannibalism in Plato, Diogenes, and Zeno », *Classical Philology*, vol. 100, n° 1, 2005, p. 17-40.

HUSSON S., *La* République *de Diogène. Une cité en quête de la nature*, Paris, Vrin, 2011.

– « La "Politeia" de Diogène le Cynique », dans G. Romeyer-Dherbey (dir.), J.-B. Gourinat (éd.), *Socrate et les Socratiques*, Paris, Vrin, 2001, p. 411-430.

HYLAND D. A., *The Virtue of Philosophy, An Interpretation of Plato's* Charmides, Athens (Ohio), Ohio University Press, 1981, p. 72-73.

INGHAM M. Bet, *La vie de la sagesse, Le stoïcisme au Moyen-Âge*, Paris, Cerf, 2007.

INWOOD B., « Why do Fools Fall in Love ? », *Bulletin of the Institute of Classical Studies*, vol. 41, n° S68, 1997, p. 55-69.

JAEGER W., *The Theology of the Early Greek Philosophers*, trans. en. E. S. Robinson, Oxford, Clarendon Press, 1947.

JONAS M. E., NAKAZAWA Yoshiaki M., BRAUN James, « Appetite, Reason, and Education in Socrates'"City of Pigs" », *Phronesis* 57, 2012, p. 332-357.

KAERST J., *Geschichte des Hellenismus*, II, 2e éd., Leipzig-Berlin, Teubner, 1926.

KAHN C. H., *Plato and the Socratic Dialogue, The Philosophical Use of a Literary Form*, Cambridge, Cambridge University Press, 1996.

KALOUCHE F., « The Cynic way of living », *Ancient Philosophy* 23, 2003, p. 181-194.

KAMTEKAR R., « ΑΙΔΩΣ in Epictetus », *Classical Philology*, vol. 93, n° 2, 1998, p. 136-160.

KINDSTRAND J. F., art. « Eudocia et Pseudo-Eudocia », *Dictionnaire des philosophes antiques*, vol. 3, Paris, CNRS, 2000, p. 289-290.

KROPOTKINE P., *La science moderne et l'anarchie*, trad. fr., Paris, P.-V. Stock & Cie, 1901, 2e éd. 1913.

– « Anarchism », *Encyclopaedia Britannica*, 11e éd., London-New York, 1905, vol 1, p. 914-919.

LAFRANCE Y., *Pour interpréter Platon II*, Saint Laurent [Québec], Bellarmin, 1994.

LAGRÉE J., *Le néostoïcisme. Une philosophie par gros temps*, Paris, Vrin, 2010.

LANE M., « Founding as Legislating : the Figure of the Lawgiver in Plato's *Republic* », *in* N. Notomi and L. Brisson (eds.), *Dialogues on Plato's* Politeia (Republic)*, Selected papers from the ninth Symposium Platonicum* [*Tokyo, August 2-7 2010*], Sankt Augustin, Academia Verlag, 2013, p. 104-114.

LANE FOX R., *Alexander the Great*, London, Penguin, 1986 [1973].

LARIVÉE A., « Bibliographie », dans M. Dixsaut (dir.), *Études sur la* République *de Platon*, t. 2, *De la science, du bien et des mythes*, Paris, Vrin, 2005, p. 297-330.

– « "Gender Trouble" in Xenophon and Plato », *New England Classical Journal*, vol. 39, n° 4, 2012, p. 281-303.

LAURAND V., *La politique stoïcienne*, Paris, P.U.F., 2005.

– « Marc Aurèle et la politique », *Cahiers Philosophiques* 128, 2012, p. 30-41.

LEFKA A., « Le regard rationnel de Platon sur les dieux traditionnels », *Kernos* 16, 2003, p. 125-132.
URL : https://journals.openedition.org/kernos/814.
DOI : 10.4000/kernos. 814, consulté le 22 avril 2021.

– « *Tout est plein de dieux* ». *Les divinités traditionnelles dans l'œuvre de Platon*, Paris, L'Harmattan, 2013.

LÉVY C., « De Chrysippe à Posidonius : variations stoïciennes sur le thème de la divination », J. G. Heintz (éd.), *Oracles et prophéties dans l'Antiquité, Actes du colloque de Strasbourg, 15-17 juin 1995*, Paris, De Boccard, 1997, p. 321-343.

– « Du politique à la perfection morale. À propos de deux ouvrages récents », *Bulletin de l'Association Guillaume Budé*, 2018/1, p. 115-138.

LONG A. A., « Socrates in Hellenistic Philosophy », *Classical Quarterly* 38, 1988, p. 150-171.

– « The Socratic Tradition : Diogenes, Crates and Hellenistic Ethics », *in* R. B. Branham, M.-O. Goulet-Cazé (eds.), *The Cynics : the Cynic Movement in Antiquity and its legacy*, Berkeley-Los Angeles-London, University of California Press, 1996, p. 28-46.

MAGNIEN V., *Les Mystères d'Éleusis, Leurs origines, le rituel de leurs initiations*, Paris, Payot, 1929, 3e éd. 1950.

MATHIEZ A., *Les Origines des cultes révolutionnaires* [*1789-1792*], Paris, Société nouvelle de librairie et d'édition, 1904.

MATTON S., « Cynicism and Christianity from the Middle Ages to the Renaissance », *in* R. Bracht Branham, M.-O. Goulet-Cazé (eds.), *The Cynics. The Cynic Movement in Antiquity and Its Legacy*, Berkeley-Los Angeles-London, University of California Press, 1996, p. 240-264.

MERKEL C., Seneca theologus, *La religion d'un philosophe romain*, thèse soutenue en 2012 à l'Université de Strasbourg, consultable en ligne[EspaceFine]; url : https://tel.archives-ouvertes.fr/tel-00796579/document

MERLAN P., « Minor Socratics », *Journal of the History of Philosophy* 10, 1972, p. 143-152.

MCKEEN C., « Swillsburg City Limits (The "City of Pigs") : *Republic* 370c-372d », *Polis* 21 (1-2), 2004, p. 70-92.

MIKALSON J. D., *La religion populaire à Athènes*, [*Athenian Popular Religion*, Chapel Hill, University of North Carolina Press, 1983], Paris, Perrin, 2009.

– *Greek Popular Religion in Greek Philosophy*, Oxford, Oxford University Press, 2010.

MOLES, J. L., « Le cosmopolitisme cynique », dans *Le cynisme ancien et ses prolongements*, sous la direction de M.-O. Goulet-Cazé et R. Goulet, Paris, P.U.F., 1993, p. 259-280.

– « The Cynics and Politics », A. Laks, M. Schofield (eds.), *Justice and Generosity*, Cambridge, Cambridge University Press, 1995, p. 120-143

MORGAN M. L., « Plato and Greek Religion », *in* R. Kraut (ed.), *Cambridge Companion to Plato*, Cambridge, Cambridge University Press, 2006, p. 227-247.

MORRISON D. R., « The Utopian Character of Plato's Ideal City », *in* G. R. F. Ferrari (ed.), *The Cambridge Companion to Plato's* Republic, Cambridge, Cambridge University Press, 2007, p. 232-255.

NARCY M., « La critique de Socrate par l'Étranger dans le *Politique* », *in* C. J. Rowe (ed.), *Reading the* Statesman: *Proceedings of the III Symposium Platonicum*, Sankt Augustin, Academia Verlag, p. 227-235.

NATALI C., « L'élision de l'*oikos* dans la *République* de Platon », dans M. Dixsaut avec la collab. d'A. Larivée, *Études sur la* République *de Platon*, vol. 1. *De la justice. Éducation, psychologie et politique*, Paris, Vrin, 2005, p. 199-223.

NAVIA L. E., *Diogenes the Cynic. The War Against the World*, Amherst (N.Y.), Humanity Books, 2005.

– *Classical cynicism*: *a critical study*, Westport (Conn.), Greenwood Press, 1996.

NEHAMAS A., *Virtues of Authenticity, Essays on Plato and Socrates*, Princeton, Princeton University Press, 1999.

NESCHKE-HENTSCHKE A., *Images de Platon et lecture de ses œuvres. Les interprétations de Platon à travers les siècles*, Louvain-Paris-Dudley, Peeters, 1997.

– *Platonisme politique et théorie du droit naturel. Contributions à une archéologie de la culture politique européenne, I. Le Platonisme politique dans l'Antiquité*, Louvain-Paris-Dudley, Peeters, 1995, vol. 2, *Platonisme politique et jusnaturalisme chrétien. D'Augustin d'Hippone à John Locke*, Louvain-Paris-Dudley, Peeters, 2003.

NETTLESHIP R. L., *Lectures on the* Republic *of Plato*, London, Macmilan, 1922 [1901].

NEWMAN W. L., *The Politics of Aristotle*, vol. 2, Oxford, Clarendon Press, 1887.

NEYMEYR B., SCHMIDT J., ZIMMERMANN B. (eds.), *Stoizismus in der europäischen Philosophie, Literatur, Kunst und Politik. Eine Kulturgeschichte von der Antike bis zur Moderne*, Berlin-New York, Walter de Gruyter, 2008.

NIEHUES-PRÖBSTING H., *Der Kynismus des Diogenes und das Begriff des Zynismus*, Francfurt, Zurhkamp, 1988.

– « The modern reception of Cynicism : Diogenes in the Enlightenment », dans B. Branham-M-O Goulet-Cazé, *The Cynics. The Cynic Movement in Antiquity and Its Legacy*, Berkeley-Los Angeles-London, University of California Press, 1996, p. 329-365.

NUSSBAUM M., « Platonic Love and Colorado Law: The Relevance of Ancient Greek Norms to Modern Sexual Controversies », *Virginia Law Review*, vol. 80, nº 7, 1994, p. 1515-1651.

OBBINK D., « The Stoic Sage in the Cosmic City », *in* K. Ierodiakonou (ed), *Topics in Stoic Philosophy*, Oxford, Oxford University Press, 2001, p. 178-195.

PHILIPPSON R., « Philodemos », *Realencyclopädie* XIX 2, 1938, cols. 2444-2482.

PIÉRART M., *Platon et la cité grecque, Théorie et réalité dans la constitution des* Lois, Paris, Les Belles Lettres, 2008.

PRADEAU J.-F., « Platon, l'institution de la science politique », dans P.-M. Morel (dir.), *Platon et l'objet de la science*, Bordeaux, Presses Universitaires de Bordeaux, 1996, p. 53-58.

– *Platon et la cité*, Paris, P.U.F., 1997.

REEVE C. D. C., *Philosopher-Kings*: *The Argument of Plato's* Republic, Princeton, Princeton University Press, 1988.

REVERDIN O., *La religion dans la cité platonicienne*, Paris, De Boccard, 1945.

REYDAMS-SCHILS G., « Social ethics and politics », *in* M. van Ackeren (ed.), *A Companion to Marcus Aurelius*, Malden (Mass.), Willey-Blackwell, 2012, p. 437-452.

RICH A. N. M., « The Cynic Conception of Autarkeia », *Mnemosyne* 9, fasc. 1, 1956, p. 23-29.

RIGO G., *Marcus Aurelius Antoninus – Index Verborum in opus quod inscribitur* Ta eis eauton, Hildesheim-Zürich-New York, Olms-Weidmann, 2010.

RIST J., « Are You a Stoic? The Case of Marcus Aurelius », *in* B.F. Meyer et E.P. Sanders (eds.), *Jewish and Christian Self-Definition*, vol. 3, *Self-Definition in the Graeco-Roman World*, London, SCM Press Ltd., 1982, p. 23-45.

ROBERTS H, *Dogs'Tales Representations of Ancient Cynicism in French Renaissance texts*, Amsterdam-New York, Rodopi, 2006.

ROWE C. J. (ed.), *Reading the* Statesman*: Proceedings of the III Symposium Platonicum*, Sankt Augustin, Academia Verlag, 1995.

– « The *Politeiai* of Zeno and Plato », *in* T. Scaltsas, A. S. Mason (eds.), *The Philosophy of Zeno: Zeno of Citium and his Legacy*, Larnaca, Municipality of Larnaca, 2002, p. 291-308.

– *Plato and the Art of Philosophical Writing*, Cambridge, Cambridge University Press, 2007.

– « *The Place of the* Republic *in Plato's Political Thought* » *in* G. R. F. Ferrari (ed.), *The Cambridge Companion to Plato's* Republic, Cambridge, Cambridge University Press, 2007, p. 27-54.

– « On the Good, Beauty, and the Beast in Plato's *Symposium* », *in* M. Tulli, M. Erler (eds.), *Plato in Symposium, selected papers from the tenth Symposium Platonicum*, Sankt Augustin, Academia Verlag, 2016, p. 391-402.

– « The "City of Pigs": a Key Passage in Plato's *Republic* », dans *Philosophie Antique* 17, 2017, p. 55-71.

SABATER B. A. M., « La polémique dans la philosophie hellénistique et romaine, à la lumière du *Sur les Stoïciens* (PHerc. 155 et 339) de Philodème et des *Vies* de Diogène Laërce », *in Miscellanea Papyrologica Herculanensia*, I, Pisa-Roma, Serra 2010, p. 115-129.

SAYRE F., *Diogenes of Sinope. A Study of Greek Cynicism*, Baltimore, J. H. Furst Company, 1938.

SCHNEIDER J.-P., « Démétrios de Phalère » D 54, *Dictionnaire des philosophes antiques*, vol. 2, Paris, CNRS, 1994, p. 628-633.

SCHOFIELD M., « Plato on the Economy », *in* M. G. Hansen (ed.), *The Ancient Greek City-State*, København, Munksgaard, 1993, p. 186-196.

– *The Stoic Idea of the City*, Chicago, London, University of Chicago Press, 1999.

– *Saving the City : Philosophers Kings and other Classical Paradigms*, London-New York, Routledge, 1999.

– « Zeno of Citium's Anti-utopianism », *in* M. Vegetti, M. Abbate (cur.), *La* Repubblica *di Platone nella tradizione antica*, Napoli, Bibliopolis, 1999, p. 49-78, réimp. *in* M. Schofield, *Saving the City*, London-New York, Routledge, 1999, chap. III, p. 46-60.

– « "Impossible Hypotheses" : was Zeno's *Republic* Utopian ?, *in* T. Scaltsas, A. S. Mason (eds.), *The Philosophy of Zeno*, Larnaca, The Municipality of Larnaca, 2002, p. 310-323.

SCHÖPSDAU K., « Des repas en commun pour les femmes – une utopie platonicienne », *Revue Française d'Histoire des Idées Politiques*, vol. 16, n° 2, 2002, p. 331-340.

SCHORN S., « Satyros de Callatis », *Dictionnaire des philosophes antiques*, vol. 6, Paris, CNRS, 2016, p. 133-143.

TARRÊTE A. (dir.), *Stoïcisme et christianisme à la Renaissance*, Paris, Rue d'Ulm, 2006.

TRABATTONI F., « Sull'autenticità del *Teage* e del *Clitofonte* (pseudo) platonici », *Acme* 51, 1998, p. 193-210.

– « Socrate, Antistene e Platone sull'uso dei piaceri », *in* L. Rossetti, A. Stavru (a cura di), *Socratica 2005, Studi sulla letteratura socratica antica*, Bari, Levante editori, 2008, p. 235-261.

– Platone, *Fedone*, a cura di F. Trabattoni, traduzione di S. Martinelli Tempesta, Torino, G. Einaudi, 2011.

– *Essays on Plato's Epistemology*, Leuven, Leuven University Press, 2016.

VANDER WAERDT P. A., « Politics and Philosophy in Stoicism », *Oxford Studies in Ancient Philosophy* 9, 1991, p. 185-211.

– « Zeno's *Republic* and the Origin of Natural Law », *in* P. A. Vander Waerdt (ed.), *The Socratic Movement*, Ithaca (New York), Cornell University Press, 1994, p. 272-308.

VANDER WAERDT P. A., OBBINK D., « Diogenes of Babylon, the Stoic Sage in the City of Fools », *Greek, Roman and Byzantine Studies*, vol. 32, n° 4, 1991, p. 355-396.

VEYNE P., *Les Grecs ont-ils cru à leurs mythes ? Essai sur l'imagination constituante*, Paris, Seuil, 1983.

– « Inviter les dieux, sacrifier, banqueter. Quelques nuances de la religiosité gréco-romaine », *Annales, Histoire, Sciences Sociales* 1, 2000, p. 3-42.

– *Quand notre monde est devenu chrétien*, Paris, Albin Michel, 2007.

VOGEL C. J. de, *Greek Philosophy*, vol. 1, *Thales to Plato*, Leiden, Brill, 1957.

VOGT K. M., *Law, Reason, and the Cosmic City, Political Philosophy in the Early Stoa*, Oxford, Oxford University Press, 2008.

VOVELLE M., *1793 : la Révolution contre l'Église : de la Raison à l'Être Suprême*, Paris, Complexe, 1988.

WALLACH J. R., *The Platonic Political Art: A Study of Critical Reason and Democracy*, University Park, Pennsylvania State University Press, 2001.

WERSINGER A. G., *Platon et la dysharmonie : recherches sur la forme musicale*, Paris, Vrin, 2001.

ZAGO G., « Per il testo del *De Stoicis* di Filodemo (cap. 3, col. XIII, 12 ss. Dorandi) », *Zeitschrift für Papyrologie und Epigraphik* 179, 2011, p. 89-91.

– « Intorno a un passo del *De Stoicis di* Filodemo (PHerc. 339, col. XVIII, 11-15 Dorandi) », *Zeitschrift für Papyrologie und Epigraphik* 192, 2014, p. 89-92.

ZELLER É., *La philosophie des Grecs considérée dans son développement historique*, t. 3, *Socrate et les socratiques*, (trad. fr. M. Belot), Paris, Hachette, 1884.

INDEX DES SOURCES[1]

ŒUVRES SÉPARÉES[2]

1. Seuls sont signalés les passages textuellement cités ou discutés.
2. En gras et entre crochets, numérotation des fragments des *Républiques* de Diogène et de Zénon, cf. *supra* p. 225-258.

1. T. Dorandi, « Due note ercolanesi », *Zeitschrift für Papyrologie und Epigraphik 45*, Bonn, 1982.

1. Philodème de Gadara, *Sur la musique. Livre IV*, éd. trad. et n. par D. Delattre, Paris, Les Belles Lettres, 2007.
2. T. Dorandi, « Filodemo, gli stoici (PHerc 155 e 339) », *Cronache Ercolanesi,* 1982, p. 91-133

PRINCIPAUX RECUEILS DE FRAGMENTS[1]

1. Pour les fragments des *Républiques* de Diogène et de Zénon, se reporter aux p. 225-258.

INDEX DES NOMS PROPRES

NOMS ANCIENS [1]

1. Sont absents les noms de Platon, Diogène de Sinope et Zénon de Citium.

NOMS MODERNES

INDEX DES NOTIONS

TABLE DES MATIÈRES

Achevé d'imprimer en décembre 2021 par *La Manufacture - Imprimeur* – 52200 Langres
Imprimé en France – N° d'imprimeur : 211315 – Dépôt légal : janvier 2022